房企
数字化
制胜

明源地产研究院 ◎ 编著

中信出版集团｜北京

图书在版编目（CIP）数据

房企数字化制胜 / 明源地产研究院编著 . -- 北京：中信出版社，2019.10（2019.11 重印）
（明源地产研究系列丛书）
ISBN 978-7-5217-1161-5

Ⅰ.①房… Ⅱ.①明… Ⅲ.①数字技术 – 应用 – 房地产企业 – 企业管理 – 研究 – 中国　Ⅳ.① F299.233.3-39

中国版本图书馆 CIP 数据核字（2019）第 226132 号

房企数字化制胜
（明源地产研究系列丛书）

编　　著：明源地产研究院
出版发行：中信出版集团股份有限公司
　　　　　（北京市朝阳区惠新东街甲 4 号富盛大厦 2 座　邮编　100029）
承　印　者：中国电影出版社印刷厂

开	本：787mm×1092mm　1/16	印	张：23.5	字	数：307 千字
版	次：2019 年 10 月第 1 版	印	次：2019 年 11 月第 2 次印刷		

广告经营许可证：京朝工商广字第 8087 号
书　　号：ISBN 978-7-5217-1161-5
定　　价：72.00 元

版权所有·侵权必究
如有印刷、装订问题，本公司负责调换。
服务热线：400-600-8099
投稿邮箱：author@citicpub.com

《房企数字化制胜》
编审委员会名单

总　编：姜海洋　陈晓晖

主　编：徐　颖　夏　凯

编　委：吴浪雄　黄　乐　杨雪逸　王瑛楠
　　　　邹　游　刘应富　熊力扬　周伟明
　　　　罗　成　龚　威　尹晟宇　李双宏
　　　　侯茂林　陈　磊　罗艳兵　古诗韵

推荐序一

纵观人类社会发展历程,未来整个社会的发展趋势已经非常清晰,数字科技时代已经到来,而未来能保持领先的企业也一定是带有科技属性的企业。

对于房企而言,谁能利用数字化率先提升洞察力和预见能力,谁就能把握住下一个历史机遇。尤其是在政策调控已成常态的新周期下,通过构建数字化神经网络,提升精细化管理水平和锻造企业核心竞争力,已是房企的重中之重。同时,随着行业逐步转向多产业布局,数字化如何支撑多元化,已成房企的燃眉之急。

然而,房企的数字化转型并非易事,在行业多年来讲求规模效应、强调复制性和标准化的背景下,房地产行业的信息化基础十分薄弱。对于大型房企而言,容易受制于原有的机制、架构以及信息化建设的固有积淀,"大象转身"更难。

整体来看,房企数字化转型普遍面临着几个典型挑战。例如,房企原有的信息系统往往根据业务需求进行"烟囱式"建设,缺乏对未来的前瞻性考量,加剧了信息孤岛的形成,同时,又没有统一的数据标准,要将每一根烟囱打通的难度可想而知。再如,大型房企的业务及数据体量庞大,任何一个专项改造都涉及大规模的系统改造,这就意味着房企要"伤筋动骨"。我认为,房企当下的数字化转型,如同"飞机在飞行中换翅膀",房企对原有信息系统的重构整合要在体量巨大的日常业务快速推进的同时去开展，一旦犯错，造成的风险将巨大无比。

而有效地去应对这些挑战、攻克难关，成为房企首席信息官（CIO）和数字化团队要承担的使命。明源地产研究院出炉的这本书，可以说是恰逢其时，其全面高度的提炼、丰富的实战案例，为我们的数字化转型之路提供了很好的思路。

结合我多年来的数字化建设管理经验，我认为，房企的数字化转型首先需要提升房企对数字化投入的认知。从历史经验来看，各行各业的领军企业，基于战略投入和价值投入的视角进行前瞻性的投入，尽管短期内没有看到直接回报，但最终都超越了竞争对手，成为行业的佼佼者。房企的数字化建设，也应该是一种前瞻性的、基于长期主义的战略投资和价值投资，尽管在初期阶段可能回报不清晰、不明显、不容易感知，但到了一定阶段，回报将高曲线增长。所以，房企当下的数字化建设，其实是在为未来做投资，如此才可能先人一步。

同时，房企的数字化建设还需要有转型变革的勇气和决心。在战略上要"激进"，不应基于当下的条件来看能做什么，而要站在未来看今天，以终为始。制订前瞻性的、系统性的战略规划，设定和明确目标，锚定方向，再创造条件去实现它，以阳光无畏的心态，化不可能为可能。如此，才可能真正推动企业的数字化变革。

在战术上，要保持足够的"耐心"，房企数字化转型的时间紧、挑战大。只要认为是对的，房企就要并行发展，所以信息化、数字化与智能化要同步开展。同时，要快速迭代，勇于变化。数字化建设是一个不断试错和迭代的过程，没有成熟的路径和经验予以指导，唯有快速迭代，才可能做出创新性的卓越成果。

除了高层的决心、正确的战略战术观，房企在数字化转型过程中，还有几个关键要素需要重点去突破：一是组织文化的变革和架构的调整，二是数字化人才的建设引进。在组织方面，通过组织变革文化的建设和架构的调整，来适应数字化时代的全新能力要求。在组织考核和激励方面，进行创新变革，构建一个面向数字化新未来的、能够自我激励的组织形式。而房企的IT（信息技术）部门，要从单纯的需求解决问题，要升级为创新和引领的部门，还要运用数字化的先进技术和理念提升业务能力和推动管理模式的变革。

在人才方面，房企需构建起一支面向未来的数字化团队。数字化人才除了具备技术能力之外，还要有跨行业、多领域的实战经验，具备战略思维、商业思维和共赢思维，以及引领、说服、推动等领导力，可以通过数字化思维、领导力和技术去引领需求。其中，有资源聚合能力、善用市场资源、有视野、有格局的领军人物至关重要。

整体而言，在行业已告别高速增长、第一动力引擎已逐步熄火的新周期下，"数字化"正是第二动力引擎的助燃器，是房企多产业布局的有力抓手，是推动房企可持续发展的战略驱动力量。

而房企的数字化转型之路应该上下同心、双向推动。一方面，自上而下建立组织的数字化变革文化和全员数字化应用意识；另一方面，自下而上，循序渐进，不断地用小的成功故事推进。当前，房地产行业可以说是正站在"信息化尚未结束、数字化已然开始、智能化雏形初现"的浪潮之巅，等待我们回答的是如何以科技为引擎、用数字化的现代管理方式，最大化地挖掘商业价值和持续提升全维度、全周期综合竞争力。

这本书对于数字化转型理性、客观、专业而系统的分析，以及行业成功案例的深入解读，对处于数字化不同阶段的房地产企业都有所裨益。房企均可以从中选择借鉴，也可以碰撞思考，找到最适合自己的转型策略。我们要坚信，前途是光明的，而道路是曲折的，数字化必将重塑房地产行业，为行业开辟一条新的发展之路。

徐 斌

碧桂园集团首席信息官

2019年10月

推荐序二

在全球信息化进入加速创新、跨界融合、引领发展新阶段的大背景下，以移动互联网、大数据、云计算、物联网、虚拟现实、人工智能、区块链等为代表的新一代信息技术迅猛发展，数字经济得到长足发展，并加速与经济、社会各领域的深度融合，新产业、新业态、新模式不断涌现。

在数字经济蓬勃发展的时代背景下，伴随着政策引导、转型需求、消费习惯的变化以及各种新技术应用等因素的推动，房地产行业的数字化转型创新步伐加快，数字化营销、在线化交易、智能化服务、可视化经营管理等方面的应用，已经为房地产企业的经营管理模式带来重大变革。

伴随着房地产行业新周期的到来，支撑公司战略落地与管理变革，构建业务与信息化高度融合的数字化企业，打造健康、多赢、可持续的商业生态环境，是房地产企业信息化建设的重要使命。数字经济时代的到来，对房地产企业的信息化建设提出了更高的要求：

- 信息化价值将从"业务支撑"向"推动变革"转变。
- 信息化驱动将从"业务驱动"向"数据驱动"转变。
- 信息化管理将从"精益化管理"向"生态圈服务"转变。
- 信息化应用将从"集成化、平台化"向"数字化、智能化"转变。

整体而言，通过数字化转型实现科技赋能，已经成为房地产企业的重要发展方向。通过数字化手段的运用，高效、灵活地应对快速变化的外部环境，加强日益扩大的业务规模和业务领域的管理，积极创新商业模式和运营服务模式，拓展创新业务，已成为房地产企业实现可持续发展的关键。

在房地产行业转型发展的新阶段，明源地产研究院出炉的这本书，对行业信息化建设具有重要意义。这本书不仅凝结着明源地产研究院多年来在信息化、数字化上的实践经验，更凝聚了行业内诸多标杆房企的成功智慧，值得房企参考。

罗 震

华夏幸福首席信息官

2019年10月

推荐序三

随着大数据技术的快速发展与广泛应用，我们已身处数字经济、共享经济的大时代背景下。面对新兴互联网企业的冲击，一大批传统企业已进入数字化转型的窗口期、关键期。未来，数字化、智能化将成为企业长期稳定、可持续发展的必然选择，掉队则意味着淘汰。

在当前大形势下，行业利润空间在不断被压缩，对于大数据信息敏感性相对较低的传统房地产行业而言，长期以来野蛮粗放式的发展模式难以为继。外部市场逐步趋于饱和，行业集中度空前提高，倒逼房企将利润可提升空间转向自身的精细化管理，向降本增效要效益，向提升科学管理手段谋发展。

数字化正是引领企业迈向全新发展快车道的风向标，房企只有不断苦练"内功"，提升数字化、信息化管理水平，才能行稳致远。

我们看到，近年来行业龙头房企纷纷不惜投入重金，在数字化转型的道路上快马加鞭、赢得先机。而处于战略转型期的成长型房企，随着业务规模的快速扩张，传统经营管理模式的痛点愈加凸显，比如资源共享难，信息整合难，经营可视难，缺乏对数据的有效治理。传统的信息化平台无法有效支撑业务的发展，一场颠覆性的数字化革命迫在眉睫。

恰恰是在这种迫切的用户需求倒逼之下，传统房企信息化、数字化、共享化的变革正在进行。这无疑是一项需要长期大量投入的艰巨任务，但这也是使企业在激烈商战中领先一个"身位"必须经历的阵痛过程，而转型过后所带来的回报可能是无法估量的。

明源地产研究院推出的这本书，好似在迷雾中亮起的一盏明灯，其理性、客观、专业而系统的分析，具有实操意义的标杆案例，对于数字化转型中的众多房企而言，具有非常好的启迪作用。

整体而言，数字化大时代的到来，对于我们而言既是机遇又是挑战。如何抓住行业大势，通过数据、科技的手段全面重塑行业发展模式，快速跨越平台、数据、价值的鸿沟，成为众多房企都要认真思考的核心战略问题。不可否认，数字化已逐步成为我们前进道路上的强劲驱动力、核心竞争力。

科技引领未来，创新指引发展，我们在路上。

岳　元

雅居乐集团控股有限公司副总裁

雅居乐地产集团副总裁

2019年10月

序　言

历经几十年的快速发展，房地产行业靠土地、靠人脉、靠红利的野蛮生长时代已经远去，房企正面临着一个全新的发展周期。新周期的典型特征是：不确定性在加强，市场、需求和政策等因素都在发生深刻的变化。

房企生存发展的底层逻辑也发生了根本性的变化——从一味地冲规模到逐渐回归商业本质。房企只有在营销、运营、成本和风控等多个领域进行精细化管理，重塑企业竞争力，精细化练内功，才能在激烈的竞争中守住优势，更好地面向未来。

"所有行业都值得用互联网的方式重构一遍"，这是互联网行业的一句非常响亮的口号。随着互联网基础设施日渐成熟，数字化浪潮在全行业掀起。数字化正在重构所有行业，用全新的技术优化业务运作流程，打造企业全新的数字能力。

房地产行业同样如此。身处充满不确定性的时代，房企需要具备敏锐的洞察力、强悍的执行力，更要能快速将企业的洞察传导至"神经末梢"，将洞察转化为行动。因此，房企传统的IT建设显然需要全面升级，房企需要整体构建前沿的数字化神经网络。

房企对外要密切感知政策、市场和地价等因素的变化，对内要基于ROE（净资产收益率）视角审视自身的业务发力重心，最后在落地执行上基于业务发力重心找准数字化的发力重点，以推动数字化转型落地。

全新的数字化愿景是以数字的方式,帮助房企实现对内部经营和市场环境的有效洞察,从而做出最佳决策。数字化能够全面提升一线业务效率,借助互联网技术及数据构建全新的生态环境,培育企业的独特竞争力。

通过与行业内近百家标杆房企的研讨交流,明源地产研究院结合自身20余年的创新实践,打磨出了这本涵盖房地产行业数字化转型前沿理念及案例的书,希望能够向广大房企传递行业数字化转型的最新实践,从而助力全行业打造数字化房企。

本书的核心内容分为以下六章。

第一章,阐述房地产行业当下面临的外部环境以及来自行业内外的四大生存挑战。当前,宏观视角、严控慢松、精准调控、产业共生和城市共生已成为新的政策常态,房企的生存压力加大,精细化练内功正当时。房企只有通过数字化构建先人一步的商业洞察体系,提升对外的洞察力和对内的执行力,才能确保"活下去"。

第二章,阐述房企数字化转型面临的六个关键挑战。数字化转型是一项长期事业,行业内不乏先行者在这一领域做出了诸多的探索和尝试,有成功也有失败。总结下来,数字化转型主要面临六大挑战,比如平台和技术相对封闭、没有上云,没有基于"在线"的思路来兑现IT和业务,数据标准不统一、数据壁垒多且难以打通,等等。

第三章,结合行业成功案例,全面阐述房企数字化转型的合理步骤及关键路径。首先,房企应找到和明确数字化发力的重心,力求快速见效,其中ROE模型是有效工具;其次,基于信息化、在线化和智能化三个阶段,构建和落地数字化蓝图。基于数字化成功标志和对标评分模型,房企可衡量自身的数字化水平并明确提升的方向。

第四章,结合标杆房企的数字化运营实战案例,详尽论述投资视角下的数字化大运营体系应当如何构建和落地。在数字化转型大背景下,房企传统的核心业务场景都值得基于"在线"思路全面重构。我们将详细介绍行业及明源云在数字化大运营、数字化营销、数字化供应链及数字化资管业务落地方面的成功经验，以供房企参考。

第五章，深度剖析多产业布局背景下的中台建设。尽管房企发展产业存在固有的战略难点，但在行业新周期下，产业地产已成为房企破局的主流方向。对于多产业之间要如何打通及协同提效，中台建设成为房企必须面对的新课题。结合阿里云中台建设方法论，我们进一步对房企中台建设思路、技术要求及典型误区进行详细介绍。

第六章，解读房企数字化转型的几个关键认知及其成功的必备要素。对于数字化建设应该自建还是整合、应该全面规划还是重点突破等问题，行业看法不甚统一。我们结合行业及自身的探索实践，提炼了数字化转型的八大关键认知，同时对数字化转型对技术和组织的要求进行深入分析，为房企提供清晰的建设思路。

"种一棵树最好的时间是10年前，其次是现在。"房企的数字化转型也是如此。在各行各业被移动互联网重构的新时代下，房地产行业的数字化也指日可待。

徐 颖
明源地产研究院院长
2019年8月

目 录

推荐序一　徐　斌　　　　　　　　　　　　　　　　　I
推荐序二　罗　震　　　　　　　　　　　　　　　　　V
推荐序三　岳　元　　　　　　　　　　　　　　　　　VII
序　言　　徐　颖　　　　　　　　　　　　　　　　　IX

第一章
外部环境剧变，生存压力加大，数字化转型正当时　　001

第一节　房地产行业面临"新常态"，房企战略升级迫在眉睫　　003
    一、宏观视角：从地方微观决策到中央宏观定调　　004
    二、严控慢松：从施政到放松的周期越来越长　　005
    三、精准调控：基于大数据进行精准调控、限高托底　　006
    四、产业共生：多产业共同繁荣的决心与日俱增　　006
    五、城市共生：从单城一枝独秀到片区协同繁荣　　007

第二节　房企生存挑战越来越大，数字化转型已是必然　　009
    一、房企当前面临的四大生存挑战　　009
    二、房企适度规模增长之路，对数字化转型的要求更高　　018
    三、通过数字化构建敏锐的商业洞察体系是关键　　020
    四、数字化将重构房企业务模式，提升生产效率　　024

第二章
房企数字化转型面临的关键挑战　　　　　　　　　　027

第一节　平台和技术相对封闭，没有上云　　　　　　　030

第二节　没有基于"在线"的思路来兑现IT和业务　　　032

第三节　数据标准不统一，数据壁垒多且难以打通　　　033
一、数据体量庞大，数据治理难度高　　　　　　　　　033
二、数据标准未统一，基础不牢固　　　　　　　　　　034
三、存在大量数据壁垒，数据难打通　　　　　　　　　034

第四节　多业务系统烟囱式建设，且缺乏统一的监控平台　035
一、业务系统烟囱式建设，整合重构难度大　　　　　　036
二、业务系统越来越多，缺乏统一的监控平台　　　　　036

第五节　多产业信息化系统打通难，重复建设效率低　　038
一、各业务领域数字化难以支撑业务闭环且打通难　　　039
二、多产业信息系统缺乏统一规划，导致重复建设　　　040

第六节　无法整合行业生态数据，无法实现智能化决策闭环　041

第三章
房企数字化转型的合理步骤及关键路径　　　　　　　045

第一节　找准数字化发力重心且符合长远规划是前提　　047
一、基于ROE对标，定位房企发力的四个战略重心　　048

二、通过数字化，将企业的战略重心兑现落地　　051

第二节　房地产行业数字化转型蓝图已基本达成共识　　053

第三节　数字化蓝图落地，需信息化、在线化、智能化三步走　　056
　　一、信息化阶段：强调内部核心业务流程全覆盖　　056
　　二、在线化阶段：强调核心场景在线与业务提效　　059
　　三、智能化阶段：强调通过双中台建设实现智能决策　　069
　　四、小结　　073

第四节　房企数字化转型成功的五大关键标志　　074
　　一、全面上云　　075
　　二、全新数字底座　　076
　　三、核心业务场景在线　　076
　　四、运营数字化　　077
　　五、智能化场景决策　　077

第五节　通过数字化对标，明确自身短板及提升方向　　078
　　一、数字化对标模型说明　　078
　　二、数字化对标模型详解　　081
　　三、小结　　100

第四章
数字化大运营如何助力房企经营提效　　103

第一节　数字化大运营如何真正落地　　105
　　一、大运营的整体目标和业务要求　　106

二、数字化大运营的五大落地要点　　108

三、数字化大运营落地的四大挑战　　116

四、在线化是数字化大运营的根本解决之道　　120

第二节　如何在线重构各个核心运营场景　　121

一、成本数据库在线化：在业务过程中动态沉淀　　121

二、变更管理在线化：实现内外互联，让变更可知可控　　124

三、货值管理在线化：盘清家底，支撑决策　　126

四、招投标管理在线化：招采过程留痕可追溯　　127

五、工程在线化：实现质量闭环，解决交付难题　　129

六、投诉报修在线化：实现多方共赢的正循环　　130

七、利润监控在线化：实现实时动态利润监控　　132

第三节　数字化营销如何真正落地　　134

一、智慧传播　　134

二、智慧渠道　　143

三、智慧案场　　153

四、智慧交易　　160

第四节　数字化供应链如何真正落地　　167

一、移动工程协同：助力成本管控高效落地　　167

二、移动质检：数字化驱动工程管理防风险、升品质　　175

三、移动验房：使验房更智慧、交房更轻松　　184

第五节　标杆房企数字化运营实战案例　　189

一、Z企：通过数据治理提升运营效率　　190

二、R企：数字化大运营加速运营升级提效　　198

第六节　数字化助力房企实现精益资管，掘金存量蓝海　　209
　　一、刨根资产管理痛点，业务亟待提效升级　　209
　　二、数字化赋能传统资管，实现业务"三级跳"　　212
　　三、明源云资管助力房企实现精益管理"三级跳"　　227

第五章
多产业布局大背景下的中台建设　　231

第一节　多产业布局是当下房企破局的关键　　233
　　一、多产业布局为房企带来的利好　　234
　　二、行业多产业布局成功案例解读　　241
　　三、多产业布局的战略难点　　252
　　四、多产业布局下的数字化蓝图建设　　259
　　五、多产业布局下的数字化转型案例解读　　261

第二节　中台背景及房企中台建设典型案例　　265
　　一、中台建设的背景　　265
　　二、中台建设的基本方法论　　267
　　三、房企"数据中台"和"业务中台"建设案例解读　　269
　　四、中台方案对技术平台的要求　　300
　　五、房企中台建设的几个典型误区　　313

第六章
房企数字化转型的关键认知及成功要素　　315

第一节　房企数字化转型过程中的八大关键认知　　317
　　一、数字化建设到底是费用还是投资　　317

二、数字化转型到底是自建还是整合　　318

三、数字化是靠IT部门推动还是多方推动　　319

四、数字化建设是全面规划还是重点突破　　320

五、企业数据部署在私有云还是公有云　　321

六、成立科技公司能实现IT部门定位的反转吗　　321

七、数字化转型是靠技术平台还是靠业务洞察　　322

八、数字化建设是一劳永逸还是不断迭代　　323

第二节　房企数字化转型对技术的要求　　323

一、明源云新一代平台的设计理念　　324

二、ERP开放平台推动数字化底盘实现"三高一开放"　　328

三、云PaaS开放平台推动移动在线化创新应用　　335

四、双中台、微服务架构助力企业探索数据智能创新　　338

第三节　房企数字化转型对组织的要求　　340

一、数字化转型后，房企的组织定位、业务模式面临全新变化　　340

二、典型案例：标杆房企DT部门组织架构已发生改变　　344

第四节　数字化转型的未来展望　　350

结束语　　353

第一章

外部环境剧变,生存压力加大,数字化转型正当时

房地产行业发展的内外不确定因素骤增，房企只有快速感知行业变化、快速调整发展策略，同时一线快速执行到位、及时动态调整，才能将前瞻性的商业洞察不折不扣地真正落地。

正如阿里巴巴中间件首席架构师钟华在《企业IT架构转型之道》一书中所提到的："在互联网时代，任何一家企业都应该具备一种与互联网公司相同的业务快速创新甚至试错的能力，由此实现与对手的差异化竞争。只有先人一步，唯快不破，才能帮助企业抢占商业先机的制高点。"

在房地产行业外部环境剧变、房企生存压力加大的行业新周期下，练内功已成为行业共识，而恰逢其时的是，互联网基础设施已然成熟，推动着房企纷纷开启数字化转型之路，通过构建企业的"数字化神经网络"，使自身在瞬息万变的商业环境中做到洞察更敏捷、反应更敏锐。接下来，我们先从当前行业面临的政策新常态入手，阐述房企面临的生存挑战，并论证在不确定的外部大环境下，数字化转型已是大势所趋。

第一节
房地产行业面临"新常态"，房企战略升级迫在眉睫

与过往的短期调控不同，自2016年"930"新政颁布以来的本轮调控显示出了完全不同的特征。时至今日，行业普遍预期的调控放松并没

有到来，反而预警机制、信托收紧等一系列举措频频出台。2019年上半年，各地的调控政策出台高达两百余次，彰显了中央持续调控不放松的决心。坚持"房住不炒"、稳房价、稳地价、稳预期，维持房地产市场稳定健康发展是重中之重。在此政策大背景下，房企普遍都表示困惑：楼市调控政策到底走向何方？行业前景到底如何？经过与诸多房企的深度研讨及总结分析，我们认为，当前房地产行业的政策调控已经步入了5个新常态阶段，如图1-1所示。

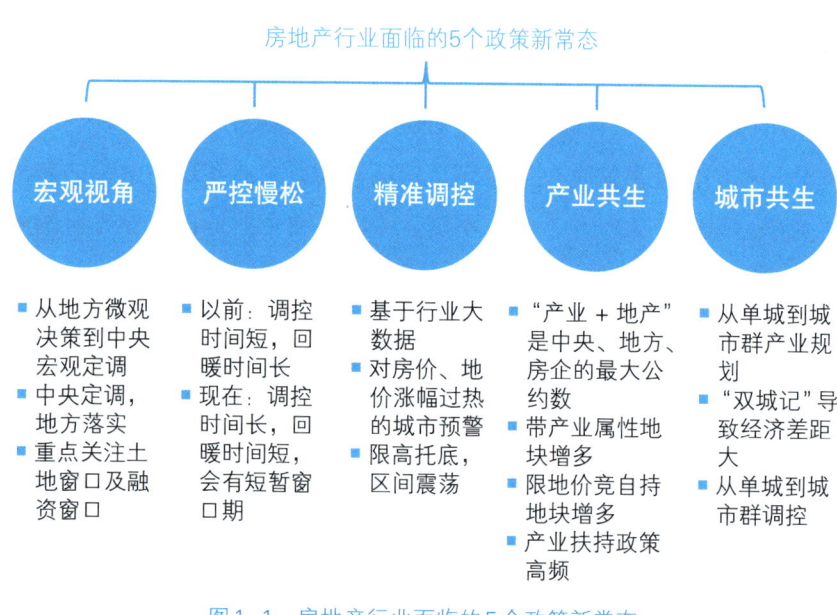

图1-1　房地产行业面临的5个政策新常态

一、宏观视角：从地方微观决策到中央宏观定调

以前，基本都是由地方政府基于对当地的经济、市场指标表现做出相应的调控举措。现在，调控政策出台路径变为中央根据国内生产总值（GDP）、居民消费价格指数（CPI）、广义货币供应量（M2）等各项宏观指标进行统一定调，而后地方落实主体责任，这已成为当前政策调控的第一个新常态。

具体而言，对于当下的楼市调控，中央站在全国一盘棋视角进行全局把控，坚持"房住不炒"的定位，保持政策的连续性和稳定性，防止房地产市场出现大起大落的情况。各相关部门要各司其职、权责清晰，保障房地产调控在全局层面的协调统一。地方则根据"因城施策""一城一策"的总体定调落实主体责任，根据当地的房地产市场冷热情况合理安排土地供应计划，并依据本城市发展的中短期规划因地制宜地调节当地楼市政策松紧，确保当地经济长远发展。

在中央宏观决策的新常态下，房企对宏观形势的研究越来越重要。而在调控持续的大环境下，基于对宏观政策尤其是金融政策的密切关注和深入解读，能否抓住短暂出现的土地窗口期和融资窗口期成为摆在房企面前的重要课题。

二、严控慢松：从施政到放松的周期越来越长

近10年来，中国的房地产相关政策不断地在"楼市调控"与"楼市刺激"的小循环下反复。但是，本轮调控显然已经打破了这种短期循环，调控出现反转的周期开始拉长，行业普遍预期或希冀的政策大幅反转的行情并没有到来，"严控慢松"已成为新常态。

按照惯常的调控规律，房地产调控从施政到放松的周期为2~3年。施政后，楼市逐步趋冷，经济下行，各行各业都不景气；政府开始通过刺激楼市来拉动经济增长，由此导致楼市回暖、房价步入新一轮上涨周期。在房价过热到一定程度后，政府又开始调控，如此循环往复。但总体来看，过往的调控均呈现出"调控周期较短、回暖周期较长"的特征，房地产行业的整体形势呈现出在波动中快速上升的态势。

从本轮房地产调控来看，房地产已经逐渐进入平缓增长、低频波动的长周期。某标杆房企董事长在与我们研讨交流时认为，本轮调控周期很可能长达6年，甚至更久，但是在较长的调控周期内，行业又会因为政策的些许松动而出现短暂的土地及融资窗口期。房企应充分认识和接

受这一事实，制订自身合理的战略规划，提升敏捷的反应力，更从容地应对行业新周期，并抓住短暂的窗口期。

三、精准调控：基于大数据进行精准调控、限高托底

政府调控楼市的依据已发生根本性变化，基于行业大数据的"精准调控"已是新常态。2019年3月的住建部座谈会给我们传达了这方面的明确信息：建立科学的监控体系，确保数据及时、准确、全覆盖，加快建设以大数据为基础的全国房地产市场监测系统，为分析研判房地产市场形势和开展有效调控提供技术支撑。

2019年4月，住建部紧接着发布相关文件明确指出，按月、季对各城市房地产市场进行评估，对房价、地价波动较大的城市进行预警。第一批被预警的城市包括西安在内的6个城市。根据统计局数据，2019年以来西安房价的同比涨幅连续5个月领跑全国。在收到住建部的预警后，西安随即于2019年6月进一步升级了调控政策。2019年5月18日，住建部再度发布房价预警，对最近3个月新建商品房、二手房价格指数累计涨幅较大的佛山、苏州、大连、南宁4个城市进行了预警提示。由此不难看到，中央基于大数据进行精准调控的特征越来越明显。

除此之外，房地产行业调控"限高托底"的特征也越发明显。也就是说，中央通过精准调控，使全国范围内一、二、三、四、五线城市的房地产市场轮动上涨（而非同涨同跌），确保房地产在合理的区间内震荡（既不破顶，也不破底），从而在确保社会稳定的同时保持经济增速。房企应充分洞察这一特点，准确研判不同能级城市的优劣势，以一盘棋、算大账的逻辑来制定合适的投资组合策略。

四、产业共生：多产业共同繁荣的决心与日俱增

长期以来，房地产行业作为我国经济的支柱产业，是拉动经济高速增长的关键领域。而随着中央对经济增长质量、经济结构优化的愈加重

视，政府越来越注重其他产业的协同发展。对房地产行业的持续调控，正是从侧面体现了政府对大力发展产业、不再依赖房地产行业带动经济增长的决心，"产业共生"已成为第三个新常态。

我们从以下几个方面的确可以看到，政府在发展产业方面已经开始行动。地方政府对于土地财政的态度已经有明显转变，从以前只关注土地出让收入的"一锤子买卖"到现在越来越关注土地坪效——每平方米土地上创造的经济效益。在此转变下，一方面，地方政府的产业扶持政策频频出台，各地纷纷依据自身产业发展的特点出台相应的产业扶持政策，以促进当地产业发展的升级换挡；另一方面，带产业属性的地块出让越来越多。数据显示，2018年全国工业用地的供应面积比2016年增长近25%。与此同时，要求"限地价、竞自持"的地块也越来越多，从而推动房企从资产管理和生产经营角度更加匹配长远的市场需求，以强化企业的自持资产运营。

在"产业共生"的政策新常态下，片区内不同城市之间的产业规划将更加合理，有利于实现产业互补，真正把产业落到实处，而这也将为房企的产业布局带来新的契机。在楼市调控持续的大环境下，房企应充分抓住这一契机，以"产业+地产"的模式实现战略破局。

五、城市共生：从单城一枝独秀到片区协同繁荣

过往，楼市政策都是由某个城市的地方政府出台的。政府基于本地房地产市场发展、产业发展情况，以及投资力度、居民收入等情况，综合评定当地产业政策、楼市调控政策的方向。但是当下，产业规划、楼市调控都不再以单城视角来考量，而是上升到城市群、片区的协同发展视角，"城市共生"成为第四个新常态。

一方面，产业规划从原来的单城规划到片区整体规划。在中国现有的政治经济体制下，各省份往往遵循"举一省之力发展一市之经济，并带动周边城市发展"的发展模式，但事实上，"带动周边城市发展"迟迟

没有落地。从各地来看，尤其是中西部省份，省会城市依然一枝独秀，周边城市与省会城市的经济发展差距很大。中央推动片区内的整体产业规划，使周边城市承接核心城市产业，同时核心城市的产业向中高端产业升级，正是为了解决这个发展差距的问题，以实现片区的协同繁荣。此外，一个很显著的现象是，由于省级单位对该省内多城市间的产业规划整合效果不明显，诸多"双城记"出现，例如广东的广州与深圳、山东的济南与青岛、福建的福州与厦门，都是一个是省会城市、政治中心，另一个是经济强市。而"双城记"不利于片区整体经济实力的增强。例如，广州与深圳两个龙头城市导致片区内的轨道交通通达度远不及长三角，与长三角的整体经济发展水平依然相距甚远。而粤港澳大湾区规划的出台，正是为了解决这个困局，避免两个龙头城市的恶性竞争，从中央的高度来制订片区内整体的产业规划，明确湾区内"9+2"城市的产业定位，推动城市之间的协同互补。

另一方面，楼市调控从单城调控拓展到城市群调控。过往的调控主要针对全国范围内房价上涨过快的热点一、二线城市，但本轮调控的一个显著特点是：不仅关注核心城市的楼市状况，还从城市群的角度去做整体的政策研究和出台。我们可以看到，环渤海、长三角、粤港澳大湾区内的重点城市以及中西部省会城市，甚至周边的三、四线城市，几乎都被纳入了调控范围，城市群调控特征极其凸显。而在一、二线核心城市的楼市需求外溢叠加棚改等利好政策下，周边三、四、五线城市迎来了房地产市场发展的机遇，从而有助于实现片区内楼市的共同繁荣。

所以，在"城市共生"的政策新常态下，每一个城市都应该思考未来自身在城市群是什么样的定位、扮演什么样的角色，由此才能真正实现城市发展格局从"单城一枝独秀"上升为"片区协同繁荣"。而房企也需要洞察和理解这一趋势，顺势而为，从中找到合适的发展机会。

第二节
房企生存挑战越来越大，数字化转型已是必然

在房地产行业面临四个新常态的大环境下，房企的生存挑战越来越大，在外部因素和内部经营的多重影响下，赢利空间越来越小。房企只有提升对外的敏捷反应力和对内的敏捷执行力，才能做到比对手更快一步，从而提升商业效率。要想做到这一点，数字化转型就是房企破局的必然路径。同时，互联网基础设施已然成熟，为房企数字化转型提供了良好契机。所以，对于房企而言，既有挑战，又有机会。

一、房企当前面临的四大生存挑战

在政府持续调控的政策大环境下，房企的生存发展愈加艰难。一方面，房企面临着外部利润空间被压缩的挑战；另一方面，房企面临着来自内部的企业经营和转型方面的巨大挑战。经过与部分房企的交流，我们认为，当前房企面临以下四大生存挑战，如图1-2所示。

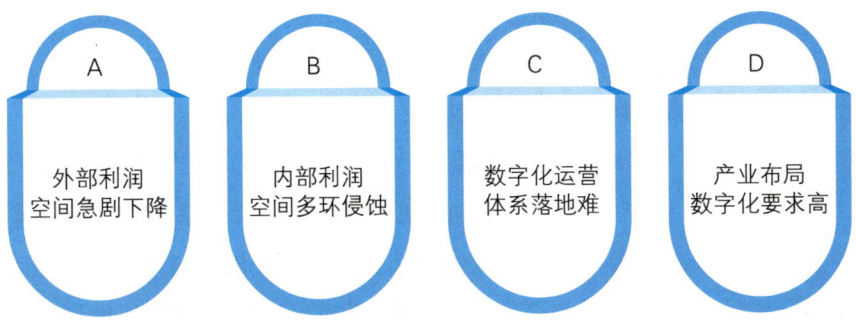

图1-2　房企当前面临的四大生存挑战

1. 外部利润空间急剧下降：精细化管理练内功已成必然选择

长期以来，房地产行业都是在粗放型发展模式下野蛮生长。房企在拿到一块地后多年不开发，土地晒太阳。伴随着地价的快速攀升，房企也能赚得盆满钵满。在"坐享土地红利"的模式下，是否能拿到地自然也就成为房企取胜的关键。地价的上涨，也带动房价水涨船高，可谓是地价、房价"两腿泥互相蹭，越蹭越高"，为房企带来了可观的利润空间。

然而，近年来，房地产行业已经步入了"充满了不确定性"的新周期，房企"晒地就能挣钱"的时代已经过去。一方面，地价持续攀升。热点城市的土地价格持续攀升，房企的拿地成本居高不下，"地王"现象频出。另一方面，楼市调控持续。自2016年"930"新政颁布以来，"限价"政策带来的房价天花板如同悬在房企头上的一把达摩克利斯之剑，使得房企试图提升售价以覆盖高额土地成本的逻辑不再成立，而在严控慢松的政策新常态下，价格天花板将在中长期内与房企同在。

由此，在"地价高企、房价受限"的外部大环境下，房企的赢利空间必然被大幅压缩。如图1-3所示，以杭州市为例，我们可以看到近5年来地价在持续快速地攀升，而受限价调控影响，2018年逐月的房价始终保持着一个稳态的水平，不能被突破。因此，在新的行业大环境下，房企生存压力骤增，到底要不要拿地也必须谨慎考量。

在这样的大背景下，我们发现热点城市的土地市场依然竞争激烈。2019年第一季度，热点二、三线城市的土地市场仍然一片火热，房企拿地竞争激烈，项目算不过账来。为什么这些房企仍然敢拿地？根本原因就在于房企本身的管理水平。所以，外部利润空间被极度挤压的现实挑战逼迫房企向内部要效益。这对房企精细化练内功的要求越来越高，要求房企通过提升管理水平来实现降本增效。

第一章 外部环境剧变，生存压力加大，数字化转型正当时

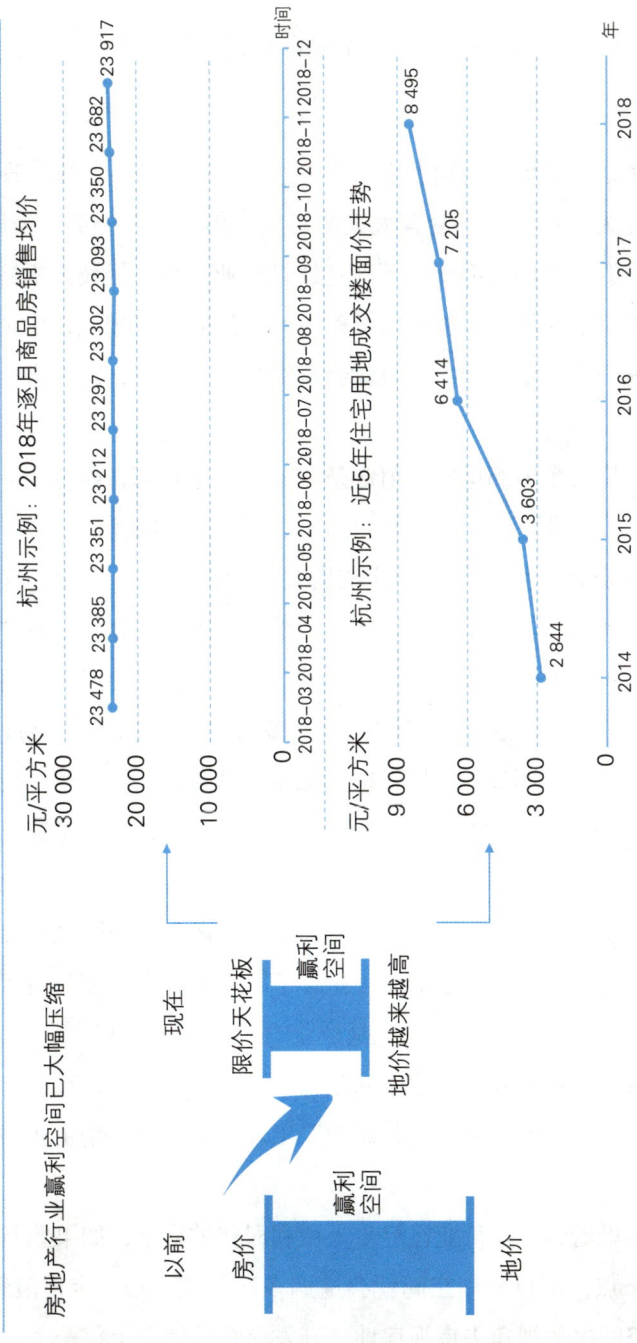

图1-3 房地产行业赢利空间已大幅压缩

数据来源：Wind（中国的一家提供金融数据、信息和软件服务的企业），明源地产研究院。

2. 内部利润空间多环侵蚀：本已微薄的利润被进一步压缩，直接影响房企生存

过往，在企业的单项目利润率较高的情况下，企业的经营管理差一点、投资损耗大一点，并不会有太大的影响。但是，在外部环境剧变、每个项目面临的投资环境都存在不确定性且企业利润已经被大幅挤压的情况下，如果房企内部的运营价值链条各环节还被大量损耗，房企的利润空间就会进一步遭受侵蚀，项目就会从微利变为巨亏，从而直接影响企业生存。

我们可以将房企内部运营价值链条划分为多个环节，而每个环节都可能存在损耗，整体呈现出一个漏斗的形态，如图1-4所示。

在最初的资金流入环节，企业的资金一般源于账面资金、存货变现以及融资三个方面。如果存在两年以上的"高库龄"存货一直"未变现"，这就是企业的损耗。在投资拓展环节，如果企业没有将融到的钱用于拿地，造成账面上留存大量"闲置资金"，给企业带来机会成本的浪费，这就是第二个环节的损耗。在开工生产环节，如果企业在投资拿地后没有动工，造成"闲置土地"这一异常资产形态，这就是第三个环节的损耗。在获取预售许可证环节，如果企业已经生产动工并将土地变成货值，但是没有拿到项目预售许可证，导致大量"不可售货值"出现，这就是第四个环节的损耗。在推盘去化环节，如果存在一部分当年没有卖出去的"低库龄存货"，那么这也是企业的损耗。在回款环节，如果在项目卖出之后，企业没有及时跟催回款，银行迟迟未放贷，钱没有真正落到企业的账上，导致大量"应收账款"出现，那么这也是企业的巨大损耗。

所以，不难看到，在行业已经步入微利时代的当下，如果业务的每个环节损耗一点，项目利润空间就会遭遇多环侵蚀。基于全货值管理，房企应从投资回报的视角去审视房地产开发整个价值链上每一个环节的

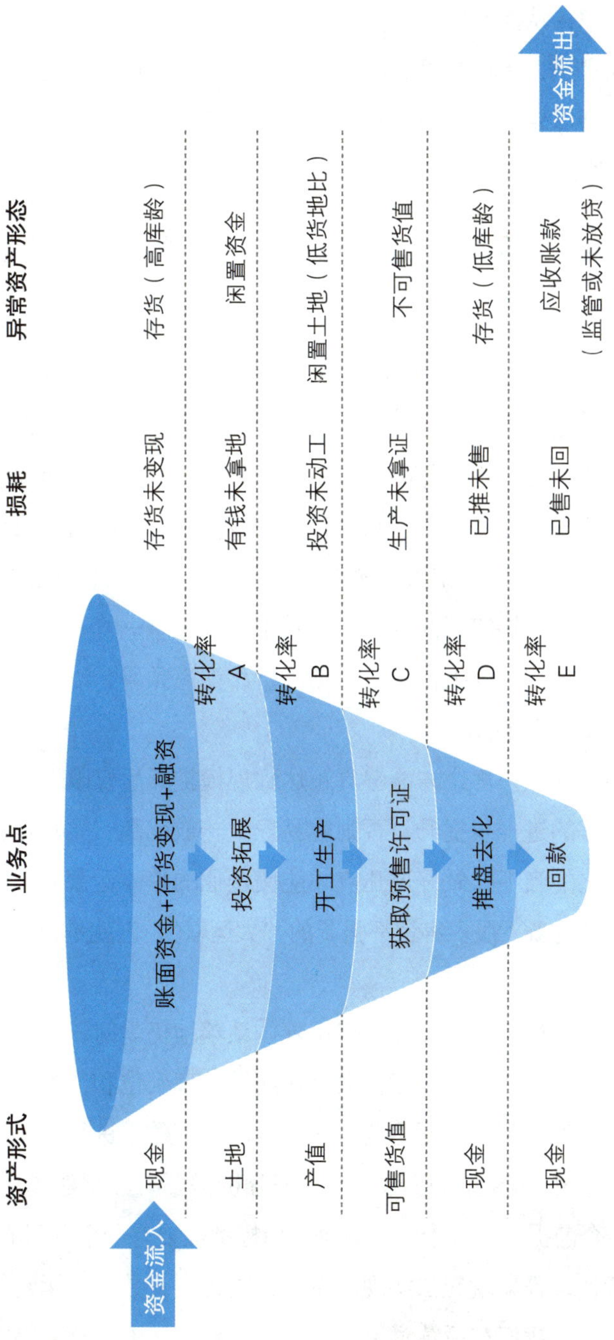
资产形式
业务点
损耗
异常资产形态
资金流入
现金
账面资金+存货变现+融资
存货未变现
存货（高库龄）
转化率A
土地
投资拓展
有钱未拿地
闲置资金
转化率B
产值
开工生产
投资未动工
闲置土地（低货地比）
转化率C
可售货值
获取预售许可证
生产未拿证
不可售货值
转化率D
现金
推盘去化
已推未售
存货（低库龄）
转化率E
现金
回款
已售未回
应收账款
（监管或未放贷）
资金流出

图1-4　房企内部的运营价值链条各环节投资损耗

转化率、损耗率，从而对企业自身的投资回报做到心中有数。当下，走高周转路线的房企，其核心强调的不是项目开发状态的高周转，而是资金流转效率的高周转。房企正是从这个角度去考量的，而这也是房企面向未来数字化建设应重点关注的。

3. 数字化运营体系落地难：决策体系不清晰、业务场景没在线、前后没打通

房企的规模越来越大，必然会导致权限下放，同时要求数据上传。房企集团总部的定位也将从一个主责行政管理、业务管理的总部，变成一个专业赋能型的总部。总部的职责重心是管头、管尾，同时要求过程透明。管头，即设定项目运营规则及目标红线；管尾，即对结果进行及时的统计与分析，并进行相应的奖惩；过程透明，即在项目开发过程中，一线的数据一定要能够实时回传，房企基于"投—融—管—退"的全链条在后台进行全集团的数据汇总、数据分析和动态预警，以便更好地做出风险预警和开发节奏的调整。

只有做到这几点，房企才能够真正达到规模扩大后权限下放所带来的整个组织效率的进一步提升，否则容易导致一放就乱。尤其是在外部大环境不断变化的当下，做好这几点才能使企业的整体运营动态适配外部环境，而这也是当下很多房企都强调的"大运营"，也就是数字化运营的核心缘由。

但是，从行业实践来看，数字化运营体系落地仍需时日，真正要将房企管理层关注的核心报表和指标数据快速地整理到位和清晰呈现，仍然存有很大的难度。其一，要将全行业、全产业的数据进行汇总仍有难度；其二，基于外部环境进行动态的数据分析需要有数据建模；其三，动态预警有一个前提，即每个领域、每个指标都需要有一个合理的阈值，没有这个参考值，预警就无法实现。所以，真正要将数字化运营体系落地，任重而道远。我们在后续章节会详细阐述数字化大运营面临的具体

挑战，以及基于全新的在线思维给各个核心运营场景带来的重构和改变。

4. 产业布局数字化要求高

当前，在外部拿地难、融资难的大环境下，多产业布局已成为房企竞相发力的关键路径。明源地产研究院近期在走访了全国范围内的数百家房企后发现，不论标杆房企还是本土房企，"产业+地产"都会成为未来的主潮流。如图1-5所示，我们可以看到，在国内外经济形势不容乐观、中美贸易摩擦没有停止的情况下，楼市调控政策依然没有放松，足见政府长效调控的决心之大。但是，从中长期来看，在认同中国的国内生产总值增速一定要保住6%的前提下，房地产调控要放松的概率很大。但是，直接放松住宅或只放松住宅调控的可能性不大。在此情况下，"产业+地产"模式成为房企共同的出口。而在这个背景下，"产业+地产"成为中央、地方、房企三者的最大公约数。从中央的角度来看，在多产业并举、优化经济结构的思路下，中央也希望手握重兵资源的房企能够"帮扶"其他产业，如此中国的经济结构转型目标才可能更快达成。所以，在这个"产业+地产"的风口，房企提前布局、抢占先机就显得特别重要。

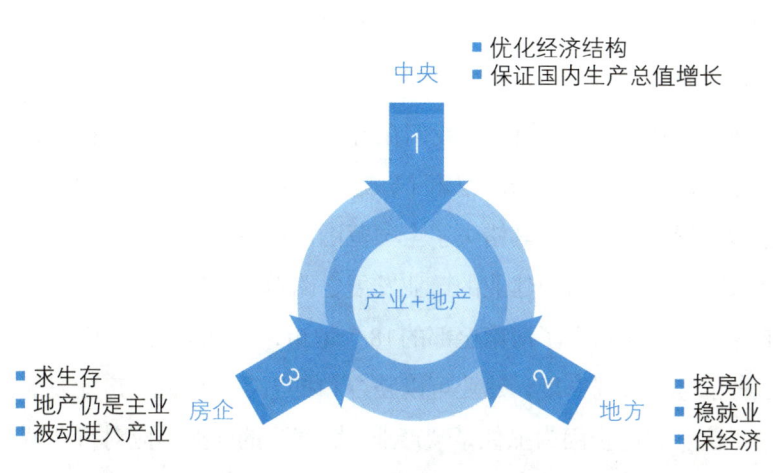

图1-5 "产业+地产"是中央、地方、房企三者的最大公约数

我们从表1-1中可以看到，诸多房企已经展开了多元化布局，"产业+地产"已成趋势。与过往迎合地方政府产业规划的产业发展模式不同，在接受调控政策短期内仍会持续不放松的形势下，房企已经普遍在思考如何将产业与地产结合得更好。

表1-1 诸多房企已展开多元化布局

房企名称	产业布局（除了地产主业外的其他产业）
万科	商业开发和运营、物流仓储服务、标准办公与产业园、冰雪度假、养老、教育等领域
恒大	文化旅游、健康、新能源汽车、金融、互联网
保利	养老地产、旅游地产、商业地产、海外地产
华润	农业消费、体育产业、长租公寓、产业地产、大健康产业
世茂	酒店管理、商业运营、主题娱乐、物业管理、创新服务
雅居乐	物业服务、资产管理、公共服务和社区商业
远洋	远洋商业、远洋资本、远洋服务（物业管理、养老服务、长租公寓、医疗健康、工程服务、仓储服务、智慧物业、智慧地产、餐饮服务等）
朗诗	物业、装饰、设计、养老、金融等
龙湖	物业、商业运营、长租公寓、健康养老

资料来源：企业官网、年报，明源地产研究院整理。

在"产业+地产"领域，我们在行业内发现了一些新的标杆，如河南建业。在过往规模跳涨的逻辑下，建业深耕河南本土的发展逻辑曾饱受诟病，行业普遍认为其错失了全国范围内诸多的投资机会，但是现在看来，区域深耕恰恰为建业的产业发展之路奠定了坚实的基础。经过多年的深耕，建业布局了河南全部的18个地市，在100个县市中占据了78个。有了这个布局密度，建业可以整合和打通各类资源，产业发展游刃有余。这一类房企因为抓住了"产业+地产"的脉搏，应对行业调控风险的能力自然更强。我们在后续章节中会对建业等在"产业+地产"领域做得比较好的案例进行解读。

在"产业+地产"已然成为大趋势的背景下，如何布局数字化成为摆在房企面前的新课题，比如多产业之间客户资源如何打通、面临的共性供应商资源如何打通、经营管理体系及指标报表如何在多产业之间打通等都是难点问题。如果这些问题都得不到解决，那么面向未来房企的生存空间会越来越小。

明源地产研究院在与多家房企深度研讨了这个课题后，总结了多产业布局下数字化面临的六个关键难点，如图1-6所示。

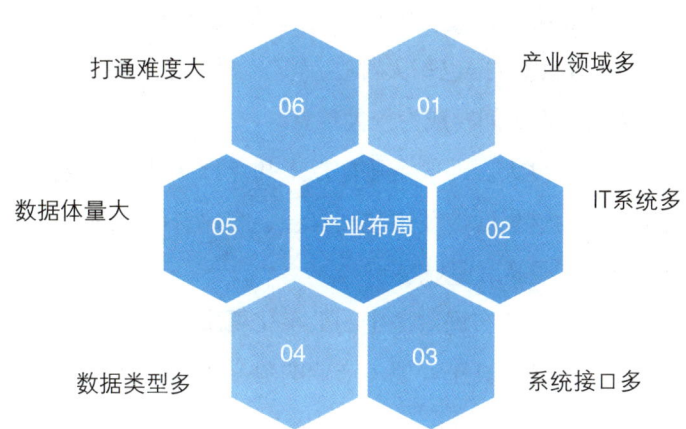

图1-6　多产业布局下数字化面临的六个关键难点

第一，产业领域多。在以地产为主业的情况下，围绕地产展开的房企信息化建设问题不大。但是，我们要看趋势，未来房企涉及的产业领域必然会越来越多，其他产业慢慢地也要形成业务闭环，那么如何把多产业有效地进行管理甚至打通就成为数字化转型必然面临的问题。

第二，IT系统多。比如某标杆房企，其内部管理的信息化系统达上百个，遍布开发、商业、物业、养老、港口、建筑等领域，如何将这么多数量的IT系统进行有效管理成为数字化转型的另一大难点。

第三,系统接口多。IT系统多,自然接口多,并且一个系统与一个系统不止一个接口,基于业务场景会有多个接口。

第四,数据类型多。首先,沉淀的数据涉及多个业务板块,各板块的业务数据都需沉淀。其次,过往在各个业务场景没有在线的模式下,企业沉淀的数据以交易数据为主;而在业务场景在线化后,行为数据也得以沉淀下来,比如客户收藏了哪个户型、在哪个页面停留了多长时间等。因此,企业沉淀的数据类型越来越多,如何进行有效的数据治理和应用同样是企业数字化转型要面临的问题。

第五,数据体量大。随着各个领域业务触点越来越多、数据类型越来越多,数据体量必然也随之增长,且除了地产板块外,其他各产业领域的交易数据、行为数据也每天都在沉淀。面对如此庞大的数据体量,数据质量、数据治理等问题成为一大难点。

第六,打通难度大。即使企业把以上几点都做到位,要打通各个产业依旧很难,因为这里面涉及主数据打通、客户资源打通、供应商资源打通、经营决策打通等诸多难题。

由上可见,多产业布局对房企的数字化要求高了很多。如何通过组织、平台、技术的变革真正实现多产业的数字化升级,是房企数字化转型的重中之重。

二、房企适度规模增长之路,对数字化转型的要求更高

以组织变革为例,在与行业内诸多标杆房企交流研讨后,我们认为,随着房企规模的进一步扩大,权限下放、数据上传、平台赋能、底线审计已经成为千亿房企组织能力升级的四个核心关键点,如图1-7所示。

图1-7 房企组织能力演变的四个核心关键点

第一，权限下放。随着房企规模的扩大，很多区域的销售规模都已经达到几十亿元、上百亿元，甚至单个区域的销售规模就达到千亿元。在此背景下，房企的经营权限必然要下放。因为房企总部的管理边界有限，所以在销售规模大了、跨区域布局多了之后，总部很难管得过来。

第二，数据上传。在权限下放后，如何去控制底线？那就是数据上传。现在比较流行的观点是，房企总部不是根据区域总经理的能力高低来决定授权大小的，因为区域总经理具有能力只是具备了放权的基础。不论区域总经理的能力高还是低，区域都要把经营数据实时上传，并用数据来换取权限，这已经成为未来房企总部放权的基本要求。这里要强调的是，数据一定要在线、实时回传，从而让总部对区域的经营状况、异常情况及时掌控。按照千亿房企的发展策略，销售规模越大，区域的能力越强。为保障房企总部对各区域的绝对掌控，只有区域用数据换取权限，总部才能把握主动权，从而避免出现一方诸侯。所以，权限下放、数据上传已经成为房企继续扩充规模的必由之路，诸如碧桂园、保利、中梁、奥园等标杆房企，用数据来换取权限已经成为其基本共识。

第三，平台赋能。在房企的经营权限下放了之后，总部就会演变成一个专业赋能的总部，以赋能为主，而不是以管控为主。所以，在平台赋能的逻辑下，如何使企业的组织架构、组织能力朝这个方向转型成为房企组织升级的关键。而房企总部之所以能够赋能，不仅仅是因为总部拥有具备卓越专业基础的业务专家，更是因为总部拥有沉淀着各项经营数据的数据库，可以从中提炼公司管理标准、发现管理问题、提供业务参考，而这些是数字化转型需要切实落地的要点。

第四，底线审计。在权限下放、数据上传之后，如何基于上传的数据和业务的底线规则去进行审计，一定是将来房企的总部大脑必须履行的一个重要职责，而这也是当前销售规模达千亿元的国央企和民企都存在的一个非常共性的诉求。如何基于过往公司的业务经验，结合行业的平均水平，去制定符合自身实际情况且不触碰上级单位监管的业务底线，也是房企数字化转型需要落地的。

总体来看，基于以上四个核心关键点进行组织能力的升级，并以数字化做支撑，将是房企组织变革需要发力的关键。

三、通过数字化构建敏锐的商业洞察体系是关键

我们在前文可以看到，房企当前面临的生存挑战越来越大，而如何应对挑战和确保企业的可持续发展是房企需要深刻思考的问题。在政策出台的路径升级为中央依据宏观指标进行决策的新常态下，房企对于未来行业的发展走向、企业的战略洞察变得越来越难以把握。因此，通过追求绝对的战略正确以保障企业的长治久安对于房企而言并不可控，即使对于战略定位一贯很准确的房企而言同样如此。

我们认为，房企当下很务实的策略应该是"我能够做得比对手、同行更快"。这就要求房企做到对外有更敏锐的洞察、对内有更敏捷的执行。对此，房企要具备快速决策、快速落地的能力，将敏锐洞察贯穿至终端，做到"船大也可以迅速掉头"，从而提升企业整体的商业效率，如图1-8所示。

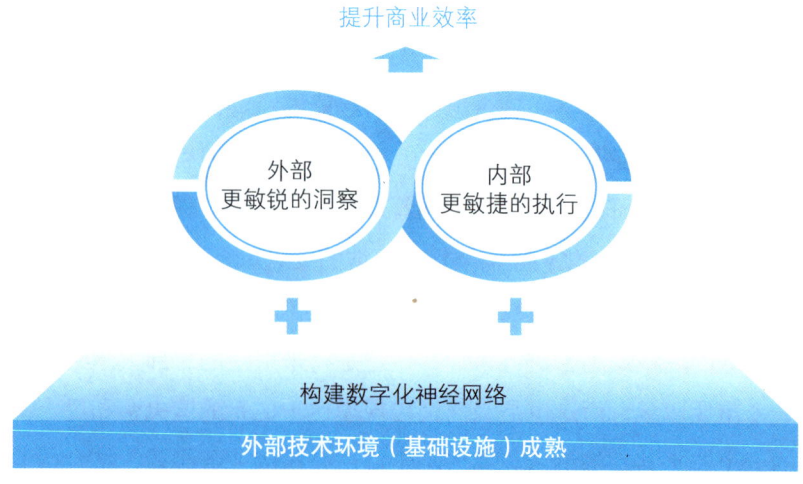

图1-8 房企商业效率提升的核心关键

对外更敏锐的洞察包括对外部市场和外部竞争对手的洞察。对外部市场，要对宏观的城市发展格局、行业发展前景有前瞻性认知，对微观的土地供需和楼市供需有明确的分析了解；对竞争对手，关键是洞察同类标杆企业的战略动态及其核心竞争力，明确自身的短板及发力空间。

对内更敏捷的执行指的是，如果房企能把内部经营动作更快、更好地执行，及时把指令执行到位，发现错了立马调整，它就可以灵活应变、把握先机。

要具备这种敏锐的洞察力和敏捷的执行力，并不依赖于高薪挖人，而在于构建企业自身的数字化神经网络，用数字驱动运营、优化决策打造敏锐的洞察体系。可以说，数字技术正在改变商业社会生存和竞争的基本逻辑，数字化能力也正成为房地产企业的"门槛能力"。只有跨过这道门槛，房企才能真正提升内外感知力，做到快速反应、先人一步。

回顾人类信息传播的发展历史，随着软、硬件科学技术的不断发展，人类的信息传播能力经历了从低级到高级的演变过程，并且在朝着数字化方向不断迈进。自第一台计算机问世到云计算的提出，再到人工智能概念的兴起，互联网技术在近几十年来实现了快速的飞跃和突破，如图1-9所示。

硬件技术的发展从底层带动了数据传输和存储技术的升级，网络带宽提速促进数据传输能力飞跃，存储能力加强使得海量数据得以沉淀。同时，软件架构也在不断进步，云计算的成熟促进了广泛的计算能力高效输出，大数据分析的进化意味着能更好地从海量数据运算中获取洞察力，弱人工智能的实现也推动了局部应用场景实现智能化。

伴随着长期以来硬件技术的提升和软件架构的进步，时至今日，外部技术环境及基础设施已然成熟，恰好为房企的数字化转型提供了很好的土壤。尤其是在阿里云的推动下，中国的互联网设施日趋成熟，数字

022　房企数字化制胜

硬件技术提升
- 网络带宽提速=数据传输能力飞跃
- 存储能力加强=海量数据沉淀

软件架构进步
- 云计算的成熟=广泛的计算能力高效输出
- 大数据分析的进化=海量数据（PB）运算获取洞察力
- 弱人工智能的实现=局部应用场景智能化

技术发展

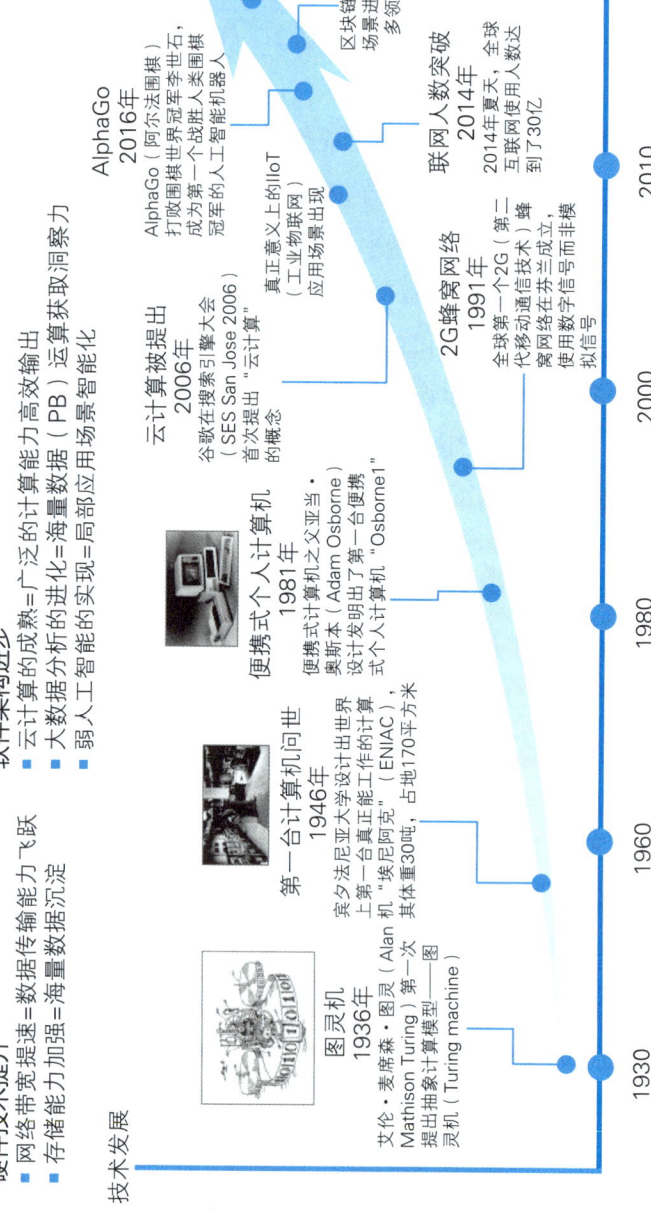

图灵机
1936年
艾伦·麦席森·图灵（Alan Mathison Turing）第一次提出抽象计算模型——图灵机（Turing machine）

第一台计算机问世
1946年
宾夕法尼亚大学设计出世界上第一台真正能工作的计算机"埃尼阿克"（ENIAC），其体重30吨，占地170平方米

便携式个人计算机
1981年
便携式计算机之父亚当·奥斯本（Adam Osborne）设计发明出了第一台便携式个人计算机"Osborne1"

云计算被提出
2006年
谷歌在搜索引擎大会（SES San Jose 2006）首次提出"云计算"的概念

AlphaGo
2016年
AlphaGo（阿尔法围棋）打败围棋世界冠军李世石，成为第一个战胜人类围棋冠军的人工智能机器人

真正意义上的IIoT（工业物联网）应用场景出现

2G蜂窝网络
1991年
全球第一个2G（第二代移动通信技术）蜂窝网络在芬兰成立，使用数字信号而非模拟信号

联网人数突破
2014年
2014年夏天，全球互联网使用人数达到了30亿

区块链应用场景进入更多领域

边缘计算应用出现

5G（第五代移动通信技术）标准制定

1930　1960　1980　2000　2010　2020　年

图1-9　人类信息传播的发展历史

化浪潮席卷而来。如图1-10所示，人工智能、虚拟现实、增强现实等新兴技术不断涌现，ABCDE［Algorithm（算法）、Big data（大数据）、Cloud computing（云计算）、Domain（领域）、Ecosystem（生态）］技术全面发力，移动应用、云应用、大数据应用已经处于进行时。可以说，数字技术正在改变商业社会生存、竞争的基本逻辑。

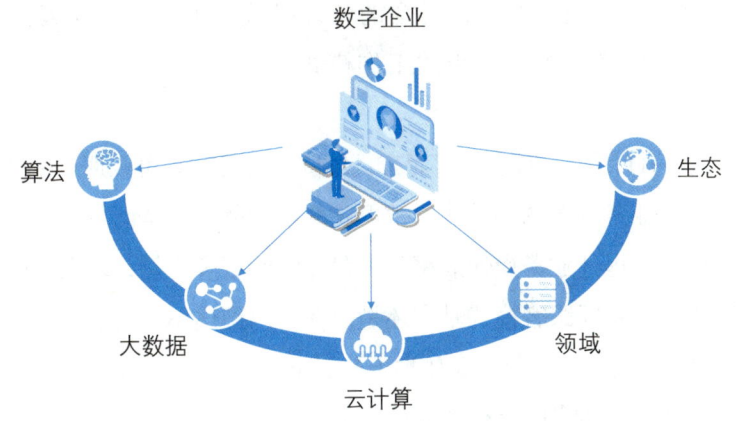

图1-10　中国的互联网基础设施日趋成熟

对于房企而言，尽管面临严峻的生存挑战，但各项科技手段的成熟以及阿里云、明源云在房地产行业基础设施方面打下的坚实基础，为地产业务升维和创新业务培育创造了千载难逢的条件，使得企业更有条件去构建全新的数字化运营体系，为房地产行业精细化管理提供了巨大的提升空间。

我们可以看到，行业内的标杆房企普遍在向数字化方向发力，不少房企已经实现了"将企业装进口袋""一图在手、运营全有"的数字化目标。只需一张"项目动态运营图"，运营总经理就可以清晰地了解项目全貌，包括项目年度主要经营目标、项目的开发时间节点、供货计划、重点部位单方成本和户型配比等信息，轻松做到项目信息全知晓。

例如，招商蛇口运用信息化系统在数字化运营管控方面成效显著。一方面，招商蛇口将DMP（数据管理平台）与移动报表相结合，直观呈现管理层关注的指标数据，实现了业务的可视化、移动化，为经营决策提供有效支撑；另一方面，招商蛇口采用场景分析法，通过业务数据和项目主数据治理，确保了基础数据准确、及时。

四、数字化将重构房企业务模式，提升生产效率

在数字化转型升级后，房企的管理模式和业务体系会发生什么样的改变呢？房企不同层级的工作模式和生产效率会有什么样的提升呢？

如图1-11所示，对于基层而言，每位一线员工都可以通过手持的移动终端实现业务场景的移动化、数据获取的智能化，全面颠覆传统的业务操作模式，提升业务操作效率。以置业顾问跟客为例，现在比较传统的案场的置业顾问跟客模式基本还是，在客户到达案场之后，现场置业顾问拿着本子记录客户信息，效率十分低下。

而现在，非常多的标杆企业已经实现了销售跟客的全面数字化，置业顾问基于一个在线的App（应用程序），可以在线实时跟踪全部信息。例如，在开盘当天的客户中，有多少人在路上，有多少人实际到达现场，有多少人已经签到，有多少人已经入场，有多少人已经选房，有多少人已经付款，都可以在置业顾问的iPad（苹果平板电脑）或手机上一览无余，大大提升了案场的协同管理效率，使一线作战效率实现质的飞跃。同时，这些客户数据不会因为人员离职而流失，而是全部能够沉淀为企业宝贵的数据资产。

对于中层而言，随着沉淀的数据越来越多，业务相关的标准值会越来越丰富，有利于实现业务管控的标准化和提升中层对业务的管控能力。例如，什么情况下是异常的，遇到什么情况应该怎么做，背后的决策模型是什么，对应的标准响应流程是什么，都能基于强大的后台为中台快速赋能。同时，中层可以实现内外互联和协同提升，并辅助管理的优化提升。

第一章 外部环境剧变，生存压力加大，数字化转型正当时 | 025

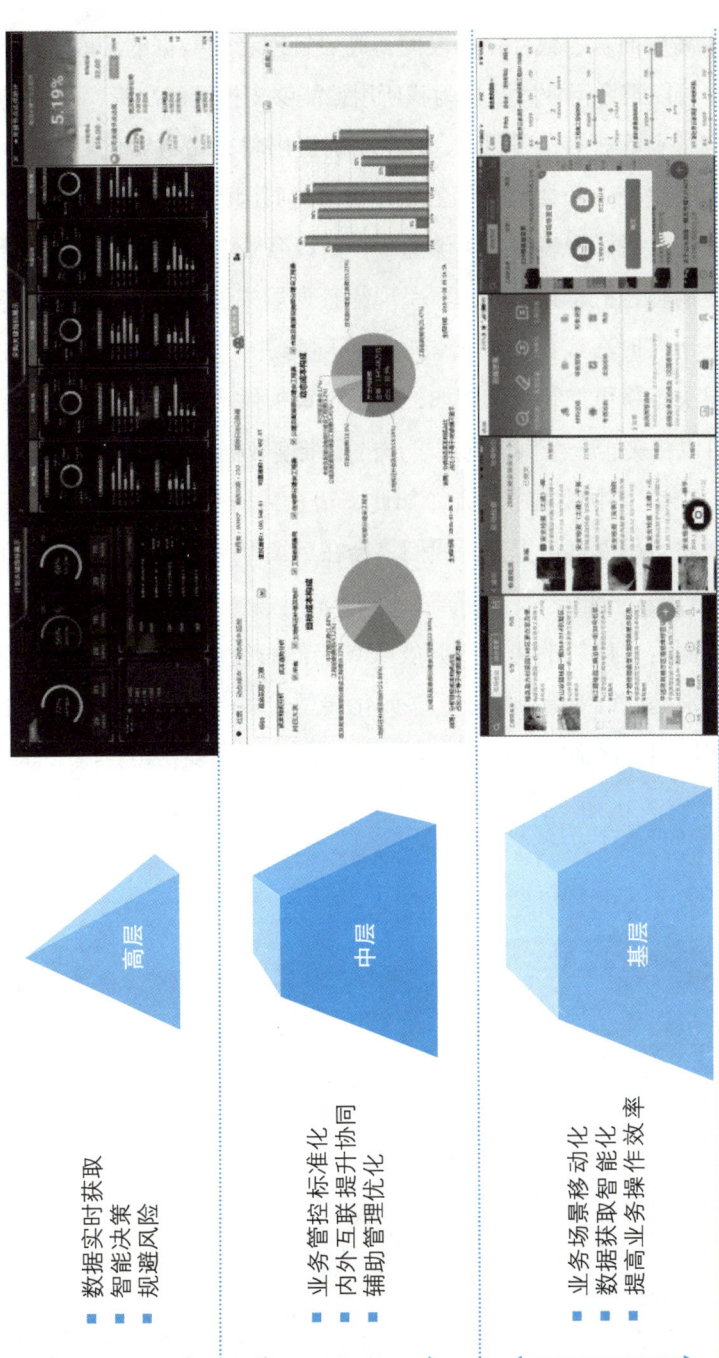

图1-11 数字化推动房企各个层级生产效率大幅提升

对于高层而言，数字化手段使得高层管理者对数据的获取更加丰富和及时，可以整合行业大数据为我所用，能够支撑智能决策、规避风险。在我们与行业标杆B企研讨时，B企明确提出将来做数字化要达到的第一个目标就是减少开会次数。企业开会多的原因何在？因为内部各类业务决策信息、指标报表信息不够通畅，所以各业务层必须得当面把各自领域的数据整合汇总到一起，再呈现给管理层来做决策。而通过数字化转型，基于实时在线沉淀的大量数据，同时进一步整合外部的大数据，未来高层决策将更加智能。例如，房企在审视供应商质量与客户的购买力时，可以将关于一个供应商或客户的多维度数据全部整合到一个维度，从而在一个空间中做集中呈现。如此，房企才能获得更加准确的判断，生产效率才能得以真正提升。我们将会在后续章节中详细阐述数字化为房企带来的核心价值。

总体而言，传统的房地产开发领域仍然有待转型升级。与此同时，在政策新常态、行业新周期下，多元化转型、多产业布局成为房企的重要选择和出口，而数字化转型正是传统地产升级和多元化转型二者的共同抓手。

第二章

房企数字化转型面临的关键挑战

第二章 房企数字化转型面临的关键挑战

长期以来，关于房地产行业的信息化建设已经是老生常谈，但与互联网行业相比，房地产行业的信息化水平还远远不足。在当前不确定的大环境下，数字化转型已经成为行业的焦点话题。房地产行业内诸多先行者在数字化转型方面做过深度的尝试，有成功也有失败，留下了很多可歌可泣的故事。这些经验教训非常值得行业提前了解。

那么，房企数字化转型到底难不难，是否可以在短期内快速见效？我们在对行业数字化转型进行了充分的调研之后，对房企数字化转型面临的六大关键挑战进行了提炼，以供行业参考，如图2-1所示。

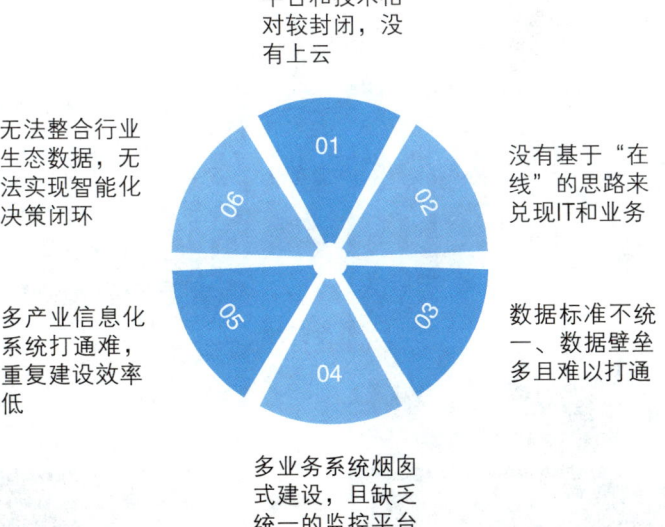

图2-1 房企数字化转型面临的六大关键挑战

第一节
平台和技术相对封闭，没有上云

以前，在整个房地产行业的信息化以地产为主或者行业对房企精细化管控要求不高的背景下，房企依靠自身稳态的结构进行数字化建设是可以顺利推进的。

但是，在外部环境发生剧变，并且对房企的精细化管理要求越来越高，同时涉及的产业领域也越来越多的情况下，房企仅依靠自身稳态的结构去支撑数字化建设的难度会比较大，因为平台和技术相对封闭，整体迭代速度也会较慢，如图2-2所示。那么，能否把数字化上下游生态资源有效整合起来，从而共建房企自身的数字化呢？这是房企需要重点去思考的问题。

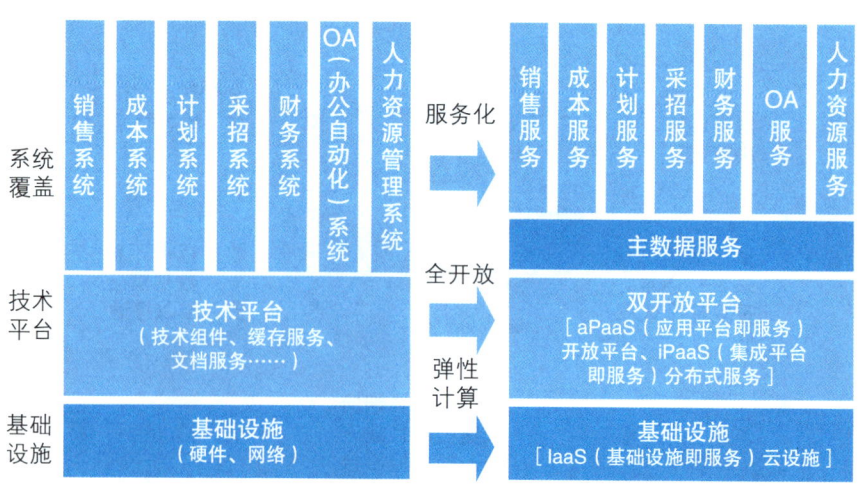

图2-2　平台和技术相对封闭

如果要共建房企自身的数字化，前提就是数字底座要进行升级。未来全新的数字底座的典型特征是"三高一开放"，即高稳定性、高可用性、高安全性和开放性。我们可以从以下三个方面来看数字底座升级带来的优势。

第一，数字底座升级的一个典型特征就是，把基础设施放到"云"上。把基础设施放到"云"上的关键优势在于，云存储能力、资源连接能力、数据联通能力和安全性都能够得到大幅提升。我们知道，云计算是一种通过虚拟化技术实现大规模计算的架构和方法，具有规模大、虚拟化、可靠性高、通用性强、扩展性高和廉价的优点。在云计算中，数据可以在任何地方被访问，可以灵活拓展IT需求。在有了云计算后，诸如阿里巴巴、亚马逊这样的电子商务网站，每天面对数以百万计的请求和事务才得以顺利处理，既保证处理能力，又保证存储能力。

第二，从传统的技术平台向双开放平台升级，打造一个成熟的开放平台。如此一来，若房企计划开发相关的插件或页面，外部第三方就可以基于这个平台进行表层开发，而不用像过往一样重新再建一个平台。对于房企而言，这是代价最小、效率最高、效果最好的方式，同时也能让更多的第三方参与进来共建房企的数字化。

第三，从传统的系统覆盖向服务化进行升级。以前，房企的信息化建设讲究的是单个的子系统，如销售系统、成本系统、采招系统、计划系统等。未来，房企可以将各个子系统进行解构，并将其转变为一项一项的服务，如销售服务、成本服务、采招服务、计划服务等，可以通过主数据服务为这些服务项提供支撑。由此，房企在进行某个领域的信息化建设时，就可以直接从中提取某项所需要的服务。如此，数字化建设才会更高效。

所以，数字底座是否升级是决定未来数字化转型成败的关键之一。但从目前行业的现状来看，平台和技术仍然相对封闭，没有上云、没有开放、无法迭代，这仍然是房企数字化转型面临的一大挑战。

第二节
没有基于"在线"的思路来兑现IT和业务

当前，房企在经营管理中越来越强调数据支撑决策。然而，在移动互联网已然十分成熟的当下，很多房企依然没有基于"在线"的思路去沉淀数据，导致数据的沉淀与打通、分析与呈现的代价都非常高，如图2-3所示。

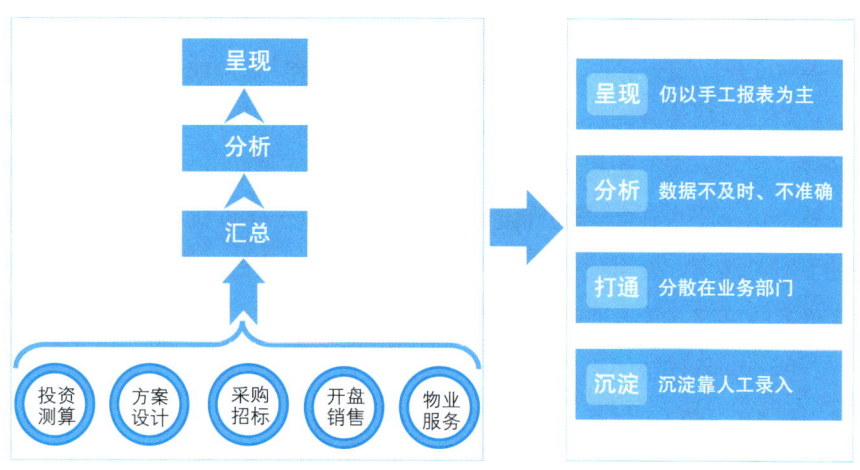

图2-3 业务场景没有在线

"数据基本靠录入、分析基本靠加班"，不少房企仍然停留在传统的数据录入分析阶段。房企高层决策所需要的数据，往往要经历"录入—汇总—分析—呈现"几个漫长的环节。在实际操作中，往往是这样一番景象：当管理层要看报表或提出了一个数据要求时，运营人员开始制作表单，再向各个部门分别传递表单，并提出时间要求；接着，各部门开始加班加点地录入数据，在录入过程中由于对某些数据不了解或难以追溯，可能还会不断反复；在数据好不容易录入完成后，相关部门又要加班加点进行分析校验；在经过层层的填报汇总和分析校验后，一份手工报表才呈现在管理者面前；而根据高层需要，往往过几天这种数据要求可能又要重来一次，类似的工作不断循环反复。

在这种传统的数据处理模式下，不仅基层工作人员负担重，而且更关键的是，数据需要二次录入，且散落在各个业务部门、没有被打通，导致数据填报速度慢、数据准确性难以保障。同时，数据分析也不及时，整体生产效率极低，这显然不利于管理者的决策。此外，数据的呈现还依赖于传统的手工填报，效果不够直观也不理想，且无法做到实时动态呈现。

导致这一系列问题的关键原因就是，业务场景没有在线。在执行业务过程中，房企没有充分利用在线化的手段将数据沉淀下来。所以，在线化不仅是管理者的决策诉求，更是一线的业务诉求。如果房企基于在线的思路去重新审视和重构各个业务场景，那么其管理模式、决策模型都将被颠覆。

第三节
数据标准不统一，数据壁垒多且难以打通

房地产行业的规模大、链条长、环节多，从拿地、采招到工程建设、销售、物业服务等每个环节都沉淀了大量的数据。房企在数据治理的过程中往往存在以下几个方面的难点。

一、数据体量庞大，数据治理难度高

房企庞大的业务体量使其数据量巨大，也直接导致其数据治理的体

量极其庞大。

房地产行业以前的主数据管理不是统筹规划,而是孤岛型建设,导致房企整理基础数据的工作量很大。在房企整理数据的过程中,业务还在不断发生变化,数据还在不断丰富和细化。例如,房企要做百万级的主数据相对轻松,但稍微深入一个"颗粒度"就是千万级的数据体量,而要想治理千万级的主数据,房企就要"伤筋动骨"。

二、数据标准未统一,基础不牢固

过往房企虽然有大量的数据沉淀,但缺乏基础的数据标准,比如统一的编码体系等。我们知道,数字化转型的一个重要基础就是房企的基础建设,即数据标准。就像盖房子需要先打地基一样——地基不牢,高楼就容易不稳固,没有统一数据标准、夯实数据治理基础这一前提,数据体量越大,后期数据治理的难度就越高。

而过往,房企在没有基础的数据标准的情况下,随着业务的推进,沉淀的数据体量越来越大,而等数据体量已然是庞然大物之时再来统一数据标准,难度可想而知。最后,房企可能还得花费10倍的精力去调整。因为统一数据标准、夯实地基的过程不太容易显现效果,所以它往往容易被房企忽视。

三、存在大量数据壁垒,数据难打通

除此之外,经我们的调研巡检发现,在项目主数据的应用上,行业内普遍存在大量数据壁垒、数据难以打通的现象或难点。究其原因,主要在于以下几个方面。

在管理规范方面:一是业务标准不完善,项目的管控范围(联合操盘)、分期的划分及命名规范、产品类型的分类标准、楼栋的划分标准需进一步完善明确;二是权责划分不明确,对每一个主数据指标的生产部门、维护节点、录入部门、审核部门、消费部门需要逐一明确,明确各个指标字段的权责划分；三是指标库没有清洗，现有项目主数据平台中的字段还存在无效字段，且关键指标不完整，指标字段的定义、计算公式、字段类型等还有待明确。

在系统支撑方面：一是没有针对主数据内部字段间的联动逻辑及业务系统间的逻辑，也没有落地到字段层级逐一兑现；二是没有根据梳理后的数据标准直接固化在项目主数据平台中，也没有形成数据的校验、提醒、预警及强控效果；三是没有针对系统目前存在的项目分期等历史数据进行全面清洗，没有清除管控范围外的项目，也没有补录新纳入的项目数据。

在考核机制方面：一是维护人员能力欠缺，各城市公司运营专员对管理规范及系统熟悉程度不统一；二是巡检规则不完善，项目主数据巡检范围仅聚焦在核心节点及面积指标，项目主数据的整体数据质量保障不足；三是缺乏有效的奖惩制度，对于数据维护质量的好坏没有给予相应的奖惩，数据录入人员在数据质量的责任承担上缺乏约束力。

综上所述，我们可以看到，在房企庞大的数据体量之下，主数据治理存在诸多痛点，包括数据治理体量大、数据标准不统一、数据壁垒存在、数据难以打通等。这些都将导致房企数字化转型难度大，也是房企需要重点去突破的问题。

第四节
多业务系统烟囱式建设，且缺乏统一的监控平台

房企原有的信息系统往往是根据业务需求来独立建设的，缺乏统一前瞻规划。时至今日，房企要对多系统进行重构，难度巨大。与此同时，随着房企业务的深化与拓展，为支撑业务有效开展的IT系统会越来

多，尤其是随着多元化布局的推进，IT系统的数量更是大幅增加。如何对大量系统进行有序的统筹和管理也成为摆在房企面前的新课题。

一、业务系统烟囱式建设，整合重构难度大

在过往的业务过程中，房企都或多或少地建设了一些系统，但这些系统都是基于一个一个的业务需求快速建设的，像一根一根的烟囱。其他行业的信息化建设也存在类似的现象，但是房地产行业的烟囱现象是比较严重的，因为房地产规模体量大，其每一根烟囱都承载着很大的业务量，沉淀了大量的数据。在这种情况下，真正对孤立的烟囱、底层的数据进行整合、重构和打通的难度尤其大。

某标杆房企首席执行官在与我们的交流中谈到，当下房地产行业的数字化转型就如同"飞机在飞行中换翅膀"。飞机在高空高速飞行的风险是巨大的。也就是说，房企在对原有的信息系统进行重构整合时，无法将业务停下来等着信息部门去做，而是要在日常业务推进过程中进行改造，所以这个过程中不能有任何差错。

二、业务系统越来越多，缺乏统一的监控平台

我们整理了某标杆房企的系统及其数量来举例论证，如图2-4所示。我们可以看到，地产板块根据业务的需求，其系统数量多达19个。例如：要解决投资拓展的管理问题，就需要土地管理系统；要对收支双线进行管理，就需要销售管理系统、成本管理系统、费用管理系统；要对进度节点进行有效管理，就需要计划运营系统；要对庞大的供应商体系进行有序管理，就需要前端的采购系统、后端的移动质检系统等；针对所有费用的发生，需要全面预算管理系统；为了提升案场销售效率，需要云客系统；针对后期的物业管理服务，需要客服系统；为了顺利推行项目跟投制度，需要跟投系统。而针对如此众多的系统，房企又需要一个主数据系统进行整体对接和管理。

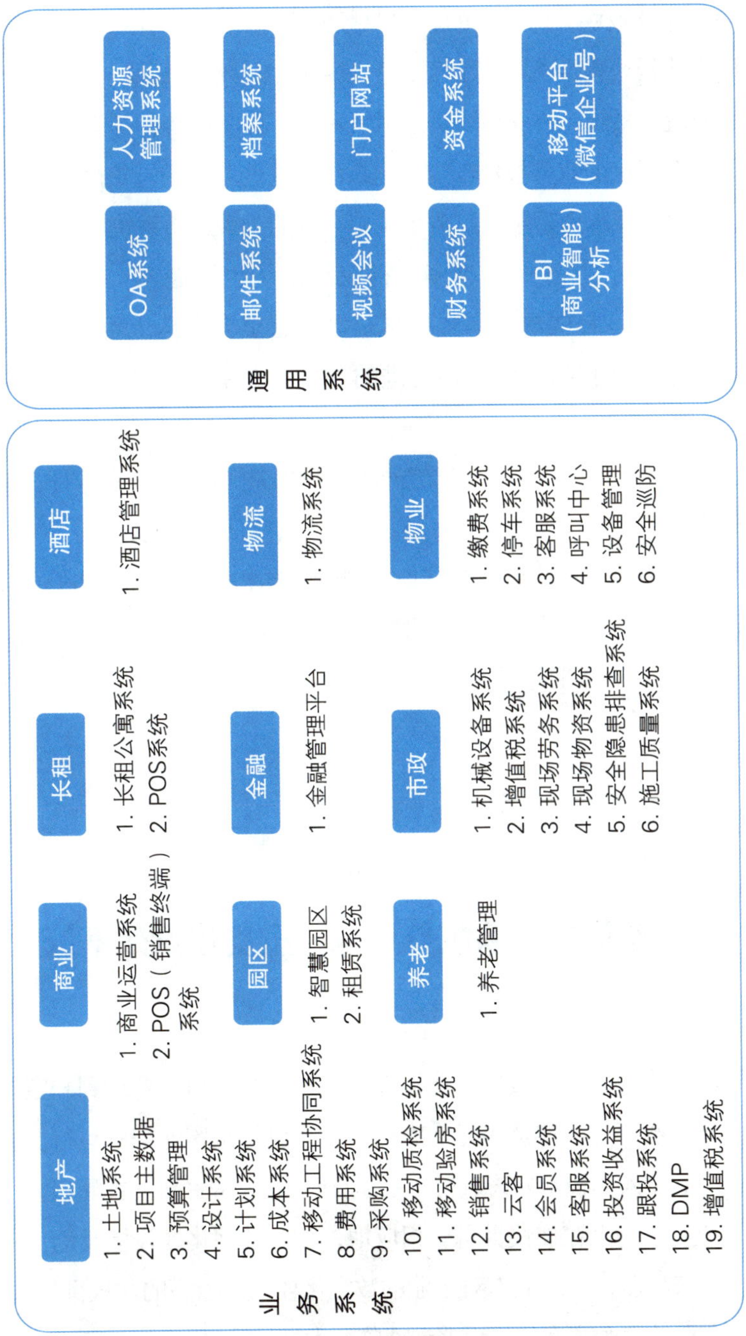

第二章 房企数字化转型面临的关键挑战　037

某房企示例：共计51个系统

通用系统：
- 人力资源管理系统
- 档案系统
- 门户网站
- 资金系统
- 移动平台（微信企业号）
- OA系统
- 邮件系统
- 视频会议
- 财务系统
- BI（商业智能）分析

业务系统：

地产
1. 土地系统
2. 项目主数据
3. 预算管理
4. 设计系统
5. 计划系统
6. 成本系统
7. 移动工程协同系统
8. 费用系统
9. 采购系统
10. 移动质检系统
11. 移动验房系统
12. 销售系统
13. 云客
14. 会员系统
15. 客服系统
16. 投资收益系统
17. 跟投系统
18. DMP
19. 增值税系统

商业
1. 商业运营系统
2. POS（销售终端）系统

长租
1. 长租公寓系统
2. POS系统

酒店
1. 酒店管理系统

金融
1. 金融管理平台

物流
1. 物流系统

园区
1. 智慧园区
2. 租赁系统

市政
1. 机械设备系统
2. 增值税系统
3. 现场劳务系统
4. 现场物资系统
5. 安全隐患排查系统
6. 施工质量系统

养老
1. 养老管理

物业
1. 缴费系统
2. 停车系统
3. 客服系统
4. 呼叫中心
5. 设备管理
6. 安全巡防

图 2-4 业务系统缺乏统一的监控平台

除了地产板块外，房企的其他业务板块同样需要对应的系统进行管理，如商业板块需要商业运营系统、收益系统，市政板块需要机械设备系统、增值税系统，物业板块需要缴费系统、停车系统，等等。

而房企所有的业务板块都需通用系统对这些业务进行支撑，包括OA系统、人力资源管理系统、财务系统等在内的十大通用系统。

企业覆盖的业务板块越多，相应的系统也会越多，相应的系统接口也会越多。有些规模房企的系统数量甚至会多达上百个，面对如此庞大的系统和接口数量，再先进的项目管理系统都很难把它们管理起来。

因此，房企急需建立一个统一的管理机制和运维平台，即"监控系统的系统"，从而实现对大量系统和接口的有序统筹管理，全方位监控系统间的拓扑连接关系以及接口的健康状况和稳定情况。我们可以看到，行业内已经有房企开始做出了构建"云运维监控平台"的尝试。但是，要将该平台真正落地并实现良好的效果，对房企而言仍是不小的挑战。

第五节
多产业信息化系统打通难，重复建设效率低

以前，房企的业务板块普遍以地产开发为主，当企业达到一定规模之后，就自然而然会涉及多元生态的建设，也就是跨业态的运行。尤其是随着行业步入调控新常态，"产业+地产"成为房企新的突破口，房企的多元产业布局也在加快推进。相应地，房企数字化建设涉及的业务领域也会越来越多，而多业态对企业的数字化要求是很高的。从目前来看，多产业布局的房企数字化建设普遍面临两大挑战。

一、各业务领域数字化难以支撑业务闭环且打通难

对于多产业布局的房企而言，每个业务领域的数字化如何支撑业务闭环，以及多业务领域的数字化如何打通，都是全新的挑战，如图2-5所示。

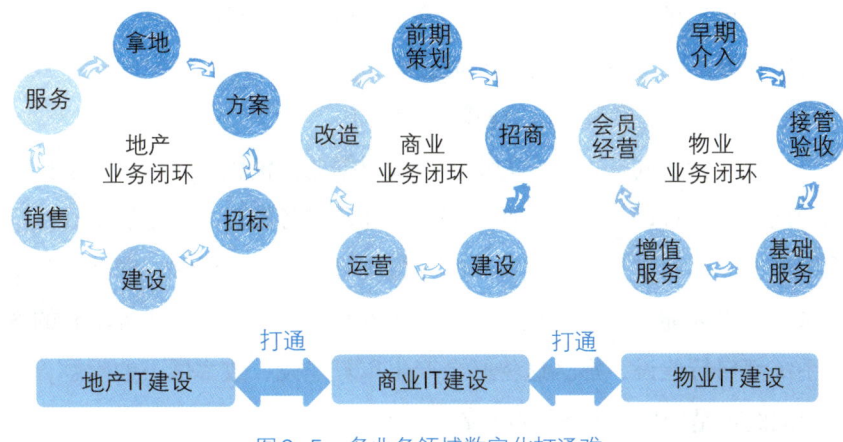

图2-5 多业务领域数字化打通难

一方面，房企在地产主业领域需要进行相应的IT建设，以支撑其从拿地、方案设计、招投标到开工、开盘、物业服务等完整的业务闭环。另一方面，除了地产板块的IT建设之外，房企还会有诸如商业、物业、农业、体育、养老等多元板块，同样需要各个板块的IT建设来支撑本领域的业务闭环。比如商业，从前期的策划、招商、建设到后期的运营、改造等业务闭环，需要一系列的信息化系统来进行全面支撑。多业务领域的数字化如何支撑本领域的业务闭环是多元布局房企首先需要思考的问题。

进一步来看，多业务领域之间的底层数据还需要进行打通，如对数据标准进行统一等；否则，每个业务领域的信息系统也会变成一根一根孤立的烟囱，即使每一个业务领域的数字化本身都做得很到位，也无法解决烟囱式建设带来的弊端。而这也成为多元布局房企面临的全新挑战。

二、多产业信息系统缺乏统一规划，导致重复建设

从行业实践来看，房企往往容易出现多产业信息化系统缺乏统一规划的问题，每一个业务板块都在进行独立的系统建设。但事实上，各个业务板块之间必然存在相同的底层业务和数据需求，可以实现共用。例如，阿里巴巴的淘宝、天猫两个业务板块都需要交易中心、用户中心、评价中心等，而这些通用的系统完全可以共用。如果这些系统各自建设，那么带来的必然是资源的浪费和效率的低下。

房地产行业同样如此，如地产板块根据业务流程与需求，需要招投标管理、采购管理、运营管理、客服管理、财务管理、人力资源管理等系统来支撑；而诸如商业板块、物业板块等其他产业板块，同样有类似的系统需求才能得以有效运转，如图2-6所示。如果各个业务单元的各个系统都自行建设，那么这势必会产生重复建设、效率低下的问题，这对企业而言是一种极大的资源浪费。

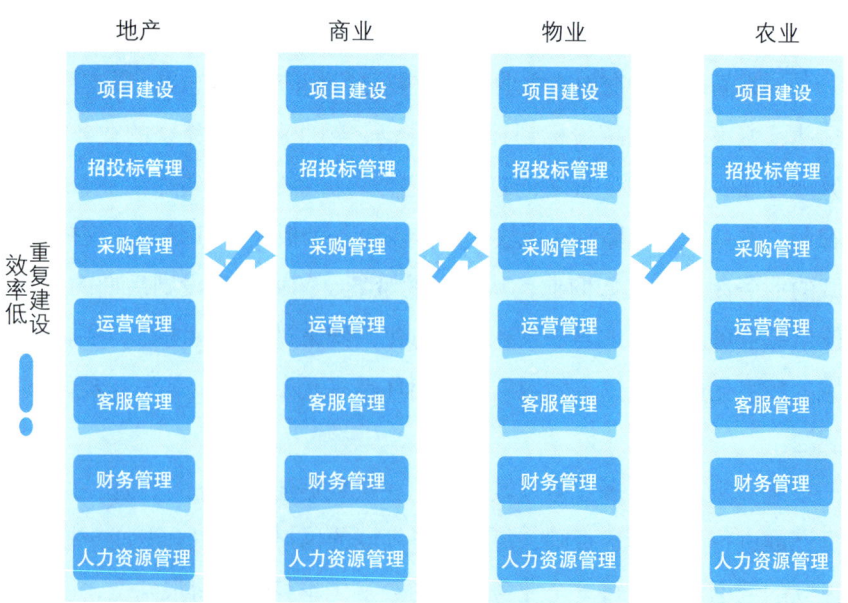

图2-6　多业务领域信息化重复建设、效率低

那么，面对多产业领域、多系统需求，房企应该如何进行有效的信息化建设呢？答案就在中台建设中。"中台"的概念恰恰是源于阿里巴巴基于打通淘宝、天猫、1688三个独立的电商平台的底层需求。房企要基于中台思维搭建一个共享服务体系，为各个业务板块提供服务。中台建设模式不仅能够最大限度地避免多产业领域的信息化重复建设，还有利于不同板块之间数据的打通和提升信息化建设效率——这些都是未来房企需要重点破局的。关于中台建设思路及实战案例，我们在第五章会予以详细阐述。

第六节
无法整合行业生态数据，无法实现智能化决策闭环

随着科技的日趋成熟，全球已经进入大数据时代。对于房企而言，如何真正基于行业生态大数据实现智能化的决策闭环，仍需大力探索。

在业务决策过程中，如果房企仅依靠自身内部的数据，那么即使研判体系再严谨，它也只能触达某一个事物海量数据的冰山一角，在缺乏外部大数据的情况下，无法了解一个事物的全貌。以供应商识别为例，假设一家供应商一边在给客户大力推销产品，一边在与10多家客户打官司。我们如果没有整合外部数据，就无法准确认知这家供应商的优劣；而我们若能将全行业的数据整合起来，就可以做到"让太阳底下没有罪恶"。再如，基于销售管理领域，我们如果能把多行业、多维度的客户信息整合起来，就可以让决策进一步提效。

所以，房企必须从行业全生态的视角，以更开放的心态做连接，将各行各业的数据整合起来。如图2-7所示，与衣、食、住、行、娱、购、游领域相关的企业，比如解决人们饮食需求的美团、解决人们出行问题

的滴滴、解决人们购物问题的淘宝、解决人们旅行需求的携程等，都在用户使用App的过程中自动沉淀了大量的用户数据。这些企业不仅沉淀了交易数据，比如客户买了多少次这类产品、花了多少钱等，还沉淀了大量的用户行为数据，比如客户习惯在什么时间段打开App浏览等。这些外部数据全部指向一个用户、一个ID（身份标志），我们可以对这个用户的画像进行360度全方位描述和解读。

图2-7　无法整合行业生态数据，无法实现智能化决策闭环

房企如果将这些行业大数据充分整合进来，就可以从多维的角度去更精准地识别用户画像，从而了解客户的行为习惯、消费偏好等，由此支撑企业的拿地决策、产品定位决策、销售决策等，最终真正实现智能化决策闭环。

房地产行业的数字化相比其他行业而言还存在一个典型现象或特征，即信息化、在线化、智能化几个阶段往往是同步进行的。诸如金融行业、零售行业等，其数字化建设一般是从信息化走向在线化，再从在线化走向智能化，是循序渐进的。

但是，房地产行业在数字化转型之路上不是循序渐进的，而是几个阶段同步进行的，其根源在于以下几个方面。第一，房地产企业的商业模式一直以来都是以速度见长的，所以房企对于任何事物的判断都习惯于在较短的时间内推进落地，其他行业需要10年才能做起来的事情在房地产行业两三年就能做起来；第二，规模房企的资金实力普遍雄厚，所以在数字化投入方面，房企通常具有较强的投入能力；第三，房企规模大，一旦投入后产生效益，带来的成效就会很显著。所以，综合这几个因素，房企对于数字化转型的方向及路径的判断不是一个循序渐进的过程，而是一个跳跃的过程，这也是大部分规模房企普遍面临的问题。

在数字化转型成效的心态上，基于以速度见长的行业惯性，房企普遍希望数字化建设能够在短期内快速见效、有所回报。金融、零售等行业基于长期战略进行投资，哪怕短期内没有显著成效，也会大力投入，房地产行业并非如此。所以，房企虽然普遍认识到了数字化转型的重要性，但往往不愿意在看不到效果的情况下持续投入。也就是说，尽管房企手握大量资金，但这些资金能否拿出来投入数字化建设，还需要看投入效果。这也是房企信息化部门在推动数字化建设时容易遭受的阻碍。

对此，行业标杆房企首席执行官在与我们的交流中表示，房企应基于"长期主义"的思维、"以终为始"来看待数字化转型，不应一味追求生存、追求短期效益。在数字化建设的推进举措上，房企可以先产生短期效果，但前提是这个举措从长期来看是有意义的。房企应结合中长期目标，选择最佳的操作方式、组织最有效的资源来推进。

总体而言，房企的数字化转型是一项长期事业，房企要想真正朝着数字化的大方向进行转型，仍有很多挑战需要克服。尽管面临诸多挑战，我们仍然可以借鉴行业的经验教训，明确发力的方向和落地的步骤。数字化转型未来仍可期。

第三章

房企数字化转型的合理步骤及关键路径

尽管房企的数字化转型面临着诸多挑战，但是，伴随着行业发展步入新常态，标杆房企都希望推动自身的"数字化战略"落地，房地产行业的数字化转型迫在眉睫。那么，在数字化转型过程中，房企要如何找准发力的重心，应该遵循怎样的步骤去规划落地？结合明源云自身的探索和行业经验，我们对房企数字化转型如何找准发力重心的理论依据、落地路径、成功标志、对标评分模型进行了整体的总结提炼，为广大同人提供数字化转型落地的借鉴思路。

第一节
找准数字化发力重心且符合长远规划是前提

房地产行业的数字化改造规模大、链条长、场景多，如果房企给数字化部门5年或更长的时间去做，那么它们的压力估计不会太大。但从现实情况来看，如果它们做了一两年仍没见到很显性的成果，它们就会面临压力。数字化转型从根本上讲还是为了解决企业的战略问题的，在当下外部宏观环境剧烈变化、房企的战略重心难以把控的情况下，数字化转型一定要找到短期内发力的重点，才能做到快速见效，真正落到实处，企业的数字化转型之路才会更加顺畅。

如何找到房企数字化发力的重心呢？我们需要从宏观、中观、微观三个层次来逐层确立，如图3-1所示。首先，在宏观层面，关注和研究外部宏观环境和形势的变化；其次，在中观层面，基于ROE对标行业的最佳实践，同时基于企业资源禀赋明确自身发展优势和短板，精准定位在某一阶段应该发力的战略重心；最后，在微观层面，通过数字化来支撑和落地。

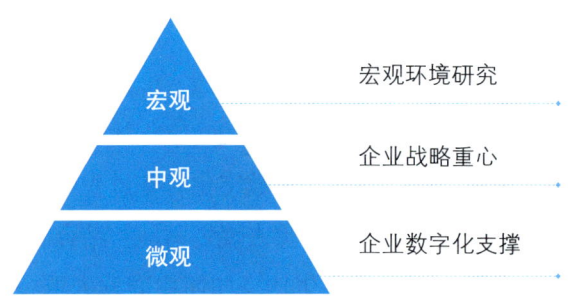

图3-1　企业数字化一定要支撑企业的核心战略

一、基于ROE对标，定位房企发力的四个战略重心

一个企业真正实现可持续发展的关键是获得投资回报，也就是获得ROE。明源地产研究院提炼了全新的ROE分析模型。区别于以往纯粹的财务指标的分解，新模型是基于战略运营的角度来对ROE进行拆解的。ROE是净利润率、总资产周转率、权益乘数三项指标的乘积，如果企业的某一项指标高（或低），那么我们会具体拆解这一指标，找出其中的原因。

总体来讲，影响净利润率的核心指标包括土地溢价、品牌溢价和管理提升，如图3-2所示。管理提升又体现在建安三费、合理税筹和制度选择上。影响总资产周转率的核心指标包括运营工期、回款周期和全货值管理。资产负债率指标并不是越高越好，也不是越低越好，而应该与外部环境动态匹配。同时，我们不应该静态地看待资产负债率的高低，还要看销债比、负债结构（包括长短期负债占比、应付账款占比以及预收账款占比）以及企业的借债能力等，由此来综合评判企业经营的安全状况。

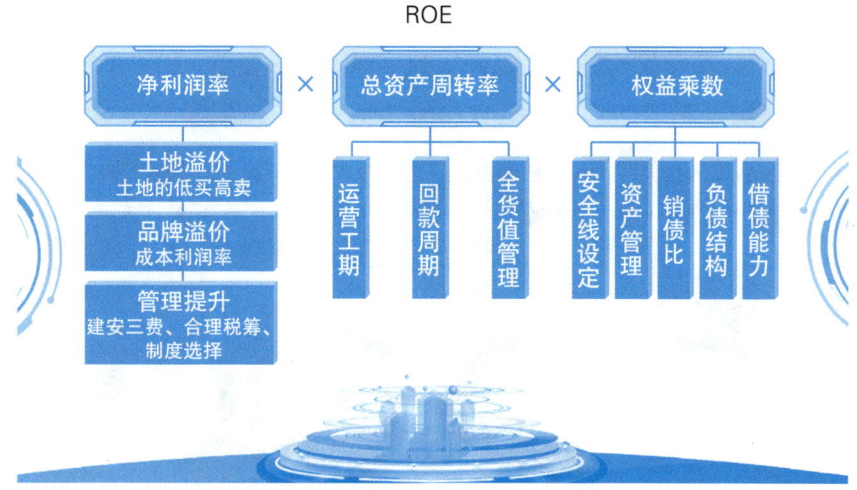

图3-2 基于ROE模型定位数字化的发力重心

通过对ROE公式每一项指标的细致拆解和对标标杆房企数据，每家房企都可以分析得出自身的短板及核心竞争力，找到自身的战略发展重心。当然，不同企业的基因、资源禀赋都不一样，这导致其发力的重心也会有所区别。

通过对行业近3年平均业绩排名前20的房企的ROE数据进行分析，我们总体上可以将其划归为两种典型的发展模式。第一种模式的房企坐拥大量5年以上土地储备，其高ROE主要得益于净利润率高，而净利润率又主要来自土地溢价。很多老牌的国央企属于这一模式。第二种模式是房企本身没有太多的存量土地资源，只能转而通过靠高周转来获得更多的发展空间和提升赢利能力。近年来增长迅猛的黑马房企大多属于这种增长模式。除高周转外，这些房企还普遍通过精细化练内功、降本增效提升第一项净利润率的空间。同时，它们还善于在第三项上发力，根据外部形势制定匹配的加杠杆策略。当行业形势向上时，它们极致加杠杆，推动企业的快速增长；当行业形势向下时，它们适度降杠杆，保障企业的安全。更多关于ROE的分析内容，可参考明源地产研究院即将发布的《房企战略破局——新周期下房企发展新逻辑》一书。

经过走访行业内诸多标杆房企,我们发现,基于ROE对标,很多房企在本阶段应该发力的重心上都提到了以下四个要点,如图3-3所示。这四个要点大概率也是行业普遍应该提升的方向。

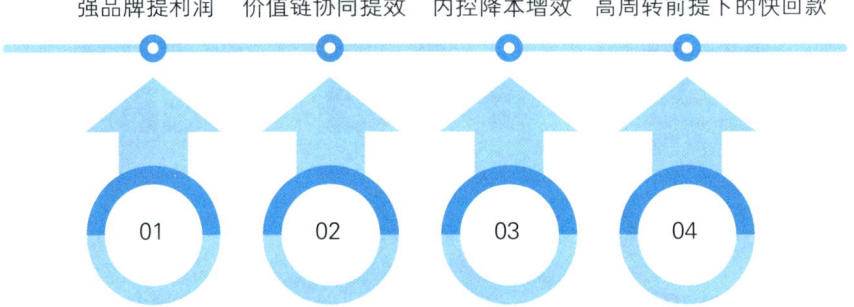

图3-3 房企本阶段核心发力的四个重心

第一,强品牌提利润。过往,无论是否懂产品、懂行业,房企只要拿地就能挣钱;而当前环境已经发生剧变,一个项目很有可能因为稍微管理不善,就从最开始设定的几个点的利润目标变成巨亏。那么,房企应如何保障项目的利润空间?做强品牌溢价、提高溢价空间就十分关键,尤其是在当下政策调控、房价受限的情况下,房企还要保障项目的去化速度。

第二,价值链协同提效。通过构建上下游产业链实现对供应链上下游的控制。在供应链的各环节,将收入、利润、成本做一番腾挪,降低各环节的税负,从而在提升开发经营效率的同时获得税筹空间,使企业综合收益最大化。

第三,内控降本增效。当下房企都在冲规模,但是冲规模的前提是必须保障利润空间。对于没有利润地冲规模,房企冲得越快,亏损越多,诸如项目跟投这一类的激励模式也就无法展开。所以,精细化练内功、提升内控水平、实现降本增效已成房企当下必须提升的能力。

第四,高周转前提下的快回款。企业高周转的核心是现金流转效率的高周转,所以,保障销售回款、快速回笼资金是房企普遍需要发力的关键。不少企业认为，认购签约已经完成就不用再跟催；而事实上，如果房企不去跟进银行放款等后续环节，那么银行必然优先放款给跟催的企业。所以，盯与没盯、跟没跟催是导致企业回款周期差异巨大的直接原因。

房企的数字化转型应该围绕这四个要点进行重点发力，这样才能真正快速见效并将企业战略落到实处。

二、通过数字化，将企业的战略重心兑现落地

在明确了当下应该发力的战略重心后，房企应如何将整体的战略体系兑现落地？向数字化转型升级，基于战略维度来规划数字化落地，可以为房企带来四个维度的价值，如图3-4所示。

图3-4　企业数字化建设的四大核心价值

第一，实现对业务信息的全面洞察，提升业务决策的效率。我们在与标杆房企B企的交流中发现，B企在提升决策效率上的头等大事是减少会议的数量。这不是某一家房企的困惑，而是行业普遍面临的难题。我们继续细想：为什么有这么多的会议？根本原因是业务信息不通畅、不透明，没有共享，没有及时地推送，导致管理者在其关注的信息上看不到数据，所以企业就必须得开会，各部门就需要专门整理报表或很详尽

的PPT（演示文稿）进行汇报。如果企业能够通过"在线"的思路把业务信息全方位地、及时地同步，那么会议的数量就能真正减少。通过数字化的手段，各部门在开会时就能把各类数据及时推送给管理者，会议决策的效率会得到提升，会议时长也会相应缩短，而这在减少员工加班这一点上必然颇有裨益。另外，业务审批的效率也能得到大幅提升。缺乏业务数据支撑的流程审批效率是低下的，管理者得一个一个询问情况；而通过数字化手段，管理层在业务审批过程中就能够清晰地了解业务情况。

第二，实现对业务指标的洞察并定向赋能，进而提升业务的效率。通过数字化建设和新模型的应用，房企就能明确了解各项业务指标的表现情况，并针对短板进行赋能和提升，如资金效益提升百分之多少、回款周期缩短多少天、运营工期缩短多少天、成本费用降低百分之多少等。以缩短回款周期为例，通过在线化的手段，基于权责体系在系统中设定好催款的流程，定期地推发提醒消息，定期地把信息收集起来，这已经在诸多房企的数字化实践中得到了有效验证。

第三，基于业务底线标准，全面预警非标业务，规避业务风险。随着房企的规模越来越大，总部对区域的放权也越来越大。总部并不是不管区域，而是重在管底线，比如业务红线触发了多少次、业务合规性违反了多少次、异常指标推送了多少次。房企通过数字化的在线手段可以将这些数据明确监控起来。以业务红线触发为例，现在很多企业都在推行事业合伙人制度，合伙并不意味着总部放任不管，而是把企业很多的管理标准融入业务的底线或红线。例如，一线虽然按照利润来提成，但是不能虚报成本费用，这就是红线。那么，如何准确监控一线是否触发了这条红线以及触发了多少次红线？数字化恰恰是一个高效的工具，能把这些数据指标全部精准地监控起来。一旦指标异常，总部就要进行干预。

第四，多板块融合打通，基于中台思维助力多产业数字化。在多产业布局已成趋势的背景下，房企的多业务板块如何融合打通就显得尤为关键，而数字化转型——基于中台建设的思路，将有助于多个维度的数据融合打通，包括供应商管理融合打通、会员权益融合打通、客户大数据融合打通以及企业经营管理融合打通。

综上所述，我们不难看到，数字化能够为企业业务流程、业务决策、风险监控以及多板块融合打通等多个方面带来巨大价值，而这些恰恰是助力房企战略重心落地的关键路径。

第二节
房地产行业数字化转型蓝图已基本达成共识

从互联网、新零售等数字化领先行业的实践来看，"一切业务数据化，一切数据业务化"真正道尽了数字化的本质。与其他行业一样，房企数字化转型也应该包含三大阶段——信息化、在线化和智能化，如图3-5所示。

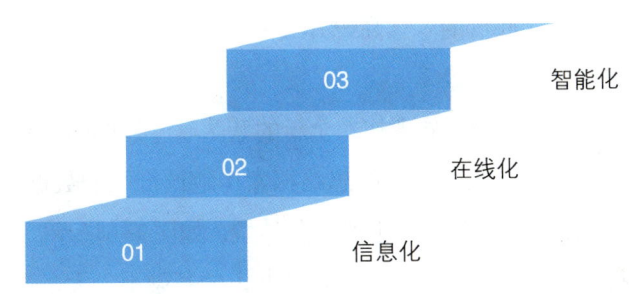

图3-5 房企数字化转型的三大阶段

第一，实现业务流程的信息化管理和控制，流程越快、数据越准，水平则越高，这是过去10余年大部分企业重点发力的领域。我们称之为"信息化阶段"，关键词是"管控"。

第二，员工、伙伴和客户以在线方式广泛连接，用移动互联网工具打破时空限制，从而实现业务效率的极大提升；同时，沉淀数据，为未来的智能化奠定基础。我们称之为"在线化阶段"，关键词是"提效"。

第三，通过数据化的持续沉淀建立起双中台，通过共享服务连接生态圈，接入更多的生态资源和生态能力，通过数字中台系统化沉淀数据资产，用AI（人工智能）算法来驱动业务。我们称之为"智能化阶段"，关键词是"数据"。

真正的数字化转型一定要在三个领域都取得长足的进展，三者层层递进，缺一不可。如果没有信息化阶段构建的坚实底盘，在线化就很容易变成空中楼阁；而跳过在线化的广泛场景覆盖直接去寻求大数据的智能化更是无根之木、无源之水，很容易变成"镜花水月一场空"。

整体来看，行业发展进入新周期，房企对数字化的需求量级明显提升，对数字化建设的投入也在普遍加大。将原有的基础设施推向云端、实现全面数字化已成为房企的主流诉求。

经过近几年的互联网思维的洗礼，得益于各云厂商的全力推广，房地产行业的数字化转型蓝图也已基本形成。全新的蓝图赋予房企开放和生态构建的能力、联合共建和共创的能力、技术生长和进化的能力，帮助房企实现数字化底盘的"三高一开放"——高稳定、高安全、高性能和全面开放。

基于弹性计算和分布式架构，全新的蓝图通过云PaaS平台推动企业的移动在线化应用，基于中台的思路探索房地产行业的数据智能创新，全方位支持房地产企业IT建设向数字化转型，如图3-6所示。

在全行业对数字化蓝图已基本达成共识的基础上，大多数房企在数字化转型维度所考虑的重点已经从"要不要做"转向"如何真正实现"，也就是以何种节奏、多少投入以及什么方式去真正实现企业的数字化转型，兑现思路的重要性不言而喻。明源云基于多年来的行业深耕和数字化实践积累，总结出了真正实现数字化蓝图落地的具体路径。

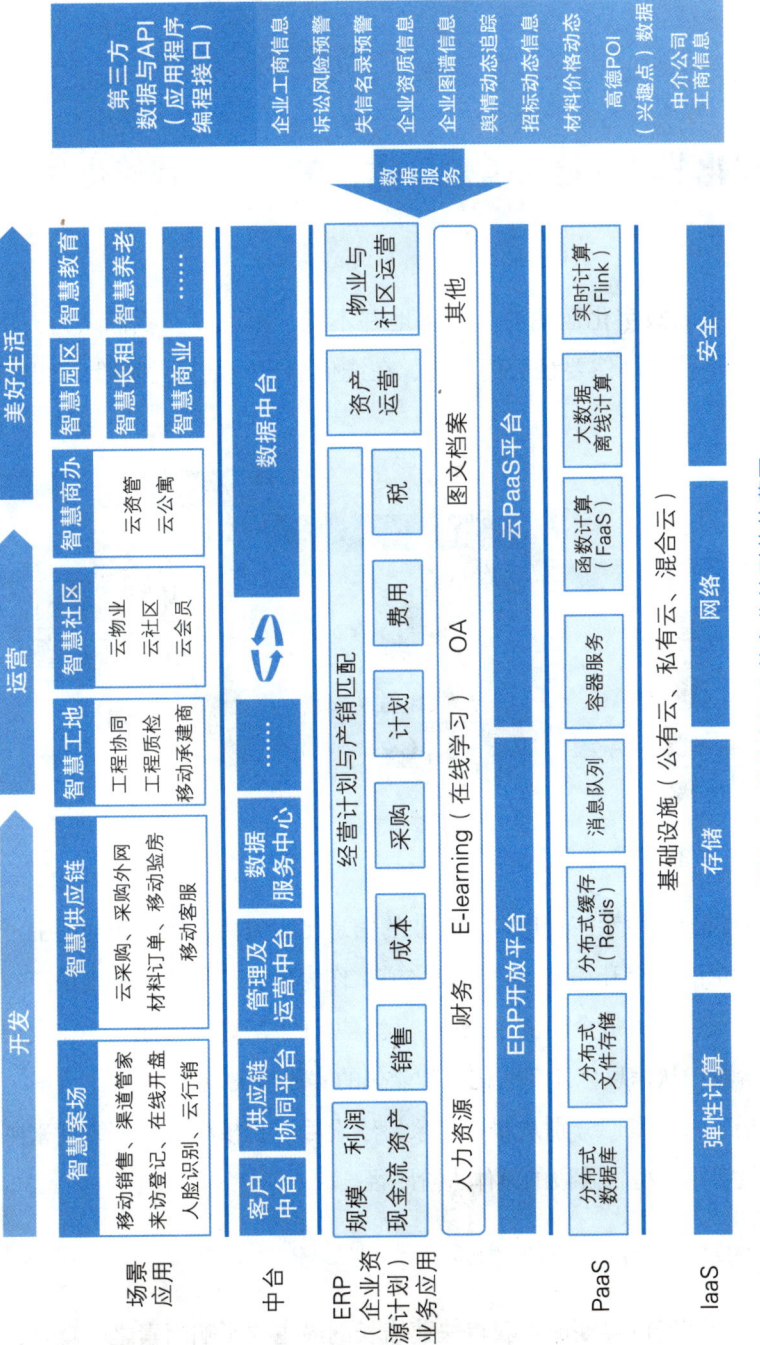

图3-6 房地产行业数字化转型整体蓝图

第三节
数字化蓝图落地，需信息化、在线化、智能化三步走

房企的数字化蓝图要真正落地并不能一蹴而就。我们认为，房企的数字化转型必然要经历信息化、在线化和智能化三大阶段，如图3-7所示。

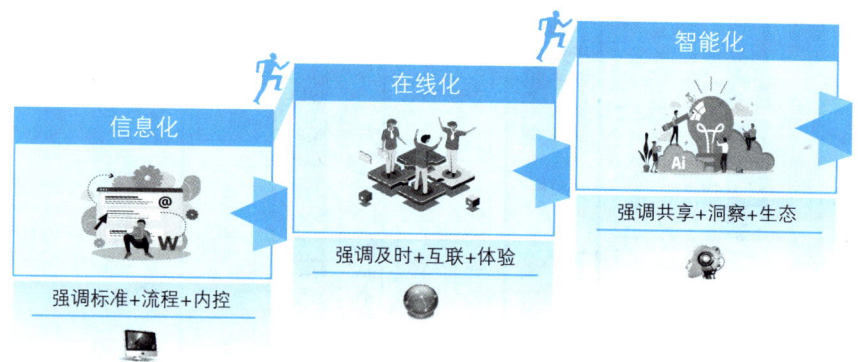

图3-7　数字化蓝图落地需经过信息化、在线化、智能化三步走

明源云作为专注于房地产行业的信息化服务商，20多来与行业一起探索房企能力提升和信息化建设之道。作为房地产行业覆盖度最广、应用最深入、服务最全面的第三方，我们见证了房地产行业数字化发展的三个阶段：从信息化到在线化、智能化的实践与突破。

接下来，我们分别从服务对象、建设目标和核心要点等维度来阐述房企数字化转型各阶段的具体进阶路径。

一、信息化阶段：强调内部核心业务流程全覆盖

房企在发展早期能否获得快速增长的最主要影响因素之一就是，企

业内部的管理者能否做出高质量的决策。在调控相对放松的时期，只要能够准确判断形势、精准拿地，即便管理体系不甚完善，企业仍然能够获得不错的发展，而这也构成了信息化建设的主要背景。对于处在信息化建设阶段的房企而言，流程越丰富，管理效果越好，管理水平也越高，这从本质上来看是跟外部的环境息息相关的。

因此，信息化主要服务的对象是企业内部的管理者。信息化是基于管理诉求来构建整个体系的，这也吻合了此前"核心业务决策"的重要性远胜"一线执行效率"的行业特点，如图3-8所示。信息化建设往往是"一把手工程"，而管理者是信息化建设的最直接受益者，同时需要通过管理强压来推动获益并不多的一线员工配合信息化建设。

图3-8 信息化阶段的核心特征

房企在信息化阶段的核心要点是核心业务流程的全覆盖。以招商蛇口为例，通过较大的投入，招商蛇口在此阶段基本实现了核心业务流程的全覆盖，包括土地投拓、全面预算、销售管理、成本管理、采购管理、计划管理、客服管理、费用管理、工程管理、设计管理和财务管理等13个业务领域的核心业务流程，将业务流程和业务决策效率提升至全新高度。

信息化建设的核心需求以"内部风控"为主，即在保障企业决策质量的情况下确保各项业务流程有序推进。这一阶段的建设逻辑也是以管理者的各个管理目标为核心的，旨在将目标向下执行的每个流程节点都监控起来,确保不出问题。

明源云在此阶段帮助房企总结和提炼了各类管控模式,比如全面预算领域的"三上三下模式"、销售管理领域的"三控一管"、成本管理领域的"四控模型"、计划运营领域的"三保一化模式",如图3-9所示。

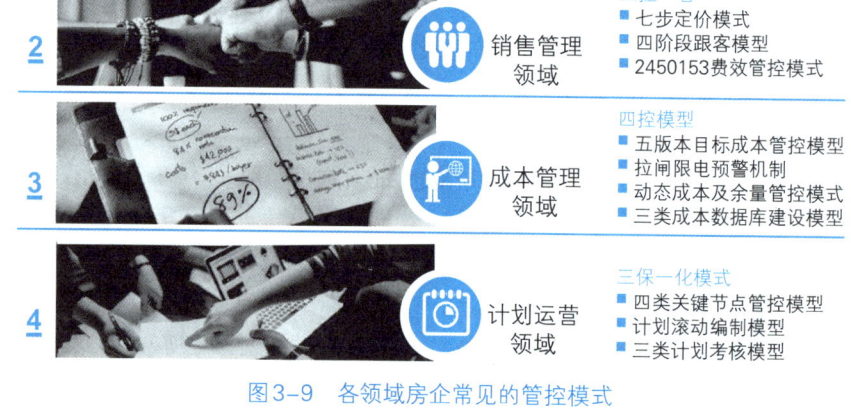

图3-9　各领域房企常见的管控模式

我们也构建了很多二级模型,如销售管理领域的"七步定价模式"、"四阶段跟客模型"和"2450153费效管控模式",成本管理领域的"五版本目标成本管控模型"、"拉闸限电预警机制"、"动态成本及余量管控模式"和"三类成本数据库建设模型",计划运营领域的"四类关键节点管控模型"、"计划滚动编制模型"和"三类计划考核模型"。

信息化阶段主要围绕房企的中高层管理者,旨在以"业务流程"驱动管理目标全面可控和高效达成,因此这一阶段的确对一线员工的信息化工作体验、生产赋能和效率提升关注不多。正因如此,信息化部门在该阶段处于"辅助业务部门"的从属位置,信息化建设的目标和方案都是以业务部门为主、信息部门为辅的。

整体而言,信息化是站在风控视角、以流程建设为主的基础规划,是整个数字化的底座，也是必须存在且无法替代的部分。当然，房企的信息化体系一定是面向未来的，随着企业发展速度不断加快，企业内部管理体系的更迭速度也随之加快。这就要求数字化底座及时做出相应的升级，否则企业将面临体系不断重新建设的问题，所付出的代价和时间成本将非常高，不利于长远发展。

明源云全新推出的 ERP 开放平台强调"三高一开放"。整个平台大量使用了业界成熟的开放技术，如 SOA（面向服务的架构）、XML（可扩展标记语言）和 JSON（一种轻量级的数据交换格式）。平台以内部管理系统为根基，基于基础技术平台、快速开发平台、集成平台、移动平台、大数据平台和运维平台六大平台提升系统的运作性能，确保可靠、安全、连接和开放，助力房企引入外部资源为自己所用，为房企未来的业务和技术模型创新提供了无限可能。

二、在线化阶段：强调核心场景在线与业务提效

随着行业发展的外部环境发生变化，企业经营发展面临全新的挑战，房企数字化建设的核心诉求也随之发生变化，房地产行业的数字化建设快步踏入在线化阶段。

从外部环境来看，房地产行业"拿地就能赚钱"的时代已经过去，行业发展的新周期、新常态对房企的精细化管理能力提出了更高要求。过去，一些房企主要靠赚取土地溢价来获得增长，即便管理稍弱也能获得不错的收益。但在地价猛涨、售价被限的当下，房企的利润空间遭到急剧压缩，以前相对粗放的发展模式已经不符合当前形势，精细化练内功已经成为房企普遍的选择。

如图 3-10 所示，从企业自身来看，一方面，很多房企的规模相比 5 年前都有了明显增长，企业经营所沉淀的数据体量快速膨胀，企业对数据生产的要求越来越高，此前通过一线人工填报数据的方式面临着巨大挑战；另一方面，很多房企目前的一线员工多以"90 后"为主，他们的

职业选择更加自由灵活，工作量的骤然膨胀可能会造成一线员工的流失。

图3-10　在线化阶段的核心特征

基于以上两个层面的考量，房企只有精细化升级管理体系，基于在线的思路去展开企业的IT建设，才能更好地迎合管理者和一线员工的需求。在线化的服务对象也就可以从单纯关注企业管理层的管理目标变成更好地为一线员工赋能。

有别于信息化阶段，在线化阶段除了关注企业管理层的管理目标之外，还对管理层的决策效率提出了更高的要求。行业加速迈向不确定时代，这要求房企具备更高的内部决策效率。而要实现这一点，房企就一定离不开企业"数字化神经网络"的构建，这样才能为决策者提供更丰富的数据。因此，获得更加丰富的数据是该阶段建设的核心目标。

想要拥有足够多的高质量数据，核心引擎就是实现核心业务场景全面覆盖。这可以从两个方面发力。一是让内部员工的工作场景全面在线。房企要真正基于一线员工的工作场景进行工具优化和设计，使员工更愿意使用这些工具，确保员工时刻在线。二是将在线场景进一步拓展至外部客户和合作伙伴，让更多上下游伙伴一起来"生产数据"。

因此，在线化的关键词就变成了"业务在线"、"内外互联"和"场景深度应用"。明源云近几年与行业标杆房企共同发力，已经实现了客户在线、供应商在线、资产在线、"管理+员工"在线4个领域的380个场景全覆盖。

基于"网络协同"和"决策支撑"两个梳理原则，我们在380个场景中提炼出了136个核心业务场景，其中包括57个客户在线场景、43个供应商在线场景、20个资产在线场景和16个"管理+员工"在线场景，如图3-11所示。

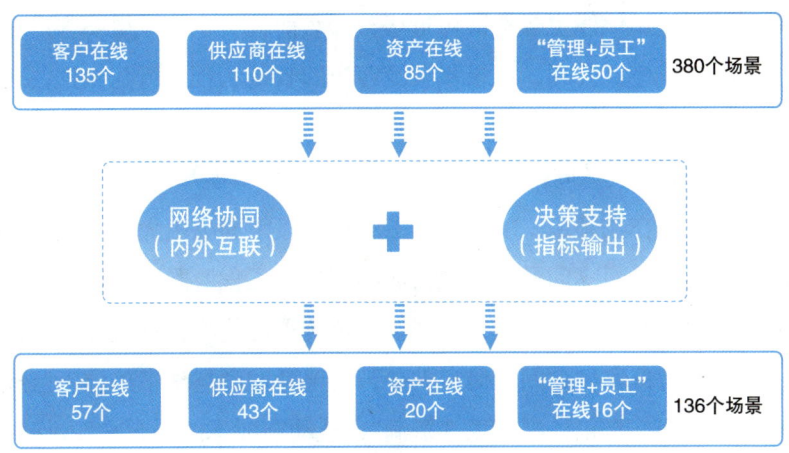

图3-11　核心业务场景从380个精减到136个

在以"管理+员工"在线为核心的前提下，房企业务场景的"四大在线"充分连接上下游伙伴，实现了房企自身与客户、供应商与资产间的内外互联，可以说真正为各个房企建立了强大的"数据生产引擎"，为房企的高效决策赋能，如图3-12所示。

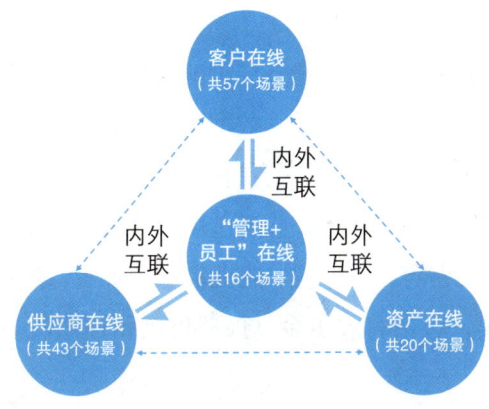

图3-12　房企业务场景的"四大在线"

经过多年的探索，明源云在场景在线化上已有诸多生动、有效的落地实践。

在客户在线领域，明源云客的"在线开盘"针对传统开盘流程环节多、耗时耗力的痛点，将开盘移至线上。客户不用排队、摇号和轮候，只需通过手机微信线上操作即可抢房。开盘前，房企可以组织客户在手机端进行在线模拟公测，记录和沉淀客户的收藏和预选行为数据，对客户意向做精准摸排。根据沉淀的公测数据，置业顾问还可以实时跟进客户，对于没选房或意向弱的客户进行强化逼定，实现开盘装客到户。

在供应商在线领域，房企在竣工结算阶段常面临由大量签证变更补录而带来的成本超支问题。明源云链的"移动工程协同"将变更签证的申报、审批流程全部线上化，实现业务全流程可追溯，打破合同执行过程中变更、流程和付款间的信息壁垒，实现开发商与施工单位、监理的高效在线协同，真正杜绝变更"黑洞"，让动态成本"动起来"，保障项目利润。

在管理在线领域，如上文所述，诸多房企已实现"一图在手、运营全有"的数字化目标。基于场景在线，一线员工在工作过程中自然沉淀数据，无须额外手工录入数据，确保数据及时准确。

在员工在线领域，在业务推进过程中，员工能够在线上完成越来越多的工作。

在资产在线领域，针对存量资产运营商普遍面临的痛点（比如存量资产盘点不清、数据口径不一致、数据统计不完整、管理审批流程烦琐和业务不规范等），明源云资管平台将所有合同、业务和费用搬至线上，帮助房企盘清资产、厘清账务，并通过场景式的移动审批和数据监控实现对价格行为和经营行为的管控。企业高层管理者可通过手机移动端实时了解经营数据，包括有效租金、预期租金和预期收益等，如图3-13所示。

第三章 房企数字化转型的合理步骤及关键路径 063

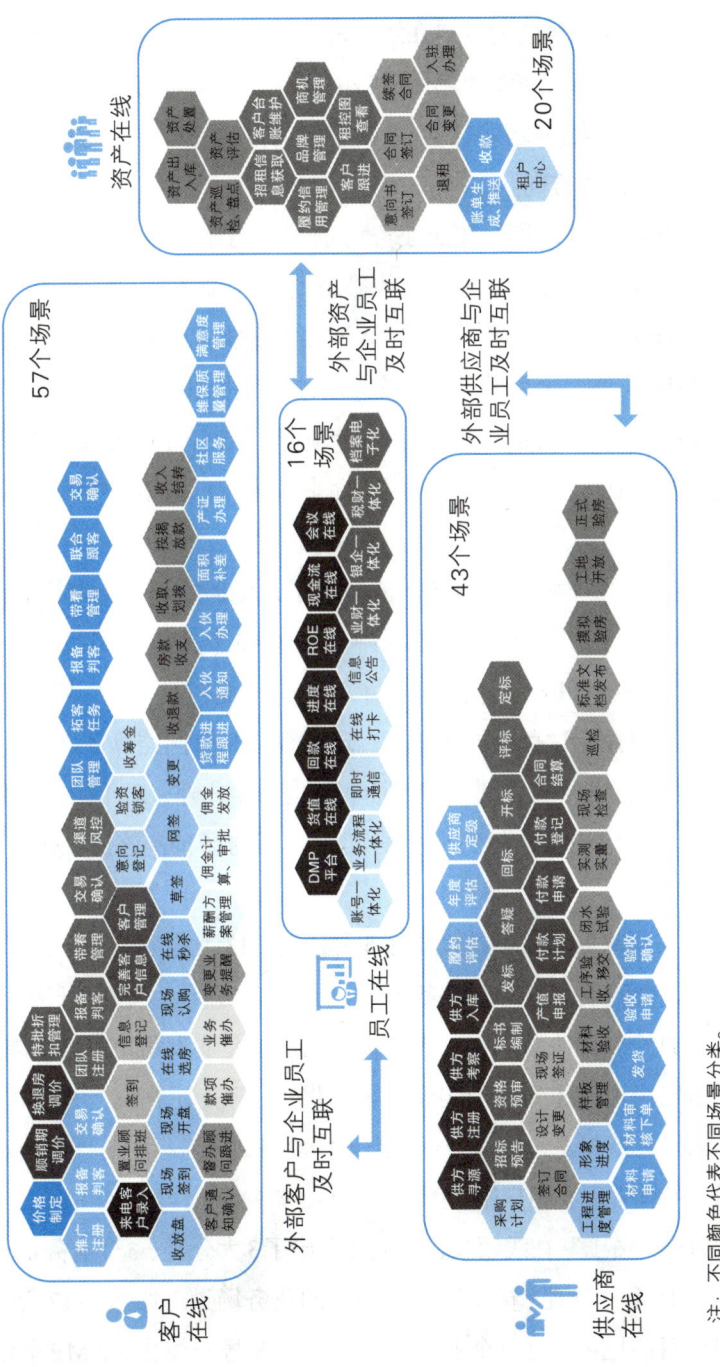

图3-13 通过136个场景为房企建立强大的"数据生产引擎",提升多方效率

注:不同颜色代表不同场景分类。

以某数字化标杆房企的客户在线全链路分析为例，我们可以向大家详细展示明源云在四大在线领域所覆盖的业务场景。每家房企都可以以此为参照，基于四大在线领域的场景清单评估自身的在线化场景覆盖水平，找到可以提升的方向。

在客户在线领域，我们按照业务场景发生的顺序梳理出了10大分类、34个业务单元，覆盖了客户在线领域的57个业务场景。如图3-14所示，该标杆房企目前已覆盖38个客户在线场景，其中应用较好的场景是移动案场跟进和全民营销。部分场景的应用范围有待扩展，比如来访登记和在线开盘目前只覆盖了13个项目，AI名片只覆盖了4个项目，渠道风控、在线验资、智慧收银、佣金在线和行销拓客等领域有待覆盖。

在供应商在线领域，我们同样梳理出了5大分类、13个业务单元，共计覆盖了房企在供应商管理过程中发生的43个关键业务场景。如图3-15所示，该标杆房企目前已覆盖了25个供应商在线场景，其中应用较好的场景有招投标过程、设计变更、现场签证和合同结算等，同时在采购计划、付款计划和形象进度等方面有待提升。此外，对于供方寻源、考察、评估、产值申报、材料订单协同等方面的场景，该房企还有待覆盖。

在资产在线领域，我们梳理出了5大分类、13个业务单元，共计覆盖了资产在线全链条上的20个业务场景。如图3-16所示，该标杆房企目前已覆盖了11个资产在线场景，有待提升的场景是实现租户跟进的内外互联，项目已经进入重新启动实施阶段。此外，该房企在资产在线领域还有多个场景有待覆盖，比如结合外部市场价格数据进行动态评估资产、信用管理、品牌管理和租户中心等。

在"管理+员工"在线领域，我们梳理出了3大分类、3个业务单元，共计覆盖了16个"管理+员工"在线领域的业务场景。如图3-17所示，该标杆房企目前已覆盖了9个业务场景，其中账号一体化、DMP平台、

第三章　房企数字化转型的合理步骤及关键路径　065

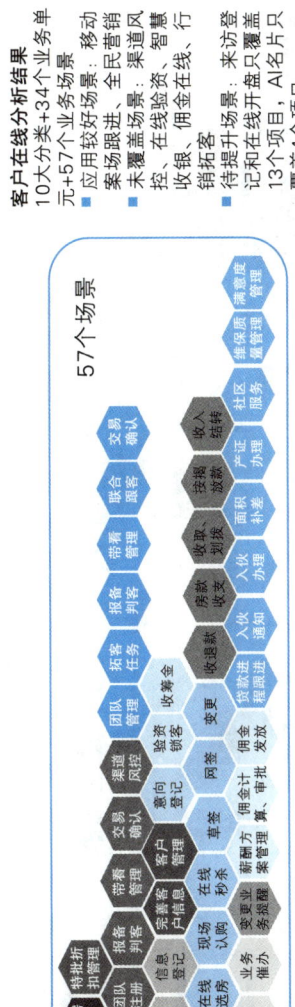

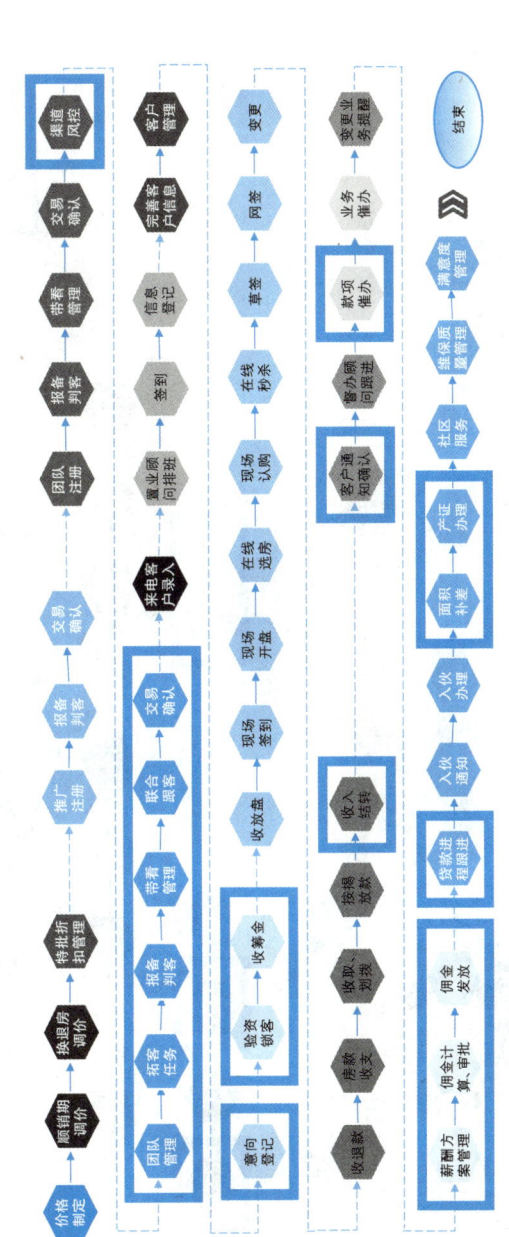

图3-14　某标杆房企客户在线全链路分析

066 | 房企数字化制胜

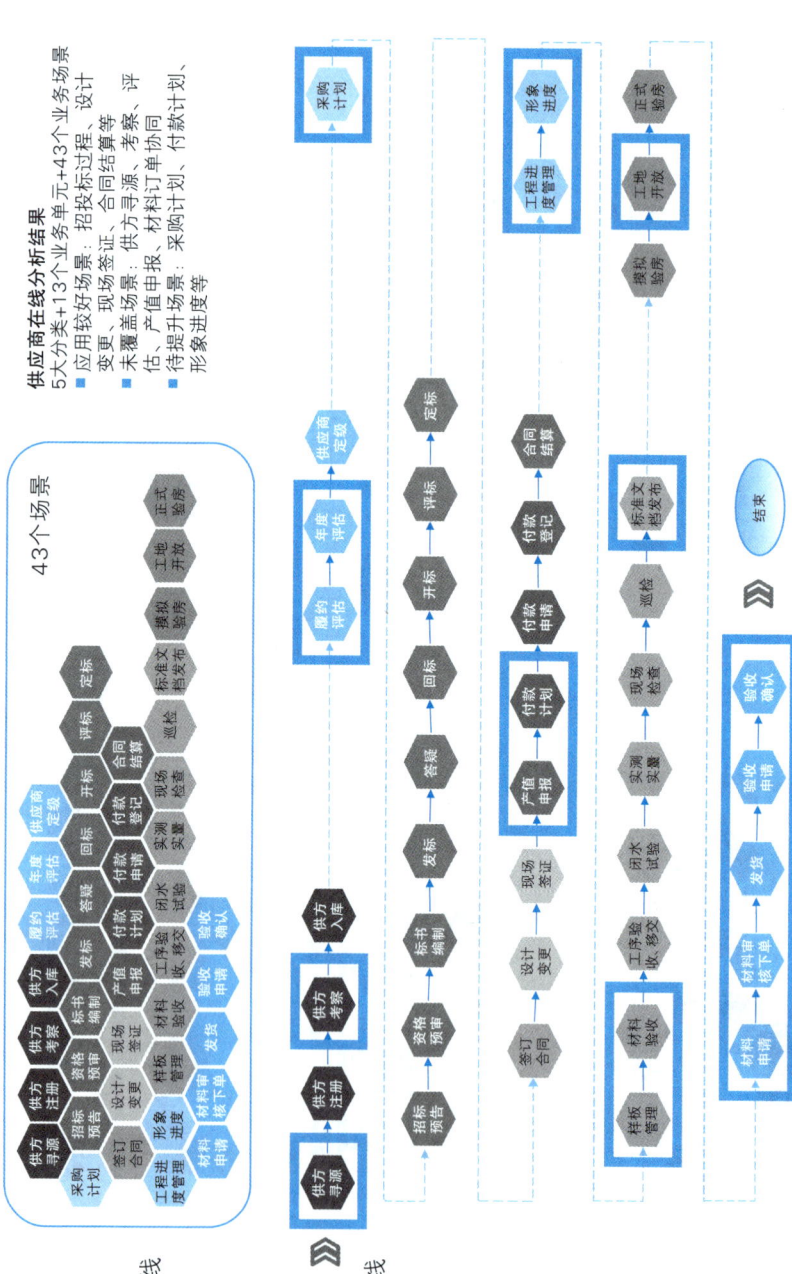

图3-15 某标杆房企供应商在线全链路分析

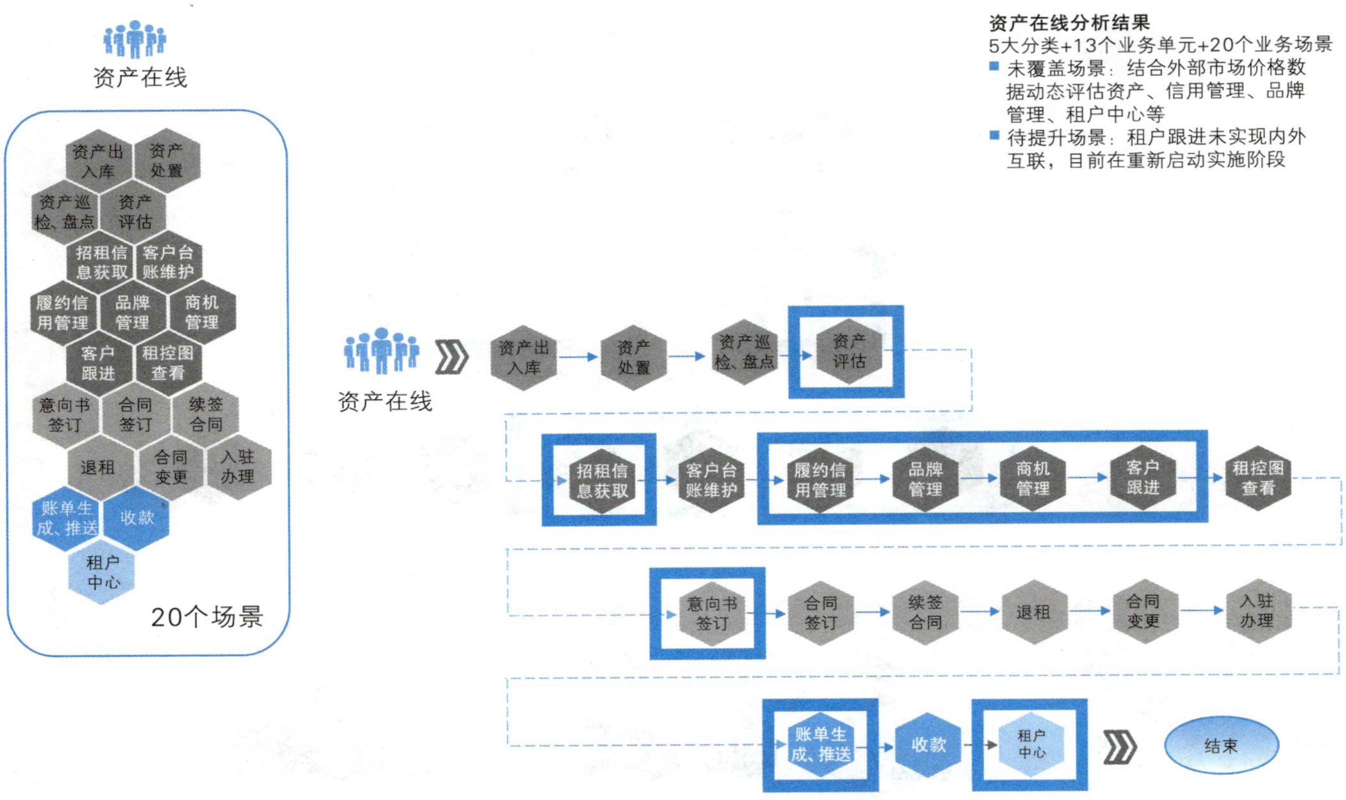

第三章 房企数字化转型的合理步骤及关键路径 067

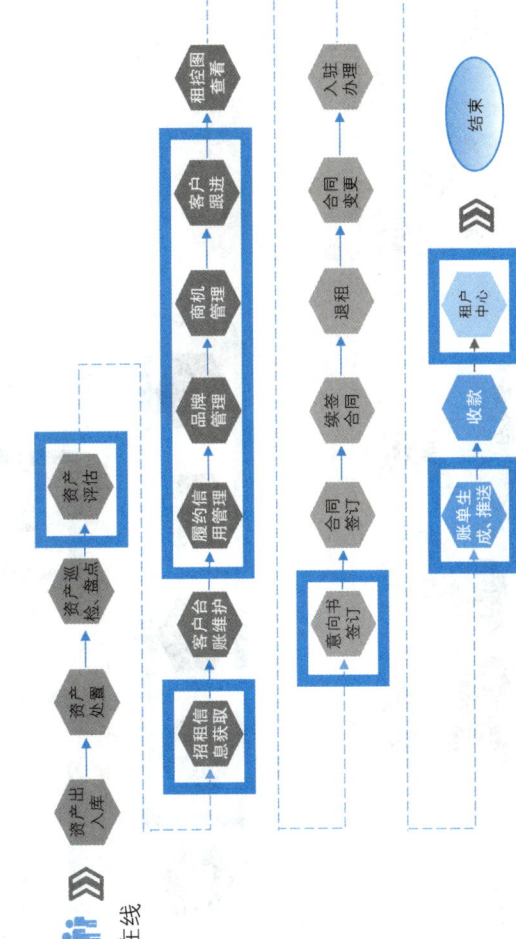

图3-16 某标杆房企资产在线全链路分析

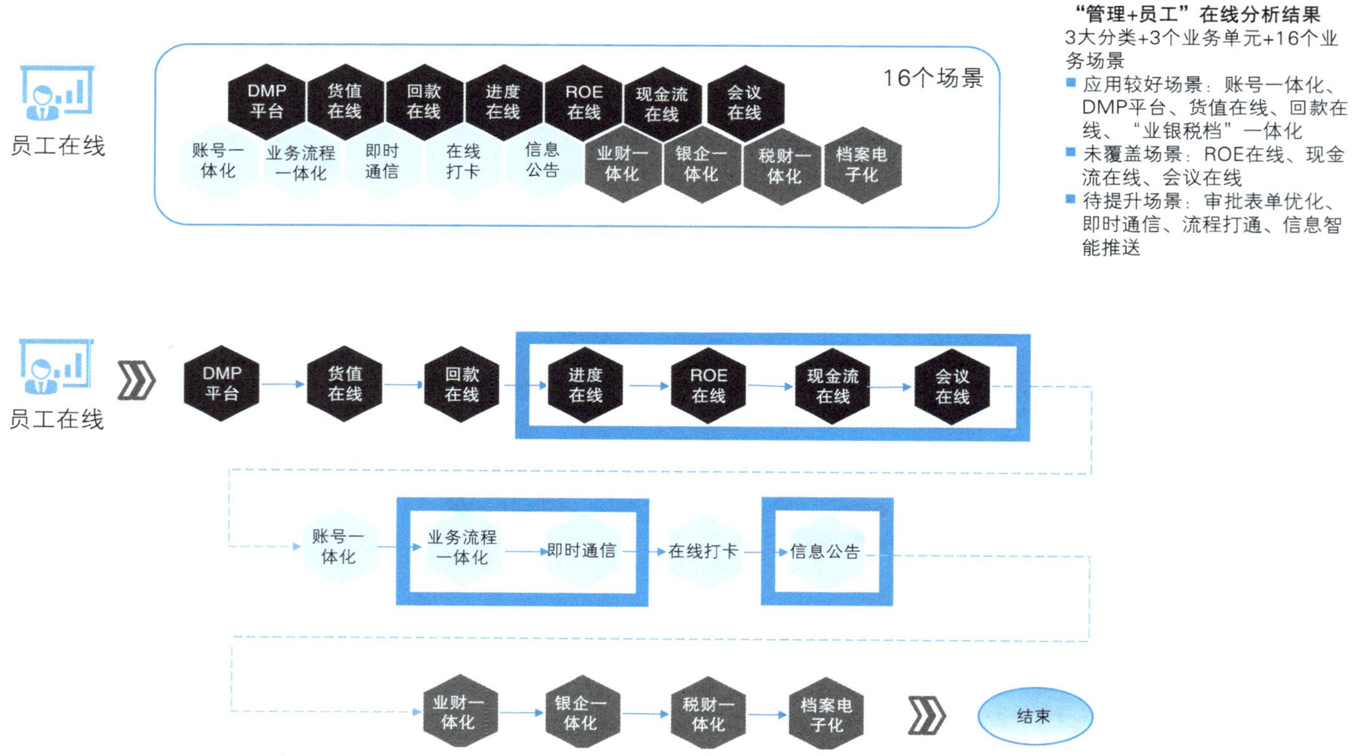
员工在线
16个场景
DMP平台
货值在线
回款在线
进度在线
ROE在线
现金流在线
会议在线
账号一体化
业务流程一体化
即时通信
在线打卡
信息公告
业财一体化
银企一体化
税财一体化
档案电子化
“管理+员工”在线分析结果
3大分类+3个业务单元+16个业务场景
■ 应用较好场景：账号一体化、DMP平台、货值在线、回款在线、“业银税档”一体化
■ 未覆盖场景：ROE在线、现金流在线、会议在线
■ 待提升场景：审批表单优化、即时通信、流程打通、信息智能推送
员工在线
DMP平台
货值在线
回款在线
进度在线
ROE在线
现金流在线
会议在线
账号一体化
业务流程一体化
即时通信
在线打卡
信息公告
业财一体化
银企一体化
税财一体化
档案电子化
结束

图3-17　某标杆房企“管理+员工”在线全链路分析

货值在线、回款在线和"业银税档"一体化场景应用程度较好,在审批表单优化、即时通信、流程打通、信息智能推送场景上有待提升。此外,ROE在线、现金流在线和会议在线场景还有待覆盖。

总体而言,在线化阶段所沉淀的大量数据资产和价值链参与各方的在线协同,是实现业务双向提效的基础,更是企业迈向智能化的必然阶段。当然,我们在此只展示了众多场景中的一部分,未来还有很多业务场景可以在此基础上不断延伸。

三、智能化阶段:强调通过双中台建设实现智能决策

在经历了在线化阶段的建设后,企业已经沉淀了大量的数据资产。如何让这些数据资产真正为智慧决策乃至机器决策赋能,将是企业数字化建设的第三个阶段——智能化阶段——"皇冠上的明珠"。

数字化建设的信息化和在线化阶段关注的场景仍偏向于企业内部,主要是基于企业管理体系能够触达和能够连接的场景来进行建设的。但随着业务的规模不断扩大、覆盖的业态更加丰富,房企在经营决策过程中会遇到诸多原有的数字化体系所无法触达的全新场景,企业的内外经营决策环境将发生根本性改变。因此,智能化阶段的服务对象就变成了企业广泛的外部生态伙伴,建设目标是生态赋能,核心要点是智能决策场景的覆盖。

智能化阶段的核心特征是从行业全生态的视角出发,以智能为驱动,以更开放的心态做连接,通过引入和整合更多的外部数据、能力和资源实现企业内部经营管理的质效提升,如图3-18所示。这一阶段需要我们站在更高的维度,基于中台的逻辑搭建以"灵活的前台应用+弹性的中台体系+稳定的后台支撑"为核心的中台体系,整合各类生态数据,逐步兑现和挖掘各类智能的应用,从而实现生态赋能,如图3-19所示。

智能化阶段的核心特征

生态伙伴
服务对象

生态赋能
建设目标

智能决策
场景全覆盖
核心要点

中台建设
微服务架构
IT建设核心诉求

图3-18 智能化阶段的核心特征

灵活的前台应用
跨业态共享服务
灵活扩展SaaS
（软件即服务）

智能决策场景覆盖

数据智能驱动智能化场景

弹性的中台体系
微服务架构
大数据分析
生态连接+赋能

内外无缝连接
业务中台　驱动⇄反哺　数据中台

全面+统一+融通

- 微服务架构
- 通用服务能力内部共享
- 高效对接外部能力

- 内部数据资产
- 外部海量数据
- AI算法+算力

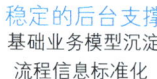
稳定的后台支撑
基础业务模型沉淀
流程信息标准化

后台业务系统+云基础资源

图3-19 通过中台体系搭建实现生态连接、智慧赋能

　　首先，房企需要将内部数据资产与外部生态数据深度整合，以中台的逻辑来构建两大中台，即"业务中台"和"数据中台"（中台包括与外部生态数据连接所需的数据模型、算法服务、数据产品和数据管理等）；其次，数据中台在整合内外部大数据后，就可以通过AI算法来进一步驱动业务决策，甚至能实现部分业务的机器决策，极大程度地提升商业效率。

在后台支撑上，智能化仍需要一个稳定的后台。基于存储在云端的资源以及能够连接到各行各业的大数据，智能化整体赋能决策，然后再通过灵活的前台应用实现跨业态共享服务和 SaaS 应用灵活扩展。

伴随着技术的成熟，明源云已经率先在智能化阶段重点发力，基于生态整合提效的逻辑，在三大业务中台（地产营销客户中台、供应链中台和管理及运营中台）、生态资源整合与能力提效方面开始真正落地，并已在局部领域取得显著成果，积累了许多可用的智能算法和数据决策场景。

除了连接外部应用，明源云的业务中台已经直接落地到业务领域，通过数据智能连接更多的外部生态数据和资源，并引入企业的数字底盘，帮助房企构建自己的生态环境，如图 3-20 所示。

举例来说，明源云在"大数据应用"领域已有很多卓有成效的应用探索。

明源云客的渠道风控，通过"大数据和 AI 算法模型"识别出渠道舞弊的数据特征，通过事前对行业黑名单的风险预警、事中特征对比分析、事后数据监控，帮助房企形成完整的证据链条，实现对渠道舞弊的全程监控。在行销拓客方面，明源云客将鹰眼实验室与高德大数据结合，实现精准拓客再升级，如图 3-21 所示。

明源云链的供应商信用大数据整合大量外部数据信息，在供应商的识别筛选上改变此前人工管理和校验的方式，将供应商放到整个供应链生态中进行校验。通过"裁判文书网"的数据比对，平台能够对一家供应商是否发生过官司做出准确判别。在供应商信息登记方面，只要用户在系统中输入名称，平台就会通过数据自动匹配，对输入错误的账号和代码进行自动识别和更正。

在智能化阶段，无论是在营销、供应链、工程还是土地领域，明源云都不仅借助企业内部数据，而且打通大量外部生态数据，为开发价值链上的各个场景赋能，直接帮助房企做出最佳业务决策。

图3-20 在阿里云的基础设施上构建"业务"和"数据"双中台

第三章 房企数字化转型的合理步骤及关键路径 | 073

鹰眼实验室+高德大数据：精准拓客再升级

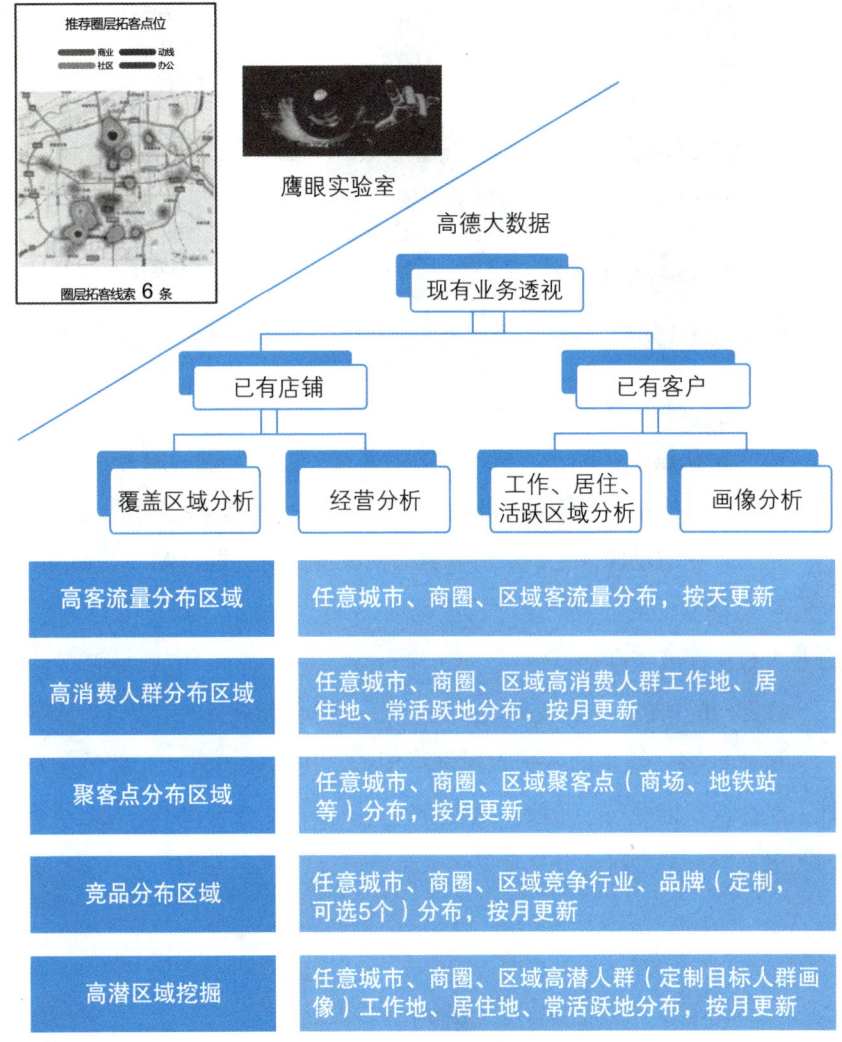

图3-21 明源云客的大数据应用示例

四、小结

综上所述，我们可以总结房企数字化转型三大阶段的不同特点，如图3-22所示。

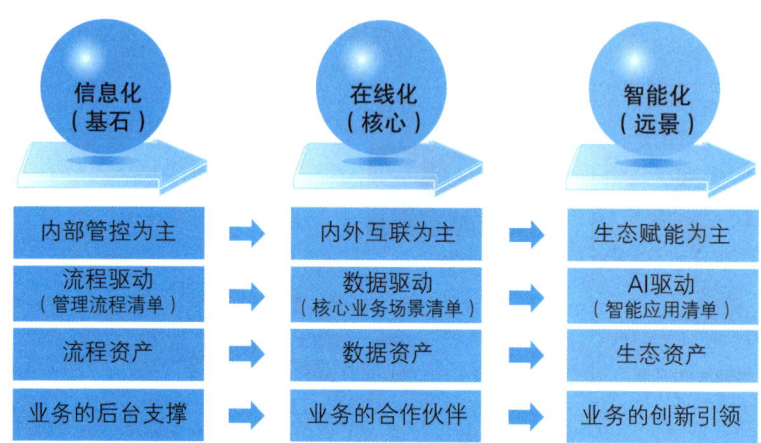

图3-22　房企数字化的三大核心阶段及其典型特征

第一，在建设目标上，从最初的内部管控、为管理者服务到为一线员工、外部伙伴和客户等多方赋能，再到提升企业整体经营管理的质效。

第二，在驱动模式上，从流程驱动到数据驱动，再到AI算法驱动。

第三，在沉淀的资产上，从流程资产到数据资产，再到生态资产及行业大数据深度整合。

IT部门的角色从业务支撑到业务伙伴，再到创新业务的引领者。

房企数字化转型的各个阶段环环相扣，房企每跨入一个新的阶段，都不能否认和推翻前一阶段。随着阶段的演进，业务逻辑不断升级优化，因此房企需要结合自身发展来构建全新的、合适的数字底座。

第四节
房企数字化转型成功的五大关键标志

对于房企而言，迈向数字化的总体目标是构建起自身的"数字化双胞胎"。未来房企的任何经营指标和业务动态都能以"数字"的形式存在，房企可以通过"数字"直观审视整体经营效率及业务场景动态变化，用丰富的数据实现企业的智慧决策。

结合行业的数字化实践及明源云多年来的探索，我们认为，房企的数字化转型成功有五大关键标志，即全面上云、全新数字底座、核心业务场景在线、运营数字化、智能化场景决策，如图3-23所示。

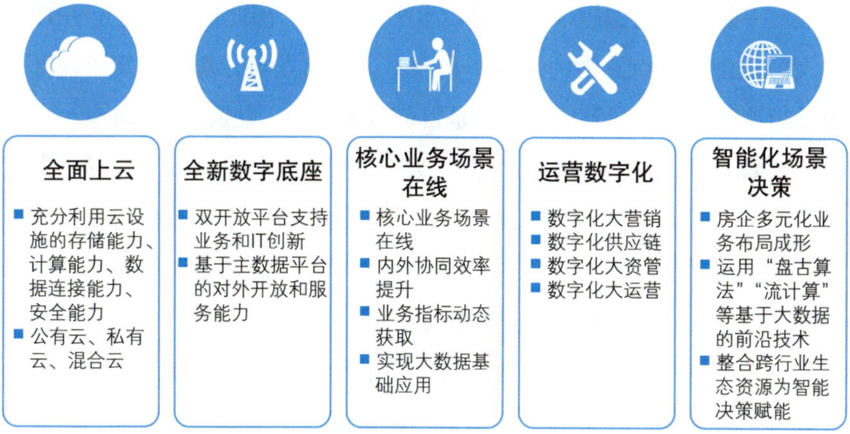

全面上云
- 充分利用云设施的存储能力、计算能力、数据连接能力、安全能力
- 公有云、私有云、混合云

全新数字底座
- 双开放平台支持业务和IT创新
- 基于主数据平台的对外开放和服务能力

核心业务场景在线
- 核心业务场景在线
- 内外协同效率提升
- 业务指标动态获取
- 实现大数据基础应用

运营数字化
- 数字化大营销
- 数字化供应链
- 数字化大资管
- 数字化大运营

智能化场景决策
- 房企多元化业务布局成形
- 运用"盘古算法""流计算"等基于大数据的前沿技术
- 整合跨行业生态资源为智能决策赋能

图3-23 房企数字化转型成功的五大关键标志

一、全面上云

是否充分利用了云设施的存储能力、计算能力和数据连接能力，是数字化转型成功与否的首要标志。随着云计算技术的逐渐普及，云计算的灵活性、易用性、定制性使得越来越多的企业开始选择部署云计算方案。在选择云计算平台时，房企到底该选择公有云、私有云还是混合云呢？公有云通常是指第三方提供商为用户提供的能够使用的云，核心属性是共享服务资源；私有云是为一个用户单独使用而构建的，可以搭建在公司的局域网上，与公司内部的监控系统、资产管理系统等相关系统相互融合，从而更有利于公司内部系统的集成管理，但私有云部署维护的成本相对较高；混合云则融合了公有云与私有云的优劣势，综合考虑了数据安全性以及资源共享性。目前，很多企业选择将核心业务放在自

己的私有云上，次要的业务放在公有云上。总之，无论企业选择哪种云部署，全面上云都是数字化转型的关键标志之一。

二、全新数字底座

对于房企而言，信息化是整个数字化的底座，是数字化的关键支撑。流程效率越快、数据越准确，建设水平就越高，因此信息化是过去10余年大部分企业重点发力的领域。企业不论如何发展，都需要基于内部视角进行流程管理和经营风控，这是目前各个企业无法回避的部分。

随着企业发展速度不断加快，数字底座要全面升级，以一种开放、连接的技术和心态面向未来企业不断发展的需要。未来的核心业务引擎能否以服务化的形态存在以供各异构系统、各应用系统进行调用，未来的终端页面、业务流程、报表界面是否都可以基于开放的平台实现自主定义，未来的终端应用优化是否可以基于开放的平台以自己的IT人员为主进行相关创新应用的开发，这些都是未来数字化转型升级需要重点解决的问题和落地的关键。

数字底座还要不断升级和迭代。数字底座是否实现了双开放平台支持业务和IT创新，是否具备了主数据平台的对外开放和服务能力，等等，都将成为房企构建全新数字底座的关键标志。

三、核心业务场景在线

在数字底座已经升级的基础上，房企的数字化除了要考虑为管理者进行管理赋能外，还需考虑对一线员工、外部伙伴和外部客户赋能，从而基于内外互联、协同提效的目标实现核心业务场景全面在线。房企只有实现内外协同，实现对核心业务在线的网络协同和覆盖，才能真正实现在线化。

在线化将房企生产经营过程中的上下游主体综合为强大的数据生产引擎，基于核心业务场景的全面在线，打破此前人工填报数据的方式，使诸多数据能够在业务操作过程中自动沉淀，实现业务指标动态获取，同时提升数据的生产、存储和应用水平，提升数据质量，并在提高企业管理层决策效率的同时为自身迈向智能化阶段打下基础。

四、运营数字化

在数字化转型后，房企的各个核心运营场景都将被全面重构，传统的成本数据库、货值管理、利润监控、工程在线、变更管理、招投标管理、投诉报修等各个运营环节的业务模式都将从传统的线下操作全部搬到线上，数据将自动沉淀，运营效率将大幅提升。此外，营销、供应链、资管等业务模式也将被颠覆和重构，传统的业务痛点将被消灭，最终实现案场效率、供应链管理、资管效率的全面提升。所以，运营数字化也是数字化转型成功的关键标志之一。

五、智能化场景决策

数据的生产和沉淀并不是为了数据本身，而是为了实现基于生态大数据的智能化场景决策，这是行业未来的发展方向。如今，很多企业已经实现了智能化场景决策闭环的构建。例如，在招投标领域，房企以往是通过一些业务管理手段来实现供应商寻源和筛选的，耗时、耗力且效果一般。而借助智能化手段和大数据分析，房企可以轻松识别出围标、串标等行为。比如，两家公司的投标IP（互联网协议地址）网段相同或者两家公司的法人代表相同，那么这很可能是同一家公司在围标。

智能化阶段的数据标准建设涉及盘古算法、流计算等基于大数据的前沿技术。相较于信息化阶段的计算能力，智能化阶段的数据计算是基于资源无限的背景来考量的。举个例子，此前的查询指令可能针对的只有几百条或者上千条数据，而大数据的查询面向几十万条、几百万条甚至上千万条数据，二者所要求的指令性能完全不在一个级别，因而数据标准也大不相同。

此外，房企要真正向智能化转型，就要基于中台的逻辑构建属于自己的并可以与外部生态资源高效连接的业务中台和数据中台。房企未来所面对的数据体量将越来越大，数据模型将越来越多，数据动态将越来越可视化，因此房企必须基于智能场景决策闭环以及业务和数据"双中台"来提升数据反馈、优化运营管理，这样才能真正向智能化阶段迈进。

第五节
通过数字化对标，明确自身短板及提升方向

在全行业加快数字化建设的当下，房企不光要理解数字化蓝图落地的步骤和标志，同时也应该清晰地认识到自身数字化所处的阶段、建设的水平以及应该发力的重点。那么，站在房企首席信息官和首席数据官（CDO）的视角，企业该如何评判自身在各个阶段的数字化实践水平？可以说，数字化对标恰恰是一把很好的衡量标尺。

明源地产研究院基于数字化对标评分模型，精细划分了信息化、在线化和智能化三大阶段的具体评分维度，每家房企都可以对号入座，并从中找到自身数字化转型发力的方向。

一、数字化对标模型说明

明源地产研究院在与房企深度沟通和交流的基础上，经过全面细致的梳理和持续的更新迭代，构建了全新的数字化对标模型，从三大阶段、六大维度的共计18个细类入手，帮助房企进行全方位的数字化对标，如图3-24所示。

分析维度	信息化	在线化	智能化
业务场景	传统ERP相关业务覆盖	核心业务场景在线化	基于大数据的智能场景决策闭环
数据应用	授权标准、流程标准和数据标准清晰	数据生产、数据存储、数据应用、数据质量	面向"大数据应用"的数据标准建设
决策支持	决策数据分层呈现	决策数据动态推送	面向"生态连接"的业务中台建设
规划设计	信息化建设规划+可持续发展	数字化项目收益可测及云运维监控平台建设	面向"智能决策"的数据中台建设
技术平台	信息化技术的应用	全面上云、数据仓库建设、简单大数据应用及全开放技术平台	智能技术的应用
组织设置	传统组织架构	组织DT（数据处理技术）化与灵活性	智能化中台组织建设

图3-24　全新数字化对标模型

在权重设定上，我们根据行业目前整体的数字化建设进程及各项指标的不同贡献度，赋予三个阶段评价要素不同的权重，即"352"评分标准，如图3-25所示。

信息化

信息化是数字化的基础阶段，大部分企业已完成此阶段的建设，所以占比30%

在线化

在线化是数字化的中级阶段，是目前房企建设的核心，所以占比50%

智能化

智能化是数字化的高级阶段和智能化创新阶段。目前大多房企都在起步阶段，所以占比20%

评分规则（百分制）
可量化评分
■ 根据数量及权重直接打分
标准化评分
■ ≥90分：成熟度较高，应用能力较为完善
■ 89~80分：相关能力基本覆盖，但环节之间或环节内部存在瑕疵
■ 79~60分：能力未完全覆盖，但个别具备基础应用能力
■ 59~40分：能力正在起步阶段，不具备应用能力
■ <40分：没有能力或只有一点儿能力

注：后续随着业务及技术的发展，各阶段占比会相应调整。

图3-25　数字化对标评分的各阶段权重

信息化是数字化的基本底座，大部分企业已完成此阶段的建设，赋予30%的权重；在线化是数字化的中级阶段，是房企目前建设的核心，赋予50%的权重；智能化是数字化的高级形态，是房企数字化转型的方向，目前大多数房企都处在起步探索阶段，暂赋予20%的权重。

在评分规则上，设置可量化评分及标准化评分两种模式。其中，可量化评分根据覆盖场景的数量及各阶段权重直接打分，标准化评分主要划分为以下5个档位：90分及以上，成熟度较高，应用能力较为完善；89~80分，相关能力基本覆盖，但环节之间或环节内部存在瑕疵；79~60分，能力未完全覆盖，但个别具备基础应用能力；59~40分，能力正在起步阶段，不具备应用能力；低于40分，没有能力或只有一点儿能力。

要特别强调的是，尽管在线化、智能化是数字化转型的方向，但我们不能因此就否定信息化的价值，也不能因智能化是数字化的高级形态就否认信息化和在线化的价值。如果没有坚实的信息化和在线化基础，那么智能化也只能是"镜中花、水中月"，房企整体的数字化对标评分仍会很低。

基于上述评分维度及权重，我们可以通过数字化对标精准呈现房企在每个维度上的得分，也可以清晰识别出行业内数字化水平最高的标杆房企。房企也可以基于表3-1中的评分表对各维度进行自评分，了解自身的数字化水平。

表3-1 房企数字化对标评分表

阶段	对标评分维度	关键词	自评分	权重
信息化阶段	传统ERP相关业务覆盖	多元化布局		30%
	授权标准、流程标准和数据标准清晰	统一数据标准		
	决策数据分层呈现	三层决策支撑		
	信息化建设规划+可持续发展	内部管控为主		
	信息化技术的应用	稳态技术特点		
	传统组织架构	流程支持为主		
在线化阶段	核心业务场景在线化	多元在线		50%
	数据生产、数据存储、数据应用、数据质量	数据升级		

续表

阶段	对标评分维度	关键词	自评分	权重
在线化阶段	决策数据动态推送	动态输出		50%
	数字化项目收益可测及云运维监控平台建设	监控平台		
	全面上云、数据仓库建设、简单大数据应用及全开放技术平台	数据仓库		
	组织DT化与灵活性	组织升级		
智能化阶段	基于大数据的智能场景决策闭环	智能决策闭环		20%
	面向"大数据应用"的数据标准建设	数据标准建设		
	面向"生态连接"的业务中台建设	业务中台建设		
	面向"智能决策"的数据中台建设	数据中台建设		
	智能技术的应用	微服务架构		
	智能化中台组织建设	数据实验室		

总之，房企数字化对标评分表中的每一个数据都直指房企在某个阶段的优势或不足；而针对不足，房企可相应地制订规划，明确改进和提升的方向。

二、数字化对标模型详解

在明确了数字化对标的评分维度及各阶段的权重占比后，我们将对信息化、在线化、智能化三大阶段的对标评分维度进行详细论述。各家房企均可以对号入座进行自评分，以了解自身在各个维度的表现，从而明确自身数字化应该发力的方向。

1. 信息化各对标维度详解

信息化是站在风控视角以流程建设为主的基础规划，强调标准、流程和内控，是整个数字化的底座。如图3-26所示，基于信息化的特点，我们梳理了该阶段的六大评分维度。

信息化阶段数字化对标评分维度

信息化

传统ERP相关业务覆盖
- **地产板块核心业务覆盖**：地产核心ERP业务：土地、货值、计划、成本、采招、工程、销售、客服；人力资源、财务的信息化
- **非地产板块核心业务覆盖**：通用ERP业务覆盖：人力资源、财务的信息化；非地产板块的业务覆盖，如酒店、邮轮、高速等板块

多元化布局

授权标准、流程标准和数据标准清晰
- **主数据管理标准清晰（数字底座初级形态）**：构建项目主数据，明确数据标准，录入规范，维护机制等
- **多子系统全面集成**：多子系统全面集成，包括土地、货值、计划、成本、采招、工程、销售、客服、人力资源、财务等核心业务以及主数据、工作流、BI（商业智能）等公共模块

统一数据标准

决策数据分层呈现
- **核心业务CP点（流程关键点）审批支撑**：梳理核心业务流程CP点，并在审批中支撑CP点
- **核心业务风险管控支撑**：异常风险信息及时预警，如成本超支、进度延期等
- **高层报表推送**：定期高层报表推送（通过邮件、短信或微信等）

三层决策支撑

信息化建设规划+可持续发展（服务和运维）
- **信息化建设基础规划**：以内部管控为核心目标的管控体系全面落地的规划
- **IT项目可持续发展**：IT项目应用落地效果，提供持续性的应用与服务

内部管控为主

信息化技术的应用
- **CS、BS（分布式存储、分布式）应用**：CS、BS架构的运用
- **ESB（企业服务总线）技术应用**：ESB技术应用
- **高稳定性、高安全性、开放性**：技术架构的"三高一开放"：高稳定、高可用、高安全、开放

稳态技术特点

传统组织架构
- **业务主导、IT辅助**：构建服务于核心业务部门的"流程信息中心"，并设有专岗对接各核心业务部门的信息化诉求
- **IT团队人员结构**：有专岗专员对接网络维护专员，管理报表开发专员，核心业务对接专岗，IT项目管理专岗

流程支持为主

图3-26 信息化阶段数字化对标评分维度

（1）传统ERP相关业务的覆盖

在行业多元化"遍地开花"的当下，我们不仅要聚焦地产板块核心业务的覆盖，还应以客观、公正和独立的第三方视角将非地产板块核心业务的覆盖纳入评分范围。在对房企的该维度进行评分时，按照房企在地产及非地产板块业务的实际比例进行评分即可。

（2）授权标准、流程标准和数据标准清晰

公司治理架构对应的授权标准、流程标准是否清晰是房企能否实现信息化的关键。我们在多数成本业务领域的权责梳理模板中可以看到，一方面，根据涉及的业务领域与合同金额明确流程的发起部门和审核部门，并确定输出成果；另一方面，明确总部和城市公司参与每项流程的对应部门，明确流程审批各步骤的责任部门、参与部门和需抄送部门。

通过梳理权责体系，企业各层级、各部门的权责分工得以明确，对流程涉及的关键管理事项、起点、终点、标志物和具体决策步骤均做出了详细规范，房企可以更加有效地确保权责流程体系的落地。

此外，我们还要考虑数字底座的初级形态，以及主数据管理标准（包括构建项目主数据和明确数据标准、录入规范、维护机制等）是否清晰；还要看企业是否实现了多子系统的全面集成，如土地、货值、计划、成本、采招、工程、销售、客服、人力资源和财务等核心业务以及主数据、工作流和BI等公共模块。

（3）决策数据的分层呈现

在信息化阶段，房企进行ERP系统建设时通常会关注几个点，如核心业务CP点的审批、核心业务的风控（包括异常风险信息及时预警、成本超支和进度延期等）以及高层报表的推送（通过邮件、短信或微信等）。

以成本业务领域常见的合同管理流程为例，合同管控贯穿签订、审批和确定三大阶段。通过梳理核心业务流程CP点，即合约规划事前控制和审批依据完整，房企可以确保合同在采购招投标环节的范围、金额及时间进度是基于合约规划安排进行的，如图3-27所示。当合同签约金

管理价值

通过合同业务管理流程，企业可以实现对合同的统一管理，规划各类别合同的录入规范；在实际业务操作中，企业往往会根据合同类别对成本影响敏感度、金额大小设定不同的审批流程，以实现对关键环节的管控

管控点（见右图）

CP1：合约规划事前控制

CP2：审批依据完整

管理要求

- 在采购招投标环节，合同的范围、金额及时间进度应该基于合约规划安排进行
- 当合同签约金额、范围发生调整和变化时，相应合约规划应及时调整
- 形成合约规划指引，指导合同签订与合约规划进行关联

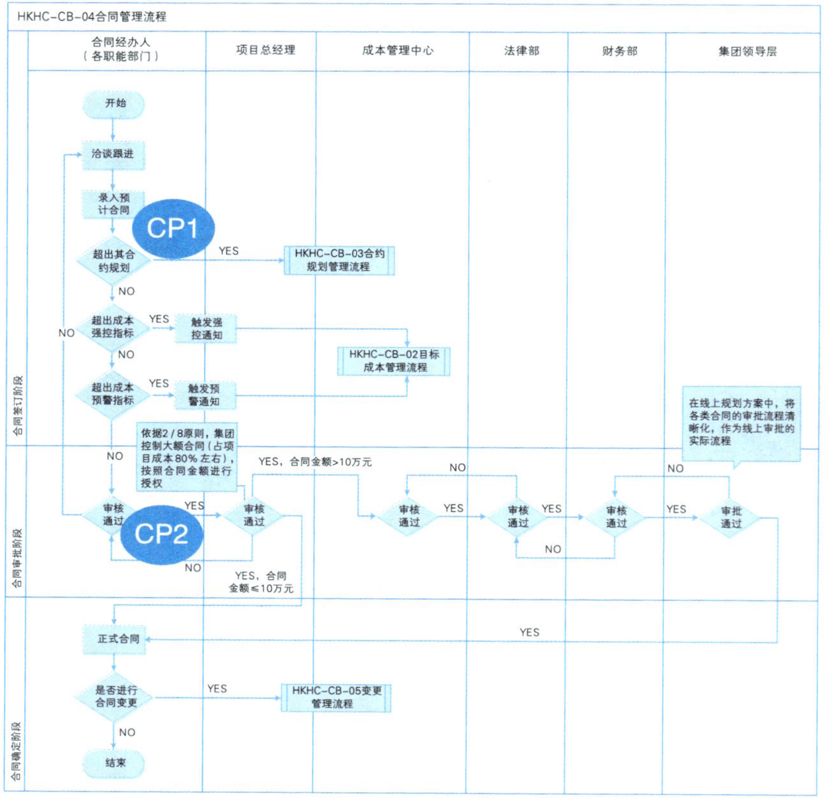

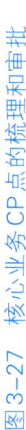

图3-27　核心业务CP点的梳理和审批

额、范围发生调整和变化时，合同管理流程能及时调整相应的合约规划。在形成合约规划指引后，合同管理流程也可以指导合同签订与合约规划进行关联。

房企需要审视自身在这些方面是否有所举措、支撑度如何，并且要对这些体系做出细致梳理，否则即便迈入了在线化阶段，也无法找到准确的发力方向。

（4）信息化建设规划+可持续发展

在信息化建设规划+可持续发展层面：一方面，我们要看企业是否对以内部管控为核心目标的管控体系做出了全面落地的规划；另一方面，随着企业不断发展，管理模式、流程和报表等都需要进行相应调整，我们也要看企业能否为IT项目的应用落地提供持续的运维与服务。

（5）信息化技术的应用

信息化阶段主要强调的是CS、BS应用以及ESB技术的应用，房企需审视自身在这些技术领域的应用程度。另外，房企还需要审视自身在技术架构上是否实现了"三高一开放"。

以ESB为例，ESB通常包含主数据、元数据和工作流引擎等部分，其主要功能和特性有协议转换、消息格式转换、消息处理流程开发和设计，以及消息处理监控管理，如图3-28所示。处在信息化建设阶段的房企普遍通过搭建ESB来实现不同系统间的业务交互，相当于利用服务总线构建企业内部的服务路由枢纽和渠道，以实现异构系统间的协作。

从基底来看，ESB模式仍是以"中心化"的服务架构构建的，受项目制建设模式的影响，对服务的持续发展和沉淀帮助甚微。随着互联网的业务特性不断渗透到企业的各个业务领域，这种"中心化"的服务架构一定会面临"去中心化"的升级和改造。但不可否认的是，ESB技术的应用在信息化阶段有其必然性，仍是评判企业信息化水平的关键要素。

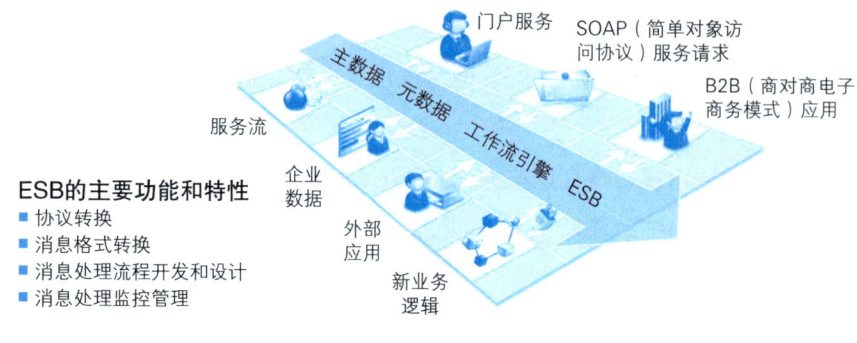

ESB的主要功能和特性
- 协议转换
- 消息格式转换
- 消息处理流程开发和设计
- 消息处理监控管理

图3-28　ESB架构应用

（6）传统组织架构

基于业务主导和IT辅助的角色定位，信息化阶段在组织架构上的主要目标是构建服务于核心业务部门的"流程信息中心"，确保有专岗专门对接各核心业务部门的信息化诉求，如硬件及网络维护专员、管理报表开发专员、核心业务对接专岗和IT项目管理专岗。

我们经过细致的梳理评分发现，标杆房企基于长期的信息化建设积累和迭代，在信息化阶段的各个评分维度都表现得相当出色，有些龙头房企（如保利、招商等）在信息化阶段的建设甚至可以达到满分。的确，信息化阶段的扎实基础为房企向在线化和智能化阶段的转型升级提供了更加充分的保障。

2. 在线化各对标维度详解

以智能手机为标志的移动互联网技术为在线化提供了技术支撑。在线化阶段的关键词是"移动"、"业务在线"、"内外互联"和"场景的深度应用"，强调及时、互联和体验。在线化旨在通过工具优化和设计实现一线员工的每一个工作场景都在线，使场景体验达到极致，同时将在线场景进一步拓展至外部客户与合作伙伴，实现多方共同"生产数据"。

基于以上特点，我们同样梳理了在线化阶段的六大评分维度，如图3-29所示。

第三章 房企数字化转型的合理步骤及关键路径

在线化

维度	子项	评分要点	目标
核心业务场景在线化	地产业务在线化	■ 客户在线、供应商在线、资产在线、"管理+员工"在线	多元在线
	非地产业务在线化	■ 非地产业务在线的X个核心业务场景的内外互联、移动化应用全面落地	
数据生产、数据存储、数据应用、数据质量	数据生产	■ 由"手工填报"转为"在线场景"自动生成	数据升级
	智能设备	■ 应用全新的智能化系统（如人脸识别、智能读卡器、停车道闸等），自动采集各类数据	
	数据存储及安全	■ 数据自动沉淀和全面上云，云上的数据安全丰富的API有利于各场景、云上的灵活调用	
	数据应用	■ 数据治理、统一数据结构，有利于管理输出及外部连接	
	数据质量	■ 使企业数据能够安全、快速、可靠地为企业所用	
决策数据动态推送	动态指标输出、场景化数据推送	■ 核心业务指标在线化、动态输出DMP平台应用：土地、货值、成本、进度、销售、回款等DMP应用	动态输出
数字化项目收益可测及云运维监控平台建设	DMP平台应用		
	DT战略规划	■ 有明晰的数字化规划方案，具备战略前瞻性和洞察力	监控平台
	数字化项目落地	■ 云运维监控平台全面在线监控	
	数字化项目运维		
全面上云、数据仓库应用及简单大数据应用及全开放技术平台	云存储	■ 核心业务系统是否全面上云	数据仓库
	云计算（计算能力）	■ 使用云产品，通过云端的资源进行计算	
	大数据基础应用	■ 具备一定的自研能力	
	全开放平台应用	■ 基于SOA的技术开放平台	
组织DT化与灵活性	基于数据资产建立数智中心	■ 定位升级：构建以"数据资产"为核心的"数字化管理中心"，追求打破业务职能壁垒的"数据生产"、"数据打通"、"数据应用" ■ 能力升级：具备一定的在线化诉求（主流厂商短时间内尚未覆盖）、心业务场景：首席数据官、技术研发、运维服务岗 ■ 团队构成：目管理岗、需求分析岗、运维服务岗 ■ 人才标准：既懂技术又懂业务的综合型人才 ■ 数字化团队驱动有DT视角，成功业务伙伴，与业务部门并驾齐驱	组织升级
	组织应对变化能力		
	关键岗位人员设置		
	数字化团队人员结构		
	数字化团队驱动DT项目		

图3-29 在线化阶段数字化对标评分维度

（1）核心业务场景在线化

在线化阶段的首要评分维度包括企业是否实现了核心业务场景的在线化（在地产业务范畴是否实现了客户在线、供应商在线、资产在线和"管理+员工"在线），是否与信息化阶段相匹配，以及非地产业务是否实现了在线化。

（2）数据生产、数据存储、数据应用和数据质量

在线化以数据资产的沉淀为导向。在此前提下，提高数据的生产、存储和应用水平并同时确保数据质量就尤为关键。整体来看，在线化在这四个维度都分别进行了升级，如图3-30所示。

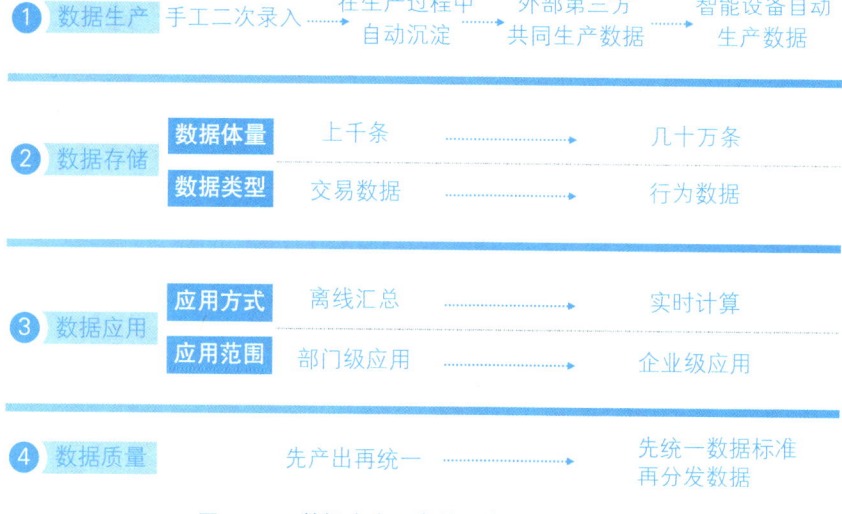

图3-30 数据生产、存储、应用及质量升级

第一，数据生产的升级。进入在线化阶段，房企的数据生产方式将从以前的一线手工二次录入转变为在生产过程中自动沉淀。同时，在房企当前已覆盖的136个在线化场景里，生产数据的角色不再限于企业内部的员工，上游供应商、下游客户和租户等外部第三方都会参与进来共同生产数据。这一阶段，数据生产的触点越来越多，生产数据的角色也越来越多。另外，房企在该阶段还可以借助一些智能化的设备自动生产

数据，比如明源云客的人脸识别、停车场的智能到达系统和门禁卡考勤系统等都是通过设备自动搜集和生成数据的典型工具。

第二，数据存储的升级。这一层面的升级主要体现在数据体量和数据类型两个方面。随着房企规模化发展和多元化创新的步伐不断加快，房企在生产经营过程中所产出的数据体量也在随之加大，数量可能从原来的几千条猛增至几十万条，因而提升数据存储能力是处于在线化阶段的房企的必然选择。系统以往沉淀下来的数据常常是交易类型的数据，而在线化阶段通过场景在线会将经营过程中各方的行为数据也沉淀下来。例如，客户点击了某个页面，他在这个页面停留了多少秒，他是否点击了收藏按钮，他收藏了哪个户型，他转发了多少次，这些行为全部都能被记录下来，从而沉淀出大量的行为数据。如果房企还是以传统的服务器机房模式去构建整个在线化体系，那么这显然已经行不通。企业需要一种全新的数据生产模式，这必然会推动企业转向云端部署，无论是私有云还是公有云。也就是说，房企要基于云设施的视角去重新构建自身的信息化体系。

第三，数据应用的升级。一方面，数据应用可以从离线汇总升级为实时计算。以销售案场常见的来客登记为例，此前，置业顾问在来客登记上的操作模式是：在完成一天的来客登记工作后，统一将线下记录汇总到ERP系统中，缺少移动设备动态记录客户信息。而现在借助iPad、手机等移动端设备，置业顾问可以实时录入客户信息，同时还可以通过人脸识别自动对接客户相关数据，在跟客的同时也记录了相应的交互信息，从而实现数据的实时应用。另一方面，数据应用的范围也从部门级应用拓展为企业级综合应用。此前，单个系统的建设可能只是服务于单个部门，比如只供营销部门或者成本部门使用，上下游链条的相互决策并未打通，整个价值链条是断裂的。而现在各个业务场景均实现了在线，数据底层互相联通，多个场景在同一时间点所沉淀的数据和信息也互相打通，从而能够更好地支持整体经营决策。

第四，数据质量的升级。正如前文所说，以前的系统建设都是基于单个业务部门的诉求建立的，因此各业务部门也是按照自己的需要建立数据标准的，这就会造成数据标准的不统一，如营销部门的分期标准与财务部门的分期标准完全不同，以及楼栋标准与招投标部门的划分方式互不匹配。企业通常在发现类似的问题后才想到要统一数据标准，再人为建立连接去打通各部门的数据。在线化正是要帮助企业先建立起统一的数据标准，如规定项目分期的划分方式。在公司内部，无论哪个部门调用相关内容，都需要按照确定的统一规则来调用。这是大运营背景下数据质量管控的全新思路，规避了此前数据口径不一致的问题，使得数据的质量更加有保障。

（3）决策数据动态推送

一方面，在线化要衡量企业是否做到了动态指标输出、场景化数据推送；另一方面，在线化也要考虑企业是否基于大数据和动态智能决策的视角，借助DMP平台建立了数据仓库，兑现如土地、货值、成本、进度、销售和回款等DMP应用，以及是否进行了基础的大数据应用尝试。

（4）数字化项目收益可测及云运维监控平台建设

数字化项目收益可测是在线化阶段的一个重要的评分标准，主要关注房企是否实现了数字化项目的落地，如项目落地后给企业带来的实际收益是否达到了预期。

同时，数字化项目的运维也是一个关键的考量因素。试想，如果业务全部实现了在线化，那么企业将会面对大量的系统——除地产板块系统外，可能还有其他业务板块系统，如物业板块、商业板块、邮轮板块、农业板块和通用板块等，如图3-31所示。要想对这些系统和接口做出良好的统筹管理，房企就需要有一套"监控系统的系统"，全方位监控系统间的拓扑连接关系、接口的健康状况和稳定情况，而这正是云运维监控平台的价值所在。

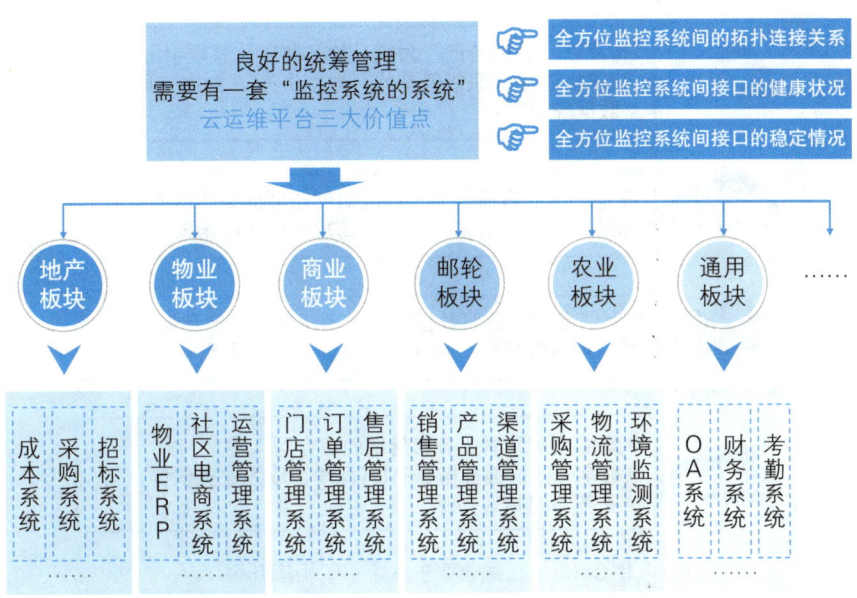

图3-31 监控系统的系统

（5）全面上云、数据仓库建设、简单大数据应用及全开放技术平台

该评分维度有：房企是否已利用云设施，是否已全面上云，是否具备了IaaS层、iPaaS层的一些基础能力，是否已基于数据仓库进行一些大数据的基础应用，等等。房企能否把ERP的业务管理能力沉淀下来变成共享的服务能力支撑SaaS应用，并进一步将应用情况反馈回来形成闭环，也是衡量房企技术转型的关键要素。

（6）组织的DT化与灵活性

在线化阶段对房企的组织架构提出了更高要求，强调组织的DT化与灵活性，如图3-32所示。

首先，要升级定位，构建以"数据资产"为核心的"数字化管理中心"，追求打破业务职能壁垒的"数据生产"、"数据打通"和"数据应用"。其次，要升级能力。在线化阶段对组织应对变化的能力也提出了更高要求，要求企业具备一定的自研能力，以应对创新型业务的核心场景的在线化诉求。

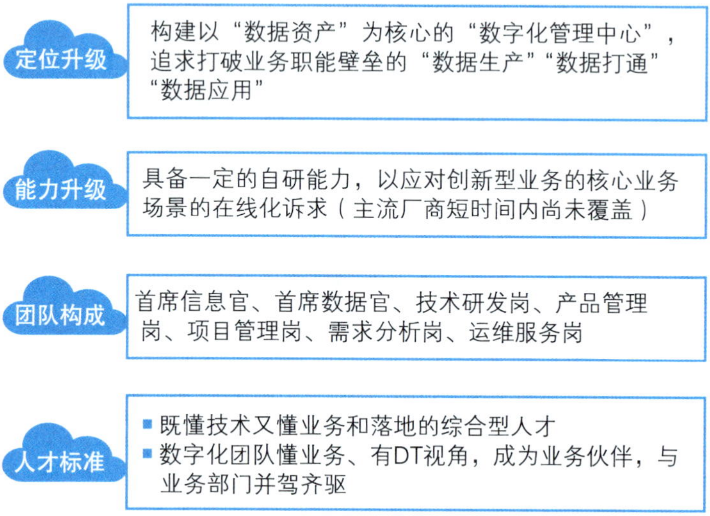

定位升级	构建以"数据资产"为核心的"数字化管理中心",追求打破业务职能壁垒的"数据生产""数据打通""数据应用"
能力升级	具备一定的自研能力,以应对创新型业务的核心业务场景的在线化诉求(主流厂商短时间内尚未覆盖)
团队构成	首席信息官、首席数据官、技术研发岗、产品管理岗、项目管理岗、需求分析岗、运维服务岗
人才标准	■ 既懂技术又懂业务和落地的综合型人才 ■ 数字化团队懂业务、有DT视角,成为业务伙伴,与业务部门并驾齐驱

图3-32　在线化要求房企组织相应升级

在团队构成上,组织的关键岗位升级为首席信息官和首席数据官,同时还包括技术研发岗、产品管理岗、项目管理岗、需求分析岗和运维服务岗等。

在人才标准上,企业需要既懂技术又懂业务和落地的综合型人才。随着组织架构迭代升级,房企的信息中心部门将从原来的"业务支持"角色逐步向业务伙伴转变,这也有利于企业自身培养业务能力和DT视角兼具的复合型人才。

房企还需要重点权衡的一个问题是:是企业自建还是采用第三方服务商?我们认为,这两种模式各有优势,它们所面向的诉求和适用场景有所不同。接下来,我们就分条来总结和对比,如图3-33所示。

房企采用自建团队有以下三点好处。

第一,可控性强。不少房企希望通过自建团队来推进企业的数字化建设。近年来,房地产行业也一度掀起成立科技公司的浪潮。信息系统自建在一定程度上能够使软件符合自身的管理模式和特点,同时能够使企业将沉淀的信息和数据掌握在自己手中,可控性相对较强。

图3-33 企业自建优势与第三方服务商优势

第二，创新类业务可快速响应。当下，越来越多的房企开始探索泛地产转型和多元化发展，房地产企业的业态类型日渐丰富。第三方服务商所提供的场景覆盖不一定能够完全匹配房企当下的需求，因为第三方服务商往往是基于行业最大的共性需求来确定系统建设方向的，因此很难有一家服务商能成熟到全面覆盖房企的各个业务板块，这其中势必会有时间差。如果第三方服务商尚无法提供某项需求，那么房企自建团队的自主创新确实有其必要性和合理性。

第三，当软件整体规模不大时，成本更优。举个例子，如果某家房企当前的核心诉求是构建一个线上App，那么它也可以拿市面上的App外壳做一些简单的二次开发，如优化页面呈现、更换商标等。这种操作模式的确已经可以满足企业的要求，并且成本相对更低。当然，这种"成本低"的优势仅限于软件整体规模不大时。

房企采用第三方服务商具备以下四点优势。

第一，样本多，有丰富的行业案例作为基础样本。若企业选择自建团队来进行数字化建设，其底层参考就仅是一家房企的案例和经验累积，参照的样本是唯一的，而第三方服务商是基于全行业的样本来探索数字化建设路径的，其所能覆盖的广度和深度远超企业自建所能企及的范围。

第二，迭代快。迭代不是基于单企业，而是基于全行业。随着房企的业务不断变革，企业的管理诉求和关注重点也在同步刷新，因此企业的数字化建设也需要随之迭代。基于大量的先进案例和行业前沿应用，第三方服务商的迭代能力更强、迭代速度更快，这是企业自建无法企及的。例如，明源云客的在线开盘同一时间可以连接全国的在线楼盘高达5 000个，且这个数量还在不断增长，而行业龙头房企常规的在线推盘数量则远远不及它。

第三，有专业和成熟的方案、实施、开发和运维体系。第三方服务商基于多年来的行业深耕和案例挖掘，在解决方案、项目实施、技术开发和运维方面都积累了相当专业和成熟的体系。在第三方服务商已经有所建树的领域，房企完全可以选择站在巨人的肩膀上采用已有成果，而非一定要自建团队，由此也可以减少不必要的成本支出，节约企业资源。

第四，平台、软件和技术架构经过多年的验证相对稳定。对于企业的数字化建设来说，技术架构实现高稳定、高安全和高性能是关键要点——既能引入外部生态资源，又能够为数字化建设注入更多新鲜的血液。事实证明，第三方服务商经过多年的摸索沉淀，能够为房企提供更加可靠的底层技术支持。

整体而言，我们认为企业自建和第三方服务商"1+1"的模式应该是未来的主流。在相对成熟的领域，房企完全可以交由第三方服务商来建设；而在一些创新领域，若第三方服务商无法匹配房企需求，那么房企及时自建团队是很有必要的。抢占先机一定比停在原地不动更符合企业的发展实际。

3. 智能化各对标维度详解

在信息化和在线化阶段，房企主要基于数字化神经网络尽可能多地拓展触达场景，同时将数据采集和沉淀下来。但这些仍远远不够，房企仅仅基于内部数据研判，缺少对外部大数据的整合，只能触达海量数据的冰山一角。要真正实现数字化转型，房企必然要朝着智能化方向升级。

智能化强调的是"共享、洞察和生态"，要求企业从行业全生态的视角，以智能为驱动，以更开放的心态做连接，基于中台的逻辑整合各类生态数据，逐步兑现和挖掘智能应用。基于这样的特点，我们梳理了智能化阶段的六大评分维度，如图3-34所示。

（1）基于大数据的智能场景决策闭环

在各个核心业务链条上，能否基于大数据实现更多场景的智能决策闭环是衡量企业智能化水平的关键标准之一。

在数字化运营方面，房企是否打破了业务条线壁垒将公司价值链前后打通，并进一步整合行业大数据，实现资产、现金流、效率和风控的智能决策；在智慧营销、智慧供应链、智慧资管和智慧工程方面，房企是否实现全价值链条前后打通，是否引入了外部大数据，是否在诸多业务场景中形成了智能决策闭环。

大数据的智能场景决策闭环的核心构成是业务中台和数据中台——实现业务和数据双轮驱动。业务中台和数据中台不能脱离彼此而独立存在。数据产生于实际业务过程，但同时又会反哺和影响业务流程的迭代和优化，二者相辅相成。其中，运营管理将成为业务中台和数据中台的核心驱动，数据中台的数据反馈要通过实际运营管理来真正反哺业务的优化和调整，也就是基于企业管理层对方向的研判来真正完善业务执行和管理，如图3-35所示。

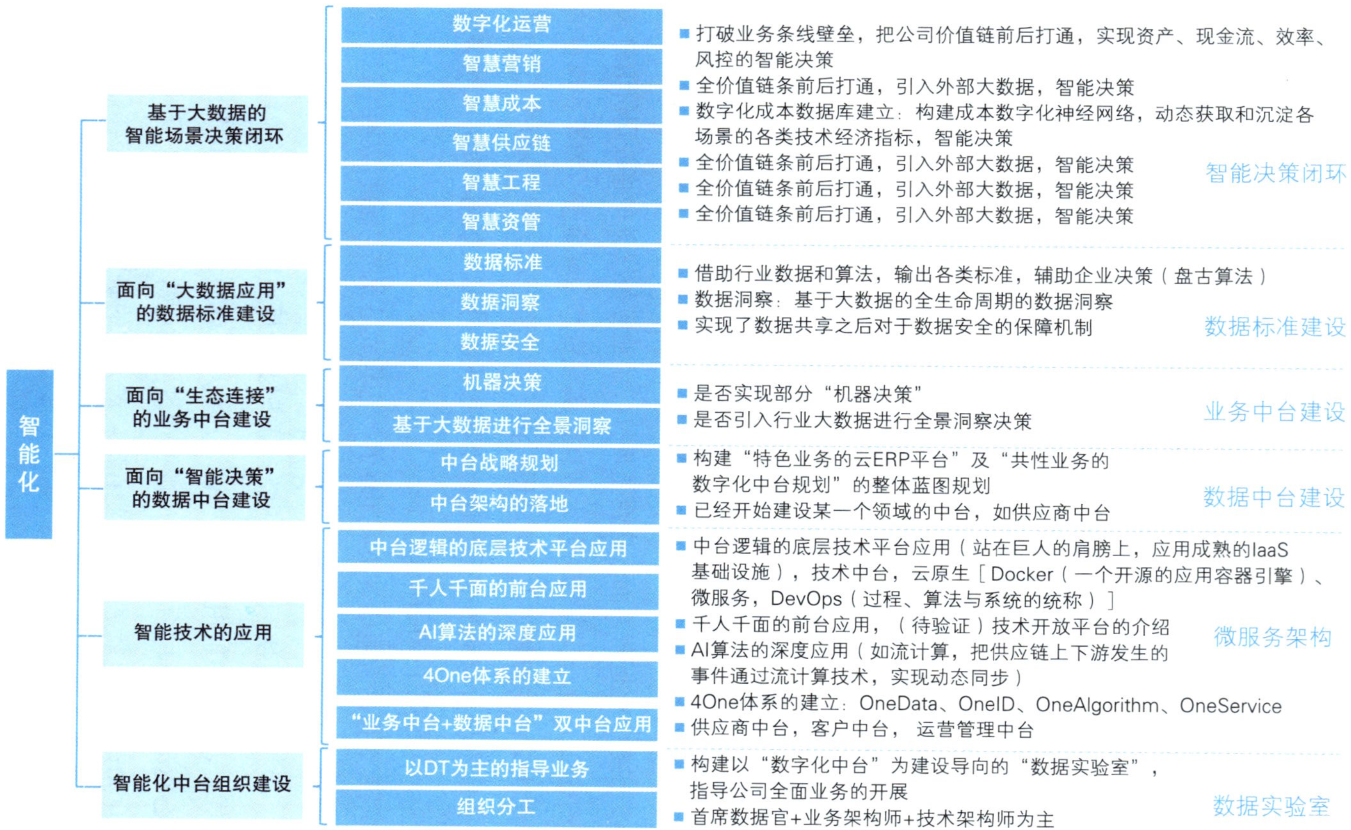
智能化
基于大数据的智能场景决策闭环
面向“大数据应用”的数据标准建设
面向“生态连接”的业务中台建设
面向“智能决策”的数据中台建设
智能技术的应用
智能化中台组织建设
数字化运营
智慧营销
智慧成本
智慧供应链
智慧工程
智慧资管
数据标准
数据洞察
数据安全
机器决策
基于大数据进行全景洞察
中台战略规划
中台架构的落地
中台逻辑的底层技术平台应用
千人千面的前台应用
AI算法的深度应用
4One体系的建立
“业务中台+数据中台”双中台应用
以DT为主的指导业务
组织分工
打破业务条线壁垒，把公司价值链前后打通，实现资产、现金流、效率、风控的智能决策
全价值链条前后打通，引入外部大数据，智能决策
数字化成本数据库建立：构建成本数字化神经网络，动态获取和沉淀各场景的各类技术经济指标，智能决策
全价值链条前后打通，引入外部大数据，智能决策
全价值链条前后打通，引入外部大数据，智能决策
全价值链条前后打通，引入外部大数据，智能决策
智能决策闭环
借助行业数据和算法，输出各类标准，辅助企业决策（盘古算法）
数据洞察：基于大数据的全生命周期的数据洞察
实现了数据共享之后对于数据安全的保障机制
数据标准建设
是否实现部分“机器决策”
是否引入行业大数据进行全景洞察决策
业务中台建设
构建“特色业务的云ERP平台”及“共性业务的数字化中台规划”的整体蓝图规划
已经开始建设某一个领域的中台，如供应商中台
数据中台建设
中台逻辑的底层技术平台应用（站在巨人的肩膀上，应用成熟的IaaS基础设施），技术中台，云原生［Docker（一个开源的应用容器引擎）、微服务，DevOps（过程、算法与系统的统称）］
千人千面的前台应用，（待验证）技术开放平台的介绍
AI算法的深度应用（如流计算，把供应链上下游发生的事件通过流计算技术，实现动态同步）
4One体系的建立：OneData、OneID、OneAlgorithm、OneService
供应商中台，客户中台，运营管理中台
微服务架构
构建以“数字化中台”为建设导向的“数据实验室”，指导公司全面业务的开展
首席数据官+业务架构师+技术架构师为主
数据实验室

图3-34 智能化阶段数字化对标评分维度

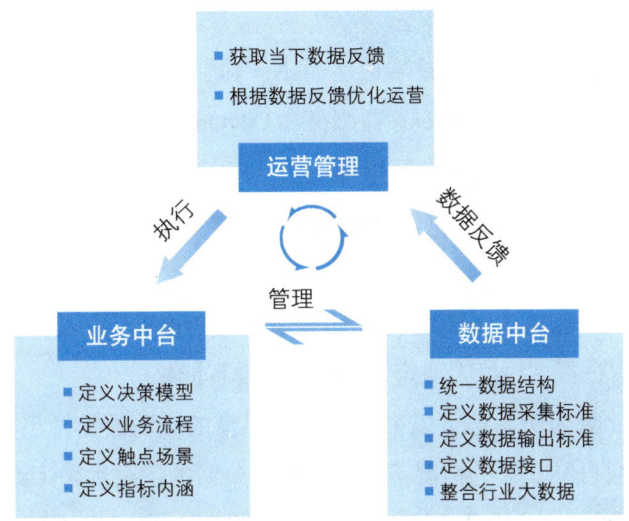

图 3-35　基于大数据的智能场景决策闭环

（2）面向"大数据应用"的数据标准建设

在数据维度上，我们要考虑房企是否借助行业数据和算法输出各类标准、辅助房企决策，还要考虑房企是否做到了基于大数据的全生命周期的数据洞察。在数据安全上，我们也要考虑房企是否构建了针对数据共享的数据安全保障机制。

（3）面向"生态连接"的业务中台建设

随着房企多元化业务布局的逐步深入，基于各类行业大数据融合的应用将更加丰富，房企能否面向行业生态资源构建自身的业务中台也就成为关键。房企需要通过业务中台沉淀企业的标准能力，以提供标准服务的方式为前台赋能。

（4）面向"智能决策"的数据中台建设

在房企的业务体系已触达多个产业板块，同时能通过业务中台实现更多场景的覆盖并进一步整合行业大数据的基础上，房企需要进一步构建数据中台，为一线提供数据服务，并在提供服务的过程中获取一线的全新业务数据，丰富数据中台的数据维度。

（5）智能技术的应用

当下，很多流行的新技术应运而生：基于中台逻辑的底层技术平台应用，包括云原生的Docker、微服务和DevOps等；AI算法的深度应用，包括流计算、盘古算法等；阿里提出的"3One体系"以及我们在此基础上提出的"4One体系"，即数据资源整合、统一身份主体、集中算法赋能和集中服务窗口；等等。

在新技术加速生长和迭代更新的当下，房企有无快速学习和逐步应用这些技术在很大程度上决定了其能否实现智能化。

以流计算为例，它可以很好地对大规模的流动数据做出实时分析。在企业数据目录繁多的情况下，如果有一条新的记录进来（或是要改变某一条记录），企业借助流计算就可以快速实现信息同步，而这显然是传统的轮巡查询模式无法做到的。

以盘古算法为例，它可以把海量的数据归集到同一个ID上。同一事物在不同的场合可能以不同的方式、不同的ID出现，而盘古算法可以将这些特点提炼、归总，清晰识别特点背后所指向的某一特定事物，如图3-36所示。

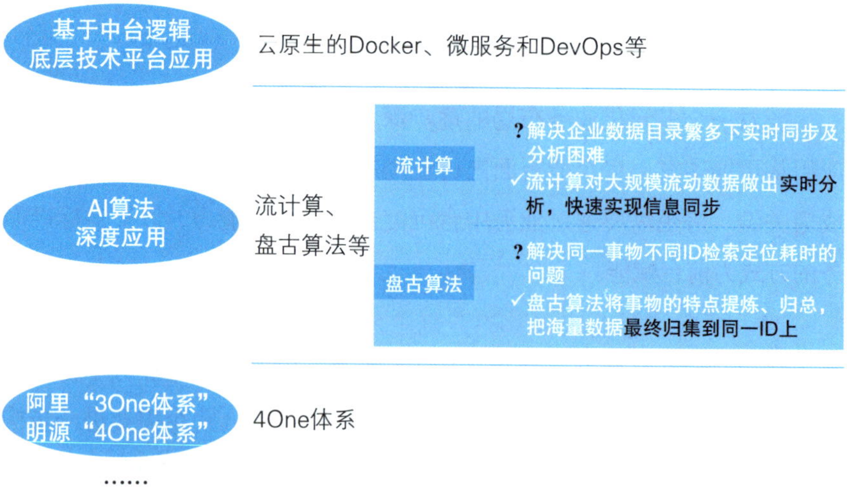

图3-36 典型的智能技术示例

（6）智能化中台组织建设

智能化阶段的组织架构进一步升级为以DT为主的指导业务，构建以"数字化中台"为导向的"数据实验室"。其角色定位不再局限于协助业务，而是指导房企全面开展业务，从业务领域、数据体量、数据类型和决策逻辑四个方面整体升级，如图3-37所示。

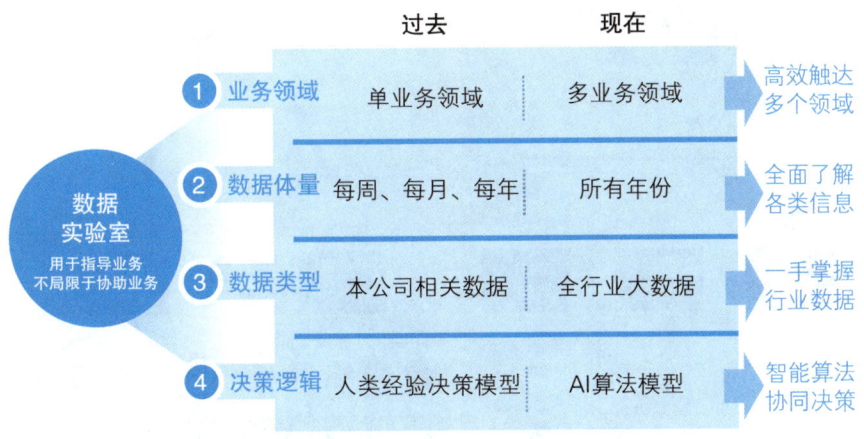

图3-37　构建"数据实验室"，推动业务全面升级

在业务领域，智能化中台组织能够高效触达多个业务领域，从过去的只针对单业务领域到现在实现多业务领域均能够被覆盖；在数据体量上，智能化中台组织帮助企业全面了解各类信息，将数据汇报的模式从每周、每月、每年汇报转变为所有年份的数据均可以在各个时刻自动沉淀和运算；在数据类型上，智能化中台组织可以掌握行业数据，数据的类型从仅限于本公司相关数据扩展到全行业大数据；在决策逻辑上，智能化中台组织将此前的人类经验决策模型转变为依靠AI算法的协同决策，使企业经营决策更加高效和精准。

在面向未来的智能化建设方面，企业在组织架构和岗位分工上也将全面升级。常见的组织分工是"首席数据官+业务架构师+技术架构师"。此外，智能数据分析师的岗位也必不可少。在职能划分上，业务架构师和技术架构师密不可分、协同互动，共同在底层沉淀数据。然后，智能数据分析师构建模型、分析数据，真正释放和发挥数据的应用价值，如图3-38所示。

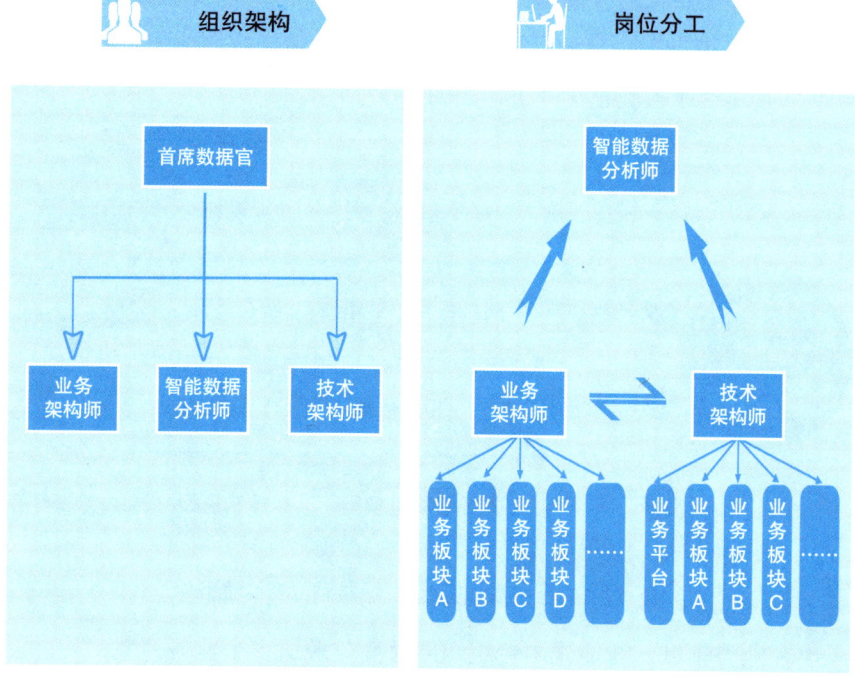

图3-38　组织岗位升级

总体而言，智能化是房企数字化升级的高级形态。在这一阶段，企业不能再局限于自身内部的触点体系，而是要充分整合行业生态数据，与外部大数据打通，基于海量数据提炼出相应的数据模型以更加贴合业务需要，从而实现智能决策乃至机器决策。

三、小结

基于以上评分维度，我们对近三年平均业绩排名前20的房企的数字化整体表现，以及在三个阶段的表现分别进行了总体评分。评分结果显示，排名前20的房企的数字化整体得分均值为54分，这些房企在不同阶段的平均得分各有差异。

在信息化阶段，总体均值达到了94分，整个行业已做得相对成熟。

在在线化阶段，总体均值为43分，在线化仍是房企目前的发力重点。

在智能化阶段，总体均值仅为7分，目前行业整体实践水平较低。

智能科技对于房地产行业的实际作用尚未被完全挖掘，但受其他行业尤其是新零售行业的影响，房地产行业也正认识到科技引领的重要性和紧迫性，少数标杆房企已经在局部领域开启智能化探索。只有具备了信息化和在线化的基础，房企才能快速提升智能化水平。

数字化评分对标的真正意义在于，帮助房企更了解自身的数字化建设水平和与同行之间的差距，明确发力方向。我们认为，房企数字化转型可以分三步走——夯实数字底座、核心业务场景覆盖、生态资源赋能整合，如图3-39所示。

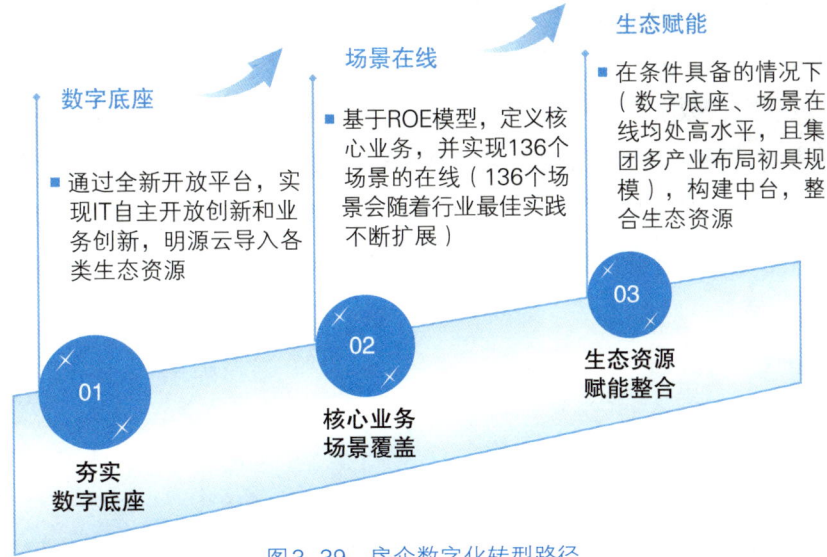

图3-39　房企数字化转型路径

第一步，数字底座一定要全面升级。房企要充分利用云设施的存储、计算和资源连接能力，建设双开放平台支持业务和IT创新，构建基于主数据平台的对外开放和服务能力。简单来说，房企要通过云设施尽可能加大移动端的应用，使核心业务场景不再限定于电脑端，不再受空间的约束，使业务场景全面移动化。要实现此步骤，房企需要整合团队力量集中发力。

第二步，核心应用场景一定要全覆盖。从"内外互联"和"决策支撑"两个维度来定义企业自身的核心业务，实现核心业务场景全面在线，实现内外协同效率提升、业务指标动态获取，构建大数据的基础应用。

第三步，在数字底座、场景在线均达到较高水平的前提下，辅之以成形的多元化产业布局，再来考虑生态资源的赋能整合。在第三步中，房企可小范围地尝试中台应用，充分重视和运用基于大数据的前沿技术（如流计算、盘古算法等），逐步实现跨行业生态资源的整合，为智能决策赋能。

总体上，当核心业务的多元化布局、在线化场景覆盖以及数字底座升级换代完成后，房企再以"中台"思路来构建整个IT建设（或DT建设），将是未来的发展主流。

房企在数字化提升路径的规划上，除了以上三个步骤外，还需要相适应的组织变革。一方面，组织要从核心业务的模式转化为"强中台、精一线"的架构；另一方面，IT部门的定位要从业务部门的支撑升级为前沿业务的创新引领，且IT部门的核心目标是提升一线业务体验和作战效率。

第四章

数字化大运营如何助力房企经营提效

不少房企基于发展和竞争的需要纷纷提出冲规模的规划，这需要清晰的目标、有效的实现路径以及强有力的执行保障。不少房企为了冲击规模目标会大幅度地增加拿地数量，扩张企业的布局。

在这种背景下，房企经常出现投资快于规模的情况，即"买面粉"的金额超过销售金额。房企也可能出现规模快于管理的情况，即规模增长的同时管理水平未能同步增长，甚至有些企业因为项目数量激增、人才被普遍稀释，内部的管理水平会下降，进而导致企业的内部管控千疮百孔。

因此，大运营应景而生，其目标是在企业管理、产品、业务标准化等还没有充分完善的情况下，充分进行资源的整体统筹协调与跟踪落实管控，实现整体的增速提效。此时，数字化往往能够助力企业加速并强化大运营的落地，实现拉通价值链和提升投资效率的目标。接下来，我们就针对数字化大运营、数字化营销、数字化供应链以及数字化资管如何落地进行详细解读。

第一节
数字化大运营如何真正落地

在房企中实现大运营的数字化，本质上是一个全面的企业流程梳理过程，同时也是一次内部数据和业务场景拉通协同的过程，需要企业内部横向多部门的投入,也需要纵向多层级的协同。只有认知一致、行动一致、工具一致,大家才能更有效地达成目标。接下来,我们结合实践对大运营的整体目标和要求、数字化的要点、数字化的挑战分别进行阐述。

一、大运营的整体目标和业务要求

随着行业发展步入新周期,房企大运营的整体目标也要相应升级,这要求房企的运营管理能够动态调整,适配剧烈变化的外部环境。

1. 大运营的整体目标是提升投资效率

大运营的根本目标是提升企业的投资效率,因此房企必须站在投资收益的视角来审视企业经营效率。从图4-1中我们可以看出,一个企业的经营效率主要受三大核心指标的影响,分别是净利润率、总资产周转率、权益乘数。

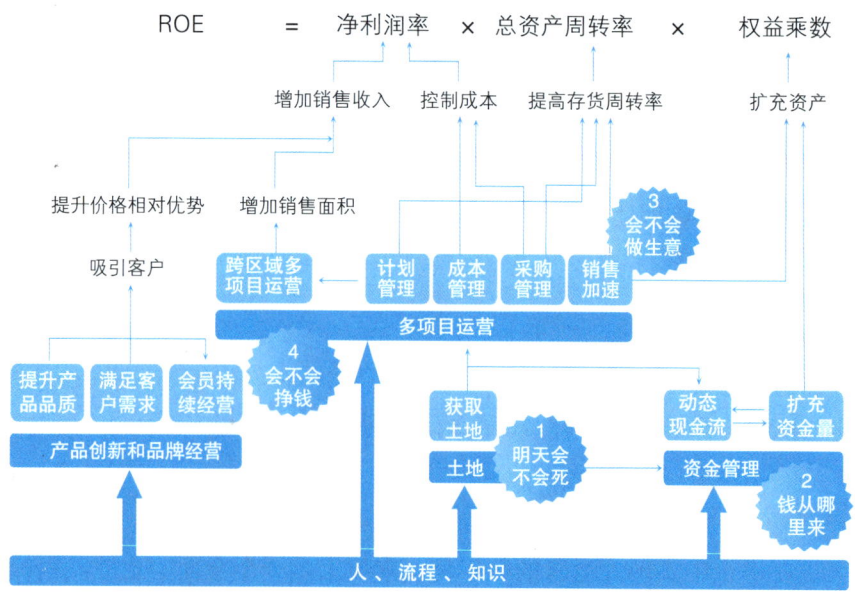

图4-1 从投资收益的视角来审视企业经营效率

具体而言，大运营需要关注四大典型事项：一是能否持续获得符合企业发展所需的土地资源，以保持企业中长期的增长；二是通过资金的高效运作提升企业的权益乘数；三是通过标准化的项目运作提升项目开发的效率；四是通过产品创新和客户的品牌经营提升客户价值，获取更高的销售净利润率。

大运营的关键目标是围绕企业的核心竞争力确立企业的经营模式，统筹考虑是通过提升净利润率还是提升总资产周转率或者放大权益乘数的组合策略来实现目标。

2. 大运营管理的业务要求

随着房地产市场的逐步成熟、竞争加剧，企业需要具有更敏锐的内外部洞察能力，也需要具有更敏捷的反应力和执行力。大运营作为一种管理机制，要求企业的整体运营能够动态调整。

当前，这个动态调整过程适配的运营系统的主流方向必然是项目利润和现金流的流动性，同时规模扩张所带来的多项目、多区域发展必然带来层级的放大。因此，大运营往往要求房企对"投融管退"的全过程进行全面监控和应对，这在行业实践中通常可以被概括为三个关键词——管头、管尾和过程透明，如图4-2所示。

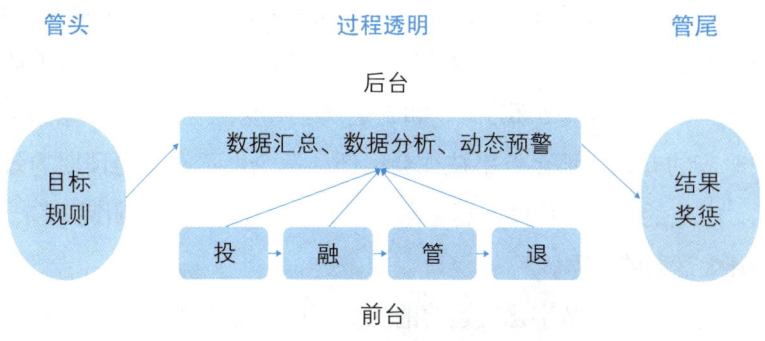

图4-2 大运营的管头、管尾、过程透明

首先，管头通常指的是项目运营规则或者目标的设定，这种目标和规则往往会涉及土地获取、项目策划、项目建设、项目销售等环节的管理、目标定义和红线划分。

其次，管尾指的是根据前面的目标和规则进行及时的结果统计与分析，并进行相应的奖惩。

最后，过程透明则是指必须关注项目"投融管退"的全过程，保障项目开发过程中的每一个环节的效率和效果。过程透明落实到实操上则重点体现为进行全集团的数据汇总、数据分析、动态预警，以便更好地做出动态的风险预警和调整开发节奏。在当前市场周期变化激烈的背景下，这种过程透明对运营而言尤为重要。当前，这种过程透明一定是包含土地投资、资金利用、项目开发、销售退出等全环节的，而非以前的仅仅针对开发建设环节。

"一图在手，运营全有"是这种过程透明最直观的表现，如图4-3所示。企业的运营部门能够随时随地地掌握项目运营的全貌，并且能够对项目进行有效的风险预判，也能够进行及时的行为干预。当然，数字化能够让这种预判逐步智能化，也能让干预变得更为快捷和有力。

二、数字化大运营的五大落地要点

虽然大运营从本质上来说是一种管理革新，但是其对于企业的洞察力和反应力要求非常高。如果房企仍然采用传统管理的PDCA（计划、执行、检查、处理）循环方式，如制定管理制度、指令执行、结果反馈、调整适应的方式，那么效率往往会很低，房企也不能取得预期的效果。因此，主流的房企在推动大运营落地时，必然会搭配数字化手段来大幅度提升大运营的效率。

当前，房企的数字化大运营的主流管理框架和逻辑可以用图4-4来概括，主要包含四个层次的内容，即战略洞察、运营赋能、项目成功和组织活力。

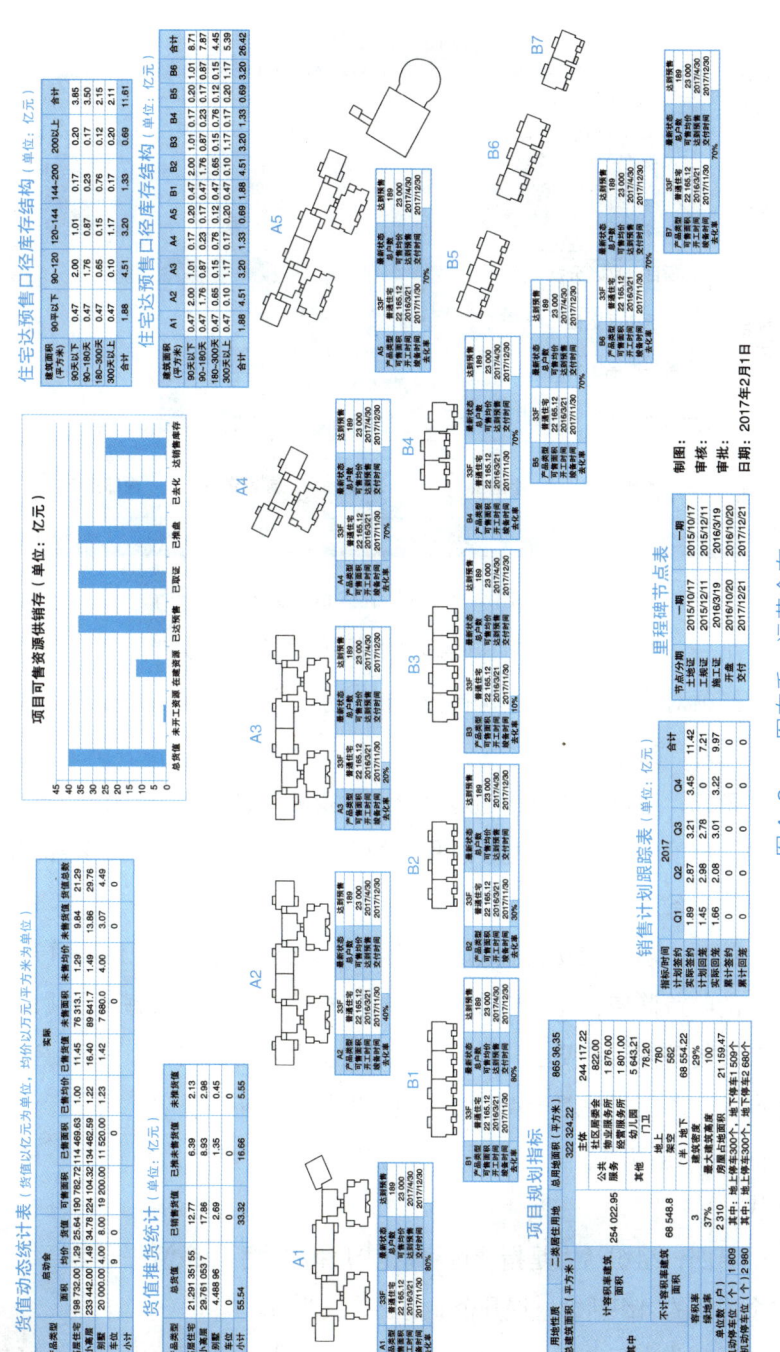

图4-3 一图在手，运营全有

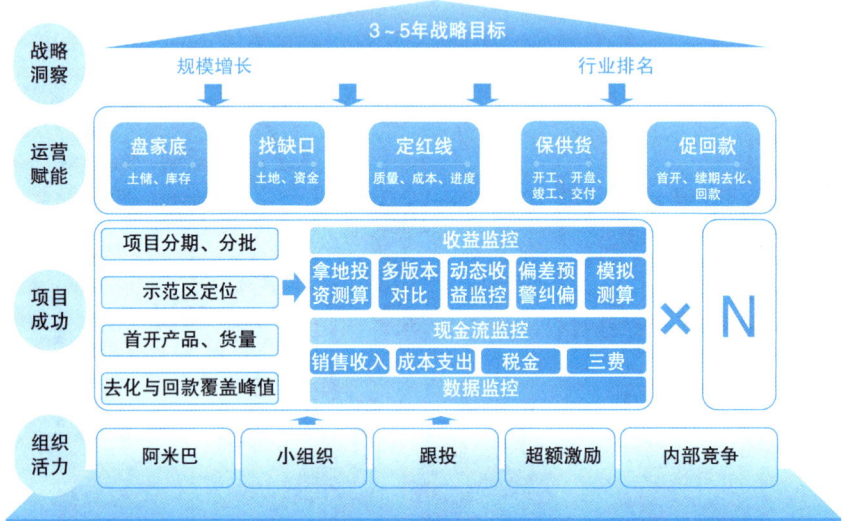

图4-4 数字化大运营蓝图

第一,战略洞察是指在明确企业规模增长目标或者排名目标后,大运营必须对战略能否落实保持持续的观察,并动态调整企业的资金、土地、人力资源。

第二,运营赋能是指通过盘家底、找缺口、定红线、保供货、促回款的管理措施发现企业运营过程中的短板和难点,并联合业务部门制订相应的方案为区域、项目团队赋能。

第三,项目成功是指通过规范项目运营策划以及强化项目开发过程中的收益监控、现金流监控、数据监控等方式,确保每一个项目都满足公司的整体运营要求。以前的项目成功很容易做到,因为行业形势整体向上,即使管理差一点,每个项目也基本都能够成功。而在行业利润空间急剧压缩的当下,项目成功已经变成每个项目乃至每个公司的生死线。

第四,组织活力是指通过组织创新和激励手段激活每一个层级、每一个团队的组织活力,提升企业的整体战斗力。

数字化大运营需要保障公司目标达成,其中重要的内容是做好赋能工作，包含五个重要措施：盘家底、找缺口、定红线、保供货和促回款。

1. 盘家底

盘家底是数字化大运营的重要措施，是保障企业土地资源和规模发展同步推进的一项主要工作。大运营组织需要全面实时地掌握企业当前的所有存货情况，同时将其和企业中长期目标进行匹配。例如，2016年年底，在某企业制定2017年销售目标时，老板给出了600亿元的销售目标，而运营部门在紧急盘点后发现企业所有存货只有400多亿元，显然目标达成面临着极大挑战。盘家底的主要内容包含如下几个方面：

- 存货货值：包含在建、在售、库存在内的土地资源储备究竟有多少货值，能够满足企业多长时间的开发，更重要的是它能否满足企业跳跃式增长的要求。
- 产品结构：企业当前货值由哪些产品构成，货值情况如何，住宅多少、商业楼盘多少、车位多少，等等。例如，某企业在年初盘点时发现企业100多亿元的可售货值中有40多亿元是商业楼盘和车位，显然此时企业的库存占用极高且不易变现，和企业的高增长目标不相符。
- 区域结构：企业当前在一线城市的库存有多少，在二线城市的库存有多少，在三线城市的库存有多少，在不同限购级别的城市的库存有多少。企业如果在一、二线这种价格冰冻的城市中的库存占比大，就显然需要采取对应的措施。

除了上述内容，盘家底可能还会涉及其他问题，如未来1~3个月的供货货值是多少，有多少土地储备是可以高周转的，有多少土地储备是需要慢慢开发以追求利润的。大运营需要根据上述信息进行整体资源的调节，如图4-5所示。

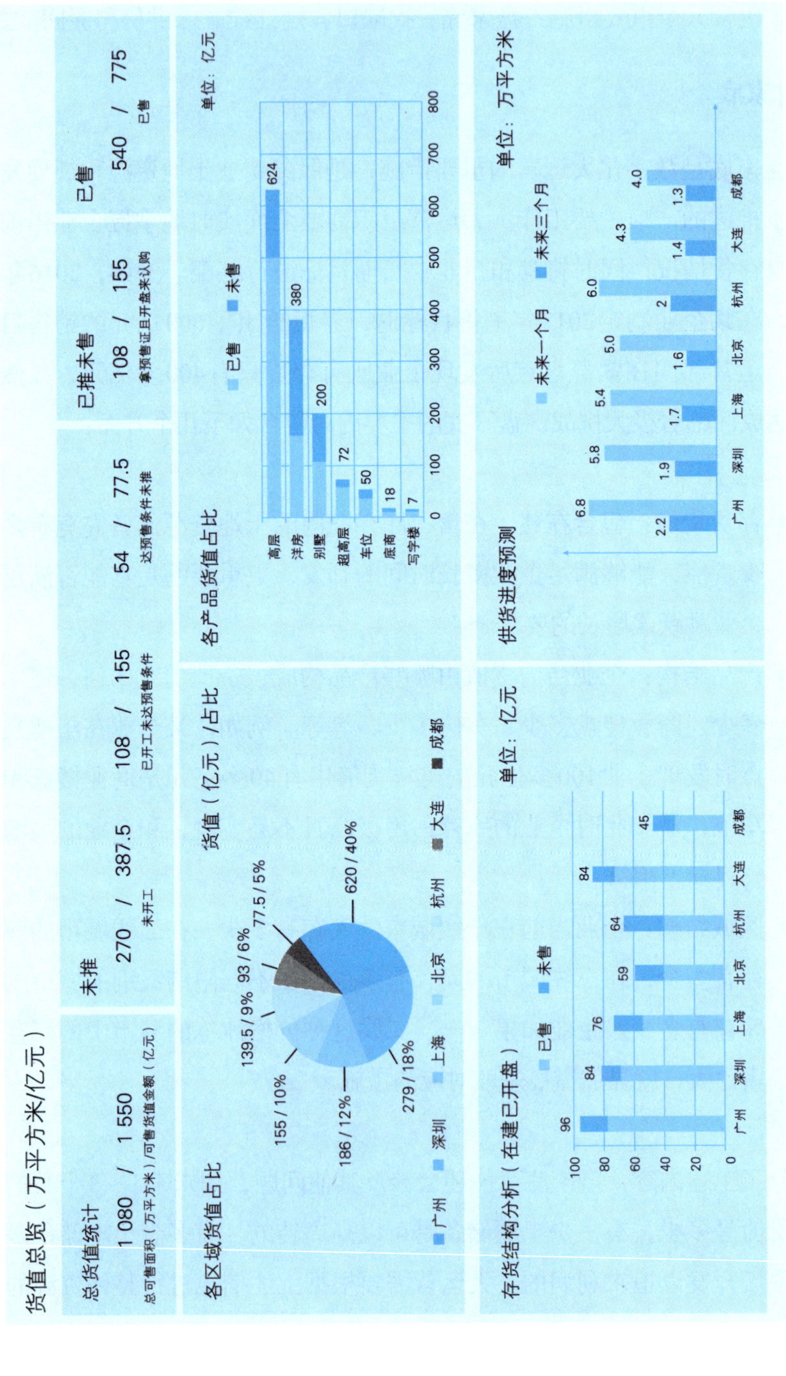

货值总览（万平方米/亿元）
总货值统计
1 080 / 1 550
总可售面积（万平方米）/可售货值金额（亿元）
未推
270 / 387.5
未开工
108 / 155
已开工未达预售条件
54 / 77.5
达预售条件未推
已推未售
108 / 155
拿预售证且开盘未认购
已售
540 / 775
已售
各区域货值占比
货值（亿元）/占比
620 / 40%
279 / 18%
186 / 12%
155 / 10%
139.5 / 9%
93 / 6%
77.5 / 5%
广州
深圳
上海
北京
杭州
大连
成都
各产品货值占比
单位：亿元
已售
未售
高层
洋房
别墅
超高层
车位
底商
写字楼
624
380
200
72
50
18
7
0
100
200
300
400
500
600
700
800
存货结构分析（在建已开盘）
单位：亿元
已售
未售
96
84
76
59
64
84
45
100
80
60
40
20
0
广州
深圳
上海
北京
杭州
大连
成都
供货进度预测
单位：万平方米
未来一个月
未来三个月
6.8
2.2
5.8
1.9
5.4
1.7
5.0
1.6
6.0
2
4.3
1.4
4.0
1.3
广州
深圳
上海
北京
杭州
大连
成都

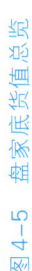

图 4-5 盘家底货值总览

2. 找缺口

找缺口是指在大运营机制下，房企站在"投—产—供—销—存"视角找到关键瓶颈环节，并采取措施消除瓶颈和提升资金周转效率，如图4-6所示。

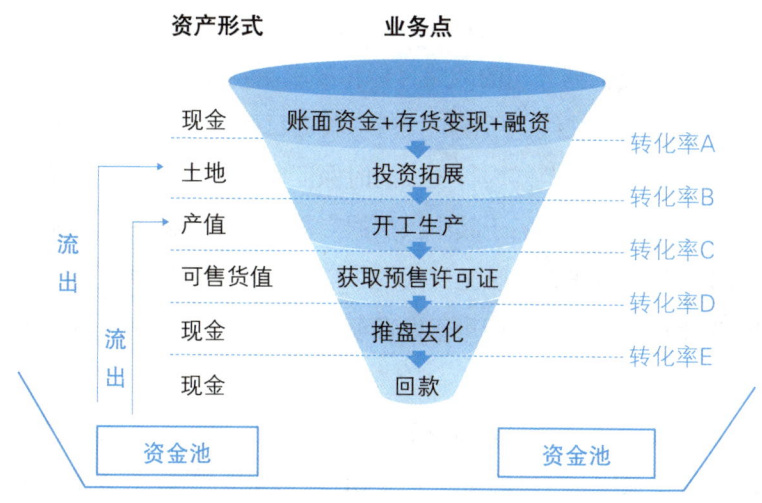

图4-6 找缺口

大运营通过盘家底弄清楚企业资源在流转的过程中究竟在哪些方面出现了问题。比如，有些企业看了上百块地，可能真正到手的土地只有1~2块，大运营可以初步判定这些企业在投拓转土储方面是存在问题的。

在土地储备转生产环节，大运营可以发现企业在拿到土地资源后开工的效率，特别是从拿地到开工究竟要多长时间。如果大量项目都出现土地在晒太阳、迟迟不能开工的情况，那么房企需要具体分析运营的瓶颈究竟是在产品定位环节还是在供应商环节或者报批报建环节。

在生产转可售环节，房企需要关注预售条件和预售证的获取情况。同样，可售转回款和存货都需要房企去发现其中的红线。

整体而言，大运营的找缺口不单单是找投资缺口，也要找融资缺口，更应该找内部开发过程中转化率偏低的环节，然后集中力量去针对该瓶颈进行赋能，以促进整体资源高效运转。

3. 定红线

在房地产企业中，运营和项目的关系可以用交通系统来比喻。一个顺畅的交通系统需要有好的基础设施、完善的交通法规，也需要有红绿灯、摄像头等设备，以及执行规则的交警，还需要有在道路上行驶的汽车。

大运营需要根据公司的战略目标和要求制定各种交通法规和红线，如进度红线、成本红线、质量红线或者关键目标。项目及项目相关团队则在这个交通系统的范畴内行驶，同时保证自己的汽车方向正确、速度合理等。运营部门则相当于其中执法的交警，需要根据各种规则和红线对交通秩序进行维护，对触犯红线的车辆给予纠正和处罚。各级运营会议和管理手段则是运营部门用于发现项目（车辆）是否在法规内运行的重要工具。

因此，能否结合企业实际情况制定既合乎要求又深入人心的规则尤为重要，同时灵敏而准确的监控手段能让运营如虎添翼，如图4-7所示。

图4-7　定红线

4. 保供货

保供货是指主抓生产环节，确保供货和现金流回笼。在大运营体系中，除了保障进度节点准时达成以外，房企还需要站在全局角度进行统筹。

在开发规划方面，房企要规划单一项目的开发节奏，确保货量持续供应。比较典型的是，在项目策划阶段尽量推动货值的合理分布。比如，有的企业明确要求，项目三分之一的货量具备销售条件，项目三分之一的货量处在桩基施工，剩余三分之一的货量处在设计阶段。

在以销定产方面，房企围绕销售年底目标（月度安排）保证项目节点达成，更重要的是保证企业的供货达成率，以促进销售和供货的供需匹配。

在节奏控制方面，房企控制开盘的规模、次数、时机，针对不同类型的项目制定不同的策略和节奏，比如高周转项目首开要多，高利润项目要采取小步慢跑的开盘方式。

5. 促回款

通过首开实现现金流回正是规模型高周转企业的关键运营要求，因此企业运营需要深入项目策划，从首开货量、产品占比、去化率、回款率等业务点着手，确保首开回款大于项目的资金峰值。

在现金流统筹上，房企要关注各类城市和各类项目的现金流回正周期，也要关注高库存项目、高库龄项目以及认购未签约高的项目，防止资金的库存占用和应收占用陷阱，如图4-8所示。

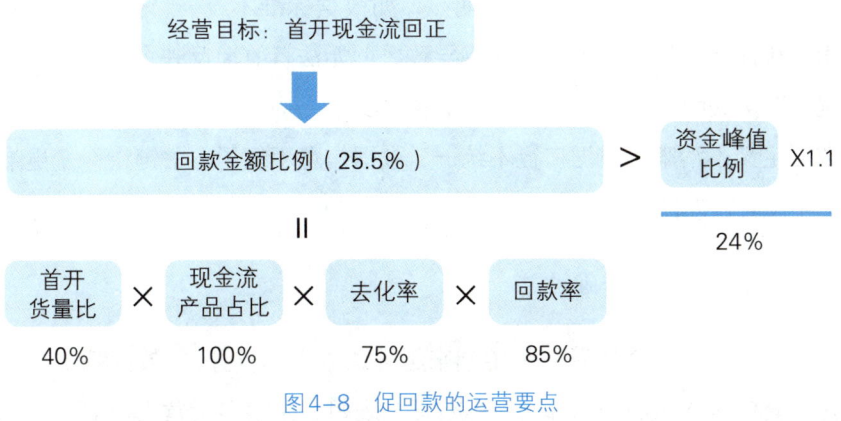

图4-8 促回款的运营要点

总的来说，企业只有在数字化领域做出一定努力，才能在快速变化的市场环境和复杂企业经营环境中快速做出判断和应对。其中，盘家底、找缺口、定红线、保供货、促回款是关键要点，而只有牢牢把控关键要点，数字化才更能发挥其价值。

三、数字化大运营落地的四大挑战

数字化大运营是运营效率提升的有效帮手，但是我们在实践过程中发现，并不是提出口号或落地一两个软件系统就能真正解决问题，在其落地的过程中房企需要重点关注四个挑战，这样才能逐步将运营推动到数字化的正确轨道上。这四个挑战分别是：数据标准难统一；数据及时性、准确性差；时间跨度大、监控难；多部门、多场景关联，动态监控难。

1. 数据标准难统一

"各说各话"是房企在实践过程中经常遇到的挑战。在非数字化的语境下，大部分房企的管理都是以条线管理为主的，大部分人员的工作都是为条线负责人的决策服务的。因此，在数据口径上，基本上每一个部门都有自己的一套数据标准。

但是，随着跨条线的协同逐步增多，各部门需要为经营提供数据，此时企业面临的挑战就会异常明显，如数据标准不统一、数据填报难、指标统计难、指标输出难，这将导致数据无法有效地反映企业的经营状况。在实战中，数据的基本问题经常表现为经营指标的责任部门不清晰、数据定义不清晰、数据口径不统一、数据信息不复用、关键指标变更维护不及时，如图4-9所示。

2. 数据及时性、准确性差

大部分企业在经营决策中越来越强调数据的支撑。"数据基本靠录入、分析基本靠加班"，因此"表哥""表姐"是很多运营人员对自己工作职责的调侃。

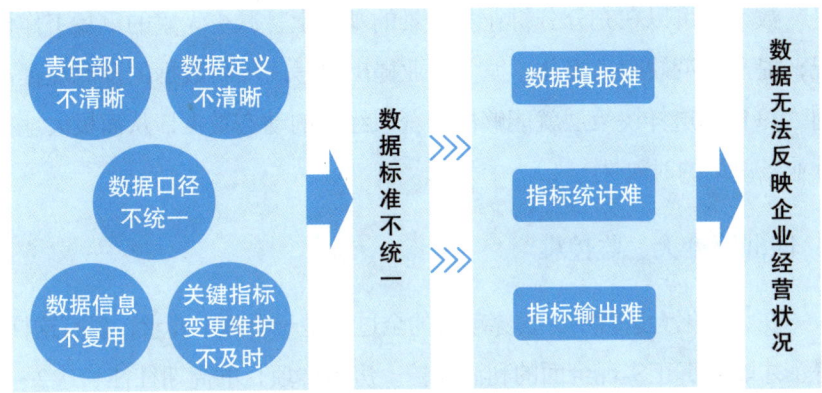

图 4-9　数据标准难统一

在实际运作中，经营层提出了某一个数据要求，然后由运营人员制作表单，并分别向各个部门进行传递，同时提出时间要求。大家加班加点地录入数据，并且由于在录入过程中对某些数据不了解，大家可能还会不断反复录入，如图4-10所示。

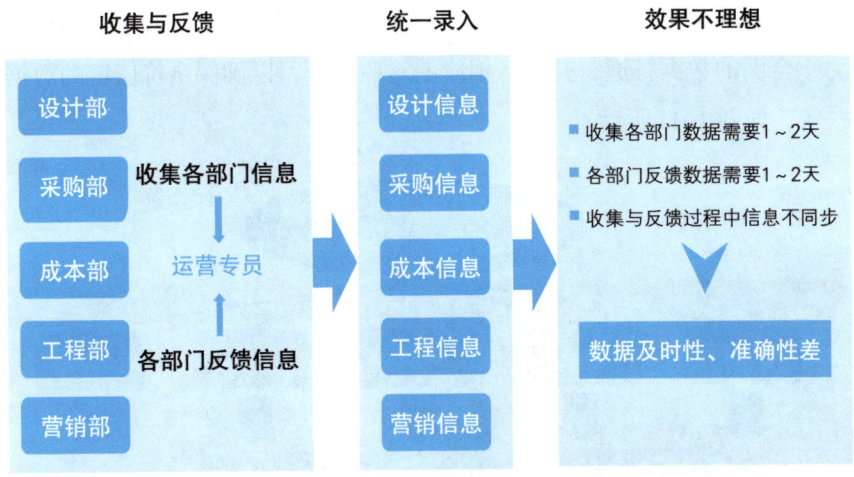

图 4-10　数据及时性、准确性差

这种数据要求往往来自高层，大家即使流着泪也要把数据做出来，但是过几天这种要求可能会再来一次。这种事情不断反复，导致企业运营效率极低，数据效果也不理想。

数字化可以在充分分析业务场景的基础上，减少大家的重复工作情况，提升决策效率。因此，很多企业提出口号——将数据的及时性提高到"T+1"，这样决策层就能够快速获取经营的动态数据，从而极大地提升业务决策的时效性。

3. 时间跨度大、监控难

在数字化大运营中，贯穿项目的全过程是一个基本要求，只有这样，房企才能够真正实现全面的利润监控。房地产项目的周期往往长达2～3年，甚至5年。对于运营管理来说，很多决策场景往往贯穿于价值链的始终，从前期投资测算到项目获取后的规划、方案的概算，再到工程施工、销售价格制定、竣工后的决算。每一个环节都涉及多个部门，都需要相应的数据，这样才能保障有效的监控。

时间跨度大，涉及的部门比较多，中间人员也可能发生多轮变化，项目往往难以真正实现从前到后的全面关联。因此，房企数字化需要致力于全面的数据打通，并进行相应的对照分析，以确保全价值链的数据决策，如图4-11所示。

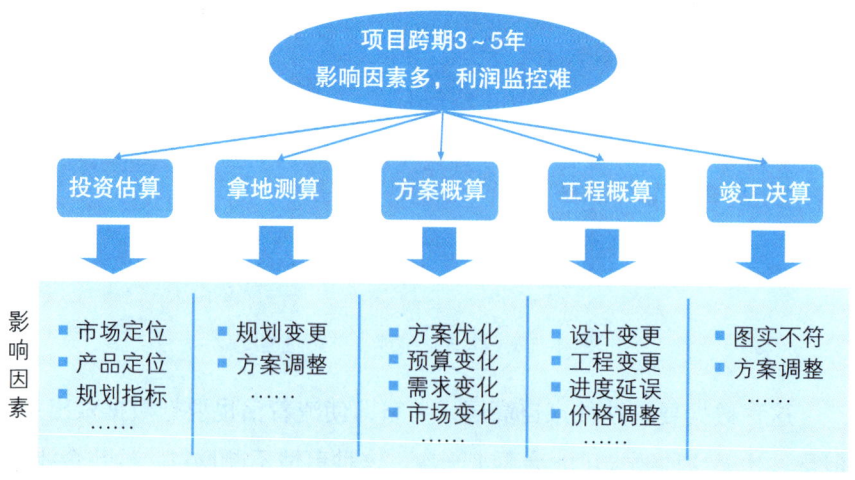

图4-11 时间跨度大、监控难

4. 多部门、多场景关联，动态监控难

用"铁路警察各管一段"来形容房企的项目开发过程，可以说再合适不过了。大部分房企都是流程式的管理，一部分部门负责前面的流程，一部分部门负责后面的流程。设计、工程、销售、招采是地产四大专业部门，分别负责各自领域的业务，专业性强且能真正解决问题，但是在围绕项目目标方面往往相互博弈。

房地产大运营体系的关键词就是打通，即在原有的专业部门之外增加专门的协同部门进行整体协调和沟通。但是，协调过程中往往存在很多挑战，各个部门在数据领域难以形成有效衔接，如图4-12所示。

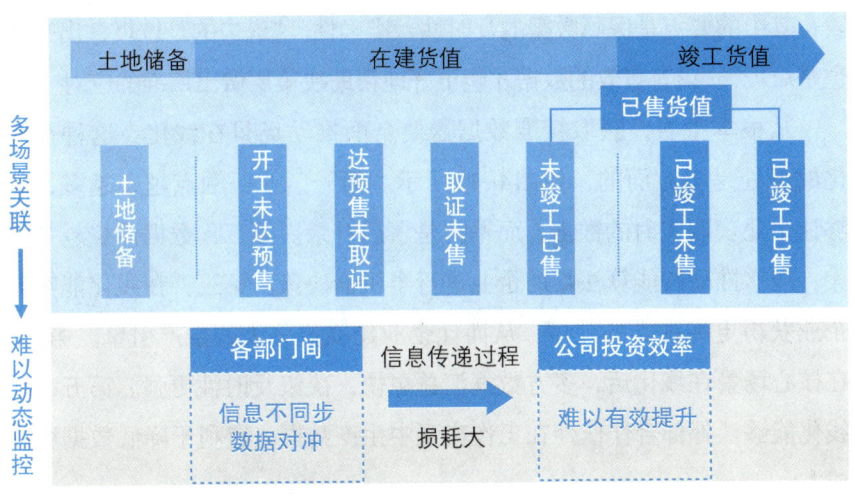

图4-12 货值的动态监控难

较为典型的监控难点是货值监控。在前期土地储备时，大部分专业部门都不关心面积指标和价格指标的变化，更不要说货值的变化。随着时间推移到了在建阶段，设计、工程两个部门的建筑面积就会不一致，和运营间的信息不同步。在此阶段，营销部门完全不会对未进入可售阶段的产品进行价格预测，项目货值根本无法被有效预测。对于长期未销售的存货，特别是变现速度慢的存货（如车位、商铺等），往往也缺乏货

值重估的方法。这些都造成了信息的损耗，导致企业经营决策所需的数据缺失。

这种信息损耗本身问题并不大，但是信息的损耗往往伴随着经营的视线死角（比如项目货值缩水的现象屡见不鲜），而企业面对这种问题往往缺乏专业部门及纠正的手段。

数字化需要直面挑战，对经营场景进行全面分析和解构，明确不同场景所需数据、协同、规范，提升企业对内部经营状况的洞察能力。

四、在线化是数字化大运营的根本解决之道

数字化是大运营的有效伴侣，能够让这种全新的管理手段上一个台阶，其中的要点是保障数据的及时性、准确性。"进去的是垃圾，出来的也是垃圾"，只有有效的数据才能更好地帮助决策层做出精准的应对。

从根本上看，获取精准数据需要全面推动场景在线化。这种在线化的好处是多方面的，如图4-13所示。第一，业务触点越来越多，能够让企业获取实时的数据，而不再是事后补录。第二，数据体量越来越大，能够推动智能算法帮助企业进行半机器决策。第三，在线化能够让企业获得更多种类的数据，从而让企业建立更强大的生产引擎。第四，在核心场景在线化后，多方数据汇总更快，决策及时性更强。第五，在线化能够让外部合作伙伴在工作交互中生产数据，有利于降低数据获取成本。

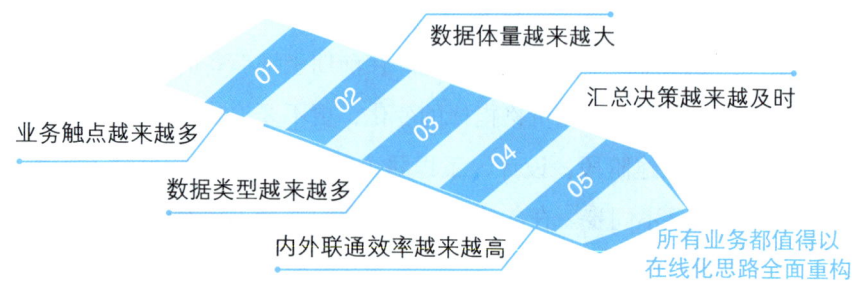

图4-13 在线化带来的变化

整体而言，我们认为数字化大运营的目标是为提升投资效率服务的，管头管尾、"投融管退"全面透明是重要的业务要求。在实操落地的过程中，数字化大运营的关键点是盘家底、找缺口、定红线、保供货、促回款。当然，在数字化的过程中，我们需要用场景在线化重构的方式从根本上为企业解决数据及时性和准确性问题，以实现更敏锐的经营洞察，从而为更敏捷的业务反应做好准备。

第二节
如何在线重构各个核心运营场景

在数字化转型背景下，房企所有业务流程都值得用全新的互联网在线思维再做一遍。房企数字化运营体系落地难的核心原因是业务场景没有在线，导致业务执行过程中不能实时产生数据，也导致房企不能实现多角色、内外互联的生态协同。最终的结果就是一线工作量大、效率低、决策洞察慢。

要想实现数字化运营体系有效落地，房企就需要以在线化的思维去重构各业务场景，改变原有的方式。随着业务在线化的推进，房企的业务触点越来越多，数据体量越来越大，数据类型越来越多，汇总决策越来越及时，内外联通效率越来越高。接下来，我们列举几个在线重构的核心运营场景进行详细阐述。

一、成本数据库在线化：在业务过程中动态沉淀

很多房企想建立成本数据库，希望通过成本数据库提供参考数据，从而进行拿地决策、成本测算、成本策划、成本对标、标底编制、指导招标等。目前，不少房企在建设成本数据库方面已经投入了巨大的人力、

物力和精力，但效果仍不明显。为什么会这样呢？

建立成本数据库的传统特征如下：集中式建设，由成本部门牵头，采购、工程、项目一线集中建设成本数据库，并不能动态匹配外部经济环境的变化；阶段性沉淀，定期对成本数据进行翻新总结；成本标准刷新慢，一线无法及时刷新成本数据库的标准库；维护成本高，费时费力建设完后需定期投入巨大的精力和财力来维护。

这种静态思维、集中式建设、运动式建立数据的方式导致投入大、执行难、效果差，成本数据库很难持续建立。那么，房企应该如何建立成本数据库呢？我们从以下四个维度进行了思考，如图4-14所示。

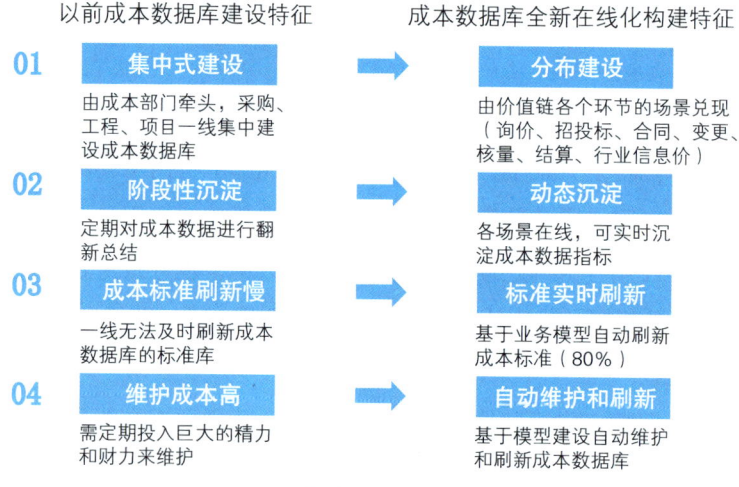

图4-14　成本数据库建设特征变化

第一，集中式建设变为分布建设。将一个集中、运动式的建设模式分布到价值链各个阶段（拿地、方案、施工图、合约执行、竣工阶段）兑现，由以前成本管理中心下属的成本部门主导分散到价值链上的各个部门共同参与，可动态匹配外部宏观环境的变化。

第二，阶段性沉淀变为动态沉淀。把价值链各个环节的数据抓取出来，与第三方服务商数据联通。

第三，成本标准刷新慢变为标准实时刷新。基于业务模型自动刷新成本标准，如某龙头房企设立的"二八法则"——80%的项目可以达到的数据就可以设定为标准，总部可以根据这个标准进行动态管控。

第四，维护成本高变为自动维护和刷新。基于模型建设自动维护和刷新成本数据库，将传统的方式转化为全新在线化的模式构建。

基于以上思考，明源云与第三方数据平台打通，基于在线化构建思路分布式沉淀成本数据库，在业务过程中完成成本数据库的建设。

在拿地环节实现测算的协同，在方案、施工图阶段实现BIM（建筑信息模型）的协同，在合约执行阶段实现算量、核价、图纸的协同，在竣工结算阶段实现资料、核算的协同。明源云通过第三方数据平台协同沉淀不同类型的数据库，在每个阶段对应具体的主责部门，同时构建好数据模型，按照这个数据模型去自动沉淀。所以，把集中数据库的建设分化拆解到每个环节、场景，就会为企业运行带来很多提升与改变，如图4-15所示。

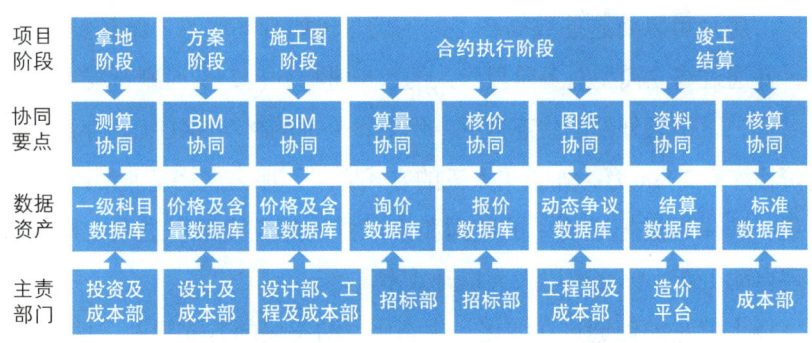

图4-15　基于在线化构建思路分布式沉淀成本数据库

我们在将部分拆解出的场景放大后发现一个特别的现象：数据在招投标环节和图纸修改环节进行了多轮修改，过程中的变更也提交了很多轮，最终达成一致，然而在结算环节却被要求推翻重来。面对这一类问题，我们认为房企需要在上述模型搭建的基础上，通过在线化、生态化、动态化方式构建每个阶段的成本数据库，具体可以从三个方面展开，如图4-16所示。

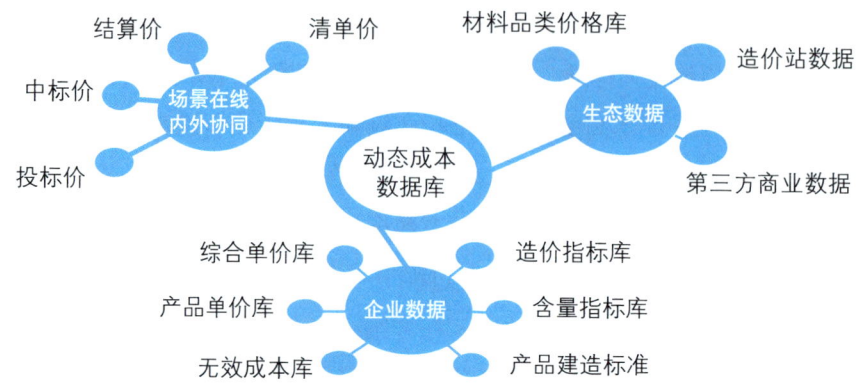

图4-16 以在线化、生态化、动态化方式构建成本数据库

第一,场景在线、内外协同,如投标价、中标价、清单价、结算价可以在投标时或者合同执行过程中由供应商在外网直接导入,不再需要房企录入数据,从而在线改变数据生产模式,提升效率。

第二,沉淀企业数据,包括产品建造标准、含量指标库、造价指标库等。房企可以将这些数据在不同的场景(如合同签约、结算阶段)沉淀,并通过建立模型对各阶段导入的数据进行分析,从而刷新成本标准。

第三,引入外部的生态数据。例如,外部的材料SKU(库存量单位)的价格库有2 800万,如果用人工的方式刷新,那么这将是非常巨大的工作量;如果通过把造价站的数据和第三方的商业数据引进来定期刷新,实现自动更新,那么可以大大提升效率。

以上就是如何通过在线化、生态化、动态化的方式帮助房地产企业做以前ERP很难完成的工作。

二、变更管理在线化:实现内外互联,让变更可知可控

成本管理中的一个重要环节是变更,若变更管理不好,就会造成变更黑洞,利润将被严重吞噬。变更过程涉及环节多,如在传统的模式下,一个签证单涉及好几个盖章,以及很多手写签字和意见。如果字迹潦草看不清,同时存在上报不及时、瞒报、漏报、资料遗漏、难核实等问题,

那么动态成本将不准确。结算阶段会出现大量前期不清楚的业务单据，造成成本突然增高，影响利润、决策，还将拖慢结算的进度。乙方单位也担心干完活拿不到钱。

如何让变更可知可控呢？我们可以通过在线的方式重构变更场景，实现内外互联，提升变更执行效率，实现及时管控，如图4-17所示。

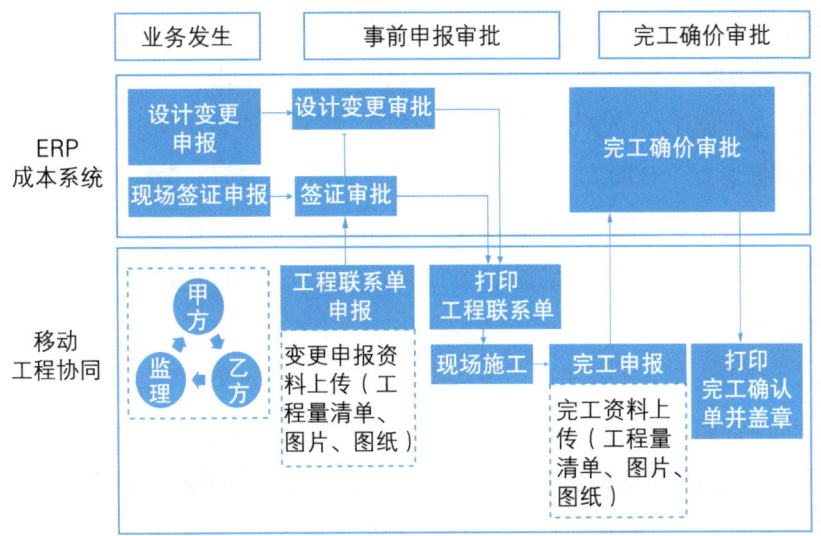

图4-17 通过移动场景实现内外互联，提升变更执行效率，实现及时管控

我们可以利用场景在线化、移动化方式在工程协同平台处理变更业务。

签证变更的事前申报由原来的房企工程师发起变为施工单位自主发起。施工单位在工程协同平台发起变更、签证申请，由房企的现场工程师在线对该业务进行审批。审批通过的预估金额会进入动态成本，此时动态成本就会得到实时更新。

施工单位在事前发起申报的同时填写具体变更的内容，包括变更的名称、类型、原因、项目现场的图片。另外，签证变更可能涉及工程量清单，若清单在事前审批时已涉及，那么施工单位可将其一并录入。如果工程量清单比较多，施工单位也可通过电脑端导入Excel（电子表格）。

在确认审批通过后，我们给施工单位发一个指令单或工程联系单让其施工，在其施工完成后进行确认。

移动签证的主要使用者为甲方、监理、乙方三方，工程协同平台支持工地现场三方的自主发起。施工方从被动转为主动，可实时根据现场情况发起签证业务，填写上报需要的工程清单、图纸、照片，同时通过系统工程联系单、完成确认单确保流程的及时与准确。变更过程管理通过内外互联，让变更过程透明化、在线化，给各方带来价值，使多方受益。

对于施工单位来说：审批过程透明，可随时查看单据审批进度，方便单据追踪（合同、工程联系单、签证单等）；方便业务交互，业务交互在平台完成，减少线下纸质交互；提高结算效率，业务交互在平台完成，合同结算数据自动汇总，无须反复核算，避免扯皮；避免在结算阶段补单。

对于公司成本部来说：严格控制签证，可通过工程联系单提前了解签证内容和预估造价，可提前进行合理性和成本影响分析并有效控制签证；提高结算效率，在签证过程中及时确认造价，避免在结算阶段扯皮；加强过程监控，有利于及时、真实、完整地进一步反映成本。

对于集团成本中心来说：有效监控全集团业务进度和成本情况，动态成本更加准确、及时。

对于工程项目部来说：单据、文档管理规范，不再丢单、压单，节约人力成本；电子化单据的防伪标志可以有效杜绝恶意造假；审批过程透明，可随时查看单据审批进度，方便单据追踪，减少沟通成本；支持全员成本战略有效落地，有效地做到事前控制。

三、货值管理在线化：盘清家底，支撑决策

全面实时地掌握企业当前的货值（包含土地、在建、在售、库存等）情况——盘清家底，是保证企业经营目标达成的重要依据。掌握土地资源储备究竟有多少，以及其能够满足企业多长时间的开发和去化，做好

产销匹配，这些是房企货值管理需关注的重点。当发现可售货值不能支撑企业销售目标时，房企需要及时进行整体资源调节，如拿地节奏是否要加快，推盘策略是否要调整，产品结构、项目类型结构是否需调整，以及业态结构是否需调整，等等。

我们可以看出，货值对于公司经营管理和决策支撑来说非常重要，但目前很多房企的货值管控模型混乱。货值有已拿地未开工、开工未达预售、达预售未取证、取证未售、已售等状态，涉及多场景、多状态关联，有几个典型的变化节点——每个变化节点代表工作交接至下一个阶段。拿地阶段的主管部门是投资部门，开工之前的主管部门是设计部门，开工之后的主管部门是工程部门，取得预售许可证之后的主管部门是营销部门。每一个阶段都有一个部门在管，都有不同的部门在维护数据，这容易导致数据缺乏统一标准，数据割裂、口径理解不一，数据未联动，数据统计不准确，数据靠人工计算和复核、统计工作量大等问题，从而进一步导致货值数据不准确，影响产销匹配、高层决策。

导致这些问题的核心原因是：组织权责不清晰，缺乏业务归口管理部门；制度不完善，缺乏货值管理相关制度；流程不健全，缺乏业务流程支持；缺乏系统支撑，数据不共享、不联动。

要解决货值管理问题，除了需要明确组织权责、管理制度流程、货值管控模型和统一管理口径外，房企还需要通过在线化重构货值管理方式，打通主数据、计划、销售等系统，让各个业务环节在线，实现数据、业务联动。例如，当取证未售发生变化时，达预售条件未取证的数据能自动调整，最终让货值动态可知。

四、招投标管理在线化：招采过程留痕可追溯

采购招投标是项目开发中的重要一环。如果采购出现问题，那么它将直接影响工程质量、进度和成本，间接影响产品销售效果，最终影响项目利润。而在目前规模化扩张趋势下，线下采购方式使得采购效率受

到很大挑战：开发商和供应商信息不对称，双方互动难、流程长、节点多、沟通频、效率低、定标难，如图4-18所示。

图4-18　招投标过程业务难点

通过在线化重构采购招投标各环节，构建"三合一"采招过程管理解决方案，以实现内外互联以及所有采购过程透明且可追溯，有利于保障采招过程公平、公开、阳光、透明，如图4-19所示。

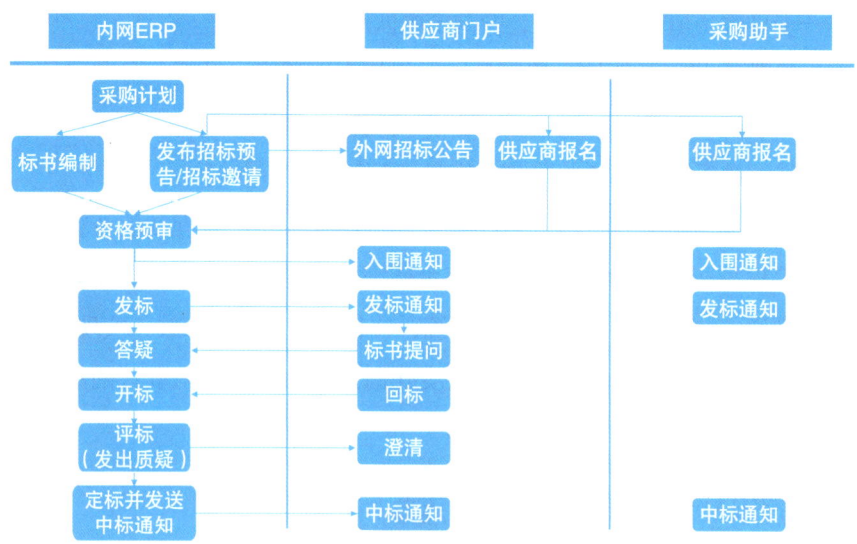

图4-19　构建"三合一"采招过程管理解决方案

在房企发布招标预告后，供应商可在门户查看招标公告，符合条件即可报名参加；供应商在收到发标通知后，可通过门户对标书进行提问、回标、澄清等，同时可以通过移动端获取相关信息，不需要再通过纸质进行发标、回标。通过在线化重构，房企从传统线下方式转到在线协同，从内部管控转到内外互联，从相对封闭转到更加透明，这可以提升整体的采购效率。

五、工程在线化：实现质量闭环，解决交付难题

随着过去几年房企业务规模的快速扩张，当下诸多房企都面临着集中交付的压力。所以，房企普遍都在思考如何在集中交付年确保工程质量和提高交付比例。

通过质检在线、验房在线、工程在线实现内部自检排查，已经成为房企纷纷发力的方向。企业内部事先核查，然后再向客户交付，将有利于提高交付比例，也能够提高业绩结转的比例。

如图4-20所示，工程服务在线化的核心出发点是将来可以沉淀很多的过程数据。明源云基于阿里云强大的"存储+计算"能力，通过打造工程服务闭环帮助房地产企业构建自主可控的工程及质量大数据检索中心，挖掘数据价值，赋能产品进化、质量提升和管理提效。

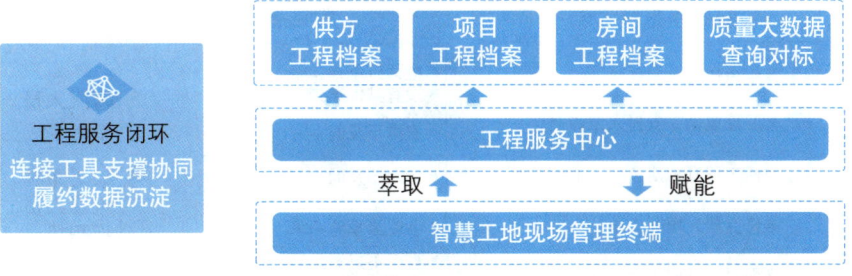

图4-20　通过工程在线化实现工程服务闭环

工程服务中心基于智慧工地现场管理终端萃取和汇集房屋建造全过程数据，搭建起共享的工程大数据中心，并基于大数据构建企业级房屋档案、供应商档案、项目档案，同时构建房屋质量大数据监控中心。基于房屋数字档案，房企能够自动聚合建造过程的全量信息，对外提供一

房一档的调用服务；基于项目数字档案，房企能够自动聚合建造过程的全量信息，对外提供项目档案的调用服务。例如，基于这些数字档案，房企可以快速了解"某城市""精装房""高层""入户门""最近半年"的"户均缺陷率"数据。

在实现了工程在线化后，企业内部能够自动沉淀几百万条缺陷数据，详细记录房子某个部位存在过哪些缺陷，以及可能存在的问题和风险。工程人员只要在手机App上输入关键词搜索或点击房子的某个部位，相关问题或信息就会立马弹出来。如此一来，一线工程师的录入效率会更高，其也能对于可能存在的问题做到心中有数。

所以，只有实现了工程在线化，房企才能够真正发挥大数据对工程服务的赋能作用，而不仅仅是内部管控过程的留痕。

六、投诉报修在线化：实现多方共赢的正循环

投诉报修环节涉及多方，包括业主、客服、维修工程师、维保单位等。如果投诉报修处理不及时或者处理不好，那么可能会引发群诉事件。这将影响客户满意度，影响公司品牌，如图4-21所示。

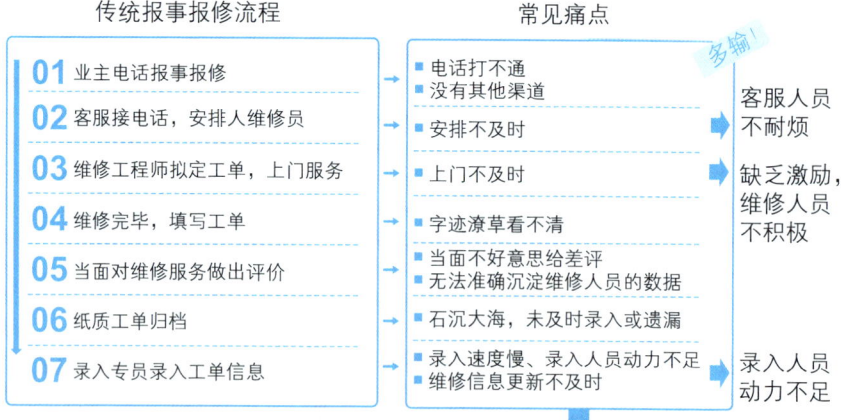

图4-21 传统报事报修方式的诸多弊端

在传统的报事报修流程中,各个环节均存在一些痛点。其一,渠道单一,业主只能打电话或上门,电话还经常打不通,体验差;其二,存在安排不及时、上门不及时、信息录入不及时、字迹潦草看不清、维修服务评价无法准确沉淀为维修人员的数据等问题;其三,业主、客服、维修工程师、维保单位信息不对称,多方都不知道项目进展,造成响应慢、维修效率低、业主满意度低的情况,进而导致"多输"的结局。

而以在线化思路重构的报事报修业务流程将形成正循环,实现多方共赢,如图4-22所示。业主发起微信报修,现场拍照、简单直观、效率极致;系统在线派单,维修工程师在线获取派单信息,维修需求、维修结果数据自动沉淀,无须二次录入;维修过程进展汇报,各方及时了解进度,信息可知、透明,业主在线评价及时准确,内部处理公开透明,服务质量保障提升;服务越好、排名越前的维修人员绩效越高,有利于提升维修人员积极性;服务响应度高,维修质量提升,业主对服务更加满意;客服人员得以从大量投诉抱怨电话中解脱,可以去解决更高层面的问题。

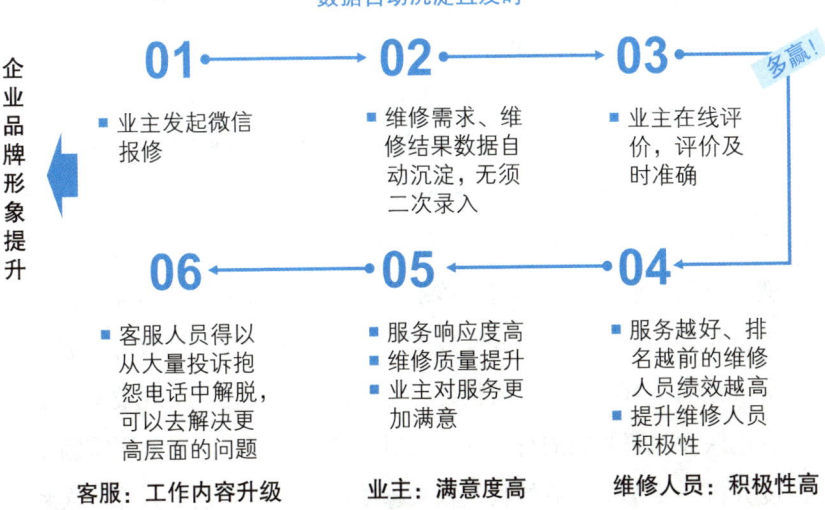

图4-22 以在线化思路重构投诉报修业务流程

七、利润监控在线化：实现实时动态利润监控

利润作为企业经营效果的综合反映，是企业经营成果的重要指标之一。房企普遍都希望实时监控利润，但利润监控涉及的环节很多，项目周期长，影响因素多，导致利润监控难。总体来看，传统利润监控方法存在五大典型弊端，如图4-23所示。

财务部门监控利润难
- 只要没有发生账目，没办法转化为财务的具体指标，财务部门就不会管。只有发生了资金往来、账务往来，财务部门才会有记录。因此，财务部无法监控整个价值链条的利润

运营部门监控利润阻力大
- 企业的运营部门一般属于协调部门，没有凌驾于其他部门之上，缺乏主导权，要把各部门数据打通面临很大阻力

跨期长导致利润变化难溯源
- 即使财务账上和运营账上都有相对比较全的数据，但因为跨期长，我们很难追查到问题的根源。例如，原定25%的利润率降低到16%，查找不到原因

未考虑利润变化的其他影响因素
- 例如，一个项目以前利润率为25%，现在因为地价、售价提升，利润率上升到了45%。这些影响利润的因素没有被合理化地体现出来

未监控到影响利润的各个环节
- 政府规划变更、方案变更、目标成本变更、总包单位更换、施工进度变化、施工单位总结算时人工单价上涨、销售定价折扣太多、销售定价过低等很多环节都会影响利润，但传统方式下财务监控到的环节很少

各业务场景没有在线！

图4-23 传统利润监控方法存在的五大典型弊端

利润监控难的核心是各业务场景没有在线。要想解决利润监控难题，房企就需要将各业务场景通过在线的方式实现，包括规划指标、关键节点、销售收入、销售计划、开发成本、支出计划、税金等。房企需将影响投资收益的所有模型进行解构，将每个场景在线化，实现数据自动沉淀，真正保障利润监控的有效性。同时，通过对利润保障的影响因子进行深度分析，使整个企业的收益越来越动态（从原来三个月算一次利润到实时获取利润），实现实时动态的利润监控，如图4-24所示。

第四章 数字化大运营如何助力房企经营提效 | 133

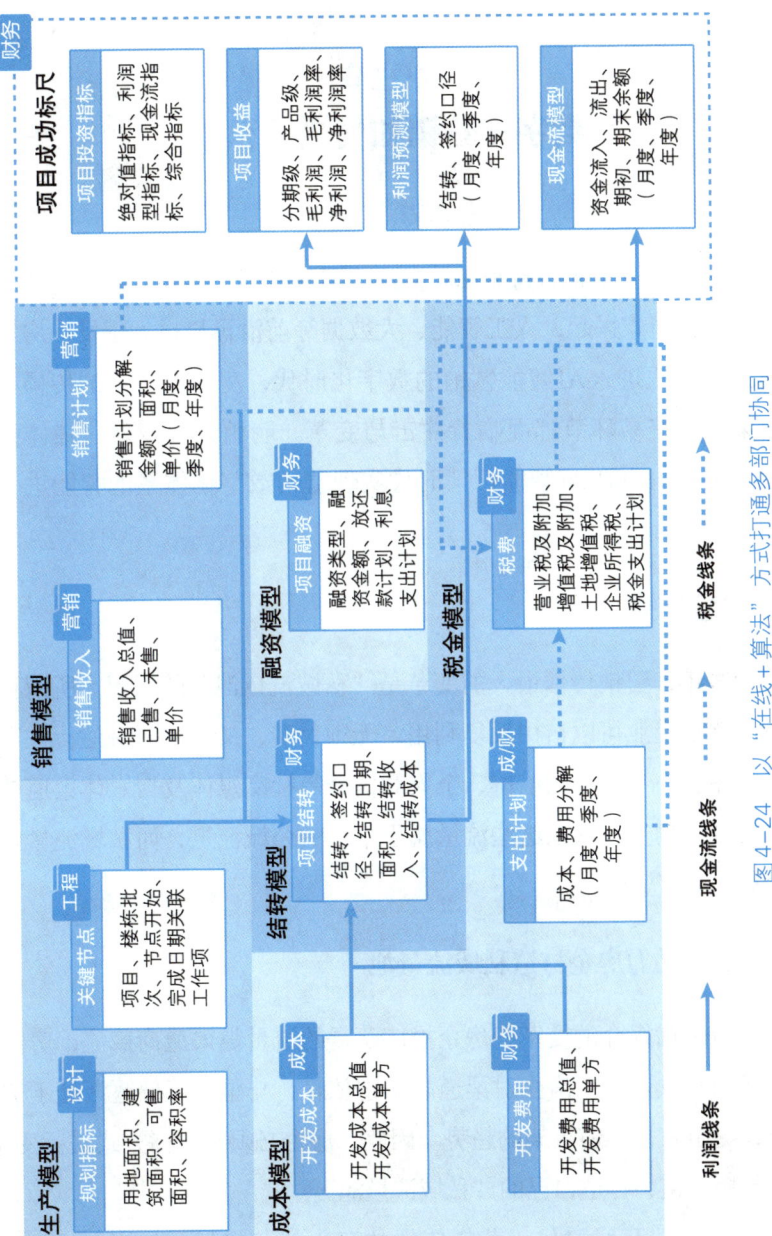

图 4-24 以"在线+算法"方式打通多部门协同

第三节
数字化营销如何真正落地

随着技术与商业的高速发展,互联网进入了下半场,线上与线下融合的新零售模式兴起,人工智能、大数据等前沿黑科技大爆发,房地产营销开始正式进入AI智能营销的数字化时代,房地产营销的传播、渠道、案场、交易环节都面临着冲击与变革。明源云客智慧营销体系将致力于帮助房企在AI智能营销时代实现营销数字化体系的智能进化与跃迁。

一、智慧传播

近些年,营销传播最大的变革是"私域流量池"的兴起。所谓私域流量,就是企业可以自由反复利用,无须付费,又能随时触达,被沉淀在小程序、公众号、微信群、个人微信号等社交媒体及自媒体渠道的流量。百度、淘宝、京东这些流量属于平台的公域流量,而私域流量则属于企业"私有资产"。

1. AI云店助力房企打造私域流量池

随着传播媒介的变革,房企推广获得的流量被渠道商截流,房企的渠道费用持续走高。房企对渠道越来越依赖,与渠道议价逐渐处于被动地位,甚至有被渠道绑架的趋势。因此,房企必须对传播方式进行变革,自建传播渠道,打造自己的"私域流量池"。

(1)移动互联时代,营销传播的三大变革趋势

随着传统媒体的持续衰落和移动互联网的高速发展,营销传播领域

发生了深刻的变革，具体呈现出以下三大趋势。

① 按效果：广告费持续向渠道费转移

中国全行业近两年的广告投放数据显示，电视、报纸、杂志等传统媒体的投放量大幅下降，电梯、影视、互联网等的投放量显著增长，反映出传统传播方式的衰落，如图4-25所示。

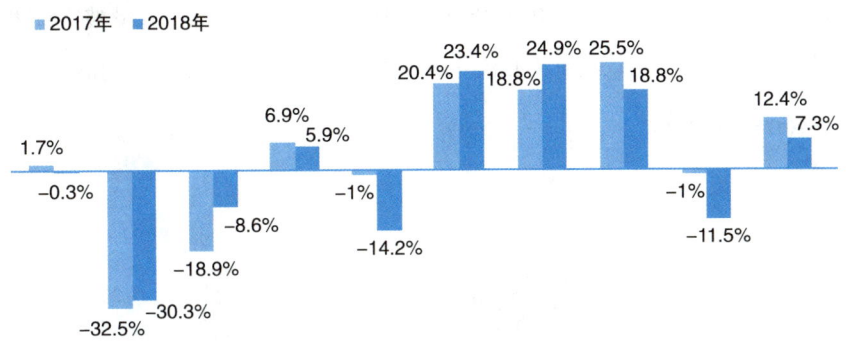

图4-25　2017—2018年各媒介广告刊例花费变化

我们再来看看效果最好的户外广告投放情况，房地产建筑工程行业户外投放费用出现大幅减少，如图4-26所示。但是，房地产整个营销费用并未出现多少变化，那么被砍掉的广告费用都去哪儿了呢？向渠道费用转移了，因为渠道是按效果付费的。

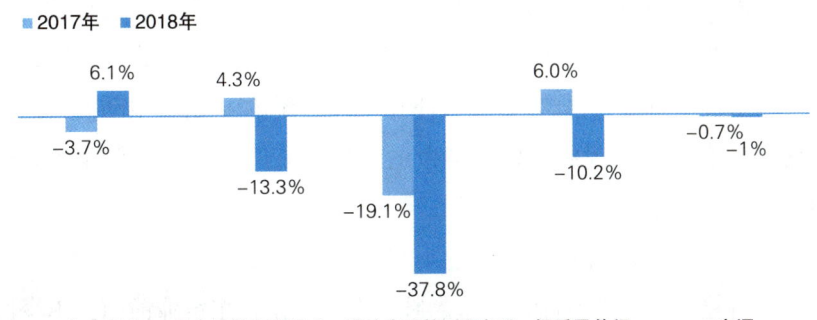

图4-26　2018年传统户外广告刊例花费排名前5的行业增幅

② 截流量：互联网广告投放增速放缓

虽然互联网广告的投放仍然呈现增长势头，但是增速明显放缓，如图4-27所示。一方面，互联网广告已经较为普及；另一方面，互联网广告的链路是断的。比如，某客户在网上看到一个楼盘广告，很可能去搜索这个楼盘，然后进入房地产电商的网站查看项目详细信息，查完之后直接拨打电商页面电话，电商再转接到售楼处，这相当于流量被渠道商劫持了。房企再从渠道商买回流量，也就产生了更多的渠道费用。

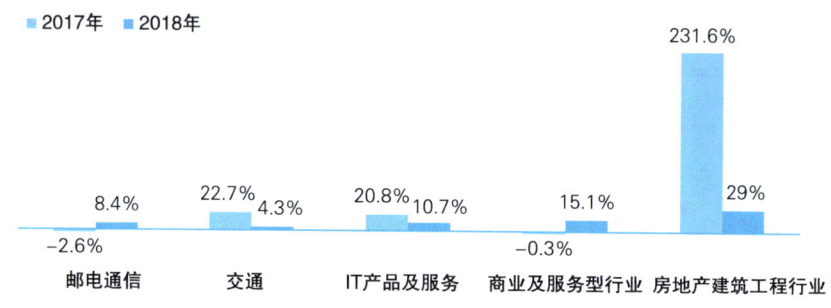

图4-27　2018年互联网广告刊例花费排名前5的行业增幅

③ 小趋势：自建新媒体"小荷已露尖尖角"

在传播领域，另一个值得关注的是自建新媒体的崛起，如已经普及的公众号和现在发展势头迅猛的小程序。前面我们说到，客户在看到广告后会去搜索项目信息，然后流量就被渠道商截流。但是，在移动互联网时代，搜索的入口发生了变化，当微信搜索成为主要搜索入口时，公众号和小程序就成为电脑时代的官网，而且它们能把所有主动搜索的流量变成私有流量。因此，打造房企的"私域流量池"将是行业的必然趋势。

（2）自建传播渠道，打造私域流量池

在自建传播渠道方面，大型品牌房企早已走在了行业前列，不少标杆房企的小程序置业平台都已应用成熟并取得不错的效果，如L企"爱家"和S企"美家"均采用明源云客AI云店产品搭建而成。房企借助小程序自建传播渠道，打造自己的"私域流量池"将成为主流，其优势是显而易见的。

① 快速有效的分发途径

AI云店属于开箱即用的灵活应用，在策划配置好后可快速分发给置业顾问、行销团队、中介、业主、供应商等，让他们成为种子用户，并在其广泛的人际圈层中进行传播，实现精准覆盖。

置业顾问可以把AI云店小程序分享给好友和微信群进行拓客，同时还可以发动亲友及熟识的客户转给他们身边有购房意向的人，从而实现社交圈层的裂变传播。此外，小程序码可以植入公众号广告、报广、DM（直接邮寄广告）单等线上线下推广形式，让客户轻轻一点即可与项目建立联系。

② 鲜活的传播内容

AI云店会随时更新楼盘的最新活动、房产资讯和置业顾问朋友圈海报等。置业顾问也可以把AI云店当作社交分享内容库分享到朋友圈、微信群，或者直接点对点分享给客户，比如把活动图文分享给客户，以此作为活动邀约，增加与客户交流的机会。

AI云店还可设置社交助力活动，客户可以分享助力链接给好友或微信群。好友在点开帮忙助力后便可获取优惠或者礼品，也可以继续开启新一轮的社交助力分享，从而引爆病毒式社交传播。

③ 社交直连销售服务

以前，客户想了解项目，如查看微楼书，面对的都是机器语言，没法与置业顾问直接沟通。而通过AI云店，客户在查看楼盘产品、户型和价格等信息后可以马上与置业顾问直接沟通，无须添加微信，从而实现无负担聊天。

④ 传播情况全程量化追踪

以往，策划工作的一大难点是活动与传播效果无法监控和量化：一方面难以向上展示工作成果，另一方面难以通过数据分析对策划工作进行迭代优化。而AI云店可以进行活动全程数据追踪，使得渠道分发分享、客户互动行为、到访及成交等每个环节都有数据记录。通过数据分析，AI云店可以为工作成果发声，还能为后续工作优化提供数据支持。

⑤ 传播和业务办理无缝融合

AI云店还可与销售环节的业务办理相结合，如在线开盘，客户可通过小程序直接进行登记注册，自行选房。认购成为业主的客户可以发展成老带新的经纪人；未认购的客户也可以开展新带新、筹带筹活动，把所有流量储存在自己的"私域流量池"里。

（3）标杆房企通过打造私域流量池，引流到访促成交

"私域流量池"已经开始出现在房地产行业，S企、C企、L企等都开始利用小程序打造自己的"私域流量池"，并有效引流客户到访促成交。

① S企：三店合一，首月访问16 000+

S企"美家"小程序置业平台由集团牵头统一搭建，作为集团唯一的官方购房服务平台，统一进行品牌策划管理。具体项目的内容由项目策划装载，然后分发给一线置业顾问，由此形成三店合一的模式——一个集团统一店、一个项目旗舰店和一个置业顾问的个人微店，三店相互配合、互相引流。S企"美家"目前已经有海内外66个在线项目整体上线，直连全集团800个销售人员，上线首月各项目累计访问16 000人次。

② C企：小程序屏保拓客，获取客户真实号码

C企某项目让一线置业顾问把AI云店的小程序码做成手机屏保。在线下拓客时，置业顾问一旦与客户建立联系，就可以让客户扫码进入AI云店，并告诉客户这是项目详细信息。其实，在客户扫码并点击授权那一瞬间，置业顾问就完成了两件事：一是把项目信息装进了客户的手机，二是获得了客户的真实手机号码。

进入AI云店后，客户在小程序里的行为数据会被AI云店的客户雷达记录和分析。客户雷达还可以通过数据洞察客户真实意向，比如客户反复查看某一户型，说明客户购买这一户型产品的意向较强。不仅如此，客户雷达还会从客户兴趣偏好、互动情况、客户活跃度和客户标签四个维度对客户进行全面分析，预测客户意向程度，找出高意向客户。

③ L企：两月留电2 000+，促成交16套

在推广方面，通过小程序码的植入，AI云店可以成为项目线上线下各个广告渠道的落地页。在行销方面，云行销通过与AI云店组合应用实现升级。AI云店具有抽奖、活动报名、领礼品和社交助力等多重功能，能有效促进社交传播和行销拓客。最终，推广和拓客的流量全部汇聚到AI云店，形成项目的"私域流量池"。

通过推广和拓客获得的流量可以无缝衔接置业顾问，置业顾问可借助AI云店跟进客户、了解客户和逼定客户。L企安徽区域把AI云店打造成"爱家"平台，两个月线上访客近12 000人，留电突破2 000组，促成交16套。近期，其亳州项目推出的"世界马戏、精彩亳州"活动，仅10天留电报名量就突破了1 000人。

（4）小结

随着营销传播的变革，房企推广的流量被渠道商截流，渠道费用高昂。房企必须打造自己的"私域流量池"，借助小程序趋势红利，使用AI云店形成推广和拓客的流量集散地。未来，AI云店将与B2C（商对客电子商务模式）品牌旗舰店、全民营销、行销拓客、会员互动平台这些模块组合应用、协同发展，发挥更大的效能，为房企引流到访和促进成交提供强劲助力。

2. AI云店赋能营销策划工作

营销策划对房地产销售来说至关重要，但也时常处于尴尬境地——

来客多、销售好都是因为市场好，来客少、业绩差都是策划营销不到位。所以，要解决来客少的问题，就要解决策划工作的关键痛点，而明源云客开发出的AI云店小程序就能够帮助房企攻克痛点、推动营销策划升级。

（1）策划线上落地，智慧传播赋能策划创意

策划吸引客户到访的传统方式主要是推广和活动，但随着移动互联网的发展，越来越多的推广和活动都转向线上，尤其是手机微信；而传统策划也存在固有缺陷，缺乏对推广和活动效果的精确统计。为此，AI云店从破解痛点和价值提升两个层面来优化升级策划工作。

① 破解痛点：AI云店搞定线上活动与推广

抽奖：抽奖一直是吸引人们参与活动和推广的最佳方式之一。AI云店自带抽奖功能，客户可以在活动图文中一键抽奖，无须填写任何信息，没有任何门槛，参与方式极其简单。因此，活动很容易被转发分享，从而引发大量活动参与和传播。

活动报名：以往，收集活动报名信息的流程较为烦琐，而AI云店可以随时发布楼盘的最新活动信息。客户只要点击活动图文尾部的报名按钮，AI云店便可自动获取客户授权的手机号码完成一键报名。

领礼品：AI云店具备领礼品券的功能。客户参与线上活动领到礼品券，再来到案场兑换礼品，这可以提升到访率。此外，线下行销人员可以使用AI云店的领礼品券功能进行拓客。在拓客时，行销人员可以让客户扫码领取礼品券。一方面，礼品可以吸引更多客户，提升拓客效果；另一方面，客户只有亲自来到案场才能兑换礼品，由此也可以促进客户到访。

社交助力：微信作为社交软件，是社交传播的主战场。为了加大社交传播力度，AI云店特别开发了社交助力功能。

② 价值提升：智慧传播赋能策划创意

AI云店不仅仅是一个工具，更是一个能赋能策划创意的数字智能产

品，还可以有效提升策划的日常工作价值。

开箱即用，灵活配置：AI云店上线非常简单，属于开箱即可使用的灵活应用，可实现楼盘项目、产品、户型和价格等信息的全面展示，还可通过图片、文字和视频等多种媒体形式炫酷呈现并随时随地发布项目最新动态。例如，S企使用AI云店打造了"美家"平台，以小程序的形式呈现其在全国不同城市的楼盘，并根据客户定位自动显示客户所在城市的楼盘，便于客户了解项目及最新动态。

快速分发给置业顾问：由于AI云店可以开箱即用，所以它在策划配置好后能快速分发给置业顾问，让每个置业顾问成为种子用户，并在其广泛的客户群体中进行扩散传播，实现对客户的快速精准覆盖。置业顾问可以把AI云店小程序分享转发给好友和微信群进行拓客，还可以发动亲友及熟识的客户转给他们身边有购房意向的人，从而实现社交圈层的裂变传播。

全程效果数据追踪：策划工作的一大难点是活动与推广效果无法精确量化，不仅难以向上展示工作成果，还难以通过数据分析对策划工作进行迭代优化。而AI云店可以实现全程数据追踪，客户参与抽奖、转发链接、点击报名、领取礼品券和社交助力等每个行为都有数据记录。通过数据分析，AI云店可以用数据为工作成果发声，还能为后续工作优化提供数据支持。

流量无缝衔接置业顾问：策划通过AI云店的活动和推广吸引客户，然后客户可以从AI云店直连置业顾问进行咨询，无须添加微信即可聊天。由此，策划获得的流量可以无缝衔接置业顾问，由置业顾问持续跟进。

（2）助力置业顾问：透视客户意向促成交

AI云店不仅能在策划阶段提升营销力度，还能在置业顾问的后续工作中发挥作用。置业顾问可以借助AI云店，更好地跟进客户、了解客户和逼定客户。

① 置业顾问内容库，增加客户触点

AI云店会随时更新楼盘的最新活动、房产资讯和朋友圈海报等。置业顾问也可以把AI云店当作社交分享内容库分享到朋友圈、微信群，或者直接点对点分享给客户。

② AI客户雷达，识别客户意向

AI云店的内容运营可以吸引客户经常点击进入，其意义不仅是多做宣传，还可以通过客户频繁的操作行为产生行为数据。AI云店的客户雷达可以对客户行为进行分析，通过记录和分析客户在AI云店的查看、评论、点赞和分享等行为数据来实现对客户意向的预测。例如，若客户多次查看某一户型，数据记录就会反馈客户对该户型感兴趣，置业顾问就可以主动联系客户推荐此户型。此外，客户雷达还可以对多维度的大数据进行交叉分析，从而洞察和透视客户意向。

在客户雷达对客户行为数据分析的基础上，AI云店还会基于AI智能算法从客户兴趣偏好、互动情况、客户活跃度和客户标签四个维度对客户进行分析，预测客户意向，从而找出高意向客户。

③ 个人微店，秒杀助力逼定

所有营销动作都应该最终指向成交，AI云店亦不例外。一方面，AI云店以小程序的形式呈现，可以成为每个置业顾问的个人微店，置业顾问可以自行推广引流，吸引客户到访AI云店。另一方面，AI云店的商城功能可以通过特价秒杀抢购等形式逼定客户和促进成交。秒杀链接和二维码可以被点对点转发到微信群或分享给好友，也可以放在公众号或微信图文上，还可以做成海报发布到朋友圈，更可以印刷到线下各类宣传推广物料上，由此形成广覆盖的二维码购房入口，直接吸引客户参与线上秒杀，通过特价和秒杀的紧迫感促进成交。

（3）小结

策划工作对项目来客至关重要，但传统的策划缺乏线上活动与推广工具，更缺乏效果统计工具。而AI云店具有抽奖、活动报名、领礼品和社交助力等多重功能，能有效辅助策划日常工作并实现数据全程跟踪。同时，流量无缝衔接置业顾问，置业顾问也可借助AI云店跟进客户、了解客户和逼定客户。

因此，对于房企而言，AI云店在促进来客和提升营销策划能力方面具有不可替代的作用，能够帮助房企在行业波动日趋频繁的今天，实现业绩的稳步快速增长。

二、智慧渠道

随着渠道成本的不断走高，售房对于渠道分销的依赖不断加强，越来越多的房企都在尝试通过各种创新方式强化自拓能力与去分销化，从而降低自身对渠道的依赖。

1. 如何提升自建行销效果

针对行销拓客难、流量被截流等传统痛点，云行销和自建新媒体可以有效解决这些问题。

（1）云行销：多种拓客方式，智能拓客地图精准指引

大部分房企一直都在做行销拓客，但是效果不尽如人意。究其原因：首先，可能没找到与项目匹配的拓客方式；其次，不知道去哪里拓客效果更好，广撒网式拓客成本高、效果差；最后，拓客执行过程缺乏监控，执行不到位难以保证效果。

随着近年来大数据和AI技术的高速发展，房企可以用技术来辅助解决上述拓客中的问题，云行销便是这样的产品。

云行销整合了竞品拦截、商圈摆展、商铺扫街、派单举牌、商户合作、社区摆展、大客户七种主要拓客方式，房企可以根据项目产品业态适配、项目距离半径、成交客户分布、拓客转化效果智能匹配最适合该项目的拓客方式。同时，云行销可以通过10.2亿个POI、成交地图、报备地图形成精准拓客地图，并智能生成拓客动线，从而使拓客不再毫无

目标。此外，云行销还具有实时动线追踪功能，可以实时监控行销人员的拓客位置和动线，有效避免偷懒耍滑和不按计划拓客等行为。

（2）自建新媒体，激活存量客户二次营销

广告吸引的自然到访流量在搜索环节被截流的问题也可以借助新技术破解。以下我们列举三类典型破解方式。

第一，微信搜索入口、借势小程序红利。随着移动互联网的普及，越来越多的购房者在看到广告后会打开微信搜索项目获取相关信息，而公众号和小程序已然成为主要入口。公众号越来越难做，借助小程序普及趋势红利，各大房企纷纷推出自己的小程序置业平台，便于客户了解项目信息和直连置业顾问进行咨询。AI云店便是专为房企打造的这样一款产品。

第二，活动社交传播+拓客礼品券引到访。AI云店作为项目微信端的新媒体入口，还可以与活动结合进行社交传播。客户通过小程序可报名活动或者抢活动券，然后去到案场参加活动。AI云店还可以用在行销拓客中，比如客户可以用手机扫行销人员的手机屏保小程序码获取礼品券，到案场凭券领取礼品。

第三，激活私域流量，打造每个客户的个人微店。AI云店通过微信入口、活动及行销直接获客，打造项目本身的私域流量池，降低房企对分销渠道的依赖，使渠道结构更健康。此外，所有渠道获得的客户都可以被储存到AI云店的私域流量池，AI云店可以把流量池里的客户充分利用起来进行二次营销。因此，AI云店成为每个客户的个人微店，客户可通过这个微店推介客户赚取佣金。

（3）小结

由于房地产营销对分销渠道越来越依赖，因此，一方面，房企要从分销政策、成交转化、渠道结构和风险控制四个方面优化渠道，使得渠道效能得到最大限度的发挥；另一方面，房企要开展行销拓客和自建新媒体，打造自己的私域流量池，使渠道结构更健康。

2. 黑科技赋能去分销化

千亿品牌房企R企是去分销化非常成功的一家房企。从去年开始，R企一直在集团内部推行"去分销提自拓"战略，并通过组合运用多种互联网前沿黑科技增强自建渠道，加强了对分销渠道的管控。R企在去分销化方面取得了不俗的成绩，显著降低了营销成本。

为了实现去分销化，R企的两个标杆项目率先尝试使用AI云店和云行销，实现线上线下相互协同，增强自主获客。

（1）AI云店增强自主线上获客

随着移动互联网的兴起，互联网的入口从电脑端的百度搜索逐渐转变为移动端的微信搜索。微信搜索获取流量的主要入口是公众号和小程序，尤其是小程序发展势头迅猛。R企率先借势小程序红利打造自己的置业平台AI云店，进行线上获客。

除了微信搜索的自然流量获取外，R企还把AI云店与线下推广结合起来，要求项目宣传页、户型图、置业顾问名片、海报等所有物料上均要印刷项目的AI云店小程序码，以便对其进行宣传。只要客户一扫码，小程序就会提示客户授权，AI云店在客户一键授权后便可获取客户的真实电话号码。

除了推广植入，R企还让销售线和渠道线人员积极使用AI云店获客，并制定相应的制度进行考核，以督促团队推广的积极性。销售线人员除了日常在案场接待客户和积极引导客户扫码，还可以通过微信朋友圈、微信群拉长关系链进行社交传播，实现线上获客。渠道线人员在拓客时，可以以了解项目详情的名义邀请客户扫码——AI云店在客户扫码授权后便可获取客户的真实号码，还可以通过AI云店的活动页面邀请客户参加活动，为案场引流。

R企的AI云店上线仅仅1个月，便有2 300多组客户浏览，其中400多位客户向置业顾问咨询了购房事宜，获取客户真实号码268个，促进

72组客户到访案场，成功促成交易两套。更可贵的是，AI云店获取了大量的客户行为数据。AI云店的客户雷达可以根据客户浏览、点击等互动行为数据识别和预测客户意向，以便置业顾问更精准地跟进客户。

（2）云行销保障拓客执行力

线上通过AI云店获客，线下需要发力行销拓客。R企积极引入云行销加强行销拓客的管控和执行，以提升拓客效果。通过云行销，R企可以将各项目的签约指标分配给外拓和电话销售团队，再根据拓客地图划分重点拓客区域，实现精准高效拓客。

拓客效果如何，执行力是关键。云行销可以通过定点签到考勤和实时地理位置动线追踪实现对行销人员的监控，以保证拓客执行力。

从数据来看，2018年上半年R企徐州公司在使用云行销后，实现自有渠道报备124 103组、来访21 744组，来客占比44.54%，而分销渠道来客占比只有7.84%。不管是来访还是成交，自建渠道都占了主流，大大降低了自身对分销渠道的依赖。

（3）加强分销渠道管控

除了通过线上线下加强自建渠道获客和推进去分销化，R企还通过渠道管家对接更多的渠道，其中非常重要的就是R企自身的全民营销平台，老业主、内部员工、自由经纪人都可以通过这个平台推荐报备客户，从而降低对房企分销渠道的依赖。

R企还通过渠道管家对全渠道进行管理。一方面，实现渠道报备、判客、带看、跟进、成交、结佣全流程的规范管控，提升全渠道的运转效率；另一方面，加强对分销渠道的管控，通过渠道数据分析对各渠道效果进行监控，为优化渠道结构和调整渠道策略提供数据支持。

对于分销渠道，R企通过渠道管家进行严格区分和管控。分销商使用渠道管家报备客户，全程系统数据留痕，有效规避违规带客、客户归属等问题，避免客户和案场纠纷，加强了分销渠道管控，规范了渠道秩序，有效防范自然到访客户被分销商截客、洗客，减少利益损失。

（4）来访登记提升客户接待质量

要提升整个渠道的效果，只带客还不行，还需要案场接待、跟进。R企通过智慧案场的来访登记提升案场接待质量，通过移动销售加强对客户的跟进，提升客户满意度，促进成交。在客户到访案场后，R企使用iPad登记访客，使登记、判客、归属一步到位，减少客户询问和等待时间，实现客户的快速接待。对于渠道人员和行销人员报备的客户，工作人员在带看时可直接在iPad上扫码确认带看，提升接待客户的效率。

在接待完成后，客户还可以扫码对置业顾问的接待服务质量进行评价，主要从诚信购房、讲解水平、服务态度三个维度进行评价。其中，诚信购房维度是R企为响应政府价格透明的号召而专门设置的，也是其检验案场是否遵循阳光购房制度的重要参考维度。R企通过客户评价体系来督促置业顾问提升接待质量，为购房者提供更优质的购房体验。

（5）移动销售随时随地跟进客户

在客户接待完成之后，置业顾问需要积极跟进客户，推动成交。R企要求置业顾问3天内必须对未成交客户进行跟进。若置业顾问超过3天未跟进客户，则被视为客户跟进逾期；若置业顾问超过7天仍未跟进客户，则该客户被自动回收到公共客户池。R企通过严格要求，保证了置业顾问对客户的跟进。置业顾问通过移动销售可以随时随地跟进客户，深挖客户需求，了解客户意向，促进客户成交。

销售经理也可以通过移动销售随时进行业务监控和业务处理，提升案场管控效率。R企要求销售经理每天登录"智慧营销"系统查看案场统计数据，重点监控前台客户来访登记情况，监督置业顾问客户卡片处理情况、来访客户资料完善情况及成交情况，掌握案场最新动态。此外，销售经理还可以在"智慧营销"系统中分配客户和进行逾期业务催办等，提升案场工作效率。

（6）小结

市场低迷之时，对分销渠道的严重依赖已经成为行业普遍现象，如何去分销化并使渠道结构更健康，千亿房企R企给我们做了很好的示范。R企通过AI云店和云行销增加自建渠道获客能力；通过渠道管家赋能自建渠道，加强分销渠道管控；通过智慧案场提升案场客户体验和促进成交，进而激励渠道多带客，实现健康、良性循环的渠道体系构建。

3. 如何提升分销效果

近些年，随着调控频频、市场下行、竞争加剧，房企对于渠道越来越依赖。渠道按效果付费，其好处在于到访多、去化快、回款快。但是，渠道也有很多弊端，如成本高、管控难、易依赖。所以，对于房企而言，一方面要提升渠道的效果，另一方面要降低渠道成本、加强管控，同时还要优化渠道结构，增加私域流量，避免被渠道绑架。

如何管理好分销渠道并发挥渠道的最大效能，对于客户到访楼盘和房企去化都至关重要。那么，如何选择分销商呢？现在，市场上大大小小的分销商多如牛毛，如果楼盘直接和每个分销渠道对接，那么这必然导致效率低下。所以，楼盘在上渠道时，尽量选择大的平台分销商，因为其会去整合其他中小分销商。此外，分销商的上客能力、客户质量、转化能力及综合性价比都是楼盘在上渠道时需要考量的因素。

此外，如何提升分销渠道的效果呢？如今，既然卖房对分销渠道依赖如此严重，我们就需要想方设法提升分销渠道的效果。我们需要从分销政策、成交转化、渠道结构几个方面进行优化。

（1）分销政策：高佣金和快速结佣

对于分销政策，最重要的是佣金点数。高佣金点数不仅仅能激励分销渠道，而且能让渠道从竞品处抢客。但是，高佣金点数是把双刃剑，所以房企不宜轻易使用。

虽然佣金点数不能随意改变，但是佣金结算速度可以改变，这也是中介非常关心的问题。只有房企通过流程的优化不断缩短结佣周期，让中介佣金早日落袋为安，他们才有动力继续带客。有些楼盘甚至直接给出成交现金奖——只要客户认购，当场奖励中介现金1 000～2 000元，激励中介个人的积极性。现在，越来越多的案场对于带看都会有奖励，进一步激励中介带客到访。

当然，只奖不惩也容易让分销渠道养成惰性。所以，要提升渠道的效果，房企还需要对渠道进行考核，考核指标包括上客量、带看量、客户质量和成交量等。但是，考核的要求也不能太高，考核太严也不利于渠道的激励。

（2）成交转化：只有成交，才能实现激励的良性循环

中介的佣金都是在客户成交后才能拿到，如果案场成交转化能力弱，中介一直拿不到佣金，他们的带客积极性就会受挫。所以，房企应提升案场的成交转化能力，实现快速成交，这样中介拿到钱就可以带更多的高质量客户，形成良性循环。

（3）渠道结构：找出最好的渠道

每个渠道都有自己的客户量，经过一定的周期，这个渠道在带客方面就会很难达到要求，而且一般渠道又没有拓客的积极性，这时房企就需要调整和优化渠道结构。明源云客的渠道管家可以很容易看到各渠道的各项数据指标，通过数据分析发现效果最好的渠道和性价比最高的渠道，从而对效果较差的渠道进行及时调整。

除了数据赋能洞察渠道效果外，渠道管家还能提升全渠道的运转效率，所有渠道直接通过渠道管家进行报备、判客、带看确认、业绩审定、佣金结算，高效便捷。通过提升效率，渠道管家还可以促进快速结佣，激励渠道更多带客。

4. 渠道风控：大数据+人脸识别风控，解决渠道舞弊痛点

随着房企对渠道的依赖进一步加剧，渠道的风险也越来越高，如何

有效控制渠道截客和飞单等风险关系到房企利润，而且进一步影响着房企在寒冬之中的生产竞争力，因此渠道舞弊已经成为一个行业性难题。

（1）渠道舞弊成为房企利润黑洞

由于各渠道的激励佣金不一样，所以容易出现低佣金渠道想通过高佣金渠道成交的情况，也就是各类渠道舞弊。下面，我们先来看几种常见的渠道舞弊手段。

第一，内单外飞。客户自然到访案场，置业顾问在接待客户之后没有把客户号码录入系统，而是把号码私藏起来，然后找外场经纪人把客户报备进来，并指定自己为接待销售顾问。这样，内场置业顾问就可以获得内场销售佣金和外场推荐佣金，然后拿出一部分佣金分给外场经纪人，轻松实现飞单。

第二，外场洗客。中介渠道商可能串通开发商行销拓客团队，或利诱其他佣金较低渠道，将客户转至高佣金渠道成交，赚取更多佣金，然后瓜分佣金差额。

第三，渠道截客。外场经纪人在售楼处门口拦截自然到访客户，告诉客户可以把自己佣金的一部分给客户，相当于客户享受到了额外购房优惠，所以客户愿意配合，然后外场经纪人把客户进行报备推荐。但是，如果客户已经登记了呢？没关系，他可以换个号码当新客户。在北京一楼盘案场外，截客人员直接拿着一个新的苹果手机带新电话卡，让客户用这个新号购房，苹果手机直接就送客户了，以送苹果手机为诱饵实现截客。

渠道舞弊风险已经成为一个行业性难题，侵蚀着房企利润，扰乱了正常的渠道秩序。那么如何解决渠道舞弊问题，把利润黑洞变成房企的利润中心呢？明源云客联合多家房企经过成功试点推出了专门针对渠道舞弊的智能产品——渠道风控。

（2）大数据和人脸识别，为渠道舞弊审计插上翅膀

渠道风控解决渠道舞弊的技术原理主要是通过"人脸识别+云客大数据"对渠道风控的3个阶段、7个环节、32个管控点进行全程监控，实

现从事前防范、事中扼杀到事后查出的无死角渠道风险管控，如图4-28所示。

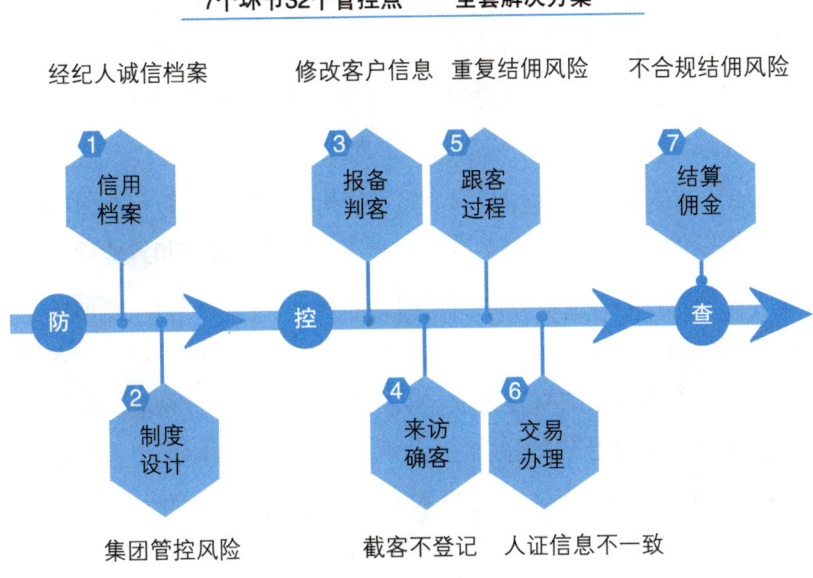

图4-28　渠道风控解决渠道舞弊痛点

（3）云客大数据，事前、事中、事后全面监控渠道舞弊

一般的渠道舞弊无外乎采用三种手段，我们可以简单归纳成"变、藏、异"。所谓变，就是变号码、变时间、变受益人等；所谓藏，主要是藏客户，不录入系统；所谓异，就是时间异常、成交占比异常。渠道舞弊不管使用哪种手段，都会在电子数据或信息系统中留下蛛丝马迹，舞弊特征会形成数据特征，而渠道风控会通过云客的大数据和AI算法模型识别出这些舞弊数据特征。

云客的大数据来自哪里呢？主要来自两个方面：一是业务数据的采集，也就是通过渠道管家、来访登记、渠道风控、移动销售、明源ERP等在销售各个环节采集到的数据；二是人脸识别采集到的数据，包括案场摄像头抓拍的人脸数据和人证核验一体机获取的身份及照片信息。两方面的数据相结合，形成交叉比对，识别出异常数据。因为这些数据真实可靠，所以它们能确保证据链条完整无损，做到铁证如山。

云客大数据可以实现在事前、事中、事后有效监控渠道舞弊。

事前：行业黑名单风险预警。规避风险最好的方法是事前预防，渠道风控大数据内含中介公司诚信档案、经纪人诚信档案和销售人员诚信档案。对于曾经有过舞弊行为的中介公司、经纪人和销售人员，渠道风控会提前预警、重点关注，以求防患于未然。

事中：运营商数据识别真人。由于手机号码是识别客户身份的主要依据，所以换号是最常用的渠道舞弊方法。经纪人经常和置业顾问串通使用一个假号码报备客户。置业顾问在遇到高意向客户时，就把这个客户的真实号码新增到经纪人报备的客户信息中，制造两者是同一人的假象，赚取推荐和成交的双方佣金，以往这种操作很难被发现。但是，渠道风控可以直接调用三大运营商的大数据，轻易识别出经纪人报备的号码是否为假号码以及是不是客户本人，进而形成充分的渠道舞弊数据证据。

事后：数据监控成交占比异常。在某个置业顾问的成交占比中，如果渠道成交占比偏高，我们就应该重点对数据进行核查。此外，渠道风控还会卡住结佣环节，监控重复结佣风险、不合规结佣风险、结佣凭证造假风险或核算失真风险等，全面审查、核实并处理舞弊风险。

（4）人脸识别让飞单无处可逃

大数据是渠道风控的核心，作为智能硬件的人脸识别可以辅助大数据发挥更佳的风险监控效果，两者相互匹配，让飞单无处可逃。

渠道风控会在案场大堂入口、沙盘、区位图、看房动线和样板间等处安装3~6路智能摄像头。摄像头可自动抓拍客户人脸头像，存储到来访客户索引库中。当客户去财务签约处时，认证核验一体机可以对客户身份进行核验，通过刷身份证即可获取客户身份信息，然后用之前抓拍到的客户到访照片与身份证照片进行匹配，以确定他是不是客户本人。

此外，渠道风控还会根据客户身份信息调出客户报备信息，将其与首次抓拍的客户到访时间进行比对。如果客户首次到访被抓拍的时间早于被报备时间，那么这说明客户可能是先到访后报备的。

对于人脸识别的精准度问题，也有不少人存在担心。渠道风控由明源云客与阿里巴巴投资的顶级人脸识别厂商旷视合作开发，支付身份验证及人脸支付用的就是旷视的人脸识别技术，非常成熟，识别度高达99.5%。旷视的产品已经被碧桂园、龙湖、华润等多家品牌房企采用。

总体而言，根据行业经验，在治理渠道舞弊上，人脸识别只能解决50%的问题，另外50%的问题必须靠大数据算法解决。渠道风控通过"大数据算法+人脸识别"双剑合璧、双管齐下，为渠道舞弊审计插上翅膀，让数据发声，让舞弊现形，从而有效预防渠道风险。

（5）小结

渠道风控主要是希望通过技术手段，对渠道舞弊形成常态威慑作用，预防渠道风险，规范案场行为。同时，房企可以识别并严惩渠道乱象，整肃渠道秩序，以减少无谓的渠道佣金支出，降低营销费用，变利润黑洞为利润中心，增强自身在行业寒冬中的竞争力。

三、智慧案场

房地产市场的竞争越来越激烈，房企要么拼规模，要么比特色。每家房企都在整个房地产开发链条的各个环节不断升级改造，以提升竞争力，案场就是重要的环节之一。为了提高案场效率，房企纷纷通过数字化手段打造行业前沿的智慧案场。

1. 智能来访登记，提升效率和体验

房地产百强Z企通过在案场引入智能终端登记来访者，为案场工作提速增效，实现案场的智慧化升级。下面我们以Z企为例，来看看其具体是如何打造智慧案场的。

（1）物业专岗判客，登记、归属、判客只需7秒

客户自然到访或者渠道带看来到项目案场，都会有专门的物业判客岗负责用iPad进行客户登记。如果是客户自动到访，那么物业直接创建客户卡片；如果是渠道带看，那么物业可以通过扫描带看二维码进行现场核实报备，在确认带看信息真实有效后再在iPad上确认并按轮接顺序分配置业顾问接待。

这个简单的确认动作就能实现客户的登记录入、置业顾问归属和渠道判客。据统计，这一过程一般只需要7秒，大大提升了案场的来访登记效率。

（2）来访一个不漏，杜绝藏客飞单

以前，置业顾问在自行登记时往往会出现这样的情况：接待客户但不录入客户号码或录入虚假号码，然后再把正确的号码给外场经纪人，让他们推荐给自己，赚取双份佣金，也就是行业常说的"藏客飞单"。Z企设置专岗登记判客，可以有效避免这种现象的发生。

Z企规定在判客过程中，若出现漏录来访客户或误判客户来源的情况，公司将视情节严重程度对判客岗进行罚款、降薪，如涉嫌主观故意的，最高可给予开除处理，同时处罚营销总监、物业经理500~1 000元/次。

同时，Z企由专岗对每个到访客户进行登记，每个客户均有数据记录和明确归属。即使是老客户，也要跟新客户一样进行登记，确保系统每日来人与实际一致。而且，如果系统识别出访客是老客户，那么它会以短信的形式通知该客户的专属置业顾问前来接待，高效便捷。

（3）电子登记，防止客户资料外流

在获客成本持续走高的今天，客户信息变成了越来越重要的资产，抢夺客户资料的现象也越来越常见，甚至有企业不惜花钱找项目工作人员或置业顾问窃取客户资料。在传统案场，客户来访登记本就放在前台，谁都可以翻阅，很容易被居心不良者用手机拍下来，并把客户资料送到竞品楼盘，这对项目来说损失惨重。

Z企使用来访登记，来访客户由专岗录入，每个置业顾问只能看到自己客户的号码，即使是销售经理也只能看到客户的部分号码。

正因为来访登记可以规避藏客飞单和客户资料流失，所以Z企严格规定：若检查发现物业判客岗脱岗，或客户登记由非判客岗人员操作的情况，对营销总监和物业经理各处罚1 000元/次。

（4）来电来访限时录入，保持客户信息新鲜度

以往，置业顾问都是先把客户资料记在来电或来访登记本上，然后等有空或下班后再补录系统，这样就容易出现信息遗漏、缺失和衰减。而且因为每个置业顾问都是自己录入自己的客户，这很可能导致各置业顾问录入数量之和与案场登记本上的客户到访总量对不上，核查起来也异常困难。

对此，Z企规定：案场客户来电挂断后10分钟内，置业顾问必须在手机端录入客户信息并完成来电跟进。来电客户只有48小时来访保护期，若发现案场来电客户漏录或未及时录入的情况，对置业顾问处罚200元/组，单月来电客户漏录超过3组的置业顾问将被开除。

对于到访、来访登记，Z企要求置业顾问3小时内完善客户信息，以保证客户信息"新鲜度"，避免客户信息失真、遗漏和衰减。

（5）客户信息更完善，精准把握客户

客户信息录入的完善，有利于更精准地把握客户、促进成交。但是，以往置业顾问在案场都是纸质登记，笔迹混乱或者记录信息常常很简单，导致客户信息不完善。

为了完善客户信息，Z企要求置业顾问在客户到访当天完成客户资料跟进，必须填写认知途径、客户来源途径、购房用途、意向级别、意向产品、意向价格、意向面积、年龄段、家庭结构、居住区域、工作区域和职业身份等信息，实现对客户的全方位把握。

（6）客户尊享评价，提升接待服务质量

客户来访接待质量的监控和提升一直是案场管理的痛点，Z企通过

来访登记客户评价功能，要求置业顾问在接待客户完毕后，必须邀请客户扫码进行服务评价，并且规定若置业顾问未邀请客户进行服务评价的，对置业顾问处罚50元/组。由此，一方面，可以让客户体验到作为客户的尊贵感；另一方面，可以对置业顾问的接待服务质量起到督促的作用。

此外，Z企还设置了客户完成评价领取现金红包的环节，但是必须填写短信验证号码才能领取，这样还能验证客户留下号码的真实性。红包发放需要通过公众号领取，也就是说客户必须关注公众号才能领到红包，Z企顺其自然地把客户转化成粉丝，便于持续营销。

（7）视频监控案场管理，案场动态视图呈现

为了加强对案场来访工作的管理，Z企要求各销售案场加装一个监控摄像头用于记录来访客户。视频监控要求看到来访客户基本面貌并接入集团监控网，便于案场来访情况的实时监控、抽查与核对，实现案场管理质量和效率的提升。

除了视频监控，更重要的是案场数据管理。以往，案场数据都是要等到下班后由案场助理汇总、统计和分析。如今，使用来访登记后，销售经理只需打开微信即可随时随地获取案场实时来访数据。数据以视图呈现，案场来访情况一目了然，大大减少了案场助理的工作量。

（8）扫码签到自动排班，数据支持营销优化

在Z企使用来访登记后，置业顾问每天到案场上班后要用手机扫码签到，才有资格接待客户。然后系统会根据考勤进行智能排班，安排来访接待顺序，避免以往轮询中的常见争议。

此外，来访登记还可对渠道来源进行自动统计，减少策划、内勤的工作量，通过分析具体数据可以优化渠道和推广策略，为整个营销效果提供数据支持。

（9）小结

房地产百强Z企近年来发展势头迅猛，这与其创新精神息息相关。Z企近来又引入明源云客的来访登记系统，实现了案场的智慧化升级，提

升了客户来访登记效率，规避了藏客飞单和客户信息外流，优化了客户到访服务和体验，大大提升了案场管理和工作效能。

2. 客户落位装户，智能预测去化

房子不好卖，除了与市场行情相关，也与价格有关。价格过高会影响销售，但这并不意味着房企要一味地降价。房企要通过落位为每套房子定出最适合的价格，让难卖的房子尽快卖掉，让好卖的房子达到最大溢价，实现高利润、快去化。那么，到底什么是落位？传统手工落位是如何操作的呢？新型在线落位又是如何提升效率和效果的呢？

（1）什么是落位

所谓落位，即在开盘前让客户选好意向房源，实现人房匹配。在落位前，客户意向千差万别，而每套房子又多是独一无二的，只有人房匹配了才可能成交。因此，房企在落位时要对客户进行摸排引导，根据客户的偏好、预算及房源的热度和价格进行客户落位，争取做到每位客户都选到心仪的房子，以及每套房都有人购买。

通过落位，房企首先可以了解客户的意向和房源的热度分布，因此也就了解了哪些房源可能热销或者滞销，哪些客户对价格敏感或者不敏感；然后结合房源热度和客户价格敏感度，找出哪些房源应该调价，哪些应该折价，具体调多少。调好价格就能实现最优的客户匹配，制定出最合适的价格策略，有效地把控销售节奏，进而在实现快速去化的同时实现利润最大化。

（2）传统手工落位是如何操作的

既然落位能帮助快速去化和提高利润，那么一般是怎么落位的呢？一般情况下，落位分为三轮。

第一轮：洞察客户想买什么。在楼盘没有给出价格信息的基础上，了解意向客户可接受的价格底线。具体的方法是，通过访谈和填表调研的方式了解客户意向，访谈可以直接询问试探客户可接受的最高价格，通过《客户登记表》《客户房号意向表》《认筹申请表》了解客户价格接受度和房源意向。然后，根据访谈和调研结果，指导并验证原来制定的基础价格表。

第二轮：制定精准价格。楼盘出具价格厢体，筛选客户，排查意向，引导房号。对于意向火热的房源，房企可以调高价格，实现好产品的最高溢价；对于热度低可能滞销的房源，房企可以进行折价，以保证去化，最终形成精准价格表。

第三轮：引导客户均匀落位。给出准确单位价格，借此排查客户意向及诚意度，及时进行预销控，最大化引导房号重叠的客户分散开来，实现均匀落位，提升去化。

传统手工落位都是人工制表，人工制表的缺点是表格多、统计难、操作烦琐、易出错、任务重等，而且每轮结果都不直观，也不便于展示，如图4-29所示。因此，整个房地产行业都在探索新的落位方式，提升落位效率。明源云客移动销售推出在线落位功能，大大提升了落位工作的效率。

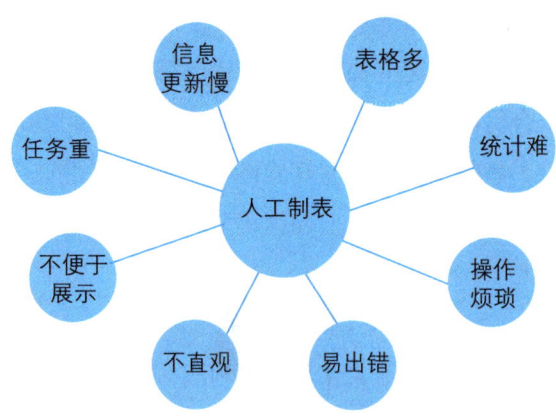

图4-29 传统线下落位的痛点

（3）在线落位：落位全程大提速，智能预测去化率

在线落位全程线上完成，简化了落位流程，大大提升了落位效率。

同时，系统自动统计数据比传统手工落位更高效、更准确。具体的在线落位流程主要分为三步：按需创建落位规则、客户落位和落位数据统计分析。

① 按需创建落位规则

在线落位开始前，销售经理在手机上新建落位活动，可以按需创建落位规则，也可以根据落位次数和目的灵活设置不同的落位规则，以适用多种落位场景。

② 客户落位

在销售经理创建完落位规则后，系统自动筛选出符合落位条件的客户，并生成待办任务通知到置业顾问。置业顾问可选择代落位，也可以转发落位链接给客户，让客户自己落位。

置业顾问代客落位：置业顾问需要与客户沟通确定意向，然后根据落位设定的规则直接在移动销售软件中为客户落位，按步骤对客户意向落位，分别选择第一意向和第二意向房源，选定后可在详情页查看和修改不同意向所选房源，进行最终确认，最后完成代客落位。

客户自己落位：客户点击置业顾问发送的链接，即可在线查看楼盘、房间、户型等信息，然后根据意向进行在线选房并完成落位。

在客户选房之后，置业顾问可以根据房源热力图调整落位。房源热力图能够直观、实时地展示房源热度，便于置业顾问引导或客户自主调整落位。对于过热的房源要引导客户分散开，对于低热度或者无人选的房源要引导客户选择，以确保每套房都有高意向储备客户，保障开盘高去化率。

③ 落位数据统计分析

在客户落位完成后，置业顾问要对落位数据进行统计分析。在线落位支持供求比、意向户型、意向面积统计，且均可按意向级别拆分查看。其中，供求比含楼栋、房型、楼层三个维度，意向户型与意向面积均含价格、楼层两个维度。通过数据统计和分析，置业顾问可以更准确地把据客户意向，预测销售情况，及时调整价格和销售策略。

在线落位基于大数据算法形成了一套去化率智能预测模型，从供求比（落位供求比）、市场环境（市场去化情况）、均匀度（落位均匀度）与转化率（历史转化）四个维度全程指导预测，自动生成预测去化率。如果生成结果不理想，置业顾问可以从不同维度进行查看。比如，如果预测去化率低是因为落位均匀度低，那就通过客户引导再提升一下落位的均匀度，最终为项目提供可靠的去化预测，进而提升开盘去化率。

（4）小结

客户落位可以加速项目去化，提升项目利润，但是传统手工落位存在效率低、效果差等诸多痛点。借助互联网和大数据等前沿技术，房企可以实现客户落位效率和效果的双重提升，并且可以智能预测去化率，实现最大去化、最高利润。

四、智慧交易

为了响应"房子是用来住的，不是用来炒的"的号召，政府出台了各种政策，以保证房地产市场的公开、公平和公正，也因此在交易环节给房企带来了巨大的挑战。针对收资料、收筹、收款和开盘等交易环节的诸多痛点，智慧交易通过数字化手段破解了交易环节的四大挑战。

1. 意向登记，解决交、收资料痛点

看似简单的交购房资料环节，不仅对于购房者而言是个体力活——往往需要耗时排队甚至来回往返，对于开发商而言也是一大痛点。大量客户同时涌向售楼处，项目团队必须提前做好接待准备，但置业顾问数量有限，往往接待不过来，造成客户接待质量下降。此外，开发商在现场还需做好收资料的准备，维护排队和安保秩序。

为了减少购房者的麻烦，提升购房体验和满意度，明源云客使用前沿科技，针对交资料环节特别研发了"意向登记"产品的在线收资料功

能。该产品可以全程手机在线收取资料，省去购房者跑腿排队交资料的麻烦。在开始交资料前，客户只需提前准备好相关资料和资料照片；在开始交资料时，客户只需点击公众号菜单栏进入交资料链接，填写好基本信息，上传资料图片并提交审核即可。在客户交资料填写个人信息时，系统自动就对客户进行了登记，还能有效规避以往小纸条登记和录入过程出现的错误，保证数据的准确性。

对于开发商而言，因为客户不必亲自到现场，所以在线进行意向登记省去了项目团队大规模接待和维持秩序的工作，大大节省了人力、物力成本。除了节省接待成本外，楼盘收资料的效率也得到了极大的提升，以往最多几个人同时办理，现在可以上万人同时在线办理。

2. 验资锁客，解决收筹违规问题

通过收筹来筛选意向客户和锁定客户意向是行业由来已久的手法。但在房地产调控下，政策要求楼盘在取得预售许可证之前不得以认购、预订、排号、发放VIP（贵宾）卡等方式向购房者收取或变相收取定金、预定款等性质的费用。也就是说，收筹属于违规行为，但是不收筹，房企又会对销售业绩锁定心存疑虑。我们来看看最具互联网创新精神的房企之一F企，是如何通过合规手段锁定客户意向的。

F企某项目将明源云客的验资锁客产品与其App相结合。开盘前，客户可以通过登录App填写个人资料申请验资，然后调转到银行界面进行开户，再绑定账户冻结资金。在这个过程中，冻结的资金始终在客户个人名下，因此属合规操作。

等到开盘时，如果客户成功选房认购，那么客户冻结的资金即可一键转为定金，方便快捷。如果客户未认购，那么客户可以批量一键退款，立即解冻退回。

此外，验资锁客还可以解决异地收筹问题，尤其适合旅游地产和返乡置业楼盘，实现远程锁客。

3. 在线开盘，实现低调开盘，完美应对千人开盘盛典

"开盘"是一个让房地产营销人员又爱又恨的词，传统开盘存在的诸多痛点不言而喻，尤其是在房地产市场持续调控的背景下，房企都在想尽一切办法低调开盘。在线开盘可以让客户直接在手机App上选房，客户无须到场，节省时间，体验也更好。对于开发商而言，既实现了低调开盘又节约了成本，即使面对千人开盘盛典，也能轻松应对。

（1）传统开盘的痛点

集中开盘可以实现集中处理批量购房行为、高效接待客户、均匀去货，所以一般楼盘都会举办开盘活动。开盘基本上是一个项目最重要的活动，但是开盘筹备周期长、工作量大、流程烦琐。对于房地产营销人员而言，每次开盘，他们都要提前至少一个月准备，开盘前夜几乎要通宵，所以说房地产营销人员对开盘是又爱又恨。客户体验也很差，他们不仅需要一大早赶到开盘现场，还要等待漫长的选房和各种手续办理环节。

（2）在线开盘手机抢房，提升选房效率

随着技术的发展，房企在选房环节可以实现千人同时在线选房，通过手机微信端把开抢时间精确到毫秒级，客户无须等待。以泉州B企某项目为例，B企使用明源云客的在线开盘，实现了1 000人同时抢房，25秒抢光，选房效率飙升百倍。

再以F企某项目现场开盘为例，在开盘之前，F企把在线开盘信息整合到了微信公众号上。为了让客户提前熟悉手机选房流程，F企提前进行了公测。公测还有一个更重要的作用，那就是可以提前摸底客户的真实意向，通过大数据实时监控客户的收藏和预选行为。对于意向过于重叠的房源，房企要让置业顾问及时联系客户进行调整，在开盘前做到装客到户，保证开盘的高转化。

在现场开盘选房时，所有客户手机微信同步开抢，现场的紧张氛围

被调动起来形成强力挤压，促进了成交转化。除了提升选房效率外，在线开盘还可以减少开盘环节，把部分环节前置，节省物料费用，减轻房地产营销人员的工作量，真正实现开盘省时、省力、省钱、省事。更重要的是，通过在线开盘，置业顾问还可以实时把握客户行为数据，实现动态跟进，比如客户操作到了哪一步、有无购买等。如果客户未购买，那么置业顾问可以及时电话跟进了解情况，实现动态逼定。

当前，保利、富力、金地等品牌房企纷纷采用在线开盘形式，解放了购房客户和房地产营销人员，开盘从此变轻松。

4. 智能收款，助力案场业务模式全面升级

传统销售案场收款也是交易环节的一大难点，往往面临着收款类型场景多、涉及人员角色多、业务流程长、条款解释多、表单制作难、台账核对累等痛点。标杆房企纷纷通过智慧收银系统对传统收款环节进行变革升级。

（1）传统收款环节的痛点

房地产行业的四大趋势使得收款环节效率亟待提升。首先，宏观层面的资金收紧，房企开始更加关注修炼内功，降低成本，提升效率；其次，房地产头部效应越来越明显，在规模越来越大的同时，小问题很可能造成严重后果；再次，规模增大导致工作越来越多，角色越分越细，流程越来越长，效率也就越来越低；最后，在信息化过程中，房企不可避免会出现多系统并存的情况，一个流程多次切换系统操作，难免降低工作效率。

在具体业务层面，传统收款方式需要客户、置业顾问、财务和销售经理等多角色协同配合完成，而且传递多、补录多、核对多，非常烦琐，效率低下，尤其是收款中的收付款、对账等工作占据了财务人员60%左右的工作时间。此外，收款的退款环节还常常引发不愉快。如何提升收款效率已成为诸多房企亟待解决的问题。

（2）智能收款，交易环节全程无缝对接，提升收款效率

针对收款环节的提效，明源云客专门研发智能收款产品，结合智能软硬件收筹、收定、收楼款，实现整个交易环节全程无缝对接，大大提升收款效率。

Y企在传统收款环节的变革升级上做出了有益实践，其集团营销中心销售管理部、地产集团财务中心、控股公司信息部联合明源云客上线智慧收银系统。该项目于2018年12月正式启动，历时3个月，于2019年2月完成全国上线培训，3月完成试点项目上线工作，大大推动了Y企以数字智能信息化管理思维实现收款业务"电子章、无纸化、安全提效"的目标，如图4-30所示。

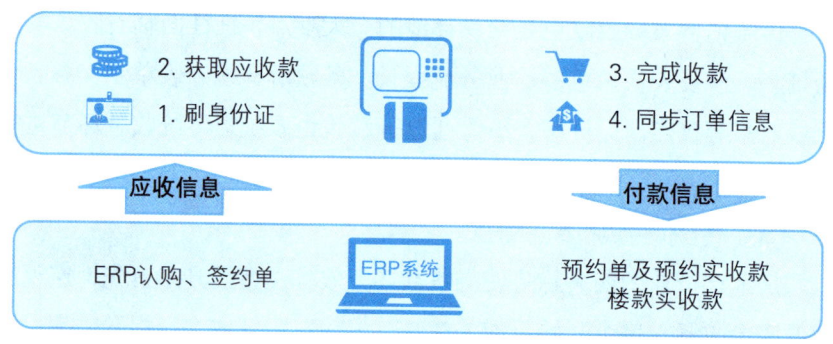

图4-30　智慧收银系统对传统收款环节进行变革升级

智慧收银系统可实现一台POS机多场景、多账号应用，利用"一站式服务"的系统解决方案为营销逼定、回款等业务提供系统支持，提高了业务办理时效，减少了客户排队等候时间，达到了优化客户体验的目的。

收筹环节可以全自助式在POS机上完成。在使用智慧收银系统完成收款后，智能POS机可自动生成电子单据。购房客户可即时获取收据，后续也可以随时通过手机进行查看。智能POS机具备一键点击并打印二维码小票功能，免去手动填写收据的流程。客户只需用手机扫一扫小票上的二维码即可查看和获取带有签章的电子收据，同时可将电子收据发

送至个人邮箱保管，再也不怕损坏和丢失收据。

同时，智能POS机还直连ERP系统。在开盘环节，智能POS机可以把客户的认筹金一键锁定，然后通过身份信息读取ERP系统里该客户所有的待付信息，回传收款信息到ERP系统，然后打印认购单、合同。系统全流程对接，客户无须等待，一键打印，5秒钟即完成。智慧收银系统还可免去二次录入，减少人力投入，降低工作负荷，保证数据统计及时、准确。

总而言之，智慧收银开盘与传统开盘相比的优势在于，开盘前无须套打纸质单据，节省人力物力，减少开盘前筹备；开盘中无须手写收据，保证数据及时准确，提升开盘中效率；开盘后无须加班加点录入数据和对账，减少开盘后的工作量，提高了工作效率。传统POS机与智能POS机的详细对比如表4-1所示。

表4-1 传统POS机与智慧POS机

场景	角色	传统POS机（现状）	智能POS机（价值）
开盘前	现场收银	将购买回来的收据提前套打"房号"等信息，需协调人员花几小时完成套打	开盘前无须套打收据，节省人力、物力
开盘中	收银、财务	POS机收款后，需在套打好的收据中填写客户信息与金额，手写金额存在出错可能性	刷卡后自动生成带电子签单的电子收据，现场开盘效率更高，保证数据及时、准确
开盘后	收银、财务	系统补录实收单据并核对，手工补录存在数据错误可能性，当天需核对到凌晨3点	开盘后无须补录收款数据，无须核账
	收银	将纸质收据与小票对应整理并粘贴在一起提交给财务后续核账	一张纸正反面批量打印电子据与小票，无须手工整理，直接从系统打印即可

由于收款环节需要多角色配合，智慧收银系统可以提升效率，并释放置业顾问、财务、销售经理的生产力，为企业创造更多价值。

对于购房客户而言，传统收款方式多个环节都要等待录入和核对，尤其有时电脑数量有限，排队等候时间长，购房体验不佳。案场业务模式的变革简化了收款流程，提升了收款效率，让客户购房体验更美好。

对于销售人员而言，一个人也能轻松应对收款。销售人员在传统收款环节面临很多痛点，比如在认筹环节，需要先收取客户诚意金，再在系统中录入认筹单。如果现场电脑数量有限，那么客户则需排队等候。销售人员在录单据或者收款信息时，可能出现错误。使用智慧收银系统则可避免错误的发生，认筹环节通过POS机收取认筹金后即自动触发在ERP中生成认筹单，所有交易环节在收款后自动生成电子收据，收款信息自动同步到ERP系统中，一台智能POS机就可完成收款、开收据全流程。就算财务人员不在，置业顾问一个人也能搞定收款问题。

对于收银人员而言，智慧收银系统可以降低50%的工作量。以前，收银人员在收款时需要先在电脑端查询应收款，且需要手工核对置业顾问提交的交款单，再在POS机输入应收金额进行收款，可能存在输入错误的情况。使用智慧收银后，收银人员用POS机刷客户身份证后即可自动取出客户应交款，无须点击查看ERP系统后手动输入收款金额，整个收款过程无须多次录入和来回核对，并能规避输入错误的风险。收款流程的简化使收款效率大大提升。

对于财务人员而言，通过智慧收银系统获得的财务数据均可以追溯业务源头，做到账务数据有据可依，有任何数据异常均可快速定位；此外，收入业务流程的标准化可以减少人为干预，进而减少出错的可能性。以上两点有利于规避财务风险。

智慧收银系统带来的变革还在于应用的拓展可以满足多场景、多账户的应用需要。日常购房收款场景繁多，以往财务人员需要准备多台POS机来保证不同场景对应不同的账户，现在财务人员可自由切换场景，一台智能POS机相当于多台传统POS机，搞定多场景所对应的多账户，对于房企来说真正做到降本增效。

总体而言，面对传统销售业务环节的诸多痛点，智慧收银系统简化了销售业务管理流程，大大提升了收筹、收定、收楼款、收代收费等多种费用的效率，并能自动生成电子单据。同时，智慧收银系统提升了客户的购房体验，减少了员工的工作量，降低了项目管理的复杂度，实现了收款业务环节的提效，助力案场业务模式全面升级。

明源云客针对收资料环节，推出意向登记、在线收资料功能，客户通过手机就能交资料；针对收筹问题，通过验资锁客高效锁定客户意向；针对开盘需低调问题，使用在线开盘，客户在家也能通过手机抢房；针对收款痛点，通过智能收款全程提效，破解了交易环节的四大挑战。

第四节 数字化供应链如何真正落地

除了房地产营销领域的数字化，供应链的数字化也是房企数字化转型的重要方向。如何通过数字化手段解决过往工程成本管理中的诸多痛点？如何通过大数据赋能风险防范促进项目品质提升？如何通过智能验房全面提升交付质量？本节将结合明源云在工程成本管理、过程质量管理和交付质量管理方面的数字化实践，为这些问题提供最佳解决方案。

一、移动工程协同：助力成本管控高效落地

随着市场越来越成熟，行业利润率总体进入下行通道，企业的成本管理像一面镜子折射出很多以前被较高利润掩盖的不足。要想做好工程成本管理，达到降低成本、提高效益的目的，众多房企就要开始加大对项目开发全过程（从工程设计、工程招投标、工程实施、工程结算审计等几个主要环节）的成本管控力度。

随着企业规模的不断扩张，管理组织越来越庞大，成本管控制度往往很难落地，主要存在以下三大痛点：第一，管理行为执行至末端难、易变形；第二，部门壁垒高筑，管理流程冗长；第三，依赖纸质资料，信息易丢失。

明源云针对房企在成本管控过程中遇到的主要问题推出了工程协同管理软件，辅助集团成本管控高效落地，加大成本管控力度，降低企业管理内耗产生的无效成本，推动成本管理步入3.0时代。如果说，成本核算是房地产成本管理的1.0时代，以合约规划为中心的成本管控是2.0时代，那么即将进入的房地产成本管理3.0时代会是怎样的呢？

首先，业务的移动化、在线化将成为大势所趋。以往成本管理过程中的最大问题是滞后性，大量的事后补录让成本数据无法做到及时、准确。而移动互联网技术的普及，让业务的移动化、在线化得以实现，这将彻底解决成本数据的及时性和准确性问题，让动态成本真正"动"起来。

其次，管理视角从内部转向内外协同，强调三方一起管好成本。以前，成本管理往往聚焦于房企内部的成本管控。但在房地产成本管理3.0时代，我们将更多强调"内外协同"。作为供应链中的重要一环，供应商和施工单位被纳入管理的价值链体系中，和房企一起来管好成本，这对地产成本管理将是个跨越式的改变。在此背景下，明源云推出移动工程协同这款产品，结合明源云的成本ERP系统，用在线、开放、互联的全新姿态正式拉开房地产成本管理3.0时代的序幕。

最后，覆盖合同执行全过程，打破内部视角，让乙方变身管理发起方。移动工程协同是一款应用于房企合同执行全生命周期的管理软件，它将合同执行过程中的变更申请、完工确认、付款申请、合同结算和发票管理几个业务环节全搬至线上，实现了项目成本管理的移动化和在线化，如图4-31所示。

移动工程协同平台（手机+电脑）与明源ERP系统的无缝对接，打破了在合同执行过程中三方的变更、流程、付款等信息壁垒，实现了房地产开发商与施工单位、监理方的在线高效协同，以更开放、更互联的姿态做好成本管理。

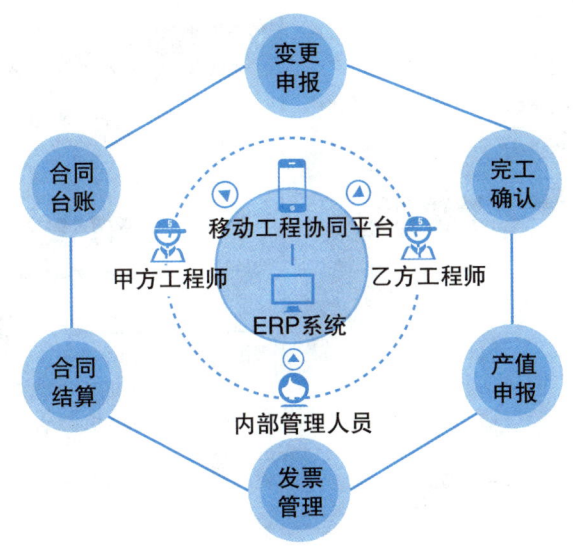

图4-31 移动工程协同平台

1. 变更申报：乙方发起、在线审批，提高变更签证效率

以前，项目施工过程中会产生大量的设计变更和现场签证。而线下的变更申报流程往往具有滞后性：由于所有的变更单都是由甲方工程师发起的，工作量增多就会出现项目压单、漏单的情况，导致集团无法实时获取准确的动态成本信息。

移动工程协同平台是如何让情况变得不一样的？

首先，从甲方填写变成乙方发起。作为变更的直接受益方，乙方工程师在工地上就可通过手机随时发起变更申请，这不但保证了变更发起的时效性，还解决了项目压单、漏单的问题。

其次，无缝对接成本ERP系统。在线申报后，项目现场的多方确认流程都可以在工程协同平台上完成，之后直接打印工程指令单作为施工依据，系统自动编好单子编号并自动打印工程师签名，从而提高变更申报的效率。同时，数据无缝对接到成本ERP系统中，又保证了动态成本的准确性，如图4-32所示。

图4-32　无缝对接成本ERP系统

2. 完工确认：在线发起，变更成本可知可控

在变更单申请通过后，施工单位就可以开始施工，但在施工完成后，往往因为各种原因不能及时确认完工，从而导致开发商无法获取准确的实际成本信息。同时，线下纸质的完工单容易丢失、被修改，导致在付款结算时失去准确依据，只能按乙方的申报量付款，引发超付、错付等问题。

移动工程协同平台是怎样来解决这个问题的呢？

首先，系统自动提醒完工确认。施工单位在完工后，可随时在手机上发起完工确认。移动工程协同平台设置了自动提醒功能，这也让完工确认发起更及时。

其次，线上存档，避免单据遗失。因为在线操作，所有的完工单都实现了线上存档，施工单位进入移动工程协同软件后台就能直接将完工单打印出来，也能打印出编号、工程量清单、项目审批时间和相关意见，这就避免了纸质完工单易丢失、说不清的情况。

最后，二维码支持验真伪。每张完工确认单上都有一个编码，这些编码是通过系统自动生成的。同时，完工确认单还附有一个专门的二维码，可通过移动工程协同软件内置的"扫一扫"功能一键验真伪，如图4-33所示。

 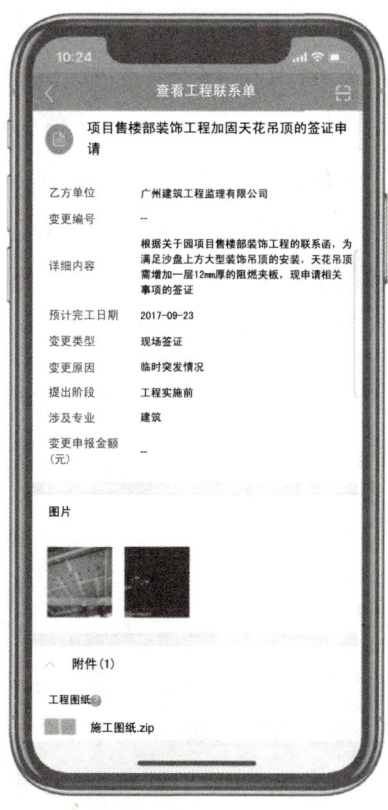

图4-33　业务与数据同步发生

3. 产值申报：乙方发起，线上留痕，进度款超付预警

施工单位每个月要做一次产值申报，以往都是施工单位转给甲方，这无疑要耗费甲方工程师大量的精力；而线下进行常常导致产值申报不及时，无法反映出真实的动态成本；未通过系统进行控制，进度款超付也不能及时掌握。

现在，这个问题被移动工程协同平台解决了。

首先，乙方在线申报，大大节省了甲方的人力成本。现在是由施工单位直接在手机上申报，大大节省了开发商的人力成本。施工单位根据实际情况在线上进行产值申报，可以清楚地查看当前合同的产值审定明细，及时上报，同时上传工程量清单。

其次，根据产值支付比例控制应付进度款。开发商可以直接查看支付条件及支付比例，根据产值支付比例来控制应付进度款。

最后，项目现场审批+超付提醒。所有的产值申报都能做到项目现场审批，现场工程师参与产值确认，有效避免了超付情况；而移动工程协同平台还能根据企业各自的不同需求，设置超付提醒功能，进行严格把关，如图4-34所示。

4. 发票管理：请款与发票结合，释放财务生产力

每一次请款与验票财务人员都像赶赴战场一般。一到付款节点，财务人员往往要打两天的电话，通知上百家供应商开票，在收到发票后还需要验明发票真伪，再手工录入，令人心力交瘁。

移动工程协同平台给出了全新的解决方案。

首先，自动推送开票通知。到付款节点，移动工程协同平台会自动给供应商推送一条开票通知，如此一来可以直接节省大量的沟通成本。

其次，手机验票功能。手机直接快速验票签收，方便快捷；拒绝阴阳发票、假发票，实现了票款协同。

第四章 数字化大运营如何助力房企经营提效 | 173

图 4-34 产值申报线上留痕

5. 合同结算：合同+变更管理，三方参与，提高结算效率

因为传统ERP系统方式的结算是线下纸质模式，项目现场的签证单、付款单、工程量清单以及现场图纸、照片全是纸质单据，所以很多单据要反复被核实、确认，效率非常低，导致结算周期很长。

移动工程协同平台现在就解决了这个问题。

首先，合同+变更全管控，结算更顺畅。移动工程协同平台与内部成本ERP系统无缝对接，不需要纸质文件，也无须线上各走一遍。乙方上传资料，线上确认，结算更顺畅。

其次，三方都能参与结算，提高结算效率。移动工程协同平台让施工单位、监理方、第三方咨询公司等外部角色都能参与进来,并且将结算过程信息呈现给大家。结算在哪个环节受阻了,以及需要哪个角色发力,都一清二楚。

最后,结算审批流程提前内置。根据企业内部梳理的流程,将结算审批流程固化到移动工程协同的流程里面去,规范甲方的审批,让流程审批更顺畅,如图4-35所示。

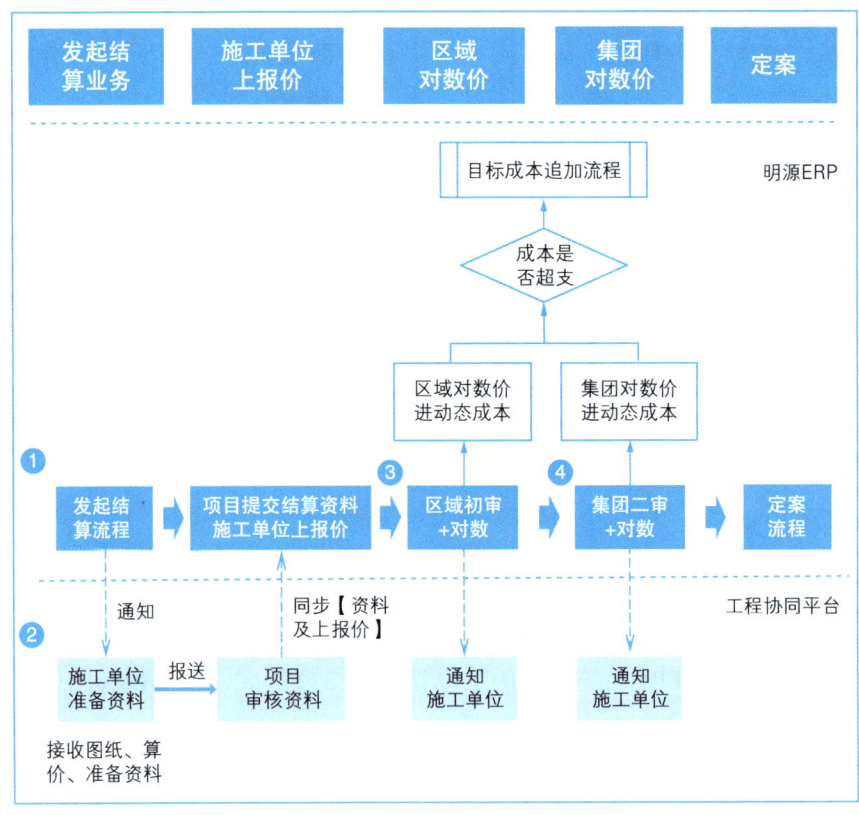

注:集团对数前,仍可进行预算审批、协议补充、变更与签证及预估变更登记。

图4-35 新模式下的结算业务管理流程

6. 掌上合同,囊括合同的前世今生

在合同管理方面,销售经理不需要再打开电脑或者翻阅合同原件,

直接在手机App上就能查阅合同、付款、产值、发票等合同执行的全生命周期内容，方便快捷，过程沟通更高效，如图4-36所示。

图4-36　掌上合同过程沟通更高效

随着明源移动工程协同平台的发布，一批重视成本管控的房企开始陆续上线该平台，以更好地管理合同过程。碧桂园、雅居乐等一线标杆房企已经在全国甚至海外进行了上线推广。

综上所述，基于"在线"的思路，移动工程协同平台重构了企业成本管控模式，推动成本管理迈向3.0时代。

二、移动质检：数字化驱动工程管理防风险、升品质

2019年年初，各大房企陆续发声，"变革、品质、稳健、提升"正在成为房企2019年新目标的关键词。例如，万科提出"基于客户，打造客户愿意买单的好产品、好服务；基于安全，守住安全、质量与价值观底线"，阳光城提出"2019年是阳光城品质提升年，做到更大更强，必须稳扎稳打"。诸如此类的口号绝非空喊，这背后代表着一众房企战略风向

的变化——从热衷于"高周转"逐步转向"有质量的增长"。

随着"80后""90后"逐渐成为购房主体,购房者对品质正变得更加敏感,"精装修时代"的到来更是对房企自身能力提出了新的要求。进入行业新周期,一个项目、一座楼、一间房的质量问题,影响的不仅是企业的品牌形象,还有房企现金流的健康程度,最终可能造成更大的资金风险,甚至使企业面临运转失控的局面。

对于房企而言,建立全面系统的质量风控管理机制并使用信息化工具将其落地,迫在眉睫。其中,风险管控无标准、过程管理缺抓手、内外协同效率低和风险防范不系统,是房企当前在风险管控方面面临的四大核心痛点。明源云的"防风险"整体解决方案正是基于"标准先行、过程量化、内外协同、防治并举"的管理思想,通过信息化手段帮助房企解决风控难题,助力房企实现优质增长、提升产品力与服务力。

1. 房企风险管控面临的四大核心痛点

向市场提供好的产品和服务是每一家房企的重要诉求,虽然很多房企做出了努力,但结果却往往达不到预期。究其原因,要想提升风险管控能力,房企首先要解决以下四大核心痛点。

(1)风险管控无标准,标准执行难落地

对内而言,标准的建设不完善。很多房企在规模不大时,忽视了标准建设的重要性,在项目风险管控上完全依赖总包做质量和安全管理,积累了很高的管理风险。随着企业管理半径不断扩大,业务架构日趋复杂,标准化建设缺失所带来的问题逐步显性化。

对外而言,标准的传递无保障。甲方容易忽视对施工单位的质量标准传递,而施工单位也不了解甲方的标准,因此标准执行在前端就容易出现偏差。

(2)过程管理缺抓手,小问题积累成大风险

很多房企对于工程项目质量都有具体考核指标,比如某企业的项目

KPI（关键绩效指标）为工程客户满意度和户均缺陷数等。但这些考核指标主要指向事后质量的定性评价，很难使问题在过程中得到发现，更别说得到解决。即使问题被发现，也为时过晚。

同时，管理人员在目标实现过程中缺乏有效的管理手段，容易顾此失彼、松紧无度。管理者在过程中经常面对以下问题：在防水施工阶段，有多少道工序符合企业标准？监理对工序的验收通过率如何？项目当前风险管控的重点到底是哪个分部、分项或是哪家分包单位？管理者在项目过程监控时只能做静态分析，无法实现动态监控，因而导致其只能在不同的时间节点不断收集项目管理信息，以此来大致了解管理状况。在这种情况下，一些被忽视的"小问题"不断累积，最终可能形成大的风险。

（3）内外协同效率低，信息流转不透明、不及时

在风险管控过程中，由于职能目标驱使，企业内部各部门都以完成各自的专业目标为核心任务，所以各部门在遇到问题时就容易出现"各扫门前雪"的情况。单个部门对其他部门的工作配合积极性低，各专业线之间协作难，部门壁垒高筑，加上会议沟通效率不高，文件下达的诸多资料缺少反馈，最后问题只能不了了之。

房企与外部承建商的协同也面临着同样的问题。在总部或区域工程部巡检完成后，项目部对检查人员提出的问题是否按时、按要求整改完成往往难以跟踪。这就导致总部或区域工程部发现了问题，但因缺乏抓手，没有形成跟踪闭环，继而引发质量问题。

（4）风险防范不系统：项目经验缺乏总结，风险事件频发

部分房企在项目交付后忽视了客户投诉的问题，只关注整改工作，"头痛医头、脚痛医脚"。然而，这种缺乏系统性分析的做法使项目部未能抓到问题出现的根源，从而导致问题反复发生。例如，某房地产公司项目一期在交付后，发生了因外窗渗漏引起群诉的情况；在项目一期整改后，此类问题在项目二期又重复出现，这就是因未系统总结经验

而导致的。

2. 明源云"防风险"整体解决方案

针对上述四大核心痛点，明源云推出全新的"防风险"整体解决方案，如图4-37所示。

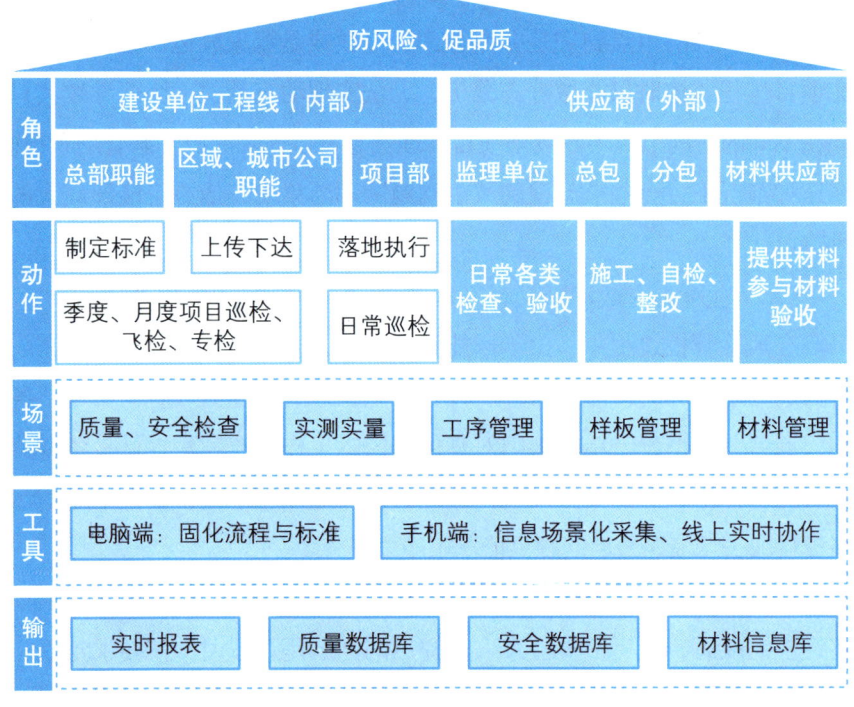

图4-37 项目防风险解决方案数字化蓝图

方案以"标准先行、过程量化、内外协同、防治并举"为价值主张，其核心思路可以从以下几个层面来理解。

- 平台协同：打造内部的总部、区域、项目的三级协同平台和外部的承建商、材料供应商、监理之间的内外协同平台。
- 质量在线：在工程在建阶段实现质量前控、质量过程管控、进度管控、安全管控，竣工验收五大核心业务场景在线。
- 沉淀标准：通过五大核心业务场景在线，沉淀出企业标准库、工艺做法库、维修缺陷问题库和客户投诉问题库。
- 数据赋能：沉淀数据可用于辅助管理决策，包括供应商评级、项目排名考核、项目风险预警，以及优化企业工艺、工法标准等。
- 标准先行：把管理标准落实到每一个工作场景。

"按标准做事"是做好风险防范的第一步，每家房企都对项目管理设定了不少标准，如在建阶段的施工技术标准、验收阶段的验收标准、客户服务阶段的服务标准，这些标准的数量可能多到数以万计、数以十万计。但通常来讲，房企只关注了标准的建立，却忽略了如何推动标准更好地落地。一些标杆房企目前已经意识到了这个问题，并开始通过培训的方式让管理人员加强标准学习，但这只解决了部分问题，对施工单位和监理方的标准传递问题仍然存在。

明源云根据行业通用标准，结合200多家合作房企的最佳实践，沉淀出了9 000多个核心检查项并附带图文并茂的检查项指引，以辅助房企建立更加完善的检查项标准。通过标准模板，检查项可以快速导入手机端，由此实现了甲方和监理方、施工单位的标准同频，很好地解决了标准传递的问题。

例如，中海宏洋的监理工程师在进行桩基础质量巡检的过程中，可以直接在手机端调出对应的工序做法，快速判断该灌注桩施工是否符合企业要求，保障工艺、工法按标准施工。具体如图4-38所示。

（1）过程量化：过程可追溯，"定量+定性"综合评价

为了尽量减少执行过程中的偏差，过程的监控十分重要。以往，对过程执行情况的评价主要依靠查阅过往的隐蔽验收资料、施工组织设计和专项方案等资料文档。这种模式存在两个问题：其一，资料容易造假；其二，只能做定性分析。这意味着评价结论都是"合格"的两个产品存

在的风险隐患可能有天壤之别,而建筑工程又具有"一次性"的特点,很难用破坏性的方式来检查,因此纠偏难上加难。

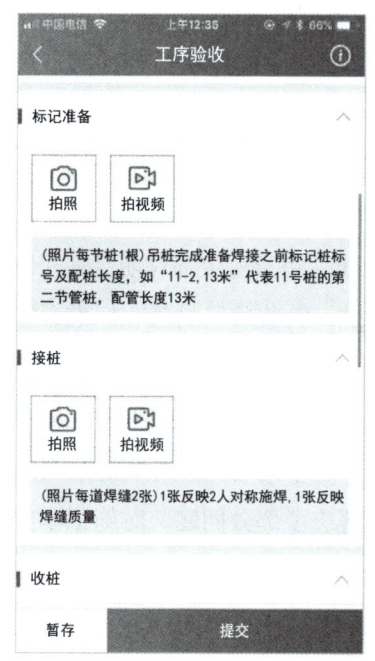 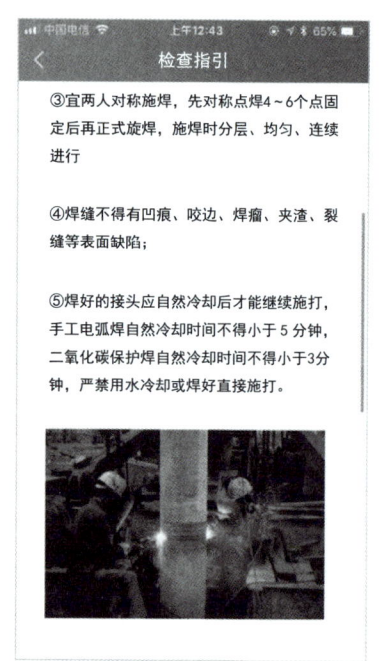

图4-38 项目工序验收及检查指引

部分房企目前开始采用集团巡检的手段去加强过程监管,但这仍然属于事后检查。明源云通过梳理业务流程发现,要抓好过程执行和监控就要做好以下两个关键动作:首先,做到过程可追溯,快速掌握过程中的人员、方法、材料和周边环境等信息;其次,做到"定量+定性"综合评判,将风险隐患用数据的方式呈现出来。

以材料管理为例,中海宏洋的项目现场通过明源云"移动质检"实现材料进场、送检留痕以及责任人明确和材料管理全过程可追溯(见图4-39),这使得甲方工程师最担心的材料假冒伪劣、偷工减料等问题迎刃而解。

在工序管理方面,信息化工具可实现工序过程可追溯,从而达成对

第四章 数字化大运营如何助力房企经营提效 | 181

风险的定性和定量判断。例如，在过去项目出现质量事故，房企只能通过查验隐蔽验收资料、监理日志等来推测质量事故产生的原因。而"移动质检"能够基于工序验收通过率等指标直观呈现施工过程中的项目质量状况，使企业能够快速了解质量问题产生的原因，并在风险未发生时提前将问题解决。

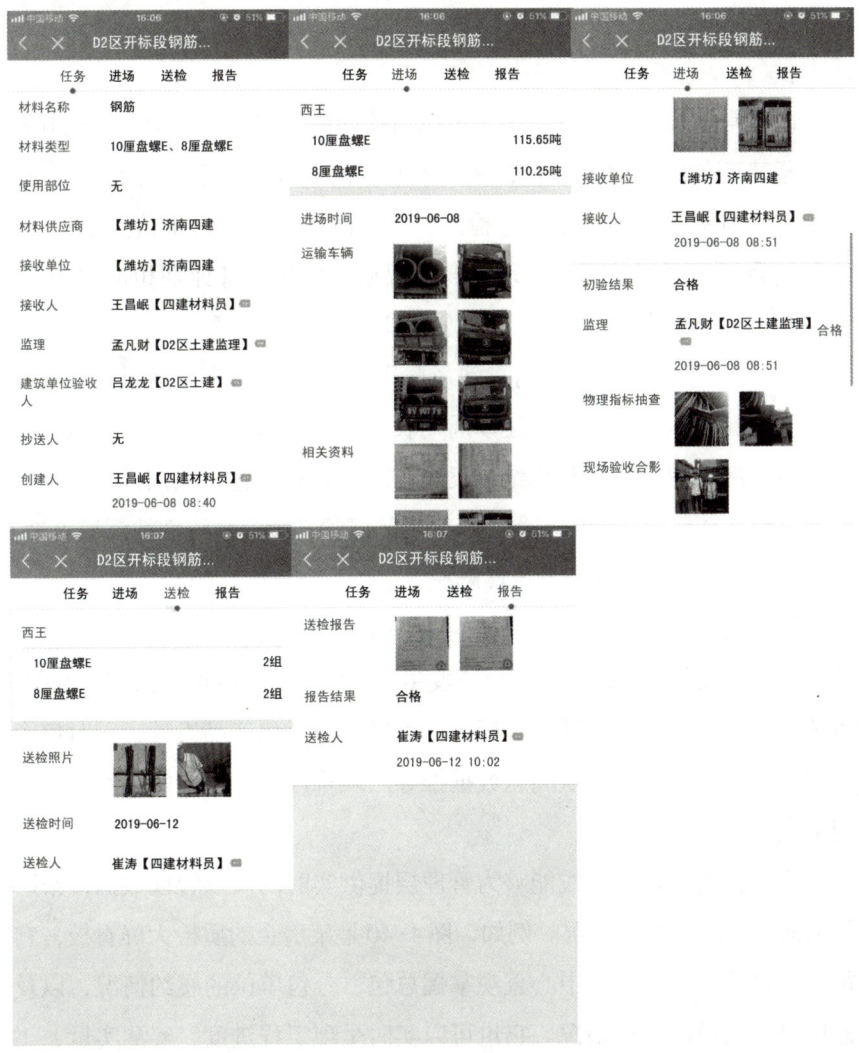

图4-39 项目"移动质检"材料流转线上留痕

（2）内外协同：多方线上协作平台提效降本

项目的风险防范是一个系统性工程，需要各参与方协同发力。此前的协同抓手主要依靠"人治"（如会议交流、文件通知等），很多问题不能及时暴露出来，上游的问题层层累积到下游，最后整改又要投入大量的时间和精力。明源云通过信息化技术构筑"三个在线"——场景在线、用户在线和数据在线，实现任务线上同步处理，提升效率并降低沟通成本。

以日常巡检业务为例，房企可以借助明源云"移动验房"构建开发商和承建商的线上协同平台，减少不必要的会议，实现三方高效协同。比如，项目的工程师在日常巡检时，将整改的质量问题上传到手机端，信息就会同步至承建商端，承建商则根据工作量制订计划和推进整改，这既保障了工序质量，又降低了质量隐患。

（3）防治并举：大数据赋能风险防范，持续促进品质提升

房屋建筑具有体积大、建设周期长、一次性和不可复制等特点，这导致很多房企忽视了经验总结和反思，即便有总结也多靠回忆，信息颗粒度太粗。动辄数亿元的工程，最宝贵的经验却没有系统性地沉淀下来，这就使得问题更难以得到系统性解决。

明源云借助场景在线所沉淀的业务数据深挖问题产生的根源，能够帮助房企有效避免同样的问题反复发生。这些数据可以用于供方的选型，避免"害群之马"下次低价中标，也可以用于优化产品设计，同时房企也能通过系统沉淀的质量问题数据推导出现阶段和下阶段的工程质量管理重点。

明源云借助场景在线能够为管理层提供实时的质量管理数据，帮助其全面洞察项目质量情况。例如，图4-40是某房企的质检大屏看板，它帮助项目总、工程管理中心直观掌握总包、分包单位的履约情况，以及监理单位人员的工作情况。它也可以实时呈现工程进度、实测实量、工序移交和材料验收等关键信息，为项目总的工作统筹安排提供助力。

第四章 数字化大运营如何助力房企经营提效 | 183

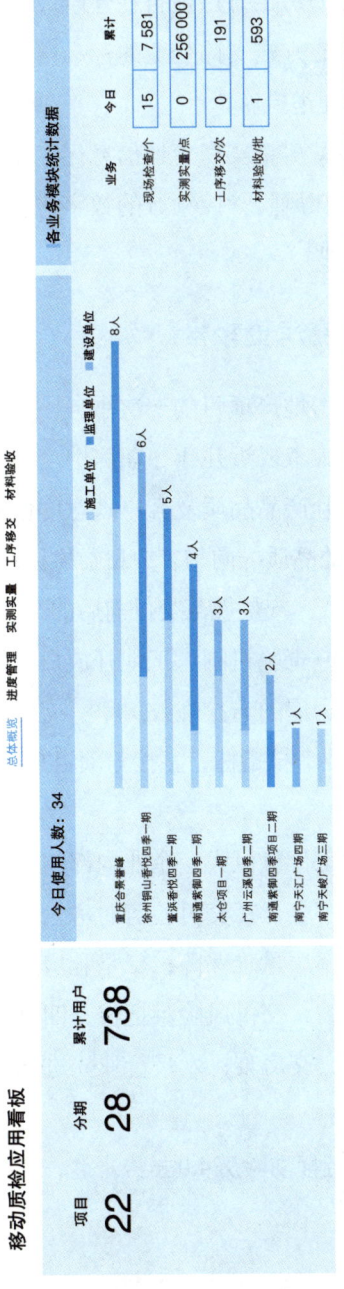
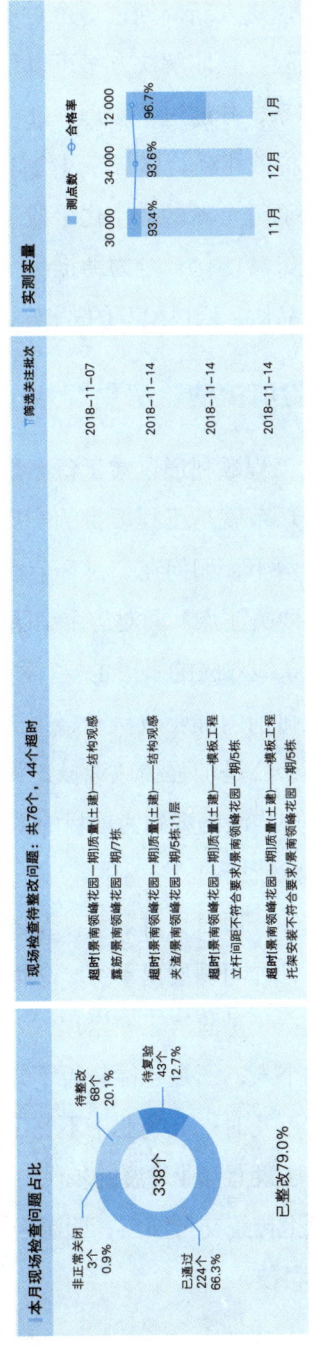

图 4-40 移动质检应用看板

行业发展进入新周期，房企对项目风险的防范要求越来越高。明源云的"防风险"整体解决方案可以帮助房企打造项目在建阶段的风险精细化防范体系，并通过"管理+IT"的方式支撑企业的标准落地、执行监控、协同提效和经验总结等风险管理举措。

明源云通过全新的数字化手段帮助房企实现管理信息化、业务场景在线化、决策智能化，全力助推房企在风险管控领域的数字化转型，保障房企"高品质、低风险"的战略落地。

三、移动验房：使验房更智慧、交房更轻松

如果说工程顺利通过竣工备案是房地产项目的一次小考，房屋交付给业主这个环节就是工程项目的一次大考。近几年，在房地产回归居住属性的大趋势下，如何在交付环节提升产品品质及客户满意度已成为众多房企的重要关注点。面对房企集团的品质导向与客户日益挑剔的需求，工程与客服条线对应的举措主要有两个：一是规范交付前后的管理行为，比如建立交付前内部验收机制、第三方查验机制、工地开放日、维修标准化制度等；二是加强绩效考核，将房屋的一次性收房率、交付期的客户满意度、户均缺陷数列为项目的重要考核指标，直接与项目总或工程、客服条线的业绩挂钩。

众所周知，项目交付环节涉及的工作量巨大，企业内部与客户协同环节繁多，各种问题层出不穷。总而言之，在交付验房时房企往往会遇到以下难点：一是验房工序繁琐，效率质量难保障；二是验房检查无标准，检查靠个人；三是超标与否不知情，交付风险难把控；四是验房重点缺陷暴露不及时；五是业主不签字，交房难；六是行业先进标准学习不及时，无法跟上行业发展的步伐。

基于以上传统交付痛点，明源云链移动验房4.0强势来袭，再次引领工程管理黑科技。

1. 验房工序烦琐，效率质量难保证

传统的验房工作大致有五大工序：专项检查、模拟验房、工地开放、正式交付和专项验收。每道检查工序中发现的工程质量问题大多会在线下进行纸质记录后再统一录入电子表格，不仅工作效率低，而且录入质量难保证。

移动验房4.0贯穿五大业务场景，全流程智能验房，建立线上完整闭环，从而实现查验效率成倍提升和交付质量快速提升，如图4-41所示。例如，在录入和派单环节，通过互联网改造省去了人工二次录入环节：验房工程师直接在手机上完成录入工作，将录入内容上传到电脑后再导出来，而呈现出的整改问题清单会按照固定格式导出，并且在后台自动完成数据统计分析。需整改的部位和相应的承建商在系统后台自动绑定，当清单导出时，系统将线上自动派单给相应的承建商。由此，移动验房在大大降低整改时限的同时，处处留痕，避免推诿扯皮。

图4-41　移动验房4.0贯穿五大业务场景

2. 验房检查，标准难统一

制定验房标准是验房工作开始前重要的一环，验房标准的制定及标准的执行情况关乎日后验房工作的顺利开展。在以前传统的验房工作中，

验房标准难统一，检查全靠验房工程师个人进行质量管控，这使得问题记录得五花八门，检查结果难以统计。

移动验房4.0在系统初始化阶段，根据企业项目历史数据沉淀，结合行业经验梳理出统一验房标准，科学实用。验房工程师在验房时按照检查清单逐项检查就能保证不遗漏，且能点选式登记问题，登记一个问题仅需3秒。例如，在验房、填单环节，与过往的手工记录和问题描述的多样化不同，现在手机App验楼将验房程序标准化、问题设置精细化、问题描述标准化，所有检查项和相应的问题描述都已经内置好，验房工程师在验房时只需要选择即可，还可以拍照标识问题，再把照片上传到系统，以便提高施工方整改的准确性和效率。

同时，在系统应用的过程中，移动验房4.0每周还会推送优化建议，持续完善验房标准。

3. 超标不知情，交付风险难把控

在传统的验房工作中，质量管控存在滞后性。在交付查验过程中，房企若想要知道哪类问题最突出，就可能需要把数据录入后台再进行统计分析，结果花去了大量时间，等到管理层看到这些数据时已经快要到交付阶段了，即使要进行专项检查也已经来不及。与此同时，对项目交付过程中所有数据的统计分析都得在项目交付后花上几天甚至一周的时间才能进行数据统计，然后输出报表分析，不但时效性低，而且管理层很难及时了解相关的交付情况并做出相应调整。由此导致对同质问题超标情况难把控，改进提升无门，交付风险大大增加。

移动验房4.0通过对数据的实时统计分析，对质量问题及时预警，提前制订专项计划。一方面，进行指标动态监测，在查验过程中一旦发现这个项目的某个检查项或者某一类问题的某个指标超过了企业的平均水平，系统就会及时进行超标预警。另一方面，进行定向风险预控，同质问题超标将会收到预警，预警以后相关的负责人会收到对应的邮件通知，

然后他就可以根据质量超标的情况来决定是否要创建专项，即安排专人专项检查，然后安排承建商专项整改，彻底解决问题，降低交付风险。

此外，移动验房4.0在正式交付阶段可以做到交付当天生成报告，帮管理层直观预控风险。例如，前端工作人员还在陪同业主验房交房，系统后台就已经自动搜集数据并生成了当日的交付报告。如此一来，客服部门在当天交付完成后便可向上汇报当日的交付情况，包括一次性交付率、户均问题条数、排名前三的拒收原因、客户线上评价结果等。这些数据能进一步帮助管理层了解一线项目的交付完成情况，让他们预见后期的风险点，就此调整交付策略。

同时，移动验房系统还支持大屏报表呈现，通过DMP大屏实时展现项目交付情况，管理层掌握一手交付动态，绩效一目了然，用数据赋能前端。

4. 验房重点不同，缺陷暴露不及时

在传统的验房工作中，验房工程师在房屋的承接查验阶段通常是通过检查清单对房屋进行一项项查验的，每个验房工程师的经验都各有不同，所以验房侧重点也有所不同，并且对于出现的问题大多以纸质记录，预警也具有延时性，等到问题爆发时，可能为时已晚。以精装房为例，每人每天至少要查验超过20套房，每个房间的检查项少则几百条，多则上千条。在这么大的工作量下，验房工程师很容易眉毛胡子一把抓，也经常会出现漏项的情况。

移动验房4.0结合开发商、承建商以及行业历史经验，采用智能化缺陷分析模型——智能推荐检查重点，精准预测项目检查重点，实现未卜先知。

具体而言，验房工程师在登录移动验房App后，系统后台将直接给他推送"推荐检查重点项"。这个推荐检查重点项一是来自承建商沉淀的历史项目数据，二是来自企业的历史项目数据。在房企通过移动验房对

项目进行查验和正式交付时，系统后台会沉淀大量的缺陷数据，而明源移动验房4.0会通过先进的大数据算法，加上多维度的交叉分析，得出一个项目的推荐检查重点项。如此一来，即使是之前没有进行过承接查验的工程师，也可以在最短时间内知道应该重点去检查哪些部位，在承接查验环节的工作时就会更高效，不但全面也更有针对性。

5. 业主不签字，交房难

在传统交房的过程中经常出现业主拒绝签字收房的情况，这对整个项目来说都是不易解决的大难题。这一方面是因为以前验房都是业主自己看，工程师拿着一个本子在后面手工记录，在这种模式下，业主往往会疑虑或担心：所有问题都写上去了吗？描述得是否清晰？维修人员能找到问题点吗？是否会按照每个问题点进行整改？业主看着字迹潦草的问题清单往往容易拒收。另一方面则是因为房屋本身存在一定的质量问题，没有被提前查验。

移动验房4.0从收楼邀约、入场接待、流程办理、陪验再到送客各个环节全面实现移动互联网化，实现了交付全程在线；业主可在线预约验房时间，验房过程透明，售楼意见书现场打印，业主可随时查看整改进度。除此之外，移动验房在交付前就通过数字化手段进行房屋问题的自检和整改，双管齐下，能大幅降低客户拒收的风险。

例如，在验房环节，通过内置数百个问题项和拍照标识问题，将验房直观化、便捷化以及问题处理可视化。在验房前，把每套房子的户型图、验房流程、待检查项和可能存在的问题沉淀为一套数据，按照既定的模板录入明源移动验房App；在验房过程中，业主打开该App选择自己的房号，就可以看到一套自己家的户型图。假如选择验客厅区域，业主点击"部位"就能看到10多个检查项；假如入户门有问题，业主点入"描述"就可以发现这个部位存在11个问题，这时只要找到相对应的描述项并选择就可以了。同时，验房工程师还将对验房中发现的问题拍照，并把问题点圈起来做标注，再上传至App。如此一来，验房工程师不但发现了问题，还拍照标记了下来，更能让业主放心和满意。

在签收环节，当场打印问题清单。移动验房4.0将传统的纸质版《收楼意见书》改为电子版，验房工程师中间不用再重新录入，直接到管理处把手机里的问题清单导出来打印即可。清单上所有问题都被记录得清清楚楚，业主可以确认后再签字，这大大提升了业主的收房体验，降低了业主拒收的风险。

对内，移动验房4.0通过数字赋能使企业能够实时沉淀数据和优化自身产品。在每个项目结束后，房企都可以通过项目沉淀的常见质量问题和超标问题等来做总结，然后在下一个阶段针对这些质量问题进行风险预控和规避。对外，移动验房4.0能够大量整合外部数据，及时提炼行业标杆最新的检查标准，并在系统后台定向推送和分享行业先进经验，帮助房企进行行业横向学习对标，使企业快速跟上行业的发展步伐，解决验房主要依赖于验房工程师的经验积累这一大痛点。

当前，行业竞争也正从销售案场转移至交付现场，交付验房的数字化也是大势所趋。房企应积极结合当下科技创新，将交房各个环节移动互联网化，实现交付全程在线，从而使业主的收房体验更满意、更轻松、更放心。而明源云链移动验房4.0通过缺陷数据智能分析，全面预控交付风险，使验房更智慧，交房更轻松。

第五节
标杆房企数字化运营实战案例

随着房企规模的快速扩张，跨区域项目越来越多，动辄全国几百个项目同时开发运营，因此房企对数字化运营管控的要求空前迫切，要求也更高。当前,标杆房企都已经在向数学化转型,并且已经有不少标杆房企在数字化运营上取得了不错的成效。以下我们就以Z企、R企为例对房地产业数字化运营的最佳实践进行解读。

一、Z企:通过数据治理提升运营效率

Z企在冲刺千亿房企的进程中非常清晰地认识到了数据的重要意义:数据好比仪表盘,让企业实时掌握经营动态;数据也好比导航仪,让企业把握未来路径和趋势。通过运用明源信息化系统,Z企在数据治理方面成效显著。

明源云主要基于房地产开发业务价值链梳理数据架构、数据模型和数据关系,从全面梳理(盘)、制定标准(通)、钩稽强控易用(用)、业务可视(策)四个层面展开数据治理的整体实施,如图4-42所示。

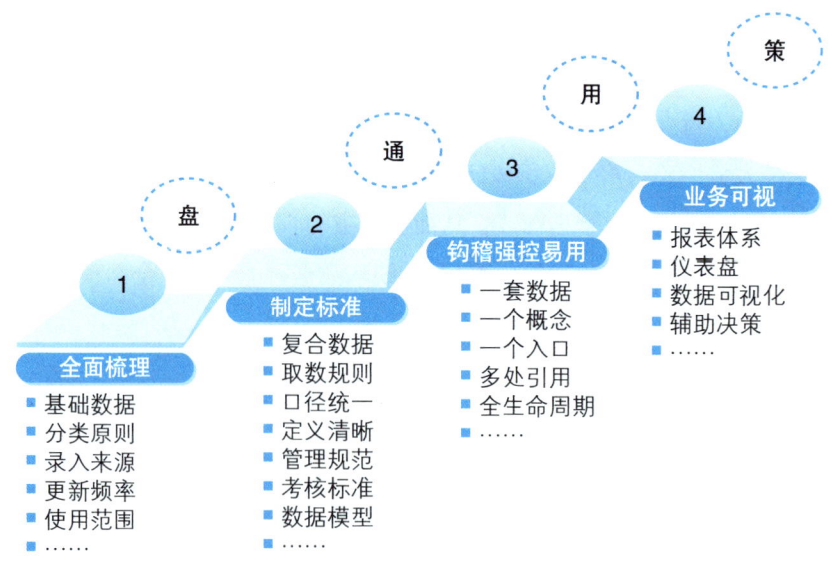

图4-42 数据治理整体实施阶段

1. 盘:全面梳理

明源地产研究院通过对Z企高管层及总部职能、区域总部、城市公

司等主要业务部门的密集式调研，基于六大数据巡检模型（包括项目主数据、货值管理数据、销售管理数据、节点管理数据、回款管理数据和成本管理数据的巡检），结合行业经验，从基本资料、权责矩阵和数据消费三大维度对Z企的项目主数据进行全面巡查，明确当前项目主数据的应用现状及问题所在，了解主数据质量并锁定各数据问题。巡查结果显示，Z企在项目主数据的应用上主要存在以下几个问题。

首先，在管理规范方面：一是业务标准待完善，项目管控范围（联合操盘）、分期的划分及命名规范、产品类型的分类标准及楼栋的划分标准需进一步完善和明确；二是权责划分有待明确，对于每一个主数据指标的生产部门、维护节点、录入部门、审核部门和消费部门需要逐一明确，同时明确各个指标字段的权责划分；三是指标库待清洗，现有项目主数据平台中的字段还包括无效字段，关键指标不完整，指标字段的定义、计算公式和字段类型等还有待明确。

其次，在系统支撑方面有三个方面待强化：一是联动逻辑，针对主数据内部字段间的联动逻辑及业务系统间的逻辑，落地到字段层级逐一兑现；二是系统强控，将梳理后的数据标准直接固化在项目主数据平台中，达成数据的校验、提醒、预警及强控效果；三是历史数据，针对系统目前存在的项目分期等历史数据进行全面清洗，清除管控范围外的项目，补录新纳入项目的数据。

最后，在考核机制方面：一是维护人员能力欠缺，各城市公司运营专员对管理规范及系统的熟悉程度参差不齐；二是巡检规则待完善，项目主数据巡检范围仅聚焦在核心节点及面积指标，主数据的整体质量没有保障；三是缺乏有效的奖惩制度，对于数据维护质量的好坏缺乏相应的奖惩机制，数据录入人员在数据质量的责任承担上缺乏约束力。

2. 通：制定标准

根据Z企数据治理的痛点和诉求，明源地产研究院通过主数据管理及重构ERP系统，打通主数据与生产、销售环节各模块间的脉络，设计灵活的项目主数据管理业务功能及基础定义模块，满足各业务系统对接机制，支撑管理决策。基于新一代技术构建的ERP系统的应用，围绕货值、成本、销售和回款等决策指标快速迭代，为辅助决策提供数据支撑，如图4-43所示。

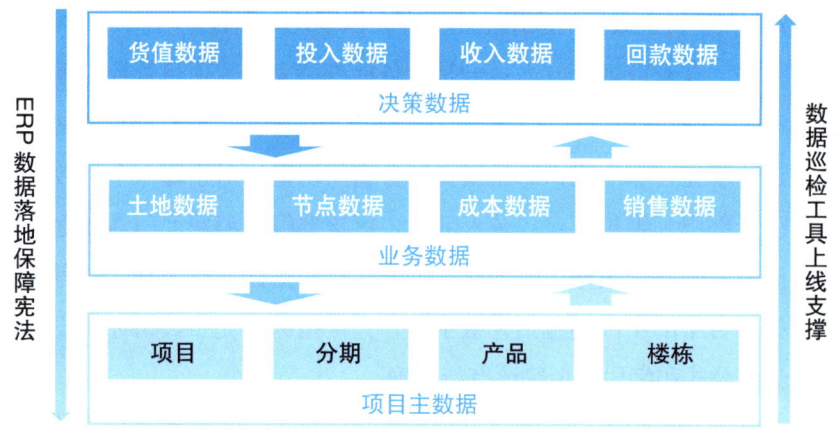

图4-43 数据流程保障图

接下来，我们来看看Z企具体是如何制定数据标准以支撑高层决策的。对于每一项决策数据，首先明确数据统计口径和计算标准，为该项数据治理明确方向，其次是梳理该项数据存在的核心质量问题，最后再为该项数据治理提供建议。

第一，货值、关键节点数据的分析，其关键在于明确土地储备、工程进度的节点及数据的统计口径和计算标准（见图4-44）。针对该类数据的核心质量问题，Z企主要从两个方面展开数据治理：一是在管理制度上，基于最新三级管控要求调整计划编制模板，剔除四、五级节点计划，减少一线计划维护工作量，统一计划管理维度到标段计划，明确历史项目计划刷新规则；二是在系统落地上，将节点信息入口统一为计划系统，项目户口簿统一为不可编辑的使用系统，同时打通计划系统与项目主数据、土地系统、成本系统和销售系统等业务系统的联动关系。

货值、关键节点 (工程进度、建设规模、关键节点达成率)							
土地储备	开工未达预售	达预售未售	取证未售	未竣工已售	已竣工未售	已竣工已售	
节点： 土地出让日期（目标、预计、实际） 价格： 预估产品单价 面积： 产品配比面积	节点： 开工日期（目标、预计、实际） 价格： 产品KPI单价 面积： 楼栋可售面积	节点： 达预售条件日期（目标、预计、实际） 价格： 产品KPI单价 面积： 楼栋可售面积	节点： 取预售许可证日期（目标、预计、实际） 价格： 产品KPI单价 面积： 楼栋取证面积	节点： 合同签约日期（目标、预计、实际） 价格： 合同签约金额 面积： 合同签约面积	节点： 竣工日期（目标、预计、实际） 价格： 产品KPI单价 面积： 楼栋取证面积	节点： 合同签约日期（目标、预计、实际） 价格： 合同签约金额 面积： 合同签约面积	

图 4-44　货值管理的数据和时间要求

第二，项目总投入数据的分析，同样首先梳理和明确各项数据指标的统计口径和计算标准（见图4-45），如土地费用、建安成本、三项费用等核心指标。针对该类数据的核心质量问题，Z企通过四项数据治理措施加以解决：一是建立颁布明确的管控机制要求建安成本（2~6项）之外的其他成本大类应定期补录至ERP系统；二是组织总部—城市公司讨论会，会上对于城市公司面临的实施业务与管理要求存在差异的问题进行研讨评审，最终达成共识，明确给出城市公司最终的业务规范要求；三是完善成本管理模块的各类预警和提醒规则，添加超底线成本预警和强控并推送至成本管控人员；四是针对总部明确禁止签订单价合同的要求，系统需要直接取消中间科目管理模块，强控单价合同的发生。

第三，项目总收入数据的分析，梳理和明确各项数据指标的统计口径和计算标准（见图4-46），如项目认购情况、签约情况、销售KPI达成率。对于该类数据存在的核心质量问题，Z企主要从两个方面展开治理。一方面，组织总部—城市公司讨论会，对于城市公司面临的实施业务与管理要求存在差异的问题进行研讨评审，最终达成共识，明确给出城市公司最终的业务规范要求。主要包含两种情况：一是认购管理，解决在大量认购、换房变更情况下无法及时完成当天录入的情况；二是签约管理，这主要是针对大量签约、网签当天做更名变更、换房变更、首期款未足额支付以及延后或提前转签约的情况。另一方面，系统完善销售KPI管理功能，实现销售KPI达成率的线上统计，达到考核效果。

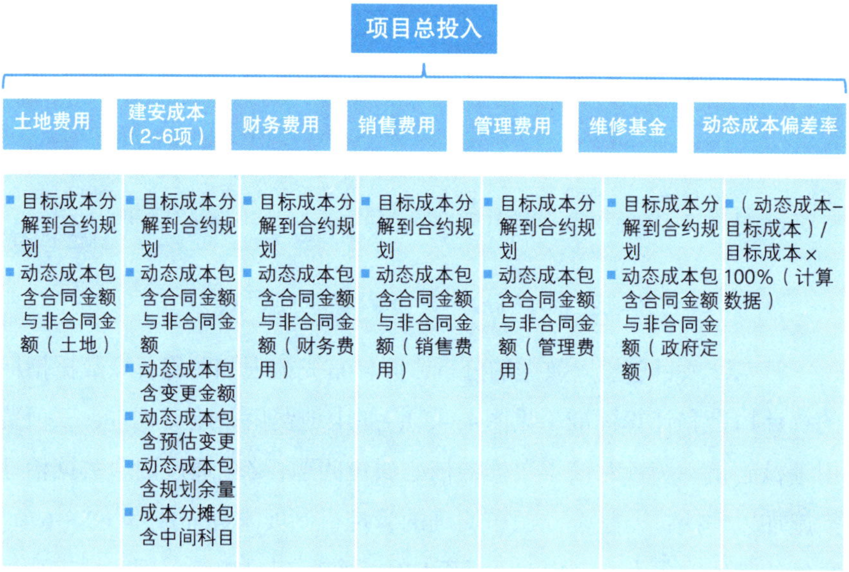

```
                              项目总投入
┌──────┬──────┬──────┬──────┬──────┬──────┬──────────┐
│土地费用│建安成本│财务费用│销售费用│管理费用│维修基金│动态成本偏差率│
│      │(2~6项)│      │      │      │      │          │
```

土地费用	建安成本(2~6项)	财务费用	销售费用	管理费用	维修基金	动态成本偏差率
■目标成本分解到合约规划 ■动态成本包含合同金额与非合同金额（土地）	■目标成本分解到合约规划 ■动态成本包含合同金额与非合同金额 ■动态成本包含变更金额 ■动态成本包含预估变更 ■动态成本包含规划余量 ■成本分摊包含中间科目	■目标成本分解到合约规划 ■动态成本包含合同金额与非合同金额（财务费用）	■目标成本分解到合约规划 ■动态成本包含合同金额与非合同金额（销售费用）	■目标成本分解到合约规划 ■动态成本包含合同金额与非合同金额（管理费用）	■目标成本分解到合约规划 ■动态成本包含合同金额与非合同金额（政府定额）	（动态成本-目标成本）/目标成本×100%（计算数据）

图4-45 项目总投入构成

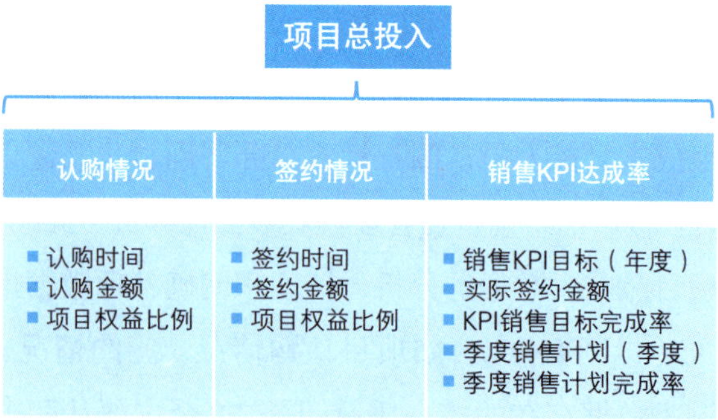

认购情况	签约情况	销售KPI达成率
■认购时间 ■认购金额 ■项目权益比例	■签约时间 ■签约金额 ■项目权益比例	■销售KPI目标（年度） ■实际签约金额 ■KPI销售目标完成率 ■季度销售计划（季度） ■季度销售计划完成率

图4-46 项目总收入数据治理

第四，项目回款数据的分析，梳理和明确各项数据指标的统计口径和计算标准（见图4-47），如当期回款金额、已签约未回款金额、当前实际签约额等。对于该类数据存在的核心质量问题，Z企主要从以下四个方面展开治理：其一，针对历史项目数据不准确的情况，建议明确牵头部门对历史数据进行一轮清洗确认；其二，组织总部—城市公司讨论会，会上对于城市公司面临的实施业务与管理要求存在差异的问题进行研讨评审，最终达成共识，明确给出城市公司最终的业务规范要求，主要包含历史数据清洗规则和回款补录时间设定；其三，基于历史数据处理规则完成历史数据清洗；其四，优化销售系统与财务接口，将ERP系统入账日期调整为不可编辑，同时通过接口实时获取财务系统款项入账日期，保证ERP系统数据的准确性。

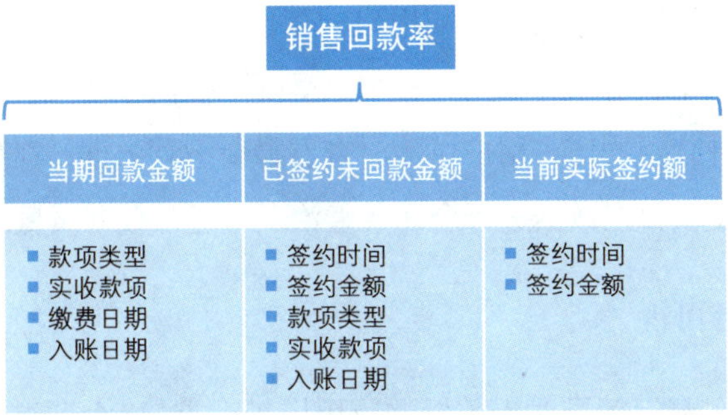

图 4-47 销售回款率数据质量表

以上就是通过数据治理实现对高层决策数据支撑的详细方法。此外，数据治理的顺利开展还需要相应的组织和制度保障。在组织保障上，Z企在完善数据治理后明确了信息系统主责各级管理部门的职责并赋予相应权利。在制度保障上，Z企完善了《信息系统保障规范制度》，其中明确了"系统应用规范、数据标准规范、数据巡检规范、考核奖惩规范"四大规范。Z企通过组织和制度保障确保数据治理工作的顺利推进和长效执行。

3. 用：钩稽强控易用

数据治理最终要解决各类用户看数据和用数据的问题，应该从每类用户实际的工作场景出发，分析痛点并提供有效手段。例如，对于老板而言，其诉求是能够实时看到企业的整体运营情况（如货值、成本、销售和回款等数据），以便能及时做出决策和应对市场变化；对于营销总而言，其关注的是指标销售面积、销售业绩、回款情况和目标达成情况等指标，以便对销售整体有一个总览，适时做出营销决策。

但是在实践过程中，房企往往因为依赖传统的一线手工填报等方式，即货值、销售、进度、土地等数据统计都需专人负责，数据统计不及时、不准确，领导直到开会的时候才能看到相关数据，每次运营会议都是一次数据统计的大作战，痛点颇多，而传统的方式无法解决数据应用诉求。Z企采用场景分析法，基于不同用户的工作场景需求，通过数据治理解决其痛点和满足其诉求。例如，在数据呈现上提供移动报表、电脑报表、大屏展示三种查看通道，用户可随时查看最新运营数据；在数据质量上，对业务数据及项目主数据进行全面普查治理，提升数据质量。

4. 策：业务可视

针对不用部门领导对于数据的应用场景诉求，Z企通过结合DMP与移动报表，将不同领导要看的指标直观地呈现出来，实现业务的可视化、移动化，为经营决策提供有效支撑，如图4-48所示。

综合来看，Z企在数据治理的实践中基于现有主数据存在的问题和各部门的数据应用诉求痛点，站在全局对业务主数据进行规划和治理，建立数据标准和规范，提升数据质量，将治理后的数据通过大屏、电脑屏和移动手机端的方式进行呈现以辅助决策，如图4-49所示。

在数据治理的保障手段和实施策略上，Z企采用"721"框架开展数据治理专项工作，即70%的问题通过系统固化管理制度、落实管理思想、增加钩稽关系、降低使用难度和提高易用性等技术手段加以解决，20%的问题通过强化培训、日常巡检及公布排名等管理手段加以解决，10%的问题通过明确奖惩制度、定期通报和狠抓落实等考核奖惩手段加以解决。同时Z企以技术、管理、考核为抓手提升数据质量，如图4-50所示。

第四章 数字化大运营如何助力房企经营提效 | 197

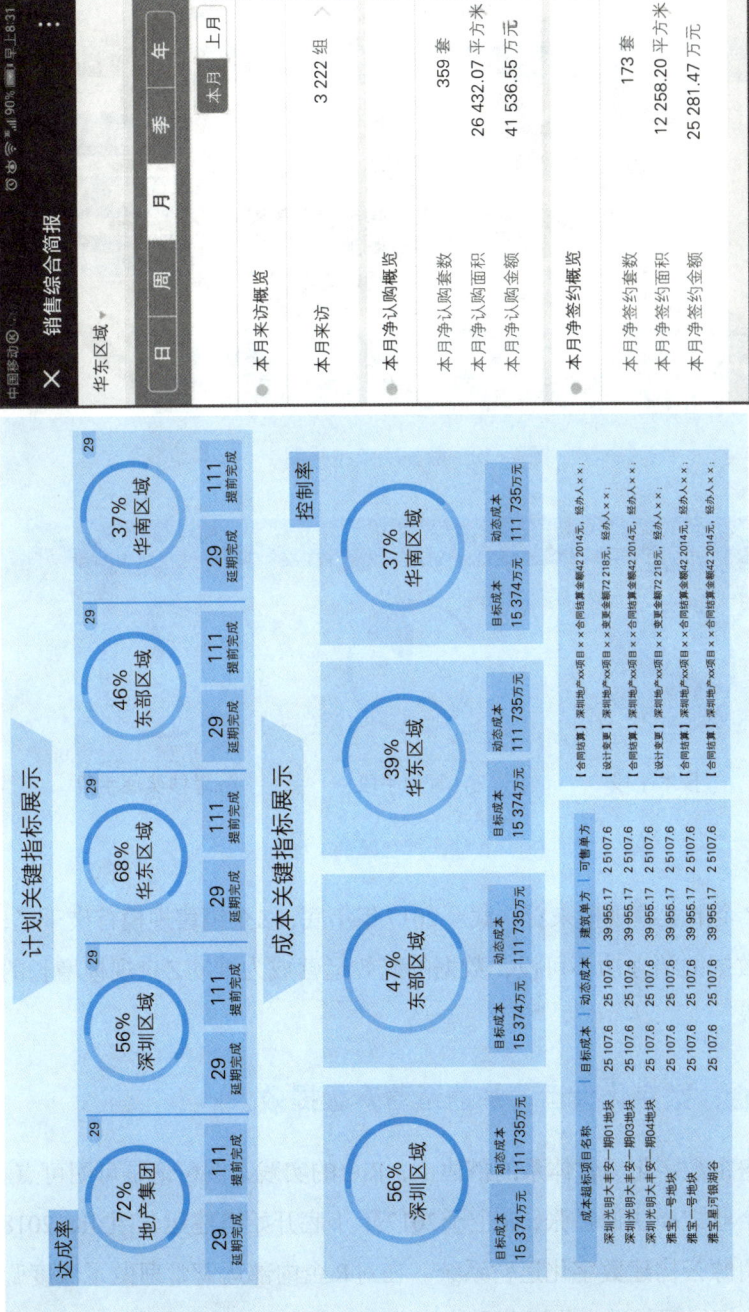

图4-48 计划关键指标展示图

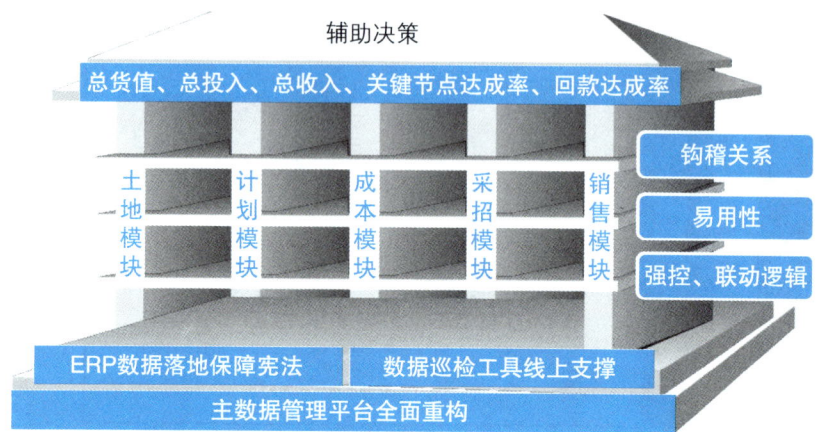

图4-49 数据决策结构图

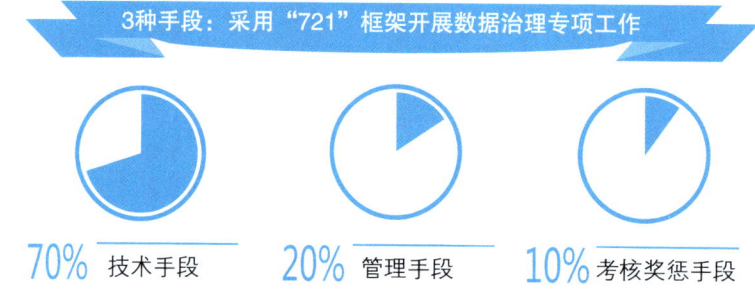

图4-50 数据治理保障的721框架

从Z企的业绩规模来看,截至2017年年底,Z企销售规模首破千亿,而其中数据的治理功不可没,数据的高效运营成为推动Z企规模增长的有力武器。

二、R企:数字化大运营加速运营升级提效

在房企数字化运营体系的搭建上,R企的实践案例可谓是可圈可点。为支撑企业规模快速扩张,R企于2017年年底开始搭建运营组织,2018年引入明源云构建数字化运营系统。在对R企内部运营管理做了深度调研后,我们发现其数字化运营系统的搭建存在以下四个关键挑战。第一,

信息壁垒难破除。在企业内部，不同部门间存在明显的信息壁垒，如项目基础指标定义不一致、决策指标不统一，数据在流转中也存在瓶颈和损耗，直接影响决策效率和效果。第二，项目利润难管控。在项目整体预算下达后，分期预算的执行情况经常缺少监督和预警，易造成动态利润难预知、预算难管控等问题。第三，产销匹配难。对于货值的统计分析，部门间信息不通畅容易造成不同部门统计数据不一致，以及热销区域无货可卖和滞销区域存货积压。第四，经营风险难监控。业务风险的评估和识别往往需要多部门一同整合分析数据，数据的汇总分析耗时耗力，经营风险预警存在滞后性。

总结来看，统一数据标准、固化管控规则、构建流程与预警体系是R企搭建数字化运营体系的关键事项。通过深度分析，R企认为构建有效的数字化运营体系要从主数据、成本、计划、销售、货值及经营看板六大维度入手，以强化运营能力并提升经营效率。

R企在集团层面建立数字化作战室分析经营情况，自动预警经营风险，便于定点赋能，同时为分公司提供经营看板，细化经营指标，确保作战单元能及时发现问题并指挥一线，从而实现以下四个层面的管理优化，如图4-51所示。

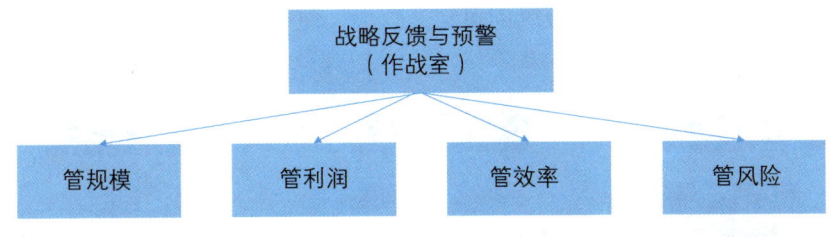

图4-51 数字化作战室实现四个层面的管理优化

- 管规模：确保无积压、不断档，以销定产。加强过程中的动态货值管理、存货结构分析和产销匹配情况分析。
- 管利润：确保收益红线达成。加强过程中的动态成本及动态利润管控，加强同一产品系列下相同产品类型的动态成本对比分析，提升整体成本管理能力，确保投放结构合理，保证项目品质。
- 管效率：提升运营效率。通过计划分级提升纵向协作效率，通过主项计划梳理提升横向协作效率，通过预警机制提升业务效率，通过会议体系提升决策效率。
- 管风险：实现智能风控。对经营指标进行字典化归类，为业务瓶颈监控类指标设定阈值，实现经营指标自动预警；站在经营视角考量信息采集标准和业务控制要求，将阈值植入业务系统，确保事前控制；通过同类数据自动归集发现趋势规律，实现业务风险预警。

具体而言，R企建立的数字化运营体系包含五大核心部分，即经营看板平台、货值系统、计划管理、成本管理和主数据管理平台。以下，我们将逐一介绍。

1. 经营看板平台：确保经营指标口径一致，经营风险自动预警

经营看板平台主要通过三层结构覆盖各层级的核心关注点，满足不同管理颗粒度的需求（见图4-52）。同层看板横向之间可自动轮播，便于查看经营全貌；单看板纵向可穿透查询，便于管理者对重点关注城市或项目做详细分析。

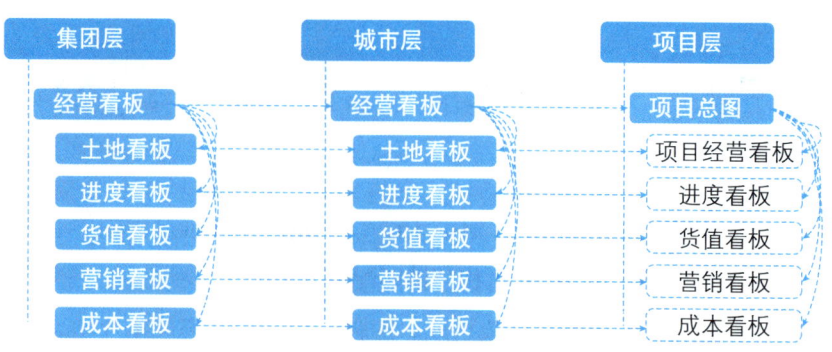

图4-52　经营看板平台三层结构

从具体实践步骤来看，经营看板平台重点有以下三个维度。

（1）建立经营看板框架体系

经营看板的整体层级结构设计既可以为各个管理层提供管理工具，也可以对经营指标进行归类，为未来的指标梳理建立方向性指引。

（2）梳理经营指标字典

第一步，采用整体搜集的方式。资料获取渠道包括企业年报、月度运营会议模板、各部门绩效考核指标和应用报表等。

第二步，通过资料解读抽取各业务领域的基本定义指标和过程管控指标，根据分类归集指标建立两者间的计算关系。例如，将所有未售产品货值和面积定义为未售土储，将年度销售金额和面积归集为年度销售目标，将未售土储（面积）与年度销售目标（面积）的比值定义为土地保障系数。

第三步，通过会议将整理的指标字典与各业务部门同步，讨论确定指标阈值，便于经营风险预警。例如，若土地保障系数阈值为3，则所有系数小于3的分公司都会自动亮灯，这样就可以帮助集团直接识别出重点拿地区域和城市。

（3）通过经营看板大屏可视化、动态呈现

经营大屏从"投、产、供、销、存"等多个维度直观展示企业经营过程中的问题，自动根据阈值预警经营风险，便于集团层面快速决策，提升决策效率和质量。

从效果上来看，经营看板平台极大地提高了数据获取的效率和质量。原来的数据反馈周期以"月"为单位，现在可以做到按天、小时反馈，这样既提高了经营效率，也提升了一线管理者的运营能力。

2. 货值系统：确保产销匹配，无积压、不断档

货值系统主要由四个部分组成，即数据交圈、货值动态盘点、年度供货计划与销售计划动态监控、货值回顾。该系统可以帮助企业快速制订年度供货与销售计划，做到产销匹配，对于不匹配情况及时预警反馈，通过货值回顾连接一线市场人员反馈市场变化，针对库存情况和存货情况快速调整销售策略。如图4-53所示，R企的货值系统主要遵循以下四个步骤来构建。

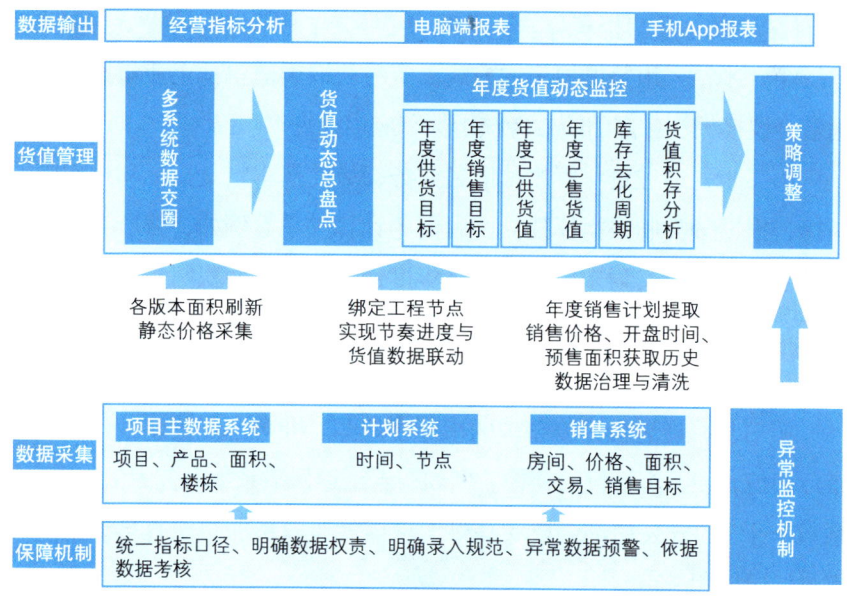

图4-53　货值系统蓝图

（1）建立保障机制

统一货值口径和数据保障机制，对货值的阶段及指标进行梳理，超过180个整体指标满足了各种管理分析的需要。

（2）确定数据采集内容及时间

货值系统不是数据生产系统，而是数据交叉应用系统，因此重在对各系统的数据进行采集。比如，通过主数据系统采集最新的面积信息和静态价格信息，通过计划系统采集各楼栋的节点信息，通过销售系统采集交易平均价格信息。

（3）强调货值管理功能框架，数据交圈、分析赋能

数据交圈解决了货值信息的交汇问题。对于系统上线期遗留的项目

信息不全的问题，房企可以在此模块进行手动维护。同时，业务赋能主要从两个方面入手。

第一，将R企货值分为三类，即目标货值、动态货值和市场版货值。目标货值为项目预算版货值，在项目下达预算时制定；动态货值在项目开发阶段取项目最新的面积信息和价格信息，比如某楼栋已开盘并销售，则取对应的销售均价，确保动态货值准确；市场版货值的核心是支撑月度货值盘点和销售策略的制定，当市场版货值低于动态货值或目标货值时会自动提示，确保销售政策制定合理及收益目标可控。

第二，根据货值情况生成项目供货计划和销售计划，确保产销匹配。楼栋主数据与开发计划绑定自动生成年度供货目标，房企要调整供货目标就要同步调整项目开发计划，以确保计划与货值紧密咬合。同时，房企要根据供货目标制订销售计划，确保产销匹配，确保销售目标的制定有支撑、有依据。

（4）货值过程动态监控

通过动态监控货值过程，集团可实时掌握年度计划的产销匹配和货值业态分布情况，随时查看库存结构是否合理，并通过库龄高低及结构分析针对积压产品及时制定有效的促销政策，减少库存积压，提高项目周转速度和资金回笼速度。

整体来看，货值系统帮助R企科学、准确地制定年度经营目标，将货值盘点周期从原来的"半年""季度"缩短至"天"，提高了货值盘点的效率和质量，同时实现货值预警，为集团运营管理提供了强有力的抓手。

3. 计划管理：保进度红线，提高协作与决策效率

R企的计划管理蓝图如图4-54所示，其核心目标主要有以下四点：第一，建立分级计划管理体系，保障各层管理聚焦，以及"抓大放小"、合理授权；第二，建立预警体系，确保信息及时反馈、过程纠偏；第三，

建立会议体系，提升决策效率并对决议进行有效跟踪；第四，支撑货值盘点，快速反馈货值阶段的状态变化。R企的计划管理在建设上主要分为以下三个层面。

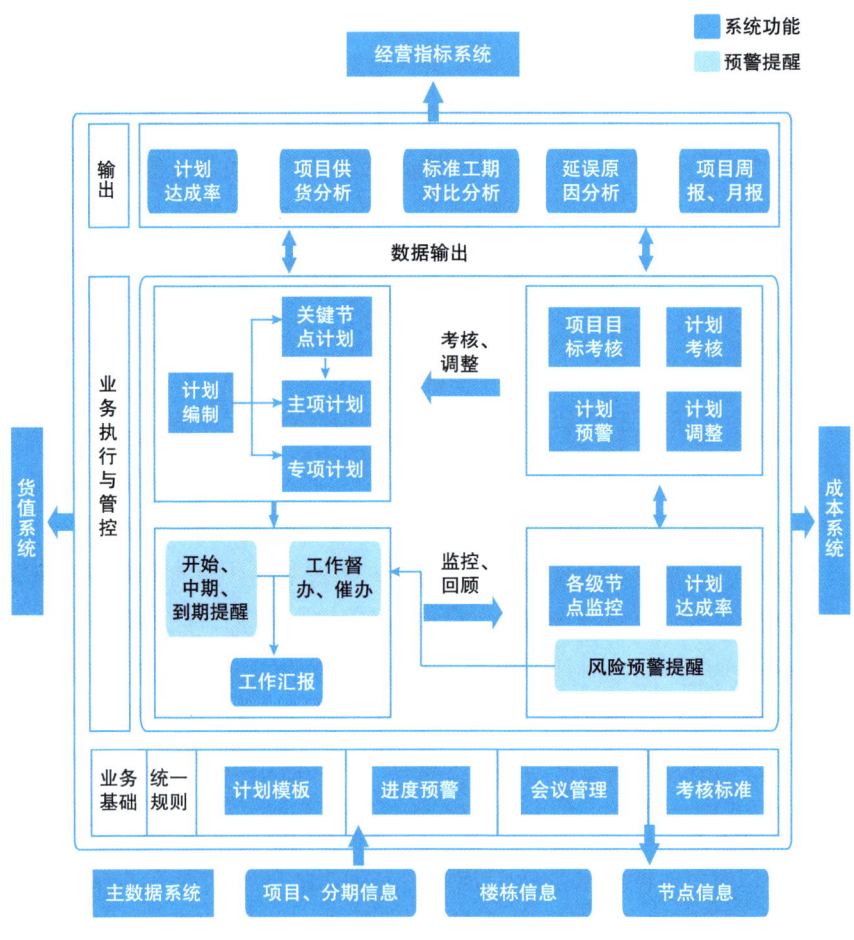

图4-54　计划管理蓝图

（1）业务基础层：统一管理规则，规范支撑管理复制

第一，统一计划模板，将原来的开发计划节点重新整理、分级，梳理出关键节点、主项计划和专项计划，并在过程中确定每个工作项的责任主体和完工标准，支撑企业快速扩张。

第二，统一预警机制，建立计划开始提醒、中期预警、到期提示和升级机制，实现计划的事前、事中管控，避免计划延误事后知晓，确保及时管理干预。

第三，梳理会议卡片，将会议分为项目里程碑式会议和公司运营类会议，通过系统固化会议卡片并自动生成会议日程表，确保会前有提醒、会中有支撑、会后决议有跟踪。

第四，关键节点考核，确保关键节点刚性，提升计划达成率。

（2）执行管控层：强调效率

所有计划业务的执行汇报全部通过手机端实现，包括工作项自动提醒、工作进度手机汇报、手机监控和过程预警，确保业务得到及时和准确的执行。

（3）价值输出层：强调结果导向

计划管理的核心输出内容包括供货目标是否达成、开工目标是否达成以及异常项目显性化，通过在经营看板、电脑报表及手机端对价值输出报表进行整体梳理，房企可确保异常自动预警，实现业务联动分析。

整体来看，R企目前所有的计划管理均在系统中运转，提高了计划数据采集的及时性和准确性，而项目层所有会议都通过系统召开，也强化了会议决议的跟踪体系，确保会议决议有效落地。

4. 成本管理：保成本红线，提高项目收益

成本管理主要包含预算的整体管理与合同的全生命周期管理。预算管理可实现项目整体预算和分期预算的联动控制与分析，确保整体预算可控，使预算调整有据可依。合同全生命周期管理包含合同、变更签证和结算全过程，确保预算与执行打通，在管理过程中通过业务驱动流程，提高动态成本反馈的及时性。其中，成本管理的关键举措主要包含以下四个方面。

（1）成本管理标准化

通过成本系统的实施，房企将成本管理科目、合约规划模板及预警跳闸机制等管理规则固化，确保全国项目成本整体可控。

（2）控制项目分期预算，确保整体预算可控

在项目获取后，集团项目管理委员会将项目整体预算录入系统，设定整个项目的成本管控红线。在项目交底会后，对项目分期进行划分并编制项目分期预算，通过项目整体预算控制分期预算，确保分期预算累加后不会突破项目整体预算。

当分期预算超出原计划值且必须追加时，先追加项目整体预算以确保项目整体收益，规避项目因分期开发周期过长而到项目结算时才能确定整盘是否挣钱的问题。

（3）合约规划

实现预算事前控制，在制定所有分期预算的同时编制分期合约规划，并通过回顾机制对合约规划进行刷新管理，确保合同执行过程可控。

（4）动态成本监控与回顾

通过系统完成成本月度回顾，确保动态成本数据准确，同时输出业态单方动态成本，确保规划利润实现，合理投入成本，保障产品品质。

整体来看，经过近一年的系统实施，R企的所有项目均已在系统中运转，帮助R企规避了原来分期预算与执行"两张皮"的情况。目前，项目整体动态利润和目标利润的差异可通过系统自动体现，确保及时发现项目问题和提前预警风险。

5. 主数据管理平台：夯实项目主数据，高价值信息互通共享

R企主数据的整体业务蓝图如图4-55所示。主数据系统是整个大运营系统的"基石"，可通过对企业高价值、高共享信息的管理，实现不同系统语言的统一，打破系统间的信息交互壁垒。

具体来看，主数据管理平台主要包含以下四个方面。

第四章 数字化大运营如何助力房企经营提效

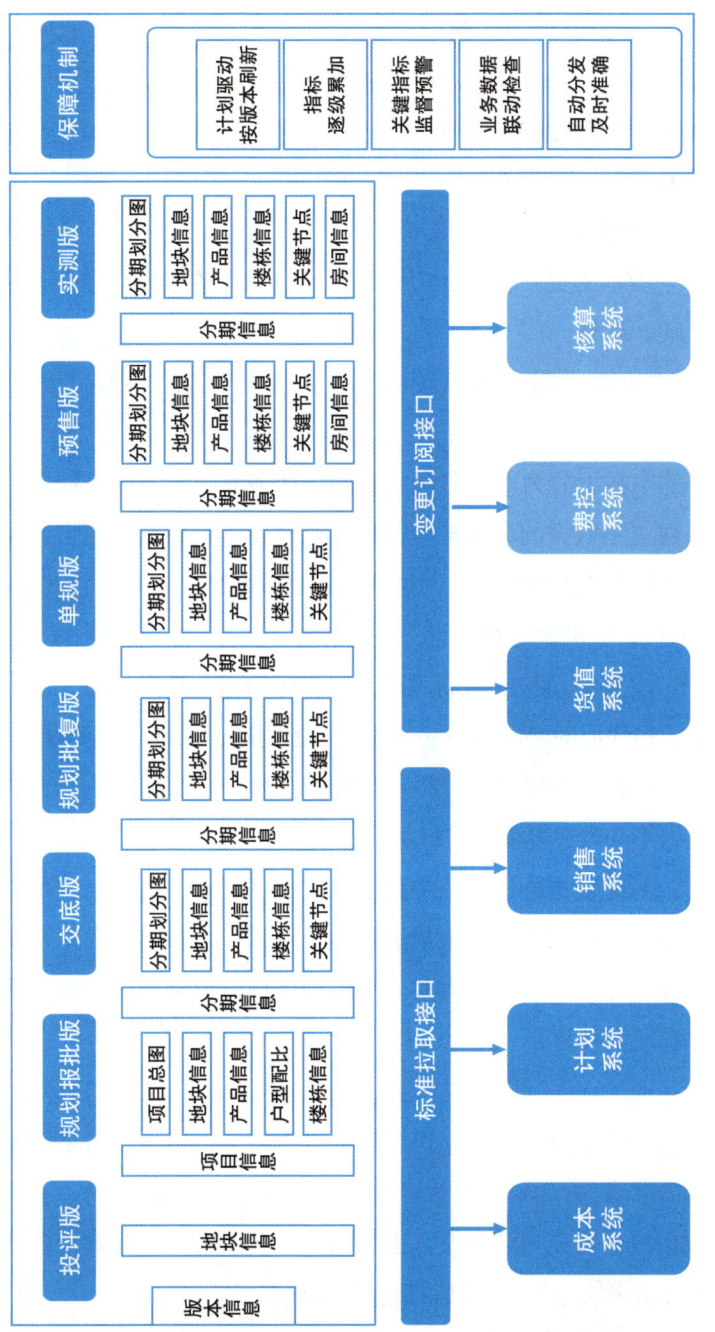

图4-55 R企主数据蓝图

(1)梳理主数据指标字典

从"土地—项目—分期—产品—楼栋"全过程对项目主数据进行全面梳理，确定每个指标的采集标准和计算口径，以及指标输出阶段、维护部门和数据产出的支撑文件。

(2)确定主数据更新阶段

明确每个版本的更新责任部门和配合部门，厘清审核流程，确保主数据信息权威、及时。

(3)梳理主数据与业务系统的关系，建立标准拉取接口与订阅接口

将R企的主数据分为七个阶段，确定各业务系统场景对应使用的主数据版本，建立主数据的标准拉取接口。同时建立主数据的变更订阅接口，确保主数据发生变化时可及时通知到各业务系统。

(4)建立保障机制，确保主数据及时、准确

机制一：建立计划与主数据联动机制。计划驱动数据更新，在主数据计划节点汇报完成时必须同步完成主数据的刷新，保证数据及时。

机制二：指标逐级累加。大部分数据通过楼、栋和层自动累加计算，避免跨层数据不一致，也便于进行数据验证。

机制三：对关键指标进行监控预警。主数据管理的核心之一是监控计容面积的变化，确保项目货值最大化。针对面积指标前后发生重大差异的情况，预警体系可在审批时对差异自动体现，根据指标差异按层级预警，确保管理干预及时，避免收益受损。

机制四：业务数据联动检查。主数据的面积信息和初始的目标均价、目标货值均会传递至货值系统，房企可通过货值盘点再次核对主数据信息，确保数据准确。

机制五：指标变化自动分发。主数据发生变动时自动分发给业务系统，确保各业务系统使用的是项目最新的指标信息。

通过搭建主数据管理平台，R企实现了对所有项目的系统性梳理，

从而保证了数据口径统一，避免了由系统基础不一致带来的"烟囱林立"和"信息孤岛"问题，为未来所有系统的实施打下了良好基础。

总体来看，通过构建资金计划数字化平台，R企打通了各业务部门的业务边界、流程边界和数据边界，真正实现了企业运营的"整体化"。

第六节
数字化助力房企实现精益资管，掘金存量蓝海

近年来，不少房企在保障传统住宅开发的基础上，开始进行前瞻性的布局探索，力争打造自身增长的"第二曲线"。在围绕行业上下游生态链的探索过程中，有着广袤市场空间的存量领域成为房企拓展业务的关键航道。诸多房企以"城市运营商"为战略导向，将业务延伸至存量经营、存量社区、存量改造等存量地产领域的细分赛道中。但相比以开发能力见长的增量航道，存量航道无疑对房企在资产管理能力方面提出了更高的要求。

以商业物业经营为例，存量时代下的商业物业经营有了更广阔的赢利空间：首先是贯穿物业经营期的租金及物业管理费收益；其次是在经营过程中提供的各项增值服务；最后是通过长期经营，物业整售能获取更高的增值溢价。房企甚至可在经营期中发现商机化身投资家，投资入股优质的租户企业获取权益回报。因此，相比以"拿地—建设—销售"为代表的传统增量产销模式，房企若想使用精细化经营的存量资管模式在存量地产市场深入挖取多元化利润，就必须提升资产管理能力。

一、刨根资产管理痛点，业务亟待提效升级

在存量时代提升企业资产管理能力已是大势所趋，但从实际情况来

看，大部分房企在存量资管领域起步较晚，在实操业务上往往面临着阻碍。随着房企逐步在存量地产领域进行规模扩张，原有的管理手段和信息化建设将无法满足企业在运营效率提升和工作协同有序等方面的管理需求，在实际管理过程中经常出现几个典型问题。

1. 资产规模不断膨胀，粗放管理难以支撑业绩要求

目前，在冲刺市场规模的过程中，房企为了快速获取土地和提高住宅销售溢价，或多或少都会去做一些配套的商业资产。这部分资产大多难以去化，而且房企通常采用外包等粗放式的管理模式，忽视了这部分资产的经营效果，导致这部分资产的租金收益极低，长此以往也给房企的业绩带来了负面影响。

根据27家标杆上市商业房地产企业的数据分析显示，行业整体平均资产回报率由2014年的3.9%下降到了2018年的3.3%。究其原因，一方面是土地市场的激烈竞争以及融资利率的不断提高，造成了开发成本大幅上升；另一方面是企业积压的存量资产规模不断放大，而行业的资产管理能力普遍低下，租金收益无法有效提升，导致各存量资产期间回报率低，拉低了企业整体的资产回报率。

2. 多业态、多团队管理，大体量资产数据难以统计

面对日益增长的资产规模，如何理清现有存量资产成为让房企头疼的话题，特别是在各类大型综合体项目中，涉及的资产业态多种多样，包括公寓、写字楼和购物中心等。随着商业经营过程中的资源调整，业务流程信息变更频繁，资产基础信息的统计难度也在不断加深。同时，复杂的资产信息源、每个部门的数据口径难以统一、频繁的线下资产统计和复杂的上报流程等使得集团信息汇总严重滞后。这就导致企业资产规模难以估计，价值产权变化不受控制，高层无法基于实时数据做出准确判断。

3. 日常管理"跑冒滴漏"，难以有效控制经营风险

除了对资产盘点不清以外，日常经营过程中的"跑冒滴漏"也成为资产管理的常见难题。与地产开发销售的利润相比，存量资产日常经营的利润来源主要是租赁收益，利润明显不在一个量级上，微薄的利润倒逼管理者"从牙缝里抠钱"，管理人员极其关注任何细小业务点对租金的影响。然而事与愿违，在流程不透明、效率整体低下的企业中依然会出现收入"跑冒滴漏"的现象。例如，某产业园区开发商Y企的水电收费员在没有管理系统约束的前提下，利用监管漏洞瞒报贪污了约100万元，不仅给资产的当期经营收益造成损失，也对后续资产的估值造成负面影响。

4. 缺乏资本估值逻辑，与资本机构难以同频

对于房企而言，除非考虑永续持有，否则所有存量资产最终都需要考虑退出的问题。面对挑剔的资本机构，房企按照原有的估值思维将难以跟上资本市场的节奏。开发商习惯按市场比较法来评估存量资产价值，资本机构则更多采用收益法估值逻辑，两者的估值方法不一致严重阻碍了存量资产的退出机会。

随着地产与金融的关联越来越密切，资本市场的估值逻辑是房企需要去学习的。典型的收益法资产估值模型等于NOI（净运营收入）除以CapRate（资本化率）。CapRate是房企没法控制的，但NOI是房企在运营过程中可以控制的。从买方资本机构的视角来看，房企需要围绕资产回报率分解出日常运营管理的具体考核指标；从卖方资产退出的角度来看，房企迫切需要建立与资本同频的运营指标及数据口径。因此，如何及时给出资本机构需要的经营数据是决定资产能否顺利退出的标准。

二、数字化赋能传统资管,实现业务"三级跳"

面对当前行业的管理现状,房企应该如何实现资产管理能力的全面提升呢?明源地产研究院借鉴海外成熟市场的标杆案例,研究国内众多存量转型房企的实践探索,结合明源云空间丰富的数字化经验,针对房企的资产管理提炼出"资产盘点—资产盘活—资本优化"的战略升级路径,让资产顺利实现投融管退的业务闭环,如图4-56所示。

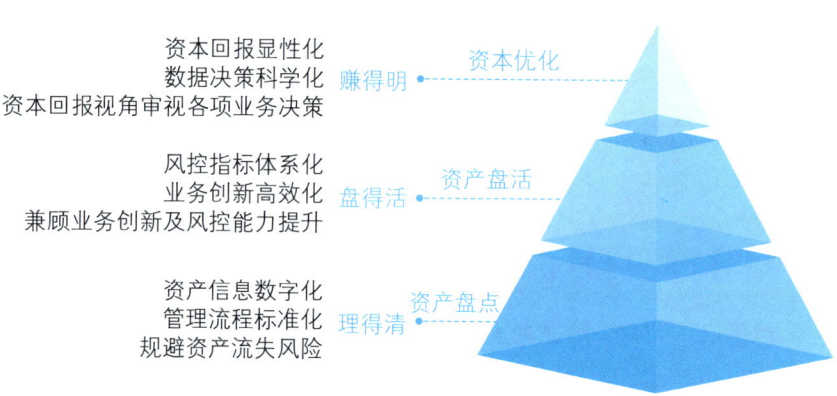

图4-56　针对存量资产管理的三大阶段

1. 数字化助力资产盘点,让家底"盘得清"

第一阶段的资产盘点通过资产信息数字化和管理流程标准化,让家底"盘得清",避免资产流失。此阶段主要解决三大方向性问题:资产信息数据化,不再依靠传统人工统计与纸张记录;管理业务流程标准化,让业务流程处于透明可控的环境下;基于以上两个基础,有效规避资产收益流失风险。

(1)资产信息数字化:建立资产"身份证",确保数据口径一致

资产信息数字化是房企走向精益资管的技术基础。以销售配套为出发点,房企留存的商业资产通常呈现出多业态的特征,如综合体项目中往往具有社区底商、会所、停车场、写字楼、公寓等。每一种资产业态

均有其独特的业务特点,如租售并举、合并拆分、长租短租、代租代管等。通过数字化手段,为它们颁发不同的"身份证",实行分类管理及统计分析,房企就可以满足不同的业务管理需求,如图4-57所示。

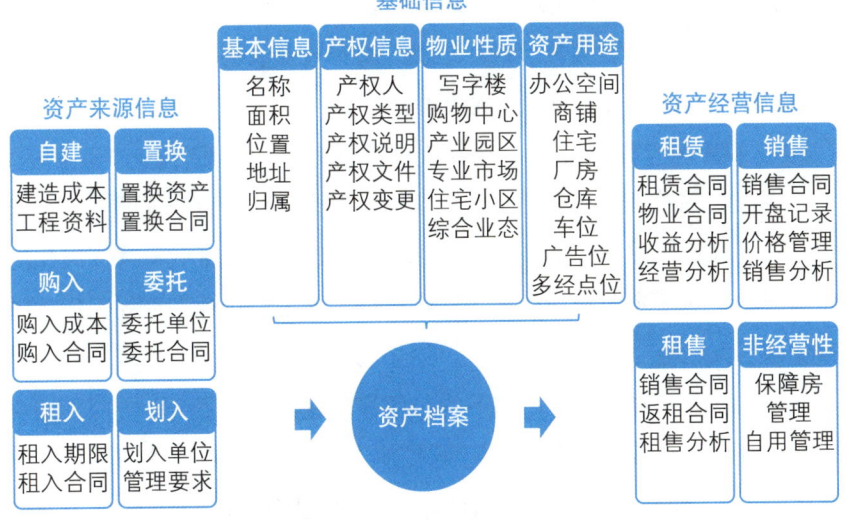

图4-57 数字化资产信息"身份证"

在资产的存续期间,房企要对资产的基础信息进行整体统筹,包括统一承租面积的数据口径、可视化监控租赁的状态变化、实时统计非固定铺位的多经收入等。例如,在"面积"指标中确定资产按照建筑面积还是租赁面积口径,在"产权"指标中将中庭、快闪铺位等多经点位收入准确纳入资产基础信息。这些数据偏差看似微不足道,但几年下来,这部分偏差就可能造成高达数百万元、上千万元的收益流失。

例如,南京国企开发商A企旗下的资产类型十分复杂,包括自持型、销售型和待建类商业资产,还有因历史问题遗留下来的无产权类型的物业。面对资产权属复杂的难题,A企花大力气对原有的历史资产进行全面盘点,并邀请了咨询机构进行分类梳理。

通过搭建数字化平台,A企将旗下超过60万平方米的经营性及非经营性资产全部纳入管理范畴,实现了对各种来源渠道的资产的分类管理,如自建、置换、购入、委托、租入、划拨等，使得每一项资产都拥有独立的信息"身份证"。各类资产基础信息也实现了数据口径的一致，通过定期移动巡检的方式，A企可以实时维护资产信息数据库。

目前，A企的高层可通过数据大屏查找各项资产的实时管理面积和资产营收情况，了解其资产经营进展、财务收益、运营健康度，从而明确自身资产状况，及时做出最优决策。

（2）管理流程标准化：确保流程合规性，及时识别资产风险

标准化的管理流程对于房企而言意义重大。对于企业战略而言，诸多房企正在逐步建立轻资产的输出标准，而这有赖于企业自身标准化的管理流程。对于企业管理而言，房企通过借助平台将标准流程固化可以避免基层人员触碰业务红线，防止收益"跑冒滴漏"。

例如，北京H集团曾对旗下的租赁管理业务进行了全面梳理，结合项目高层的管理要求与系统应用要求制定了《H集团租赁管理系统应用保障规范》。配合数字化工具，H集团将《H集团租赁管理系统应用保障规范》中涉及的岗位职责权限、场景审批等流程环节固化到系统中，让每一项业务审批环节留痕，从而形成落地性较强的管理成果。在这种规范化的业务管理体系下，H集团能有效确保流程的合规性，实现从"人管"到"智管"的转变。

（3）规避资产流失风险：基于NOI指标建立资产评估模型，及时识别资产风险

在建立数字化信息与标准化流程的基础上，房企决策者能够按照数据指示，围绕资产估值模型，实时查看与资产相关的收入与成本项数据。不同的资产相关方，如资产投资者、资产经营者，均可以在系统中抓取自己需要的考核数据，通过掌握资产收益数据来避免资产收益流失，如图4-58所示。

例如，佛山某城建公司配备了新设立的数字化资产档案，巡检人员只需通过App定期对资产进行巡查、扫码与拍照，就可以判断资产的实

际空间状态、经营情况与现有资产档案是否一致，及时发现资产差异和占用、挪用情况，保障资产空间状态与现有状态的一致性，防止因公共资产被占用而导致的收益流失问题。

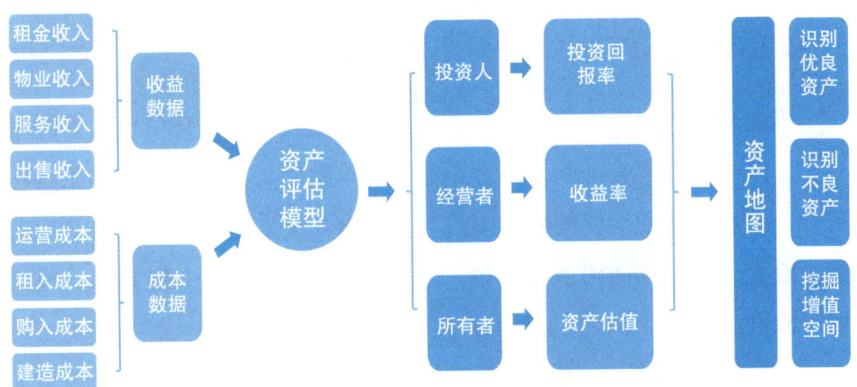

图4-58　资产评估模型

从效果呈现上，明源云资管构建了全景资产地图，让集团能够洞察资产分布状况，详细查看各资产在同一时间轴上的纵向发展情况。结合外部大数据资源，房企未来也可以借助其和同水平的行业项目进行横向比较，如抓取外部统计信息，呈现该区域多个项目的市场写字楼的租金水平，为高层制定租金价格策略提供参考等，如图4-59所示。

图4-59　全景资产地图

全景资产地图不是单纯提供宏观市场数据，而是围绕着集团层面关注核心指标，如NOI或EBITDA（税息折扣及摊销前利润），逐步往下，层层分解，最终关联到公司一些日常的运营数据。

2. 数字化助力资产盘活，让资产"盘得活"

当实现了对自身资产的盘点，企业也就迈出了精细化资产管理的第一步，接下来资产管理的目标就是做好资产盘活，即借助数字化工具在资产存续期间实现运营的降本提效，优化客户的业务体验，有效管控业务风险点，用数据做出最优决策，最终提升资产运营的NOI指标，放大资产溢价。

（1）运营提效：移动应用重构业务场景，优化业务体验，实现降本提效

随着互联网基础设施的日益完善、移动互联的广泛应用以及平台之间的跨越式连接，科技的触手已经深入到企业管理的方方面面。存量资产的日常管理可以分为招商、租约、物管、服务等多项业务，而挖掘以上业务触点并利用科技手段来改造业务场景，可以显著改善管理人员及客户的体验，降低人力成本。以数字化赋能业务的几个具体场景如下所述。

（2）掌上招商：移动跟客基层用心，量化考核中层开心，智能风控高层放心

当前大部分写字楼或园区的招商团队都采用参展会议、企业拜访等行销形式开展业务，信息收集过程基本靠笔记本等纸质工具。而借助移动化的招商助手，招商顾问只需要手机便可以快速录入商机，并及时上传资源，减少了二次录入可能产生的信息遗漏，提升基层人员的效率，如图4-60所示。

对于招商团队的管理者来说，以往对招商人员的成绩进行量化考核都需要花费大量时间进行线下统计，而现在只需通过基层拓客人员上传

数据，就能够了解客户转化率、签约进展和合作资源库等量化数据。此外，所有招商动作在系统中均有留痕，流程停滞可以迅速追溯到负责人，从而避免因基层招商人员离职而造成客户资源流失的状况。

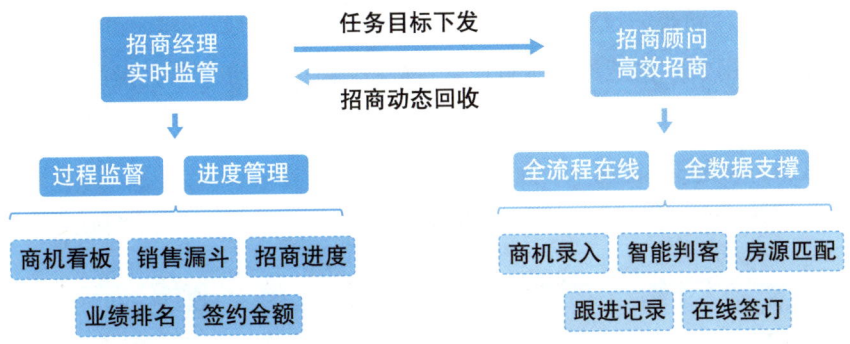

图4-60　掌上招商流程

例如，华南某大型房企X集团旗下的产业园区招商团队需要做大量的考察、洽谈和客商跟进，在采用移动化招商助手后，所有会谈内容被实时记录，数据被传递至企业平台，确保客商资源不会因主办人员的离职而流失。企业独立的资源库也在这一过程中逐渐形成，中高层可以查询各商业合作伙伴的历史数据信息，包括上客率、转化率，并依据这些数据信息做出正确的业务研判。

（3）电子租约：电子化合同，多版本溯源，全智能预警，用户体验佳

目前，诸多资产运营商已经考虑将租赁合同线上化，这不仅是基于地方政府对合同电子备案的诉求，也是为了提高管理效率，让合同管理变得更加自如。

以长租公寓为例，目前各地政府都要求长租公寓实行强制电子备案，这给很多公寓运营商带来了新的契机。例如，华南某知名房企Y就率先在此领域实施了合同在线管理。长租公寓本身属于高频低利润率行业，涉及的租户群体众多，如果每份租赁合同在签订阶段都要人为邮寄的话，那么耗费的时间与人力将对利润造成负面影响。而通过电子签章功能，

租客与管理者足不出户便可以完成租约的签订流程，并且记录会在系统中留底，从而有效防止合同的内容被篡改，这不仅提升了租客的体验，也降低了管理人员的时间成本。

其实合同履约过程也存在诸多风险，如租约到期对租金的影响等，而Y企利用数字化工具使所有在管合同在到期时摒弃了人为提醒，实现多部门自动提醒，方便关联部门之间的协同，防止通知不到位所导致的责任推卸问题，如图4-61所示。

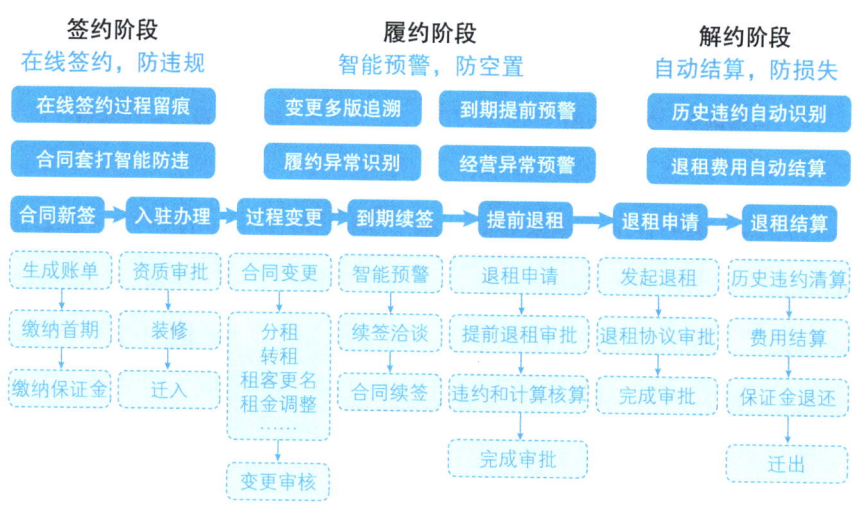

图4-61 电子租约流程

（4）移动物管：借力智能软硬件，降本提效，有效支撑NOI指标提升

近年来，诸多房企下设的物管企业扎堆上市，企业估值节节攀升，其中重要的一点就是：通过科技手段重构传统的物业管理场景掀起了物业服务改造浪潮，从而给予资本方更多的想象空间。例如，物业龙头上市企业彩生活在2014年就已经为旗下所有社区建立了停车场保安系统、车辆遥控进入系统和个人自动进出系统，显著降低了物业管理的人工成本。

目前，针对物业管理的软硬件智能化设备也同雨后春笋般出现，其中就有物联网技术结合云数据管理平台实现设备在线化监控与管理，主要业务场景包括智能停车场、智能抄表、智能安防等。以智能化停车场管理系统为例，以往停车场管理总会出现所收费用与实际状况不符的困境，这通常都是由于基层管理者的不道德行为而导致费用"跑冒滴漏"。而结合物联网与大数据平台，采用无感支付与定位技术实现无人值守的智慧停车管理体系，不仅能保障停车场收入透明，还可以降低人力成本。

数字化赋能物业管理的另一个成功运用就是搭建可控的能耗机制。在存量资产管理过程中，能耗是最大的固定成本，它的微弱偏差直接决定了NOI的差异，进而加倍反映到资产估值中。通过搭载感应装置，各能耗设备可以即时通报异常情况，有效控制能耗水平和降低人工巡检成本。

（5）服务在线：保基础业务，拓增值服务，提品牌价值

随着资产管理的含义不断延伸，很多运营商不再满足于基础的物业管理服务，而是开始针对租户拓展更多增值服务，以提升服务体验与品牌溢价，为将来的轻资产管理做准备，如图4-62所示。

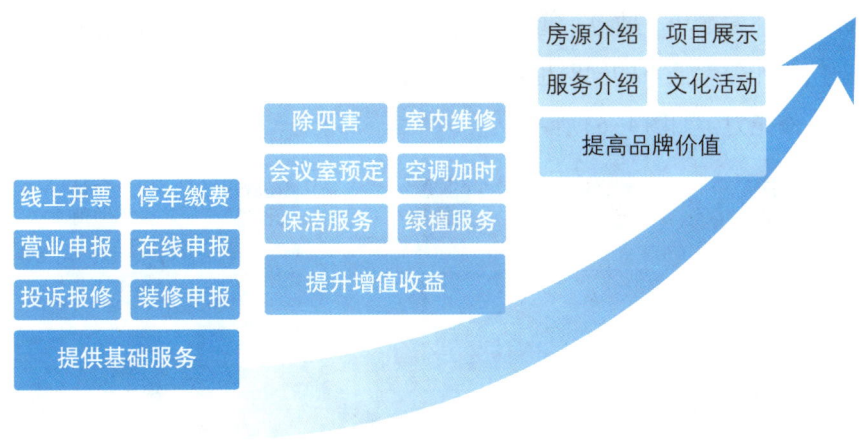

图4-62　服务在线

例如，深圳某大型开发商H集团在南山区的地标写字楼项目在招商阶段吸引了诸多大型企业进驻，而这类企业机构的客户对于高端服务的诉求十分明显。基于此需求，围绕App和微信公众平台等端口，H集团

建立了租户与服务团队的直连机制。一旦租户提出服务需求，渠道就能即时反馈给相关部门，客户可以随时查询处理进度与结果。这使得物业管理的监督抓手从原先的内部员工慢慢延伸到外部客户，让客户直接对服务进行评价，在无形当中提升了服务体验。

目前，众多运营商推出的相应品牌门户与服务平台都提供语音助手服务，员工只需通过App发送语音，包括订水订饭、资料打印等需求，语音助手都能将需求直接通过数据平台整合反馈至相关的服务提供者，从而尽可能地节省人工时间成本。

（6）智慧财务：业财一体化，减少工作量，创造新效益

在资产运营期中，不论资产属于何种业态，月末算费通知和月初收费开票都是财务部门最痛苦的时候。由于业务跟财务的连接不紧密，商户是否交费需要再次依靠人工两头确认，但基层业务员由于杂事太多，难以及时跟进即将到期的商户，这导致信息每次都是滞后传递到财务部门。

因为累积了大量的费用处理事项，财务部门需要在短时间内重复完成计算、发账单、收款、退款、开票和做账等烦琐内容，所以造成财务部门工作效率低下的同时也可能会产生误差风险，从而限制了财务人员的工作能力，如图4-63所示。

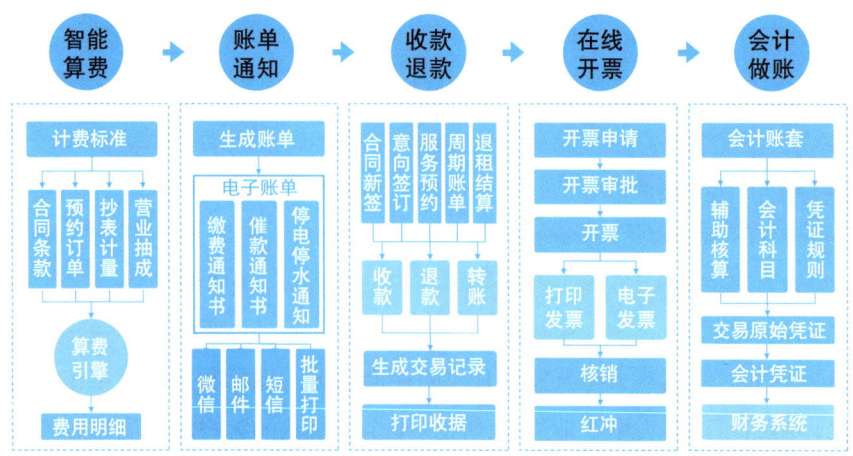

图4-63　智慧财务流程

而数字化工具打通了业务与财务间的信息壁垒，提升了财务部门的整体工作效率。例如，由于专业市场拥有租户小而散的特点，所以商户变动造成的影响很容易被忽视，专业市场运营商S集团到了收缴清算期就困难重重。通过搭建信息化平台，S集团实现了快速处理在线查询账单、支付、开票等业务，极大优化了客户体验，提升了客户满意度。

S集团的所有财务数据都可以自动计算生成报表，统计结果一目了然，当出现欠款等风险时系统也能自动预警。这使得财务人员无须担心对账不准确和面对频繁修改报表的窘境，从而显著提升了财务人员的工作效率，真正释放了财务人员的价值，让他们参与到决策分析工作中。

（7）运营风控：全局风险管控，保障目标落地

数字化改造让房企在实现业务提效的同时，也能针对业务涉及的风险点进行有效管控，因此房企应当建立一套全局风控体系。特别是围绕未来资产估值，房企需要重点关注以下四类风险类型，如图4-64所示。

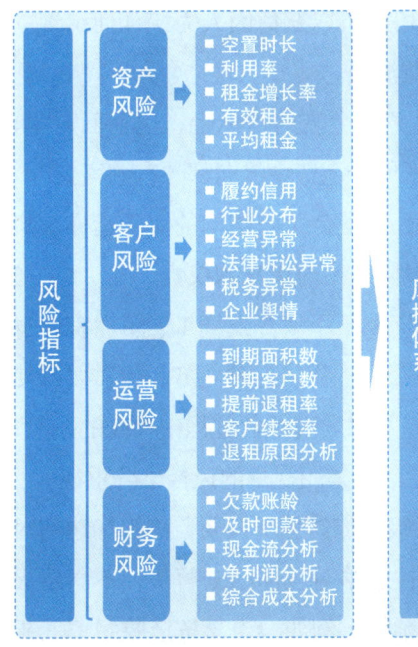
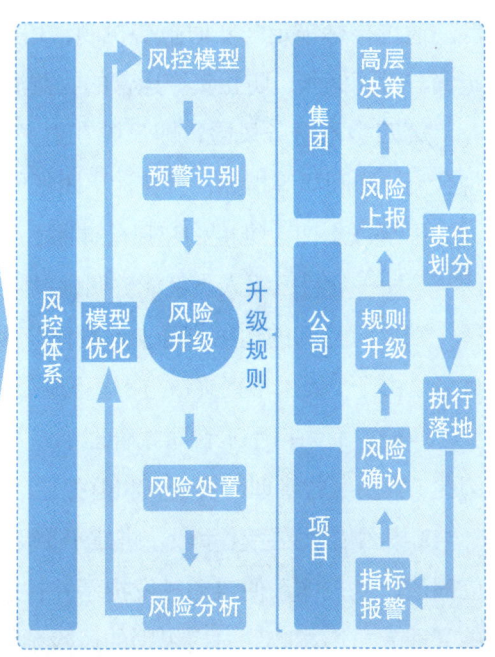

图4-64 资管风控全体系

第一类是资产风险，即资产运营状态期间可能引发的风险，如出租率和出租时限。出租率是当前时点的出租率，也许当前的出租率是百分百，但前面10个月的出租率为零，如果房企只采用静态指标进行统计，那么这无疑会误导高层的决策。因此，建立一套动静结合的资产风险指标很有必要。

第二类是客户风险，针对资产租户发展状况进行分析。例如，现有的写字楼租户有一部分属于P2P（个人对个人）等消费金融行业，这类企业受政策与市场的影响特别大，而租户很有可能随时退租，因此对于租户行业的分析与企业信誉的监控就显得尤为重要。通过与政府以及企业信誉网站进行数据接驳，管理者可借助系统平台实时查看入驻企业的资质，从此拥有一双鉴别企业优劣的"火眼金睛"。

第三类是运营风险，即资产的变动在重要的经营节点（续签、退租）时可能成为影响业绩的决策指标，包括退租率、续签率和客户退出原因等。通过指标锚定与实时报警机制，房企可以避免因人为统计而出现的疏漏与时间偏差，防止资产运营的收益流失。

第四类是财务风险，即反映在财务现金流的指标上，包括回款率、现金流、净利润等指标，旨在让集团任何一笔资金流向都"有迹可查"。

围绕以上四大维度构建风险体系，再配合组织结构的实际运作，集团—公司—项目三级人员就能够明确风险发生时自身的权责。

在风险控制的运用方面，深圳国资委某下属开发商T集团拥有切身体会。由于T集团不直接参与8家下属公司的租赁运营业务，但需要行使监管职能，而采用手工台账式管理难以及时发现经营过程中存在的风险，因此T集团经营管理部负责人和财务总都对集团视角的风控十分重视。

T集团借助数字化手段，搭建了5级风控体系。只要监测指标达到对应阈值，风控体系便自动触发提示并抄送给对应部门去解决，不同层级的管理人员均能收到对应级别的风险预警。例如，当某资产收缴率低于90%时，这类弱经营性风险会首先提醒基层执行人员予以修正，随着风险强度增大而逐渐提升上报层级;当资产收缴率低于60%时,风险提示将直接上报至集团。这种多层级风险管控机制可以把影响力较小的风险交由基层解决,从而让集团能够汇聚资源解决大型难题,节约集团决策成本。

(8)智能决策:可视化决策平台,在线实时决策

在建立信息化底层数据的基础上,管理层可以建立标准化的资产管理流程,使各项运营环节均能监测出相应的风险,并且基于风险适当优化经营业务,从而真正做到智慧决策,如图4-65所示。

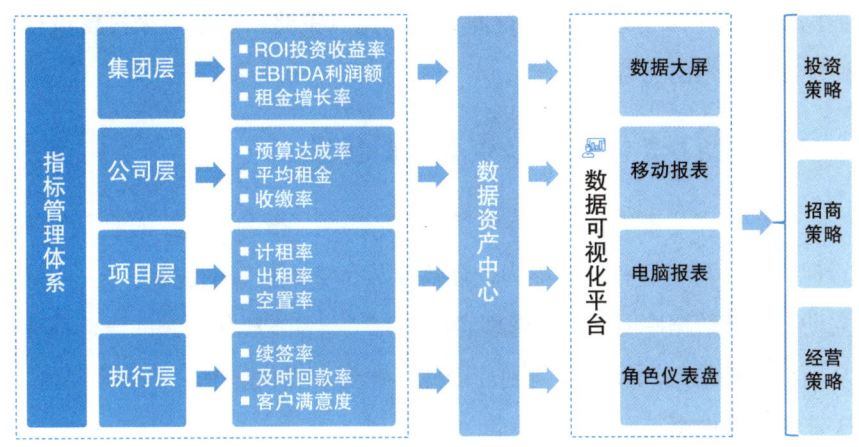

图4-65 智能决策流程

不同层级的关注点不同,智慧决策所关注的核心指标也不同。

从集团管理层来看,首要关注资产包整体的资本回报,即投资回报率是否达到预期结果,然后基于资产回报率逐步往下分解为租金增长率、EBITDA等运营指标。特别是不同企业对于营运指标的衡量有所差异,比如EBITDA与NOI都是衡量资产运营期收益的,但两者的出发点与扣除项都不相同:EBITDA扣除了业主相关费用,主要反映运营现金流;NOI则更多强调管理效果,主要作为资产估值的依据。通过数字化手段,系统将统一外部资本市场语言及内部企业管理语言,从而帮助房企清晰地辨别这类指标间的差异。

子公司管理层重点关注业务整体控制情况，如关注其预算、收缴率是否执行到位；具体项目管理层则认为其所持资产的风险控制尤为重要，如资产运营期的出租率、空置率等；执行业务基层则更多关注与其绩效考核相关的指标，如项目签约率、回款率、客户满意率等。

此外，借助DMP数据管理平台，智能决策可以将企业原先分散的多方数据整合纳入统一的底层数据平台，并对这些数据进行标准化和细分，统一维护所有数据，形成企业独家的数据资产。同时通过企业大屏、手机、iPad等不同的呈现形式，让决策者时刻了解全局性的动态资产经营数据，影响未来管理企业的招商策略、运营策略，甚至未来投资策略，避免拍脑袋做出业务决策。

3. 数字化助力资本优化，让资本"赚得明"

众所周知，资产管理的终极目标就是实现"投融管退"的业务闭环，管理者不仅需要拥有运营能力，还需要具备资本投资的逻辑。当企业建立动态运营数据库时，资产管理者便拥有了与资本机构同频的语言基础，从而让资产最终顺利退出盈利。因此，在资本优化环节，管理者要重点关注资产回报率与资产估值逻辑。

从资本投资回报的角度来看，资产回报率可以拆解为净运营收入/总投资额，分子是经营利润，分母是投资总额，如图4-66所示。资产回报率的核心价值取决于该资产在整个生命周期内的收入与成本，譬如在"资产拿地—开发建设—交付—经营—退出"的周期中，前端开发所涉及的投资成本和后端运营所涉及的期间收入，这些指标都是不受外界环境干扰的可控变量。

从资产估值的逻辑角度来看，大部分房企都是采用成本法或市场法来评估资产价值的，投入多少成本算多少资产或以周边房价作为参考，如图4-67所示。但未来若与资本市场接轨的话，房企应当更多采用收益法的逻辑来看资产估值，即净运营收入/资本化率。

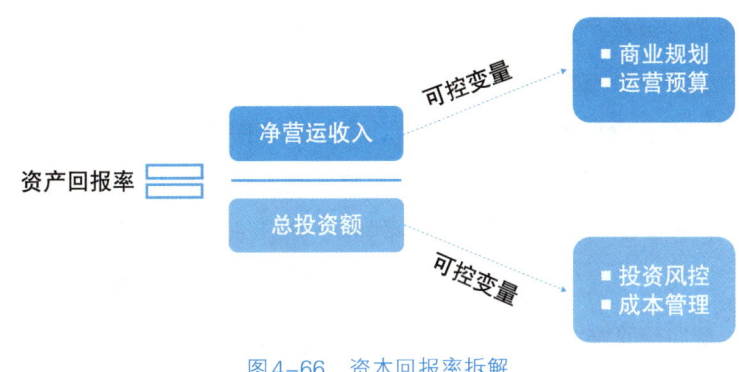

图4-66 资本回报率拆解

最常用的资产估值公式（收益法）

资产估值=净运营收入/ 资本化率

净运营收入=管理费收入+其他收入−运营成本−管理费支出−营业税及附加−房产税−土地使用税
（租赁佣金与资本支出一般不计算在运营成本内）

资本化率=取决于年租金收益的稳定性、可持续性和未来的增长潜力等综合要素
（鉴于机构间运营能力的差异，即便是周边同类型的项目也存在较大差异）

图4-67 资产估值公式（收益法）

（1）投资测算：科学制定预算目标，过程实时监控

为了对资本回报率负责，企业需要对资产全生命周期的收支进行有效监控，相应的管理也应该触达资产全生命周期，以确保NOI能达到预期目标。因此，为了对资产全生命周期的收支进行有效监控，管理者可以借助数字化手段建立一套投资测算管理体系，实现"目标测算—下达—执行—纠偏管理"的闭环。这不仅能预测未来资产何时能够达到退出收益的标准，也是实现房企与外部资本机构买家语言同频的必要手段。

例如，重庆某本地开发商H集团在商业板块单独设立资产管理部门，针对大型综合体项目进行投资测算，计量该商业资产从开发到运营期的资本回报水平。如果该项目无法达到集团整体的资本回报要求，该部门有权在投委会上否决该项目方案，让商业板块业务部门避免"背锅"。

搭建资产全生命周期视角的投资测算模型难度颇大，对相关人员也提出了更高的技能要求，且目前很多投资人员只能通过Excel等传统工具完成投资测算模型，这一过程中可能会出现参数变更导致报表大幅重调的情况，不仅耗费时间还容易出现人为失误。而借助数字化工具，H集团能将所有资管业务所涉及的指标，包括财务指标与运营指标间的内在逻辑固化到系统当中，管理者只需要填写基本参数就可以呈现预期资产回报，这显著降低了投资测算人员的技术门槛，非财务金融出身的管理人员也可以快速获取预期财务结果。同时，数字化手段也能减少人为计算的失误，从而释放投资人员的价值，让他们能真正将时间花在决策分析上。

（2）全生命周期监控：掌握收支业务数据，快速调整业务策略

在建立资产投资测算模型的基础上，借助模型与历史项目数据，系统可以快速计算出不同版本的投资方案，管理人可以根据某特定方案的要求将测算结果转化为具体的考核指令，并下达到不同的业务部门予以执行。在实际的开发及经营管理流程中，相关执行部门会依照考核指标持续改善绩效水平，确保预期的资产回报率不与实际产生较大偏差，如图4-68所示。

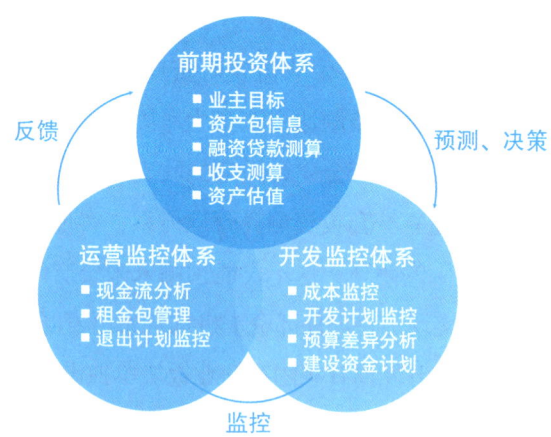

图4-68　集投资预测—监控反馈—决策优化的资产管理流程闭环

此外，系统会实时监控业务执行与投资测算间的指标偏差，并能及时分析差异产生的原因，将分析结果发送给相关业务部门处理，而业务部门的处理结果又能反馈在初期的投资测算方案中，从而实现方案的不

断迭代。在资产回报率目标不变的前提下，数字化资管信息平台能够优化客户体验并且显著提升执行部门的工作效率。

三、明源云资管助力房企实现精益管理"三级跳"

数字化资产管理体系的搭建将帮助企业在未来的资产管理发展路径中实现"三级跳"。首先，企业能将自身的家底盘清，包括资产的权属、布局、经营状况等；其次，通过科技赋能的手段，企业能构建优质资产和提升管理效能，实现资产盘活；最后，利用资本优化逻辑并引入资本机构资源，让投资回报赚得明明白白，实现由粗放式租赁管理向精细化资管模式的跃迁，如图4-69所示。

依据上述逻辑，明源近几年持续投入以进行云资管数字化平台的研发与升级，专注于存量资产管理，致力于帮助企业打理好每平方米的资产。数字化平台的研发主要围绕基础设施支撑、内部管理升级、移动场景应用、风控决策中心等展开，对外集成第三方优质资源，助力企业实现资产盘点、资产盘活、资本优化三级战略的数字化转型。

从基础设施建设上看，为给企业提供更稳健、更高效的平台服务，云资管平台针对基础设施进行了进一步升级。服务层面借助阿里云IaaS平台可扩展所有图像识别、IoT（物联网）等相关服务；平台层面基于云创PaaS技术可全面支撑和实现企业不同的个性化诉求；数字层面采用DMP技术实现业务数据整合和数据口径统一，可搭建高度自定义报表体系，保障各端口输出的数据质量。

从内部管理系统上看，明源针对企业集团级的内部资源管理、交易过程管理和业务流程管理诉求，提供云ERP平台解决方案。云ERP平台围绕资管中心、租赁中心、客服中心、资本管理四大板块展开，将业务管理标准、流程固化到具体的岗位流程中，形成可复制的业务管理标准，以支持企业规模化扩张和管理升级。

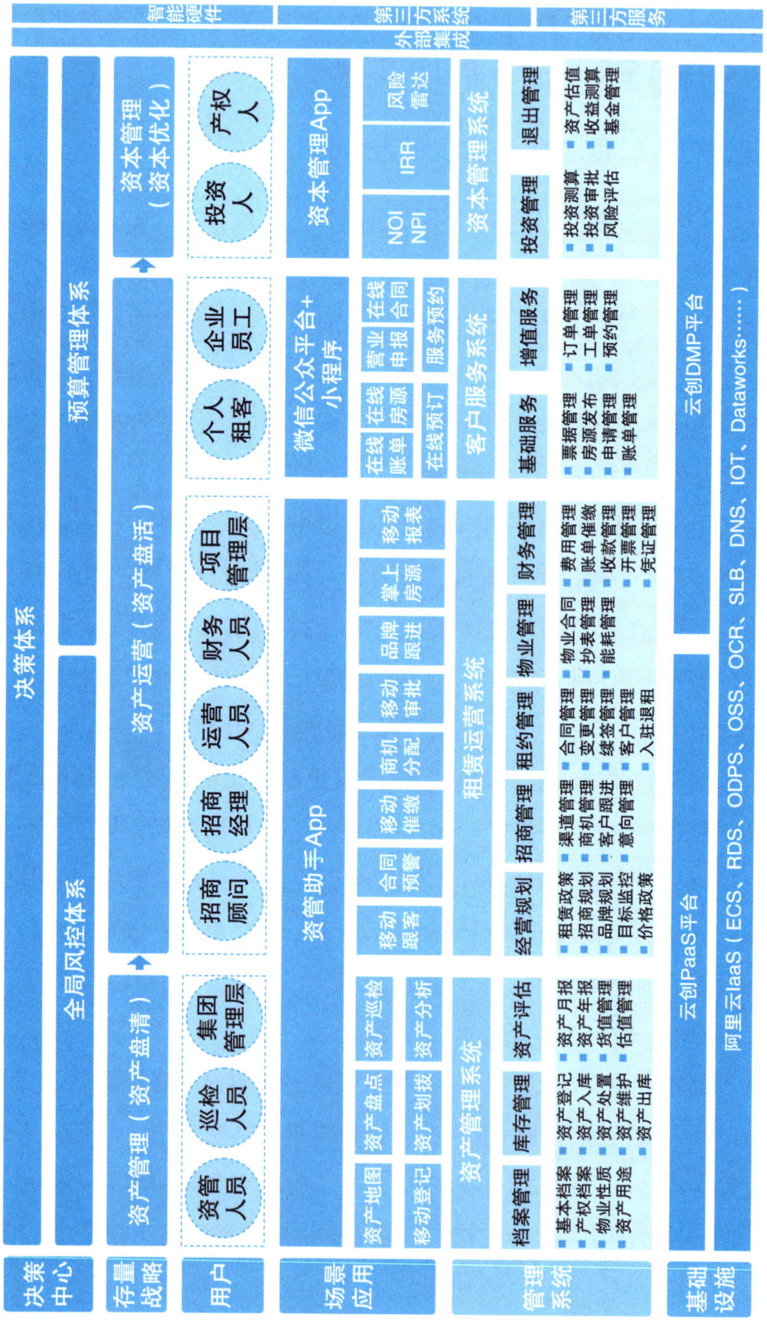

图 4-69 明源云资产管理平台

从移动场景的应用来看，明源针对有实时性要求的场景提供移动应用支撑，让员工和业务在线。企业管理者可随时随地在移动端快速办理审批业务、查询业务进展并接收风控及经营简报。对外通过"微信公众号+小程序"为客户提供在线化服务办理，同时也是移动化的企业品牌门户。

从风控决策上看，为了支撑企业经营目标的达成，明源云资管搭建了一套"预算—运营—决策"全局风控体系，保障经营目标成功落地和管理决策科学有据，以实现资产的持续稳定增值。风控中心保障企业经营风险可控，围绕资产风险、客户风险、运营风险和财务风险设定企业自身风险阈值，实现从"事后救火式"管理向"事前防火式"管理的转变。

未来已向我们走来，在当前从增量到存量的过渡转型机遇期，明源云资管愿携手行业同人，共同探索行业的最佳实践，全力打造资产管理信息化平台，助力房企实现城市综合运营商转型，助推房企迈入数字化的精益资管新阶段。

第五章

多产业布局大背景下的中台建设

在政策新常态下，为了充分匹配中央及地方的产业政策导向，"产业+地产"已成为房企破局的主流方向，大力发展产业将为房企的商业模式和业务拓展带来更多的想象空间。而房企一旦推行多产业布局，就会产生多产业数据打通、协同提效的需求，中台建设就自然而然成了需要发力的方向。当然，只有多产业布局这一前提的存在，中台建设的意义才能真正凸显。接下来，我们就结合行业实践案例，基于房企多产业布局的现状来阐述中台建设的方向和思路。

第一节
多产业布局是当下房企破局的关键

2019年上半年，在"房住不炒、因城施策"的主基调的指引下，中国房地产市场的整体增速较2018年显著放缓。这种市场现象的出现并非毫无预兆：2018年，一股房企去地产化更名风刮过整个行业。更名只是一种外在表现，其本质是近年来不少房企已经开始进行多元化探索。而针对多元化业务的探索，各家的态度也有所不同。

部分房企在展望2019年时就已经开始调整经营策略。与之前全面出击多元化的态度不同，它们普遍表达了要收缩多元化业务、聚焦主业的意愿。但有更多的房企尝到了多元化布局的甜头，公开表态会进一步侧重发展部分前景较好及赢利模式清晰的产业。接下来，我们将从多个维度详细阐述。

一、多产业布局为房企带来的利好

在起伏多变的市场环境下，多产业布局已成为房企抵御风险的重要方式。一方面，多元产业与地产开发协同发展不仅可以为地产发展提供原生动力，也可以推动关联产业赢利，比如投资商业地产既可带动地产发展，也可在促进物业管理的同时提升品牌影响力。另一方面，在进军新领域尤其是与地产主业关联度低的产业领域时，房企可形成自身的独特优势，通过与行业龙头的合作以及收并购等方式快速嫁接资源，加速布局进度以进一步抢占市场，达成规模扩张的目的。下面，我们将从资本市场偏好、融资渠道、土地出让以及多产业协同提效维度来进一步阐述及论证。

1. 全新的业务模式更容易获得资本市场的关注

近年来，互联网等新技术与物业服务的深度融合颠覆了传统物业服务模式，重新定义了物业服务价值，使物业服务企业获得了资本市场的青睐。而资本的支持又为物业服务企业注入了新的动力，加速企业做大、做强。

以此为前提，百强房企近两年越来越关注物业管理，如表5-1所示。其主要原因有三点。第一，对于房地产企业来说，物业管理属于房地产的直接上下游业务，因此房企在运营方面具有优势，且能凭借良好的物业品牌推动地产销售，实现双赢；第二，从目前上市的物业公司来看，其杠杆较低且基本不存在有息债务，房企提升物业管理规模并按照业务类别进行拆分，将更有利于提升物业公司的整体估值，以资产包形式获取融资进而扩大业务布局；第三，目前物业公司的赢利水平略低于地产行业，但随着相关增值业务以及各类平台的搭建和使用，其效率和盈利仍有较大提升空间。

表5-1 诸多房企物业板块已上市或正在上市

截至2018年百强房企物业板块上市情况

上市类型	物业公司	所属房企
港股	碧桂园服务	碧桂园
	绿城服务	绿城集团
	雅生活服务	雅居乐
新三板	保利物业	保利发展
	鑫苑物业	鑫苑集团
	鸿坤物业	鸿坤集团
	方圆现代	方圆集团
	彰泰物业	彰泰集团

2019年上半年部分房企物业板块上市最新动态

时间	所属房企	最新动态
3月4日	蓝光发展	旗下物业管理公司蓝光嘉宝港股上市获证监会核准
3月15日	滨江集团	旗下物业管理公司滨江服务于香港联交所上市
3月18日	中国奥园	旗下物业管理公司奥园健康于香港联交所主板独立上市
4月16日	保利地产	董事会、监事会审议通过物业分拆于港交所上市的议案
4月29日	招商蛇口	旗下物业管理公司招商物业借道中航善达A股上市
4月30日	鑫苑集团	鑫苑物业服务集团有限公司向香港联交所主板递交上市申请

资料来源：公开资料，明源地产研究院。

此外，华润置地表示正在准备分拆物业上市，但尚无明确时间；建业地产也同样表示未来有分拆物业公司的可能性。由此可见，房企全新的业务模式得到了资本市场的认可，这为企业和资本市场都带来了正向影响。在市场强监管、行业集中度持续攀升的现状下，房企及时结合自身规模情况选好多元化产业发展方向是当务之急。

2. 由第三方运营管理，获得更高的资本估值

2019年上半年，全国房地产调控高达251次，相比2018年上半年房地产调控192次，同比上涨了约31%。在强管控的大环境下，房地产行业的金融监管力度也进一步加大。2019年5月17日，银保监会印发的《关于开展"巩固治乱象成果，促进合规建设"工作的通知》，提及对银行机构的整治，包括并购贷款、经营性物业贷款等贷款管理不审慎以及资金被挪用于房地产开发等问题。在金融监管力度加大的前提下，无法上市融资的企业又该何去何从呢？下面，我们将以商业地产为例详细阐述。

传统商业地产获取现金流的方式为直接投入商业资产获取租金收益，在投入初期通过投入大量自有资金维持资产的日常运营，商业项目运营经过若干年进入成熟期后才迎来现金流回正。这种方式中规中矩，不论是投入期还是收获期都较长，获取的收益水平也有限。一方面，这种模式适合商业品牌影响力及运营管理能力欠缺的企业用作市场试水；另一方面，这种模式也适合有成熟运营管理经验的企业长期稳定经营。

早些年，恒隆曾在公开场合多次提及其战略转型是放弃过去"短线"的"追涨杀跌"，转为"长线"的"待价而沽"。在商业拿地方面，恒隆一直有严格的研判标准，尤其主张在具有发展潜力的城市购入最佳地块。在商业运营管理模式选择上，恒隆采用"买地、建设及租赁"的长租赁模式，凭借与信誉良好的公司签订租约可以把收入锁定数年。

如此做法当然不易。首先，最佳的地块并不是唾手可得的，恒隆需要等待极好的时机，更何况还要有一个极好的价格作为支撑；其次，打造最高质量的物业需要极其充足的耐心和时间。综上来看，只有好时机加上长时间运营管理经验的积累与打磨，房企才有可能拿到打开成功之门的钥匙，但能不能成功打开这扇门最终还取决于大环境的政策风向，

而政策大概率上很难被精准预判。

除传统模式外，房企也可从资本视角出发审视所持有的商业资产，通过商业资产打包量化估值的方式来获取融资。大家也许会问：为什么要从资本视角出发呢？

当前市场竞争激烈，企业要想求得生存与长远发展，就必须站在全局的角度思考战略、把握未来。而金融资本不论是从数据获取、指标选取还是研判模型搭建方面都有更多的触角可以深入地产行业，这也就意味着从金融资本视角出发探索出的结果会更贴合行业运行本质。因此，从资本的角度重新审视企业战略，实际上可以理解为从更高的维度来审视房企的运营管理模式。那么，从资本视角出发，房企又该如何调整其商业运营模式呢？

① 自持运营，通过资产打包量化估值获取融资

在有丰富自持运营经验的前提下，房企可以将商业项目以资产整体打包的形式包装起来，并通过客流、车流、租金单价、出租率、租金增长比例等维度的量化获取估值融资。对估值结果起决定性影响的各项量化指标会受到行业大环境的影响，进而呈现出不同程度的波动。在行业上升期，该类波动可能会呈现出良性的结果；而在行业下行期，该类波动产生的影响就是不可控的。

② 第三方代运营，通过资产打包量化估值获取融资

为了尽可能规避政策风险，房企可以采用第三方代运营的方式提高商业资产的量化估值。

以万科为例，为了快速提升其商业地产运营管理能力，万科于2016年联合其他投资方收购印力集团96.55%的股权。基于印力集团成熟的商业开发和经营管理能力，万科决定把印力集团定位为万科商业开发和管理的平台，借助外部资本力量，整合公司存量资源，促进其商业发展。

2017年5月，万科将旗下42个商业项目打包转让给两只投资基金——

招银成长壹号及招银成长玖号，总规模达129亿元。其中，万科出资50亿元，占比39%。湖北长江招银产业基金管理有限公司是最大的出资人。投资基金各参与方委托印力集团或其下属公司运营管理标的资产包。万科拥有大量项目资源与资金优势，而印力集团深耕商业地产领域超过14年，拥有成熟的商业开发管理与经营管理能力。经过有序整合，两者将产生巨大的协同效应，提高万科商业资产估值水平。

3. "产业+地产"模式不仅是房企拿地新选择，也受到高科技企业的青睐

随着地价的水涨船高，普通住宅地块要么无人问津，遭遇流拍风险，要么多家房企轮番争抢，导致溢价率高涨。我们曾追踪过广州市白云区某宗住宅用地在2019年6月27日的招拍挂现场，招拍挂时间共耗时102分钟。经过69轮的激烈角逐，最后地块由保利地产以41.16亿元夺得，地块折合楼面地价为15 795元/平方米，溢价率高达19.79%。参加此次地块争夺战的房企既有业内龙头（如碧桂园、万科），也有千亿梯队成员（如绿城、雅居乐），又不乏具有国央企背景的中铁建等，现场竞争的激烈程度可想而知。

规模房企尚需面对以传统方式拿地的高难度挑战，中小房企更是容易陷入进退两难的困境。但这并不代表房企无路可走，如果它们采用"产业+地产"的方式拿地，那么其地价会远低于市价。我们对苏州市工业园区内招拍挂时间间隔最小的两宗不同属性地块的成交结果进行跟踪统计后发现（见图5-1），在两块用地所处区位接近的前提下，工业用地B的成交价仅为住宅用地A的成交价的0.8%，工业用地B的楼面地价仅为住宅用地A的1.7%。这对拿地困难却又想进行规模扩张的广大房企来说无疑是一大利好。

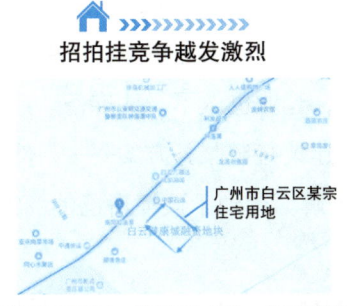
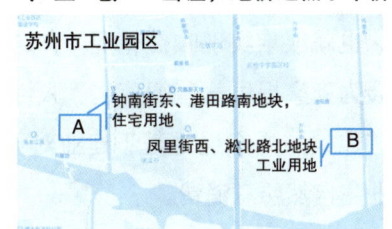

2019年6月27日，耗时102分钟、经过69轮的激烈角逐，最终地块被保利地产以41.16亿元夺得，折合楼面地价为15 795元/平方米，溢价率达到19.79%。
此次参加角逐的共有9家房企，其中包括保利、万科、雅居乐、绿城、中铁建和碧桂园等。

地块	成交价	溢价率	楼面地价
A 住宅用地	356 360万元	37.67%	30 287元/平方米
B 工业用地	2 794万元	0	515元/平方米

图5-1 招拍挂拿地与"产业+地产"模式拿地对比

除房企之外，高科技企业对产业拿地的态度也很积极。以海尔、OPPO（中国手机品牌）、华为为例，2018年4月16日海尔以底价1.83亿元获得广州南沙2018NGY-5号地块，楼面地价为305元/平方米；2019年1月22日华为以2.19亿元拿下东莞4宗工业用地，总地块楼面均价为376元/平方米；2019年2月15日OPPO以底价5.17亿元竞得东莞工业用地，折合楼面地价约249.6元/平方米。三家高科技集团在地价高涨的广州与东莞都能以不到1 000元的楼面均价拿下优质地块。由此可见，产业拿地的物美价廉不仅吸引了房企抛出橄榄枝，也吸引了高科技企业采取行动。

4. 业主资源与客户权益打通，实现多产业协同提效

以建业多产业协同的商业模式为例，其模式是将"建业+"平台作为媒介直连两方资源——上游供应商资源和第一方客户资源。上游供应商资源会汇聚在建业平台上，一方面受到建业充沛客户资源的吸引，另一方面是在"建业+"的平台上确实可以实现收益的兑现。简而言之，建业对客户资源有吸引与导入作用，而建业会向汇聚在"建业+"平台上的商家定向导入这些客源。这种定向导入的基础是建业对业主生活方式以及消费偏好的了解，但仅仅定向导入并不能吸引业主主动消费，商家也就很难实现收益兑现。在这个层面上，建业也做了一些准备。建业会为商家提供一些细节化、人性化的服务建议甚至服务方案——当然这些建议与方案也是基于建业对于业主的了解。遇到了读懂自己的商家，业主自然愿意消费。

那么，是不是只要商家愿意加入平台，建业就毫无保留地接纳呢？答案是否定的。平台与商家之间的筛选是双向的，建业自身会通过商家联盟对上游供应商进行集中管理。值得一提的是，上游的供应商不仅包括普通商户，还包括建业旗下的自营商户。在集中管理环节上，建业会设定一套严格的准入、筛选、监督、淘汰机制。这也就意味着商家联盟内的商户是动态更新的。这样既保护了高水准商户的收益，也让消费群体更加放心。

"建业+"平台直接连接的另一方资源是第一方客户资源。为什么要强调第一方客户资源呢？首先客户的身份一定是建业的业主，其次客户的身份是"建业+"的会员。这两种身份的需求是不同的。

作为建业的业主，客户需要实现客户权益的打通。这种客户权益包括社区生活的参与感、对物业服务的话语权等。对此，建业以君邻会为核心实现客户权益的打通与兑现。在这一过程中，君邻会不会对人群做太多的圈定，也不贴标签。在为客群提供服务时，建业强调在定制的同时要不定向引导。具体来看，建业多年累积下的业主，在除去业主身份后，可能是家长、球迷和影迷等。不同的身份特征对社区生活也会产生不同的需求。这时，君邻会会作为参与者参与业主自发组织的各类文娱活动，并且做好场地等基础服务，把舞台的正中心交给会员。不仅如此，对于业主所需要的话语权，君邻会也在迎合的同时有所行动。例如，业主需要定制服务，那么建业正在热售的项目中的很多细节都是由业主票选出来的。作为"建业+"的会员，客户会产生消费需求，这时就可以通过"建业+"App进行线上及线下的消费。

二、行业多产业布局成功案例解读

前文我们谈到，在地产行业步入新常态的大环境下，多产业布局已成为房企破局的关键，无论是规模房企还是准千亿、千亿房企，抑或成长型房企，都在加速向多元化方向战略升级。明源地产研究院在与行业内多家标杆房企交流后发现，除规模房企外，一些区域龙头或成长型房企因为对深耕本土的坚守，基于极高的城市布局密度，走出了一条成熟的"产业+地产"发展之路，值得行业借鉴。接下来，我们以几家不同规模的典型房企为例，对房企多产业布局的有益探索进行阐述。

1. 保利：推进"综合服务"与"不动产金融"，多元布局征战地产下半场

当前，宏观调控力度不减、行业规模增速放缓，房地产行业已然步入新的发展周期。房企要想继续成长，就必然要改变过去对规模、速度的简单追求，找到一条与中国经济发展相结合、与城市发展相匹配的业务路径。而我们也不难看到，规模房企在冲刺规模的赛道上纷纷放缓脚步，不再执着于规模之争，一场有关如何"活下去"、如何"活得好"以及如何"活得久"的竞争早已开启。例如，虽然碧桂园做农业、融创搞文旅、恒大造汽车等方向不一，但各家龙头房企都希望借助多元化业务的探索找到一条和房地产主业规模相当，并足以支撑企业未来发展的第二赛道，而这对房企的运营能力和服务能力都提出了更高的要求。

在规模增长的赛道上，保利无疑是最优秀的选手之一。在多元布局上，保利同样蓄势已久，亟待发力。

（1）多元化之路：基于全局连续性战略规划逐步升级

与其他规模房企高投入、高风险、回报周期长的多元化模式不同的是，保利长期坚守着全局连续性的战略规划。一方面，保利专注于地产

主业基础上的"相关多元化",不为市场投机性的机会所诱惑;另一方面,保利加大对两翼业务的战略性投入,培育未来的主营赛道。

早在2002年,保利制定的"三个为主、两个结合"发展战略就已明确提出"以房地产业为主,适度拓展相关行业",积极布局多元化产业发展。2016年,保利进一步提出"以房地产开发经营为主,以房地产金融和社区消费服务为翼"的"一主两翼"战略,全面试水商业、养老、旅游地产等领域,逐步构建"多元"利润增长模式,并成立保利资本,为进一步发展房地产金融开辟新的通道。

2018年9月,保利地产正式更名为"保利发展控股集团股份有限公司",并将"一主两翼"的发展战略升级为"以不动产投资开发为主,以综合服务与不动产金融为翼",打造不动产生态发展平台。由此,保利在发挥地产开发业务的强基固本、创新引领重要作用的同时,以产业链资产经营为基础提供美好生活服务,以产业金融服务为基础实施产业资本运作。

保利打造的不动产生态发展平台的含义是以不动产投资开发为原点,立体延展出一个"生态球":纵向延伸产业链,打通投资、设计、施工、代理、销售和物管等全链条服务;横向扩展多元业态,在住宅、写字楼、购物中心和产业园等各类场所内提供居住、商务、文化、娱乐、康养、教育和产业经营等综合服务,并通过人才、资本、科技和信息的连接形成一个共生共荣、和谐发展的有机系统。这个有机系统有助于保利各产业间打通边界,加强整合交互和提升资源价值。

从保利的多元化战略发展脉络我们可以看到,战略升级并非一蹴而就,而是在各方面时机成熟的情况下,才迎来现在的全面升级。正如保利发展董事长宋广菊所说:"保利地产升位至保利发展,这一过程的孕育凝结了公司多年来的战略规划、蓄势谋远和几经求索。"

(2)多元化布局:围绕"综合服务"和"不动产金融"两翼业务深度布局

如图5-2所示,从最新战略定位我们可以看到,不动产投资开发仍然是保利坚定的主业方向；在多元化布局上，保利围绕"综合服务"和"不动产金融"两翼展开业务；保利的两翼业务在多年的积累沉淀下已经取得了不菲的成绩。

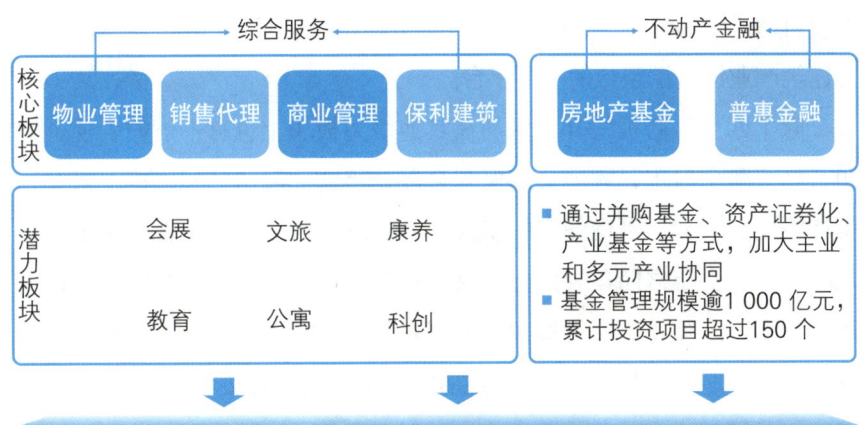

图5-2　保利多产业布局

① 综合服务：全面布局四大核心板块及多个潜力板块

在综合服务方面，保利以产业链价值挖掘与资产经营为主线，加快发展物业管理、销售代理、商业管理、保利建筑四大核心板块，同时重点培养会展、文旅、康养、教育、公寓和科创等多个潜力板块，以创新发展模式快速提升市场化程度，完善综合服务布局。

在综合服务的各业务板块中，物业管理无疑是保利最具规模和潜力的板块之一。2018年年报数据显示，保利的物业管理项目已布局130个城市，面积达2.5亿平方米，在管面积达1.5亿平方米，稳居行业前5。2018年，在房企物业分拆上市潮涌的大背景下，保利物业也走出了登陆资本市场的第一步。与此同时，保利通过并购整合模式加快物业布局，为上市铺平道路。例如，2018年保利物业收购区域校园物业管理龙头湖南天创物业，进一步完善物业管理"4+N"的多业态布局。

在商业板块上，2018年年报显示，保利商业管理板块运营项目达65个，管理面积达266万平方米，累计外拓购物中心10个、酒店4个，以轻资产模式实现品牌及管理输出。在代理业务板块上，2018年8月，保投顾与房地产代理服务商龙头企业合富辉煌完成股权整合，双方的一、二手物业代理业务融合发展，2018年年末累计覆盖超过150个城市，代理项目超过1 700个。在建筑板块上，保利建筑将通过并购与资本运作成为建筑产业链资源整合的主要平台。

除了四大核心板块外，保利在其他潜力板块上也有不俗的表现。例如，已有两个自主品牌展会的保利会展，年营业额两亿元，接下来保利将加快展会并购、管理输出的步伐，筹备分拆上市；保利教育旗下的幼儿园所、青少年宫储备规模已过百家；在康养领域，保利发展已经在上海、北京、广州、三亚等城市布局了6个养老地产项目，其中北京西山林语和熹会专业养老机构入住率达70%，基本实现收支平衡。

② 不动产金融：信保基金、保利资本和太平保利三驾马车并驾齐驱

在不动产金融方面，保利年报指出，以产业金融服务为基础继续提升房地产基金管理规模和市场化能力，提升产业链投资及资本运作能力，通过并购基金、资产证券化和产业基金等方式加大主业和多元产业协同。对于保利发展而言，在金融业务领域的布局不仅能够扩大融资渠道并提高赢利能力，还有利于贯穿"建设—运营"两大环节打造多元化的业务格局，促进地产与金融的协同，甚至实现产融结合循环放大。在不动产金融业务方面，保利发展旗下目前已拥有"信保基金、保利资本、太平保利"，三驾马车并驾齐驱。

一是信保基金，它是保利发展专注于产业投资、金融创新、并购整合和资产管理的市场化、专业化、独立运作和主动管理的股权投资基金管理机构。截至2018年年末，保利累计基金管理规模逾1 000亿元，累计投资项目150多个，其中信保基金多次被评为"中国房地产基金十强"。

二是保利资本，其核心业务包括开发类地产股权投资基金管理、商业不动产投资基金管理、私募股权投资基金管理、创业投资基金管理等

资产管理业务，共同为保利发展整体生态服务。相关资料显示，近一年来，保利资本依托地产主业，聚焦大消费、教育、医疗、物流、产业园运营等领域，相继投资了生鲜配送平台每日优鲜、AI算法提供商商汤科技、柔性显示屏及传感器研发商柔宇科技等一大批产业契合度比较高、市场预期比较好的项目。在REITs（房地产信托投资基金）领域，保利是当之无愧的先行者，保利早在2006年就尝试以REITs形式将旗下商用物业打包上市。2018年3月13日，国内首单REITs产品——"中联前海开源—保利地产租赁住房一号资产支持专项计划"，总募集金额达50亿元，为租赁住房资产证券化提供了"保利样本"。

三是太平保利，它是保利发展布局健康养老产业的重要抓手，由中国太平旗下的太平人寿、太平资产与保利发展共同发起成立，成为国内首例保险央企与地产央企在大健康产业领域的跨界合作。太平保利以占领行业高地为目标，输出优质的养老地产、健康医疗项目，助力保险辅业和地产主业双发展。

总体来看，在保利继续做强地产主业和保持第一赛道竞争优势的同时，"以物管业务为代表的综合服务翼"和"以信保基金为代表的不动产金融翼"布局的第二赛道已经初步成形。两条赛道互为协同，除了两翼业务对地产业的协同外，两翼的物管业务和金融业务本身也具备巨大的协同优势。例如，物业管理作为地产存量运营的典型模式，是通过REITs等金融手段进行资产证券化的优质标的。

而在多元化布局已见成效并持续深化的战略背景下，如何通过数字化实现多产业间的协同提效将成为保利接下来需要思考的关键问题。

2. 建业：多元产业协同，打造"建业+"生态模式

从历年的销售金额排名前100的名单来看，豫系房企的上榜数量远远不如强大的粤系、京津系以及闽系房企。从2018年销售业绩的综合表现来看，豫系房企中的佼佼者建业和正商的销售规模均达到500亿

元以上，而建业更是以705.6亿元的表现稳坐豫系房企销售"一哥"的宝座。

截至2018年年底，建业已进入河南省的19个地级城市和近百个县级城市。在继续坚守在河南省内发展的原则下，建业的具体战略是以郑州为核心，向周边重点县市发散性深耕布局。仅郑州单城2018年的重资产合同销售就已达到138亿元，同比增幅高达72%，占其总销售规模的近20%。

关于建业的多产业布局思路，2015年建业正式提出由"房地产开发商"向"新型生活方式服务商"的战略转型。以此战略为基础，建业形成了"建业+"生态模式。历经了多年的协同实践与扎实耕耘，目前除地产板块外，"建业+"生态模式涉猎的产业有文旅、农业、物业、商业、教育、体育、酒店、科技、金融、旅游及君邻会。

坚守河南省内发展的建业是如何抵御外来龙头房企入侵的？布局了如此多的产业，建业又是如何打通这些产业进而形成多产业协同提效的格局的？接下来，我们将针对这两个问题为大家细致剖析建业多产业布局的探索之路。

（1）认清自身优势，以线上线下交互体验的方式渗透当地生活，抵御外来入侵

在认清自身优势的维度上，建业显得十分理性。作为深耕河南省多年的本土企业，建业拥有三点优势：一是可靠的客群资源，二是多年的高品质产品与服务积累下的口碑，三是多年省内深耕带来的高密度网状布局。尤其在第三点上，相比规模房企全国撒网式布局，建业更倾向于为河南人民织起一张体验至上的服务网络。对于服务网络的密度，建业强调的是无盲点，即在地域、时间、业态以及场景方面都要达到精细化覆盖。在这一点上，建业做了许多准备，也攻克了很多难题。

建业通过"建业+"平台串联起客户线上与线下的生活，也更强调交互体验，以提高客户满意度。从企业运营的角度来看，通过平台上的

各项功能，建业可以实现在线营销，为房地产项目营销精准化提供资料支持，并能更有效地为建业品牌进行全方位宣传，提高其品牌价值。从客户体验的角度来看，对比诸多互联网平台，"建业+"平台更了解当地居民的消费习惯与消费偏好；同时，随着建业布局能级的下沉，被诸多互联网平台及规模房企忽略的县级城市业主在平台上也受到了同等重视。

其他互联网平台（如网游等）更愿意把客户留在线上，通过对客户线上操作以及停留的数据进行搜集、分析进而定向推广。建业则更提倡客户尽量少地在线上停留，而把更多的时间花在线下体验上，通过线下体验的直接反馈帮助建业不断迭代、提升服务品质，这与建业战略强调的新型生活方式服务商定位相匹配。

（2）轻、重资产分开运营，"建业+"整合多方资源，实现多产业协同提效

前文我们提到了建业的多产业布局，要想将这么大的一盘棋下好，建业在运营维度就要有所作为。对此，建业首先对重资产及轻资产业务做整体区隔，建业地产主要负责重资产持有，轻资产的运营管理则全部放在建业集团的新生活板块下。这样区隔是因为重资产业务强调的是收益率，团队要保证一定水平的收益率，而轻资产的运营团队则要专注于如何提高运营效率，两块业务所强调的重点不一样。

对两块业务有了明确的区隔后，建业强调专业的人做专业的事。因为不同产业的经营思路不同，如果用做地产的思维去做文旅，那么基于文旅产业的特殊性，投入的项目无法通过高周转率来立刻产生收益，所以建业找到具有文旅产业运营经验的团队来专攻文旅板块。

有了业务区隔和专业化的团队后，产业协同提效中最为重要的一个环节就是多方资源的整合。这里提到的多方资源不仅包括建业所涉猎的多元产业资源，还包括产业上游的供应商资源与下游的客户资源。我们曾在上文中简单介绍了"建业+"平台的应用场景，接下来我们将从运

营维度进行更为细致的拆解，如图5-3所示。

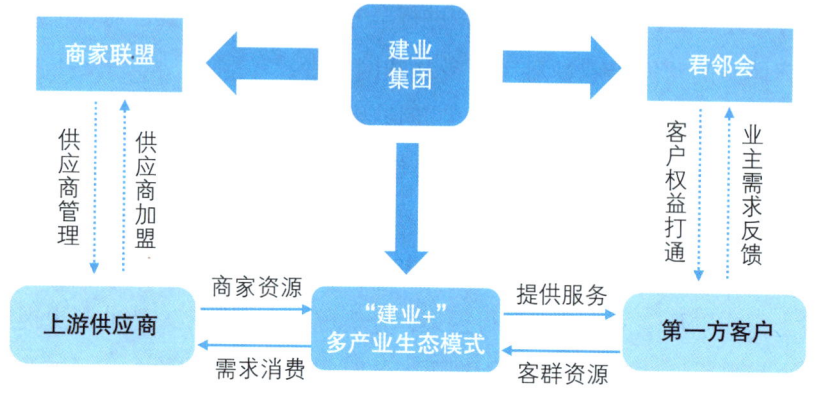

图5-3 "建业+"多产业协同提效

综合来看，建业所布局的全省19个地市（近百个县级市）都通过"建业+"平台成为一个集合，建业所触达的所有商家和客群资源也相应建立起了深度连接，形成生态联盟。

3. 雅居乐：围绕地产主业，打造"1+N"多元产业布局模式

截至2018年12月31日，雅居乐的营业额和毛利分别为561.45亿元及246.74亿元，较上年分别增长8.8%和19.3%；净利润为83.58亿元，较上年增长23.3%；股东应占利润为71.25亿元，较上年增长18.3%；整体毛利率和净利润率分别为43.9%和14.9%，较上年分别增长3.8%和1.8%。

2018年，在"以地产为主，多元业务并行"的发展模式下，雅居乐坚持实施"1+N"全面战略布局，即在保持以地产为核心的基础上，全力推进物业发展、物业管理、环保、建设及教育业务，并新成立了房管业务板块，还通过整合现有的物业组成了商业管理业务板块。对此，雅居乐给出的解释是："未来，雅居乐不仅仅要做地产的制造商，更要努力成为以地产为核心、贯通全产业链的服务供应商和运营者，致力于成为'优质生活服务商'，助力每一个人的精彩生活。"

通过这句话我们可以看到：首先，地产依旧处于雅居乐发展战略的最核心的位置；其次，多产业的发展方向是贯通全产业链的，发展重心则放在服务和运营两项上；最后，雅居乐为自己制定的标签是优质生活服务商。接下来，我们将重点阐述多产业布局为雅居乐带来的价值以及雅居乐对多产业布局的思考。

(1) 多产业布局为雅居乐带来了哪些价值

仅从2018年财报来看，与其他尚处于摸着石头过河阶段的房企不同，雅居乐多元产业布局已有所收获。

① 物业管理、酒店营运、物业投资及环保业务已实现盈利

我们在前文提到，2018年雅居乐的营业额为561.45亿元，较上年增长8.8%。其中，地产主业的销售收入为524.88亿元，较上年增长6.5%。地产主业收入与多元化业务收入的占比分别为93.5%和6.5%，多元化业务收入占比同比增长2%。其中，来自物业管理、酒店营运、物业投资及环保业务的收入分别为21.33亿元、7.22亿元、1.89亿元和6.14亿元，分别较上年增长65.3%、5.5%、13.5%和199.8%。

2018年，房管集团和资本投资集团均实现了当年成立和当年盈利。截至2018年年底，房管集团的已签约项目为6个，代建货值预计超过200亿元；资本投资集团快速推进优质项目资源的整合梳理，并迅速与多家头部机构建立战略合作关系，整体业务规模已达26亿元。

值得一提的是，自2018年初雅居乐旗下的物业板块——雅生活分拆上市后，雅生活自身的业绩增长势头较好。2018年，雅生活的营业额为33.77亿元，较上年增长91.8%；毛利率和净利润率分别为38.2%和24.0%；股东应占利润为8.01亿元，同比增长176.5%。

② 站在全产业链角度打通上下游，与地产主业形成协同效应

"相关多元化"，即用一条线把产业链串起来，更能充分发挥资源的协同效应，比如支付宝串联阿里帝国，微信串联腾讯帝国。但不同领域的多元化就很容易失败，比如格力造手机。雅居乐目前的五大重点发

力业务，包括地产、雅生活、教育、环保和建设，这些都是具备关联性的。

例如，2017年成立的建设集团涵盖设计、施工承包、家居装饰、园林景观、智能化工程、造价咨询审计、材料贸易等业务，是一个贯穿地产开发全流程的综合型建设产品集团。建筑板块中的园林景观又可与环保板块形成交叉，而雅居乐的环保板块目前拥有近30家项目子公司，已累计投资近百亿元，业务范围涵盖固体废弃物、环境修复和水务三大领域。环保板块自身具有可以与地产开发业务形成"环保产业+地产开发"的创新协作模式，通过投融资、规划设计、园区兴建、企业招商、技术指导、服务运营等方式为城市打造新兴的环保产业新城或特色小镇。

为什么说多元化产业布局要渗透上下游且与主业形成协同效应呢？一个新兴产业运营起来的关键在于服务或产品是否被市场接纳及认可，只有通过上下游渗透销售和收集相关的反馈，新兴产业的运营模式才会有相应的迭代更新。当然，如果新兴产业在短期内获得市场认可有困难，那么它也可以先在内部消化。例如，雅居乐建设板块至少能拿下集团的所有住宅项目，这样一来，它既可对外接活，也可对内直接承接自己的项目。

（2）雅居乐为什么选取这些产业进行布局

雅居乐在产业选择上，充分考虑了以下两个因素。

① 产业布局可以迎合大湾区发展规划的要求

2019年，《粤港澳大湾区发展规划纲要》重磅出炉，其中提及的大湾区大融合的首要目标之一就是产业大融合。其明确指出大湾区各区域要分工合理、功能互补、错位发展，大湾区内各城市的产业定位十分清晰。通过振兴传统产业和大力发展新型产业，粤港澳大湾区将被打造成以供应链联盟为纵向和以多元化产业联盟为横向的产业结合的世界级大湾区。

从业态的视角来看，产业地产在大湾区大融合的大背景下有着较好的发展土壤；而从城市的视角来看，大湾区内的产业融合将直接促进湾区的特色城镇建设和运营。大湾区作为雅居乐2019年重仓的区域，在产业大融合的背景下，毫无疑问是雅居乐大力发展产业地产的最佳土壤。

② 产业拿地相对容易，有利于雅居乐的规模扩张

在拿地态度上，雅居乐保持着"拿好地不拿错地"的"积极审慎"态度，重点拓展核心城市和周边城市的副中心地区，以及具有潜力的二、三线城市，以推动产业小镇和城市更新。据了解，2018年上半年雅居乐在9个省、12个城市签订了3个产业小镇投资协议以及15个产业小镇、城市更新项目的框架协议，其中威海体育休闲特色小镇项目已获取715亩[①]土地。对于通过产业小镇的方式拿地，雅居乐很自信，其公司管理层曾透露："2018年，如果情况正常的话，我们可以通过产业小镇获取3 000亩以上的土地，未来还会持续投入。"

（3）雅居乐如何实现多产业的打造

目前，房企常见的多产业打造方式大致可归为三类：第一类是内生发展，第二类是"内生+外生"兼容发展，第三类是外生发展。内生发展是指由房企地产主业延伸出的物业板块等有较强的关联性，可自主培育发展；"内生+外生"兼容发展是指通过与其他企业合作的形式进一步培育和发展房企本身已涉猎的板块；外生发展是指房企通过收并购形式将半成熟或已成熟的产业收入囊中，并根据自己的企业战略进行整合。接下来，我们将重点围绕雅居乐在第二类及第三类上的思考与做法来具体阐述。

① 物业板块强强联合，引入合作伙伴绿地集团

上述的第二类打造方式——"内生+外生"兼容发展——因为较为

---

① 1亩≈666.67平方米。

复杂，所以比较少见，但雅居乐旗下的雅生活就是这种模式。2017年6月30日，世界500强企业绿地集团将其全资子公司上海绿地物业100%的股权转让给雅生活。同年8月17日，绿地集团又以10亿元资金战略入股了雅生活，取得雅生活20%的股份，成为雅生活的长期战略性股东。雅生活因此也成为中国物业管理行业唯一一家同时拥有两家一线房企股东的物业服务企业。我们认为，双方在物业板块的合作只是一次尝试，未来有可能会上升至集团层面的战略合作。从长远来看，绿地的大份额入股能给雅生活未来的发展带来更大的驱动力。

② 先买，再消化，后提升，通过收购快速完成多元布局

上述的第三类打造方式——外生发展——也是最快的多元化布局方法，如雅居乐的环保产业、教育产业。以环保产业为例，雅居乐环保集团已并购了近30家具备危废处理资质的环保公司，拥有45大类危废物处理资质。在收购对象的选择上，雅居乐的原则是严格筛选。投资指标是收购的核心要素，雅居乐环保集团要求被收购公司的投资回报期原则上不高于8年，IRR（内部收益率）必须大于或等于10%。然而，收购后的业务、企业文化及发展战略等多个维度的整合事实上是比收购本身更有技术难度的事，不过从环保集团当前的业绩以及未来的可持续发展来看，雅居乐做得还是不错的。

三、多产业布局的战略难点

目前，产业地产不仅成为广大地产企业解决规模扩张难题的"灵丹妙药"，也成为不少高科技及制造实体企业的新偏好。房地产企业大致可以归为以住宅开发为重心的房地产开发商和拥有成熟商业模式的传统产业地产商两类。房地产开发商在传统地产开发领域积累了大量经验，同时通过住宅产品的高周转、快回款等模式获得了较好的融资能力，但其易局限于住宅开发的惯性思维。而产业地产则是商业模式不清晰。接下来，我们将针对战略、运营以及方案落地操作中遇到的难点为大家详细

展示传统房地产开发商的产业痛点。

1. 产业成功难

产业地产行业在过去几年取得了长足的进步，无论是轻重资产的平衡掌握，还是对产业孵化的认知，或是对提升产业价值创造力的实践趋近，包括对未来园区平台经济的勾勒，百舸竞流、各寻蹊径。但仍有许多房企深陷产业成功的迷雾，我们总结下来有企业战略维度、融资渠道维度、组织架构维度、组织激励维度四大制约产业成功的因素。

(1) 企业战略维度：以长期思维看待产业

房企在决定投入多元产业时，首先应该在战略层面明确的是产业需要以长期思维来看待。以文旅产业为例，当今的文旅产业有太多项目大干快上、粗制滥造、急功近利甚至难以落地。从投资金额上讲，一个文旅小镇的平均投资在35亿～40亿元，而资金回报周期则长达15～20年，即便项目能够成功落地，也很难吸引大量游客。为什么呢？首先，项目同质化严重、体验感不足，客户的需求在升级，但市场上相似的产品却无法与其匹配；其次，缺乏以内容为中心的IP支撑；再次，文旅项目的盈利基础较为薄弱，房企除了依靠项目带动住宅产品销售外，很难寻找到好的运营模式；最后，文旅项目的投资规模大、周期长、融资环境受政策影响大。综合来看，房企要有足够的市场调研、项目规划、融资渠道及现金流准备，才能去经营产业。

(2) 融资渠道维度：基于资本视角审视产业投资回报

在企业战略维度，我们曾提到产业同样需要充足的资金投入才能维持运转，而产业培育前期的现金流主要来自企业的自有资金及融资所得，又因资本市场对投资收益的极致追求导致其对产业项目的运营风险程度相对敏感，进而带来了融资难、融资成本高的结果。

以商业地产为例，近年来商业地产发展迅猛，这导致了商业地产对长期资金的需求加大。与此同时，受行业整体形势影响，商业地产的去库存压力越来越大,从而直接导致其利润率下降,周转和去化速度放缓。房企过去依靠间接融资来支撑产业孵化,即依靠银行贷款来支持商业地产开发的模式逐渐出现了天花板。对于房企而言,此时越来越不能依靠住宅的逻辑——只有挣钱了才能深挖商业运营的价值,而必须要从金融资本的维度去审视。目前,较为常见的从金融资本维度出发倒推商业运营模式迭代的主要方式是资产证券化。资产证券化是以特定资产组合或现金流为支持,发行可交易证券。对于投资人来说,优质不动产非标转标后填补了房企中等风险和收益的投资产品的空白;对于持有者来说,对比经营性物业抵押贷款,证券化可以带来额度更高、成本更低的资金,从而将其用于偿还贷款、改造维修等。但对于商业地产持有者来说,让资产组合的各项指标一直保持在高位是一大难点。

(3)组织架构维度:地产团队和产业团队要绝对隔离

首先,产业团队本身的专业人才匮乏。以养老产业为例,对于养老护理机构而言,其中最大的问题就是护理人才的缺乏。2018年上半年,国家卫健委曾统计,虽然目前全国护士人数已经达到380万人,但相对于需求来讲,供需之间的缺口还比较大,社会不平衡、不充分的发展和社会需求之间的矛盾在护理领域体现得比较突出。按普华永道的预测,中国养老院床位的需求量将从2015年的659万个增至2025年的1 285万个。而参照三个老年人配备一个护理员的国际标准,我国养老服务从业人员也严重不足。

其次,地产团队各方面的薪酬待遇比产业团队好很多,最后导致产业团队人才流失快。以养老产业为例,从服务水平、硬件设施及费用等方面划分,养老机构可以分为低、中、高三个档位。低端养老院的价格一般为每月1 600~3 500元,如果以北京、上海的平均养老金水平来计算,该档养老院应该会成为一线城市老年人的主要选择,但低端养老院的收益水平明显在很长一段时间内都无法覆盖企业在产业孵化期的投入。对比住宅产品高周转、高回报的特征,养老产业投入大、回报周期长,这也就导致其产业团队在较长一段时间内都是挣"辛苦钱",久而久之,人们会对高回报的其他行业心生向往。

(4)组织激励维度:构建共创共享的激励平台

若地产企业的发展核心在产业,那么盈利来源就主要在产业服务和产业发展,但这两项均需要经历园区规划、建设开发、产业招商集聚等多个环节后才能真正带来稳定且长期的收入。产业地产前期的投资大、盈利周期长、利润少,企业成立后(或者一个新园区建立后)在较长时间内都难以通过捆绑收入、利润等业绩进行长期激励。目前,大多数的产业园区都会融合多种业态,且各种业态间存在较大的差异。例如,在以产业发展运营为核心、住宅和商业为配套平衡现金流的模式下,各种产业的定位、盈利周期和业务模式差异较大,而各种业态又需要同时建设并相互融合时,如何合理考虑企业或园区人员激励的均衡性以及如何保障激励的适用和有效性就成为难题。

2. 产业运营难

从产业成功这一命题继续往下挖掘就到了产业运营维度,有了好的战略做引导,房企对于产业领域的开拓能否一帆风顺了呢?我们的回答是不一定。在运营维度下,房企面临着孵化难度大、专业门槛高、组织架构搭建要求高的难题,因而也难以找到突破口。

(1)多地暂停产业用地与住宅捆绑出让,产业孵化难度进一步加大

大多数多产业布局的房企是以"产业+地产"的名义低价拿地的。在获得一定数量配套的住宅用地后,先卖住宅回笼资金,然后开发产业园以获取园区的招商和服务费等,这是产业地产过去普遍的"玩法"。华夏幸福就是以独特的"产城+住宅开发"模式逐渐走向壮大的。然而,由于过去不少房企挂羊头卖狗肉,以产业之名行地产之实,各地方政府都在不断收紧产业地产用地出让条件。例如,济南的创新性产业用地不再与住宅捆绑出让,郑州和北京等地产业园区内的物业不得再进行散售,

等等。

种种限制举措均是由于在产业孵化阶段，产业落地方案是由当地政府主导、政企协作共同推进的。站在地方政府的角度来审视产业孵化方案，其更关注的是产业是否匹配城市特性，能否有一定的产值为当地贡献一定的税收，是否能达到一定规模带动当地就业，能否进一步形成集群化吸引外来企业入驻。而现在大多产业新城面临的问题是无规模、产值比较低、税收比较少、没有形成集群化、处于培育阶段、项目本身没有创新、缺乏现金流和项目完成率比较低等，这就导致政府的信任度和认可度低，产业孵化推进困难。

（2）产业地产的基础要求高，专业门槛高

综合来看，产业的发展可分为三大类。第一类为企业自建产业园区，政府支持大型企业进驻并自主开发，以通过其行业影响力带动上下游企业加入园区建设，但是这类大型企业自建园区只是为了自身产业链的完善以及升级，其对区域规划和经济发展的推动作用微乎其微，这无疑挤压了中小企业发展的多元化空间。第二类为以政府需求为导向，以带动工业地产开发为目标，政府规划各种开发区、工业园以带动区域经济全面发展。有较强资金实力和丰富开发经营经验的工业企业在这一部分占了上风，该类企业可以定向迎合政府需求。第三类为以产业地产规划为导向，以产业为主导，从而配合部分住宅产品销售。这是因为产业作为聚集的载体和核心组成可以带动关联企业的发展，从而有效推动产业聚集的形成。

目前，第三类为大多数地产企业转型的方向，随之而来的是产业发展需要一定的专业基础。例如，园区落地区域的产业基础是园区产业定位的重要依据。落地区域有什么样的产业基础以及产业基础是否雄厚，直接决定着企业在当地适合发展什么样的产业。产业基础除包括基础设施和公共服务配套设施外，还包括企业发展所需要的上下游产业链资源及其他配套资源。而对于大多数企业来说，聚集产业链及其他配套资源

又是一大难题。

(3) 产业地产的组织架构搭建要求高

产业发展缺乏组织、专业人才和资源，因此房企在团队能力以及组织架构搭建上的要求更为精细化，相应也更难实现。

① 职能划分：从经营型总部到战略型、财务型总部

前期，总部需要进行充分的专业管理以保障产业地产主业的经营管理。在增加与主业关联的业务后，总部角色转换为战略的布局和把控。当多元化业务越来越多时，总部可能更多地关注财务收益，成为财务性总部。

② 管理方式：差异化管理下属企业

当产业地产的相关业务成为核心时，企业需要更强的战略指导、风险管控和资源支持，从而建立和维持企业的核心能力和优势去应对产业主业；而在辅助业务如园区服务类方面，企业应更偏重战略的管控，在支撑主业发展的同时面向市场管理、投资性业务，当然也要更多地关注投资性的收益。

③ 迭代周期：较长的变化周期

多元化业务的发展不仅需要企业有很好的资金实力，还需要企业有极强的投资决策能力和集团管控能力。对于本身投资周期长、重资产且商业模式复制性不强的产业企业来说，它们需要较长的发展周期来实现多元化的转变。

3. 产业打通难

在全新的行业周期下，房企要活得久、活得好的关键在于比竞争对手有更敏锐的洞察力，这里包括对外部市场环境和内部经营的洞察，这也决定着房企未来的生存能力和生存质量。

(1) 无法应对业务变革需求，忽视业务融合，主数据打通难

很多房企认为上线ERP管理软件之后就完成了数字化的建设历程，

但实际上这只是完成了第一步，仅仅解决了覆盖问题，还没有解决业务变革和提升的诉求。首先，旧有的套件无法满足一些创新业务的需求；其次，应用过程中的数据治理难以完成；再次，高层决策的需求往往随着行业的变化而变化，需随时更新；最后，随着全社会数字化的成功实践，借助外部数据和外部能力来为企业经营赋能则需要更多新的尝试和创新。

不少房企一味追求最强大的平台技术，却忽略了与业务的融合。从为公司的一线业务赋能的角度思考，技术和平台固然重要，但它们只是基础，最终还是要基于对业务的深度洞察来真正解决问题。并且，当下的技术发展非常快，安全、存储、分析的技术底层都已经很发达，不再会是房企的瓶颈，反而会对业务的深刻洞察有关键作用。

有些房企出于保障数据安全、防范数据风险的考虑，特别强调数据的私有，其实私有才是最大的不安全。如果房企把数据直接部署到私有机房，那么安全方面会存在非常大的隐患。

（2）不惜重金自建系统，忽视供应商的价值

很多标杆房企投入巨额成本自建系统，甚至为此专门成立科技公司。不少中小房企在看到标杆房企自建系统后，盲目跟风，最后花了很多钱和精力却没有成效。从短期来看，自建系统很美好；但从长期来看，这种模式存在隐忧。

首先，自建系统的封闭性强、迭代慢。房企自建系统的所有智慧都来自企业内部，无法汲取行业的智慧。如果IT团队和业务团队的能力有限的话，那么系统效果会大打折扣。

其次，企业自建系统的成本代价高。如公寓业务，有些房企选择自己组建庞大的IT团队来编制一套公寓系统，几年下来成本耗费近千万元，投入产出比极低。

当然，自建还是选择专业的供应商其实取决于房企自身的实力。如果IT团队和业务团队的能力很强，自建应用就可以更贴合自己的业务需

求。但如果房企自身的底子很薄，也缺乏这方面的经验，房企就可以选择行业内成熟的解决方案，这样成本更低且性价比更高。

四、多产业布局下的数字化蓝图建设

在从产业成功、产业运营和产业打通三个维度阐述房企多产业布局下的困境后，我们认为数字化蓝图建设是帮助房企走出困境的"灵丹妙药"。

1. 多产业布局的数字化建设方向与路径

在大多房企正在或将要尝试多产业布局的背景下，我们认为多产业布局的数字化建设应该有一个整体的蓝图，如图5-4所示。其基本方向是以互联网云基础设施为底座，通过大中台的业务中台、数据中台（包括IoT中台）为小前端价值链条上的众多场景赋能。

基本路径如下：

首先，快速响应、数据共享、业务创新的小前端把房企的整个开发运营流程兼顾到位。

其次，大中台能力沉淀、数据在线、持续运营。

业务与数据双中台形成业务闭环，持续为一线赋能。一方面，基于企业内诸多共性的业务场景与业务模型，以微幅架构形式和能力提炼模式中台化，形成业务中台；另一方面，把业务模型所沉淀的数据基于基础数据、用户画像、产品画像、供应商画像等数据结构分类形成数据中台。数据中台内沉淀的数据可以通过反哺前端诸多业务场景来进一步滋养业务中台，进而形成一个闭环，持续为一线业务赋能。

IoT中台是阿里云对于未来智能物联网的战略规划。IoT中台将来是行业的大方向和大趋势，这也就意味着未来的数据生产、数据沉淀可能有很大一部分会源于IoT中台。

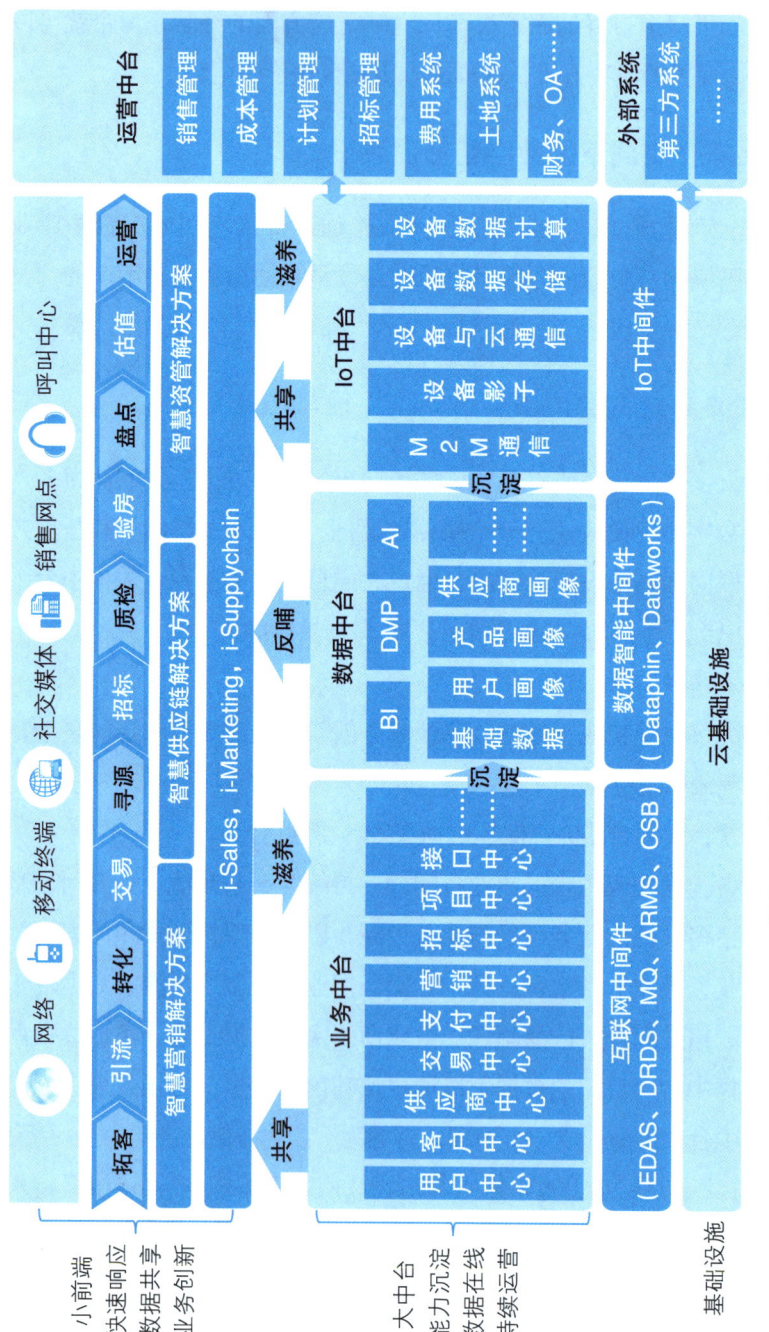

图5-4 多产业布局的数字化建设方向与路径

运营板块内所有环节的管理都由运营中台完成。在企业布局的每一个产业领域、每一个平台里都有一个运营中台对相应的销售、成本、计划、招标、费用、土地等环节及板块进行统筹管理。

当然，所有这一切都依据云基础设施。

2. 多产业布局背景下数字化建设的典型要求

多产业布局背景下的数字化建设有哪些要求呢？我们认为核心要求有三点，如图5-5所示。

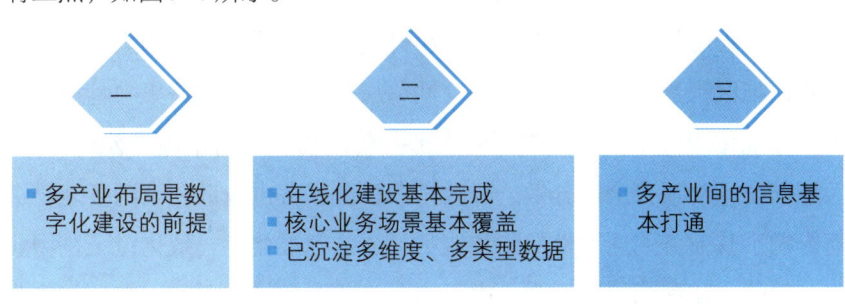

图5-5 多产业布局的数字化建设典型要求

第一，多产业布局是数字化建设的前提，而且除了地产主业之外，房企还应有其他的支柱产业，即在多元布局上已经有所成效的领域。

第二，数字化建设要求房企的在线化建设基本完成，核心业务场景覆盖基本完成，并已沉淀多维度、多类型的数据，由此更好地推进数字化转型。

第三，多产业间的信息基本打通，如主数据的打通、业务流程的打通、业务决策的打通、客户权益的打通、供应商交互的打通。只有实现了多产业、多维度的打通，房企才能更好地发挥数字化对于多产业布局的支撑作用。

五、多产业布局下的数字化转型案例解读

在多元化及数字化转型探索过程中，不少企业取得了成功的突破。

房地产公司花样年集团数字化转型的成功实践值得行业借鉴，它采用"线上线下一体化"的原则，将云上的虚拟服务与线下的实体跟进密切结合，打造了国内顶尖的住宅社区服务运营商——彩生活服务集团，成功探索出一条社区服务运营的数字化、智慧化路径。

1. 传统物业服务模式面临的四个关键瓶颈

和发达国家相比，中国的社区物业管理起步较晚，发展相对滞后，传统物业服务模式总体上面临着四个关键瓶颈：一是作为劳动密集型行业，物业管理的用工及运营成本逐年升高，且一线员工流动率高，经验和知识难以积累，影响服务的稳定性和质量的提升；二是集中管控难度大，标准化服务难执行，中国的大部分传统物业依附于地产公司母体，而地产公司的项目全国分散，导致物业社区服务也分散在全国各地，进而影响了其业务的连续性保障和服务品质的标准化、一致化；三是物业服务的收入和利润提升困难，由于物业管理服务的主要收入来源与物业服务面积挂钩，物业费常年不变，因此物业收入提升较为困难，加上人工、水电等成本不断上涨，利润空间越来越低；四是客户对物业服务的满意度不高，传统物业管理模式无法精准定位业主的服务需求，也无法满足移动互联网带来的多元化需求。

2. 彩生活通过数字化创新突破传统物业管理模式

彩生活基于阿里云架构的彩之云平台对这些痛点进行了突破，将传统物业"对物的管理"转化为"对人的服务"，形成从商家、服务商到家庭的B2F（企业对家庭）模式，真正使传统物业管理进入了精细运营和增值服务时代。彩生活重点从科技和管理两个方向实施突破转型，其数字化转型可以划分为五个阶段。

阶段一：物业服务全面预算控制。在社区物业管理的诸项工作中，预算和成本控制是重中之重，也是行业难题。社区物业既要控制费用支出又要不损害服务质量，还要花最少的钱提供最高效的服务，要寻找平衡点。同时，基于不同的城市、地区和不同的社区物业档次，物业服务需要对应不同成本的管理模式。对此，彩生活基于多年的社区物业管理经验，通过科学分析来设立不同的管理模型和标准，利用数据变化来实现预算控制的精准管理。

阶段二：人、财、物、事统一集中管控。彩生活早在2012年就已经在探索集中管控模型。集中管控实际上是科技的落地，因此，彩生活开始基于阿里云建设IT系统，使各城市社区服务的各项物业服务流程逐步实现电子化，各地物业公司统一在平台上进行资金收费、人员增长和设施设备管理等相关操作。集中管控带来的统一高效使得彩生活自主管理的社区数量迅速增加。

阶段三：物业服务产品化、互联网化。在完成人、财、物、事的集中管控和预算控制后，彩生活开始研究物业服务品质的科学提升。通过物业管理服务事项的过程解构与重构，彩生活总结并提炼了常规业态物业管理中对业主服务的七类事项，包括保安、保修、保洁、保绿、装修、交费和投诉。基于此，彩生活开始正式与阿里云合作构建"彩之云平台"，将这七类事项抽象为互联网化的产品，让基础物业服务过程实行订单制。例如保安和保绿，通过订单制外包给专业公司服务，将保安和绿化需求划片，按片进行订单管理，在系统上完成一单就立刻付费，这样既节约了物业人力，又激发了一线工作人员的积极性。同时，订单制还带来了数据的集中，通过数据的观测和分析可以提高风控能力。此外，业主在平台上的任何一单投诉都可以将责任定位到具体工作人员，也可以根据投诉的种类和数量去研究服务的解决方案，提高用户的满意度。在这一阶段，基于阿里云技术构建的彩之云平台使彩生活带来的价值更加显著，也让彩生活更加充分地认识到云平台的巨大作用。

阶段四：彩之云平台化对外输出。基于彩之云平台积累的海量数据，结合彩生活的物业管理经验，从2016年年底开始，彩生活逐步将平台变成标准化产品，赋能输出给物业管理同行，形成"互联网+社区"的服务云。彩之云平台开始利用先进的管理工具和标准化手段系统性地对外合作，从而迅速扩大了平台服务的社区规模。时至今日，彩之云服务的社区达7 000多个，且几乎都是第三方社区。

阶段五：社区物业云上增值服务。社区物业最终服务的是业主，而移动互联网的发展改变了人们的生活方式和行为模式，业主对物业的需求也越来越多元化，除了基础的物业服务外，还包括快递代收发、订餐、教育、保姆、洗车、保养甚至贷款等金融服务。

至此，彩生活开始对接大量的第三方生态，整合更多的行业生态资源。2018年3月，彩生活在彩之云平台上发布了"彩惠人生"，将电商、家政服务、周边商圈等第三方生态提供的增值服务在平台上的折扣返点全部让利给业主，并将其作为业主交管理费、停车费时的抵扣金。同样的价格和服务，通过平台彩惠人生订购，业主可以获得额外的返利，并直接实时抵扣物业费。此外，彩生活还通过与电商社区店的合作，将物业办公室变成电商社区的前置仓与展示区，以快速满足业主的日常生活需求。

通过广泛的生态合作模式，彩之云平台迅速积聚了大量的人气。更多的业主开始使用彩之云平台进行各种日常消费（截至2018年12月31日，彩之云平台的注册用户数突破2 600万人，活跃用户数突破1 400万人），App的活跃度和流量的积累则进一步为业主画像做了铺垫。有了更多维度的业主信息，对业主的画像识别就会更加全面和精准，这也意味着彩生活具备了更强的风控能力。由此，彩生活开始进一步涉足金融业务，推出"彩富人生"业务板块，小额贷、房产首付贷和金融卖车卖房也陆续进入业务板块。

应该说，彩生活通过与阿里云合作推进数字化转型，不仅做到了成本支出的节流和服务品质的提升，更是创新了商业模式，通过在线平台全面扩大了其社区服务范围。同时，通过将自身平台向外部输出及与第三方生态资源的合作，彩生活为花样年拓展了业务范围。数字化转型为房企商业模式的创新带来的效果显而易见。

3. 小结：高度数字化的社区商业基础设施是转型的核心载体

彩生活和阿里云的合作模式是典型的传统企业向互联网转型模式。阿里云的弹性扩展能力帮助彩生活走出了一条将物业产品"互联网化"和"生态化"的转型路径，而彩之云平台的核心载体是高度数字化并可通向智能化的社区物业和商业基础设施。彩生活通过数据能力驱动打通社区家庭供应链的全网营销，利用平台统筹管理各业务板块数据，并想在未来做到精准营销和智慧运营。这是推进彩生活战略走向纵深布局的关键，也是推动传统物业管理行业与互联网新技术深度融合的全方位变革。

第二节
中台背景及房企中台建设典型案例

在房企多产业布局的大背景下，中台建设需求应运而生。基于中台思维搭建共享服务体系，为各个业务板块所用，实现不同产业板块之间数据的共享，已成为房企当下进行多产业布局时关注的焦点。接下来，我们就从中台建设的背景及方法论入手，对行业内客户中台、供应商中台、管理及运营商中台建设的标杆实践进行介绍，为房企中台建设提供思路和方向。

一、中台建设的背景

"中台"成为近年来的热词，其最初源于阿里巴巴。早年，阿里巴巴的三大电商平台（淘宝、天猫、1688）均独立建设和维护，没有任何公共和通用的功能，属于典型的烟囱式系统建设模式，存在重复建设且难以打通的问题。

例如，2008年淘宝技术团队同时支持淘宝、天猫两大电商平台，而较早成立的B2B电商平台1688则一直拥有自己的技术团队。三套电商体系的架构完全独立，各自独立开发和运维，导致业务在推进时经常会遇到一个问题，即淘宝团队想与客户做交互时需要建一套系统，当1688、天猫团队遇到类似场景时也需要建一套相同的系统。

这种烟囱式系统建设方式会带来三大弊端。第一，在日积月累下会出现很多重复建设与维护带来的重复投资，这是一种成本和资源的浪费。第二，打通各个业务板块系统间交互的集成和协作成本高昂，如果未来想要打通系统间原有的连接以提高或优化企业运营效率，那么简单的系统迭代显然已经满足不了这一需求，而重新建设又会带来高昂的成本，这让企业望而却步。第三，从系统建设的生命周期来看，这种模式不利于业务数据的沉淀与持续发展，而这一点对于企业的伤害是最大的。因为现有系统的技术架构和业务模型都不能满足业务发展的需求和迭代，如果推倒重建原有系统，那么之前多年的业务沉淀会付诸东流，这对企业而言是最大的资产流失。同时，在当下互联网时代，来自客户、市场的反馈以及信息搜集都要求系统快速做出响应，而传统项目的迭代周期对业务的响应和支持都会越来越吃力。

基于这些痛点，阿里巴巴在不断地探索中逐步构建起了"厚平台、薄应用"的架构形态。阿里巴巴的各个业务单元不是独立构建在阿里云的云平台之上，而是在后端云技术平台和前端业务间有一个共享业务事业部，可将前端业务公共、通用的业务沉淀到事业部，为前端业务提供专业稳定的业务服务。而这为后续阿里巴巴的"中台战略"转型打下了坚实的基础。2015年年底，阿里巴巴对外宣布全面启动2018年中台战略，构建符合数字时代的更具创新性、灵活性的"大中台、小前台"组织机制和业务机制。前台一线业务会更敏捷、更快速地适应瞬息万变的市场，中台则将整合整个集团的运营数据能力和产品技术能力，对各前台业务形成强力支撑。

在阿里云的中台战略成熟之后，不仅仅可应用于阿里自身的业务，还能为各行各业的互联网转型赋能。无论是大型的房地产企业还是第三方信息化服务商，都已经纷纷与阿里云合作，推进中台建设的落地应用。

二、中台建设的基本方法论

前文我们阐述了中台的由来，那么中台能够为房企带来什么价值呢？如何进行中台建设呢？接下来，我们就从中台的价值、建设步骤来分别展开阐述。

1. 房企中台建设的三大价值

中台建设能给房企带来以下三项显著的价值。

第一，消灭"烟囱"，底层联通。中台的第一大价值是破除传统软件开发带来的"烟囱林立"状态，使企业能够集中统筹核心资源、统一数据标准，最大程度地发挥管理效益。数据中台基于数据仓库的技术能力，通过构建数据交换中心和API开放中心可有效实现内外数据资源的整合与交换，同时借助云基础设施的运算能力，真正使整个生态的数据为企业所用，从而进一步提升数据价值。

第二，打破边界，广泛连接。中台的第二大价值是帮助房企广泛连接上下游，打破企业管理边界，构建企业的生态体系。以供应链中台为例，打破企业间的边界，把供应链上下游的业务全部整合在一起，连通上下游生态，实现为企业整体业务价值链的赋能。中台建设能够打破业务上的边界，把企业的共性业务、属性和信息等抽象出来变成一个公共的服务，使之在一定程度上脱离业务板块和系统的束缚，变成任何业务随时随地都可以使用的服务。

第三，随需调用，持续生长。中台的第三大价值是成为房企在变化中快速适配新业务的数字化工具，帮助创新业务持续增长。中台是面向业务创新而形成的全新理念，它将明确的共性内容梳理出来，将其固化而形成能力中心。未来，外部的不确定业务可以灵活接入，不论是业务拓展还是部门拓展，都可以灵活调用中台能力，重新组转适配，从而使房企能够更快地应对创新业务。

2. 四个步骤，收敛中台边界

相较于传统的面向流程的设计模式，中台全新的设计方法需要规避一些"驾轻就熟"的误区，不做针对流程的定制化完美设计，而是转换思维和视角，利用数据驱动设计过程面向角色和服务进行设计。因此，我们将中台建设的步骤简单归纳成四步，即业务拆解、构建架构、建立模型和系统开发。

第一步，业务拆解。首先，我们对业务进行拆解，将业务闭环完全解构，按照"角色"和"动作"梳理出一张二维网络，提炼其中的共性和差异，并统计该单元下角色和动作的触点数量。通过汇总各业务单元拆解后的碎片，我们可以得出不同对象对应的"域"及其他同业务场景对应的"域"之间的连接数，以此为基准判断哪些对象是需要优先抽象的，以及哪些动作是可以在抽象过程中充分拆解和复用的。

第二步，构建架构。有了对"域"对象的梳理，我们就圈定了"域"内需要抽象的对象和层次，进而充分地对问题域做出划分，包括业务领域、核心组件和服务能力等，同时将不同层次的问题域具象化——成为对应的聚合层。

第三步，建立模型。建立一个模型，以建立实体对象和实体间的联系与属性，如供方对象、材料对象。

第四步，系统开发。在梳理完成后，针对业务小闭环开发兑现，通过组装形成能力中心。

中台设计的核心思路是面向对象和服务，而不是围绕岗位和流程。每个动作的抽象其实并未明确是为哪个用户做的，只是将各个节点上不同角色所具备的共性点串联成一个小闭环，房企可根据需要快速调用小闭环并将其组装成全新的应用。

三、房企"数据中台"和"业务中台"建设案例解读

在明确了中台建设的由来以及方法论后，我们再结合行业创新实践对房企在客户中台、供应商中台、管理及运营中台建设方面的经验进行详细介绍，为其他房企的中台建设提供方向和思路借鉴。

1. 客户中台建设案例

营销领域的信息化水平在地产各业务领域中应该是首屈一指的。大部分房地产企业的营销信息化除了管好企业内部的流程外，还包含对部分案场的客户管理，也有不少企业在尝试围绕客户前端引流做一些在线化的创新和探索。

随着互联网新技术的飞速发展，经济发展模式发生了巨变，企业与客户的互动方式有了根本性的变革。为了在新的竞争环境中构筑自己的持续优势，不少房企期望借助数字化的力量实现了更长远的目标。其中，比较典型的诉求包括以下几个方面。

一是能够通过移动化、智能化的方式全面采集客户的真实信息与访问动态。

二是希望通过社交化的方式与数字化工具打破城市与项目的边界、企业与企业的边界，快速凝聚大量的经纪人和潜在客户，降低营销费用，提升营销效率。

三是希望改变内外协同模式，打通场景，从而使置业顾问可以全面、清晰地掌握客户信息，从而提升销售效率和能力。

四是从长远来看，期望通过数字化的方式为企业未来的多元化、多产业布局寻找全新能力，以及挖掘新的业绩和利润增长点。

接下来，我们就以明源云的实践为例，阐述达成以上诉求的典型挑战和有效手段。

（1）探索客户中台是实现目标的全新思路

近年来，不少房企持续尝试和探索各种创新的数字化工具，这些工具在一定程度上满足了房企业务部门的诉求，但同时也给企业带来了以下几个典型的挑战。

① 随波逐流推出应用，耗费资源却未产生价值

在过去三四年里，不少地产企业顺着互联网的热潮蜂拥而上，O2O（线上到线下）、大数据和智能设备等概念兴起，相关应用层出不穷，房企信息部门很是热闹了一番。但在一轮耗费巨大的信息化建设项目做下来后，房企发现，除了积攒了一堆设备、引入了大量"互联网"人才、建立了繁杂且不易使用的系统外，项目本身似乎并未带来什么真正的价值。

② 各系统关联性不强，缺少整体规划见效慢

过去，房企主要通过售楼管理软件来强化对营销各环节的管控。近两年来，不少企业为了改善客户体验，面向客户、交易、服务和社区运营等推出了各种在线化场景应用，同时推出了各种智能设备，如人脸识别、智能门禁等。

营销领域的数字化可谓百花齐放，各种应用层出不穷，也确实有相当数量的应用帮助企业提升了业务效率。但从整体来看，各种应用的关联性不强，缺少整体规划，对于企业整体营销水平的提升而言见效较慢。

③ 应用创建的时期、厂商等不同，造成"数据孤岛"

我们也看到，各类创新应用的爆发式涌现带来了一个典型的困局：这些应用往往创建于不同时期，很可能源于不同的厂商，其背后有着不

同的利益诉求，这必然会造成一座座"数据孤岛"，只能解决企业面临的局部问题，而企业也缺乏全面获取数据并挖掘价值的方法。

④ 全面平台不存在，"一劳永逸"难以实现

各种新式应用层出不穷，很多有前瞻眼光的房企信息化带头人也看到了可能出现的困局，并期望找到一个完全适应企业现在和未来诉求的全面平台。但事实上，在从国内到国外不断扩大视野、持续探索后，大部分房企都已经意识到这种平台是不存在的。更为关键的挑战是，即便存在这样的平台，其本身也很难根据业务的创新而快速迭代更新，导致每隔几年就需要重新升级平台。

从本质上来看，外部环境快速变化，技术更新突飞猛进，企业的业务创新也在不断推行，这种背景决定了不可能出现一个全面适应又极具前瞻性的管理平台。

那么，是否有一种方法论能够为房企提供一个全新的探索方向呢？

阿里云基于丰富的互联网探索实践推出了全新的"中台方法论"，这种诞生于互联网背景下的方法论为企业应对新挑战提出了新的可能。它面向未来的不确定性，提炼业务和数据共性，以可快速复用的方式构建，新应用在涉及这些共性时可快速调用和构建。

中台方法论很可能是房企深化数字化转型的重要突破口。明源云与行业众多企业联合，围绕营销业务领域展开中台的探索和实践，在有效应对挑战的同时，给企业带来了真正的实效。

（2）客户中台的关键价值

图5-6所示的是明源云客户中台的整体框架，我们可以看到客户中台由业务中台和数据中台组成，这两大中台是介于前台应用和ERP底座之间的一个抽象层。其中，业务中台包含服务大厅、业务赋能和数据服务中心，数据中台则包含数据仓库、协同中台和外部大数据接入三部分。

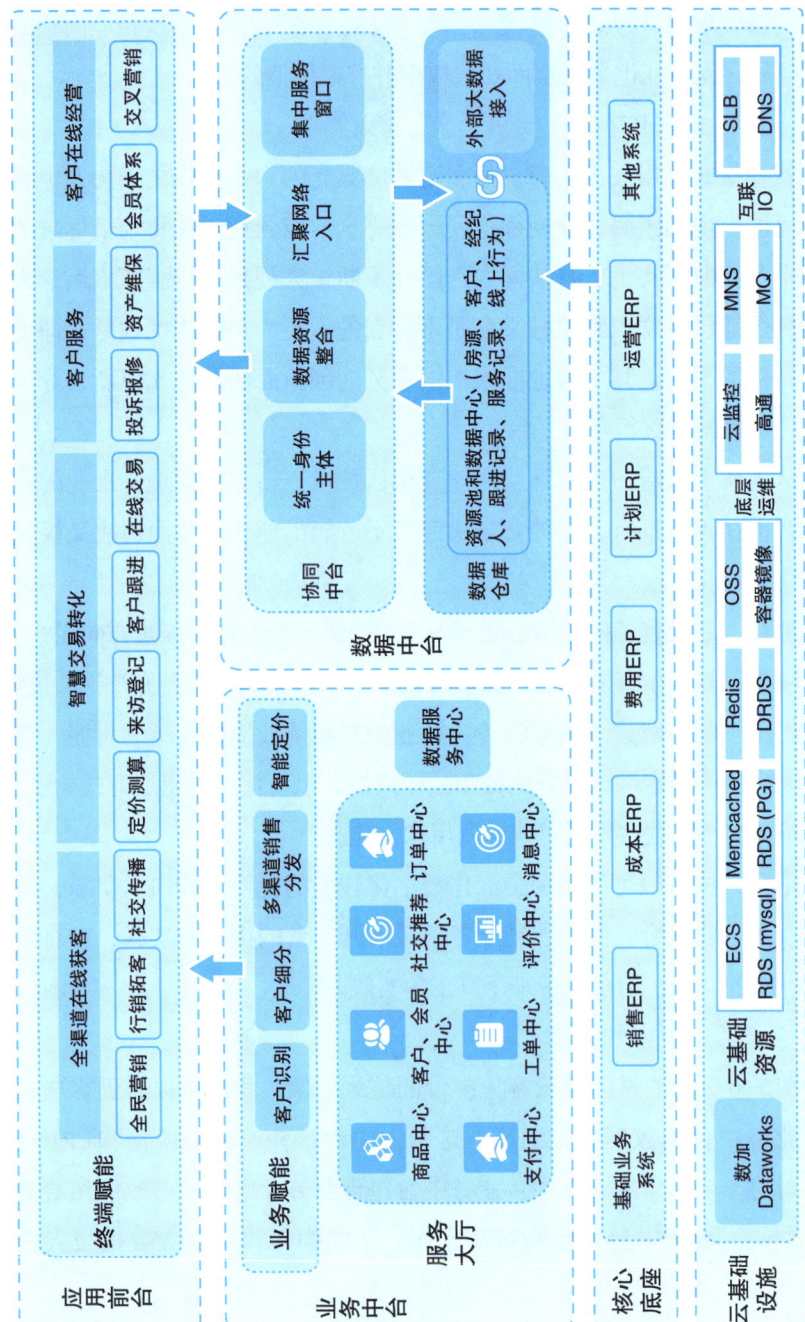

图5-6 明源云客户中台的整体框架

在实际应用中，业务中台通过服务大厅抽象各种前台和ERP应用的共性，将可复用的能力沉淀以协助前台做更多的创新，同时快速赋能于各种业务。数据中台通过数据仓库实现公司内部各种资源的有效治理和整合，一方面为外部大数据交流做准备，另一方面直接为前台应用提供数据，提升业务决策效率，加强业务推动。同时，协同中台利用统一身份ID的方式打通各种营销资源的身份，实现资源的内部全方位共享。

这种先进架构在实操中为企业带来的价值主要体现在IT建设和业务赋能两个方面。

① 为IT部门赋能，支撑业务需求

不少企业提出IT部门未来是创新业务的引领部门，但在短期内服务于业务仍是IT部门的天然职责，企业的数字化建设仍需要围绕业务的指挥棒展开。新架构能很好地适应这种需要，为IT部门赋能，从而使之快速响应业务需求。

随需而变，响应业务的多样变化。房地产营销业务变化多样，未来房企的多元化布局成熟后，各种全新的营销方式也将诞生，因此IT系统也应该能够随需而变。业务中台和数据中台的建立主要为了应对未来的不确定性。企业基于多年的沉淀和创新能够逐步梳理、识别和洞察各种共性，只要将这些共性沉淀为业务中台的服务大厅，全新的应用就可以快速构建。

产生集约效应，降低交付和管理成本。数据中台将企业的各种资源集中化管理，去除各种信息的不对称性和"信息孤岛"，从而实现数据的集约效应。同时，能力共性在过程中也得以沉淀，当未来出现全新的数字化诉求时，企业可以快速整合共性，自由建立专属应用，从而有效降低新工具的交付和管理成本。

快速创新，为业务变革赋能。业务在创新、在变革，IT建设只有快速迭代和升级，才能满足企业不断变化的业务需求。同时，业务对IT的依赖程度将会进一步上升，不但要求功能快速升级，对于数据和算法也将提出更高的要求。数据中台的赋能中心能够借助历史沉淀数据，结合业务需要快速整理全量数据，快速形成领域的专有算法和模型，快速向业务赋能，进而提升业务成功概率。

大数据建设，挖掘业务价值，创造新的业务可能。随着企业内部数据逐步得到治理、整合及优化，企业可以通过数据中台的能力为各类数据打上相应的标签，如给房源贴上"滞销房""热销品"等标签，使集团可以利用标签快速、全面地调整策略并直接影响业务操作。这种大数据的标签能力也同样可以帮助业务部门挖掘客户、质量和信用等资源的关联价值，为创造新的业务提供更多可能。

② 为业务部门赋能，实现业务快速创新

房企业务部门可以利用业务中台和数据中台推动各种业务创新，并借助高效的信息反馈闭环判断各种创新是否有效，从而提高创新的成功率。从实践来看，其价值主要体现在如下几个方面：改善客户体验、提高全价值链效率、实现精准营销与服务和支撑更有效的社区运营。

改善客户体验。新零售不断强调客户体验，房地产营销也不例外。提供更好的客户体验将成为制胜地产营销的关键要素。在明源云的帮助下，某房企实现了客户信息的全面统一，将地产、物业、商办和长租等领域的客户信息全面打通。对于单一客户，企业可以掌握更为全面的信息，而借助这些信息，业务一线人员也能有针对性地提供更好的服务。例如，在销售案场，销售人员可以判断到访客户是否居住在自己的小区，进而采用不同的销售说辞和策略。置业顾问可以利用前台各种应用，如"来访登记"，从而通过中台的数据服务中心快速获取客户的全貌信息。

提高全价值链效率。构建中台的关键点之一是对企业的全价值链和场景进行全面分析和解构，也就是全面分析客户的全生命周期信息，并进行共性沉淀和数据洞察。借助数据中台，将数据与前台在线化应用相连，房企可以有效发现前台的瓶颈和困难并有针对性地做出改进，从而进一步提升全价值链效率。

精准营销和服务。通过数据洞察，房企营销可以更为精准，同时可以减少无效的营销动作，砍掉不必要的环节，快速识别客户意向。例如，实现快速细分后的精准Call客（电话营销）可以解决争议客户的有效判客，借助智能设备形成全链条的数据证据链。

支撑更有效的社区运营。借助全面的数据，企业的会员组织可以更加有效率地开展工作。例如，通过活动采集客户的诉求和偏好，借助标签系统快速地对人群做出合理分类并有针对性地举办活动。

借助沉淀的数据和经营获得，房企可以抓住客群，联合第三方开发新服务。同时，在泛经营中拿到客户更广泛的需求，经营到位，探索未来开放新服务或者交叉营销的可能性。

（3）构建客户中台的关键路径

图5-7展示了构建客户中台的核心逻辑。平台的目标是整合企业的多种业态，通过海量的多样化数据进行算法模型的建构与洞察，形成组件式的服务和产品组合，支持快速形成用户服务能力，选择合适的场景、时间和渠道精准推送至最合适的客户，提供"千人千面"的服务。

中台的逻辑看似简单，但要真正落地其实并不容易。企业需要有效地规划，设定具体的方法和路径，才能使中台方法论真正见效。在实践中，明源云采用"螺旋式"的思路来逐步构建客户中台，力求"做一个成一个"，避免浪费企业资源。

① 第一步：先进行前后台的分析与洞察

构建中台的第一步并不是直接建立各个业务中心，而是先对各种前、后台应用（如售楼软件和移动销售）进行分析，一方面帮助我们发现前、后台应用的共性，另一方面也可以识别两者的缺失或不充分之处。在正常情况下，如果前端应用缺失较大或前端应用效果不好，企业首先就应补齐前端应用，然后再考虑共性能力的沉淀；否则企业即便建立了再好的中台能力中心，也会因缺少前端应用而难以提升业务效率。

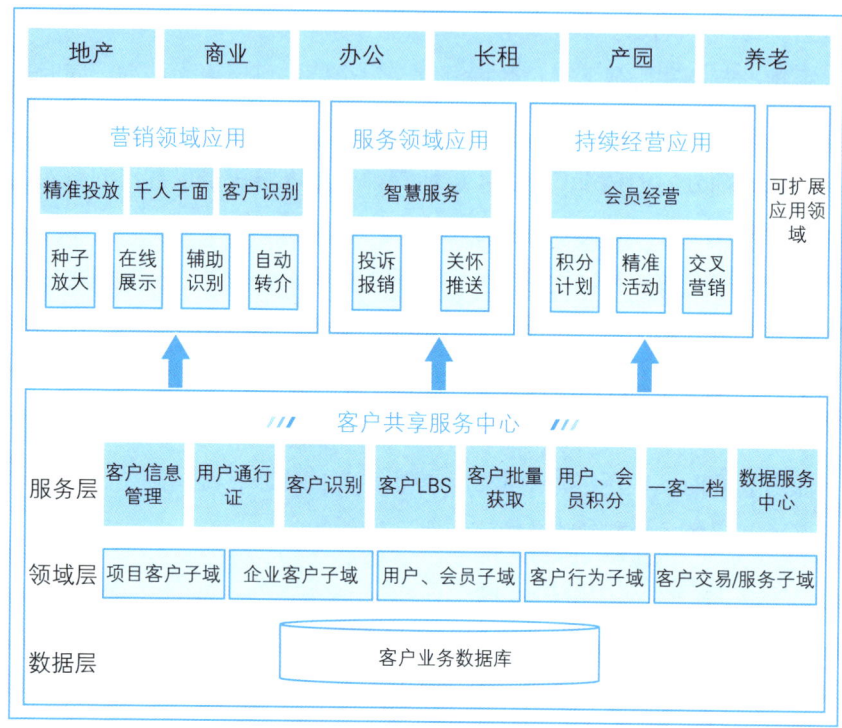

图5-7 地产客户中台的核心逻辑

② 第二步：逐步建立数据中台

在做完前台的分析与洞察后，房企下一步的工作是构建数据中台，建立数据服务中心，通过数据仓库能力整合企业内部的数据资源。

最典型的实践是，打通企业内部的客户资源流通渠道，将开发板块、物业板块和商业板块的客户资源流通渠道充分打通，同时展开数据治理工作，力求使企业内部数据及时、准确和全面。这种做法有利于形成企业的数据资产，实现资源信息内部共享。企业也可以通过多种数据的组合为业务部门提供更为全面和有针对性的报表数据，从而使业务人员更好地进行业务洞察和业务分析。

在数据中台的具体建设过程中，我们首先会引入宽表技术。引入该项技术的原因在于，以前多数企业总希望数据的字段标签越少越好，认为字段标签数量代表着技术性能的高低。简而言之，企业过去认为数据条数越少代表报表检索效率越高。但是，随着行业形势变迁与互联网的快速发展，现在的企业运营更多的是基于无限运算能力去考量的。宽表技术会把字段标签拆碎后分进很多数据库，拆碎的目的是方便企业未来基于应用清单去实时调取。有了宽表技术，企业内部数据就不会存在打通难的问题。

其次，宽表技术的推进会衍生出一些待解决的新难题。例如，客户方可能会在企业的许多业务领域都存在记录，相应产生多个标签。对此，如图5-8所示，我们基于阿里云的统一身份主体数据引擎思路对客户的所有"马甲"进行拆解，并沉淀出客户的唯一ID数据。在统一身份主体引擎解决了客户信息唯一标志识别的问题后，我们再去贴标签并基于企业各业务场景进行信息沉淀，不断刻画客户肖像，最后运用营销动作不断校验客户信息，进而形成完整的闭环。

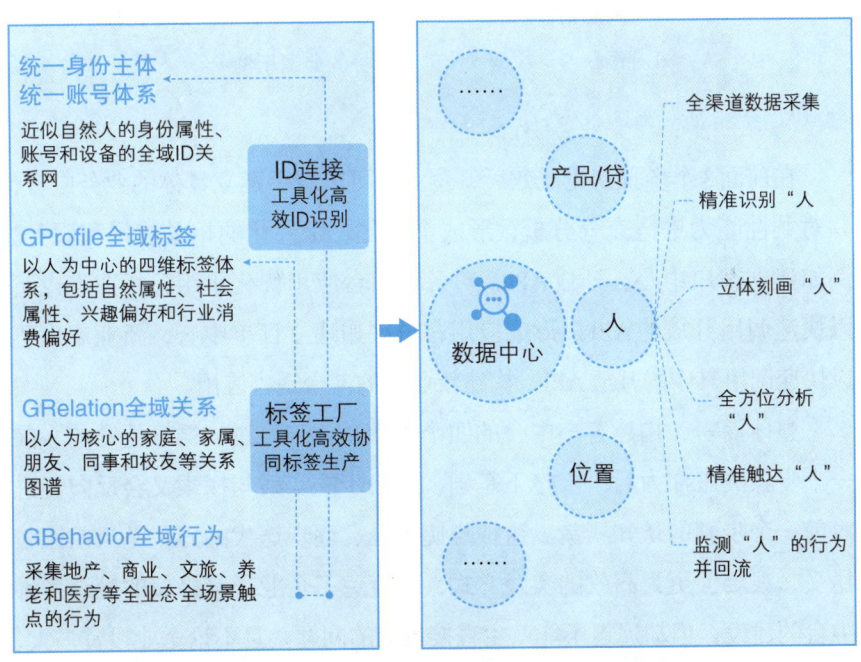

图5-8 数据中台——客户统一身份主体引擎建设示例

③ 第三步：利用数据反向优化前后台

数据中台的价值之一是可以将企业的全量数据直接应用于业务。

图5-9是数据优化前台业务的典型示例。企业可以将数据中心的客户画像推送给一线置业顾问，使其更好地了解客户诉求。企业也可以在会员组织策划活动时，利用中台的标签系统快速筛选客群，做到活动精准邀约。

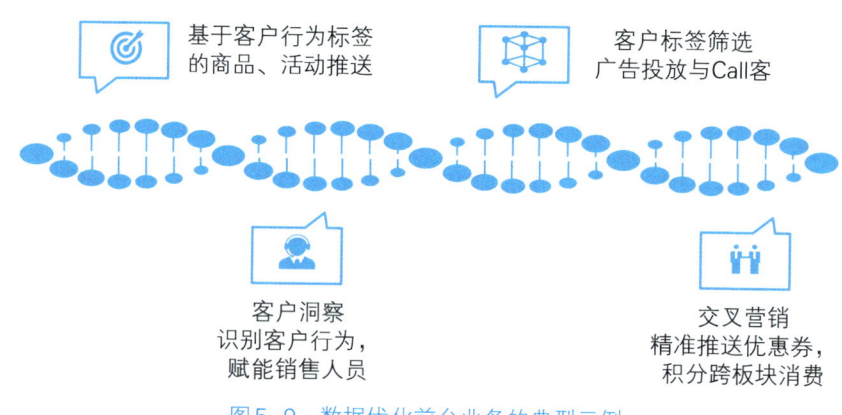

图5-9　数据优化前台业务的典型示例

④ 第四步：建立业务中台

在前面3个步骤初见成效后，企业便可以着手建立具体的业务中台，并对共性能力进行充分分析，形成个性化、组件化的相关应用和服务。例如建立客户中心、开放API，对各种前台应用优化重组，新业态也可以快速调用开放的API以形成应用；再比如建立订单中心，新业态也可以快速调用其中的开放API，构建新业态的前台销售应用。

整体而言，构建客户中台的四个步骤是逐步推进、循环提升的，前一个步骤的工作为后一步打下基础，后一步的实践与探索又会反向促进对前一个步骤的认知刷新。这种螺旋上升、逐步迭代的方式是当前比较稳妥、艰难但更为高效的实践方式，这避免了企业一窝蜂似的推进多种中台的建设，但却迟迟不能产生直接效应的问题。且不论企业投资多大，对探索的方向出现误判才是关键损失。

2. 供应商中台建设案例

在利润空间被限制的当下，房地产整体供应链协同生态能力将被外化为产品溢价、风险管控和成本控制，进而延伸为企业的核心竞争力。随着房企规模的不断增长，其业务和管理也趋于复杂化，企业的生长方向正朝着纵向管理的半径扩大、横向业务多元化以及外部跨界协作等多角度延伸，种种现象都要求房企的组织、管理、流程和信息化更加弹性兼容，同时也对企业供应链信息化的开放和扩展能力提出更高要求。接下来，我们将以理论结合实践的视角，围绕当下供应链信息化的背景和现状、中台的定义和边界、建设中台的方法和路径以及中台化的供应链协同平台在未来能带来的改变几方面进行阐述。

（1）背景和现状：供应链生态能力正在成为房地产的核心竞争壁垒

传统的房地产供应链领域存在三大核心痛点。

① 供应链标准化进程缓慢，数字化深度亟待提升

传统信息化聚焦于线下和管控的内部策略体系，因其视角的局限性，当下覆盖的角色、场景和业务有限，也正是由于受到技术架构的限制，其对移动化、敏捷化、生态化和协同化等场景普遍支撑不足，供应链信息化整体在数据沉淀、业务链条延续和协作成本等方面都有着巨大的提升空间。

由于建筑领域的行业特性与中国地产发展的时代和节奏性特点，长久以来地产供应链的数字化深度显然不足。正因为这种不足，地产供应链的生产原料、生产过程和产品都难以通过简单的方式进行标准化。这种不标准、难以快速复制、重度依赖人的特性让实现对供应链的精确复盘和精准预测变得非常困难。

未来地产供应链的标准化进程将重度依赖数字化的铺垫，这一点和机器学习的进化路径类似：人难以通过明确的规则指导机器，却可以通

过数据的积累、机器模糊式的训练获得自身结构性认知的飞跃。因此，供应链数字化达到一定深度后就能在某种程度上指导甚至引领资深标准化的进程。

② 系统、业务、企业间壁垒高企，协同网络亟待突破

供应链管理是房地产行业中最常见的领域之一，它的内在变化也极为复杂。例如，集团流程与区域流程不同，物业、酒店、公寓和养老等创新业务与传统业务的管理思路不同，因此很难有信息化系统能够全面应对这种复杂性。为了解决这类难题，很多企业往往会为不同业态采购不同的管理软件，这不仅费时、费力、费钱，还会在无形中造成数据"烟囱"林立。

面对未来复杂、多元的业务趋势，房企的IT架构和体系必然要进行转型升级，一张连接了供应链上游、互联互通、底层共享的协同网络亟待建设。

③ 生态势能不足，供应链资源和能力亟待整合重组

许多组织的创新业务依赖于自身敏捷、进化的基因，这种基因能带来快速的迭代和业务的成功，同时也会带来自身稳定性、规范性的不足。在聚焦增长的前进过程中，若缺少供应链的全局视角，企业难免产生资源分散、流程缺失和精细化程度不足的问题。这些问题在企业规模增长到达平台期后必然会成为其继续发展的瓶颈，因此各产业、区域和部门掌管的供应链资源亟待重新整合。

资源的打散与重新整合必然带来组织架构、管理权责的调整，但确实能从整体上促进企业多元业态的螺旋式上升，进而在更大的视角上提升供应链的效能和利润空间。因此，通过共享服务带来的资源聚合与通过数据集中带来的量化管理体系都将成为驱动企业进一步增长、推动形成生态势能的重要举措。

（2）边界和定义：围绕供应链中台构建的协同平台

中台作为近段时间的热门概念被广泛讨论，行业内虽然对它的内

涵和外延众说纷纭，但也基本能够确定其大致的边界和定义。但具体落到地产供应链的场景里看，什么是供应链中台？基于供应链中台搭建的供应链平台有什么特性？中台和前台的边界和区别是什么？通过中台化沉淀的数据能产生何种化学反应？通过数个地产供应链的中台化抽象和建设，我们梳理了一套相对稳定的框架体系，在接下来的内容中将一一阐述。

① 一张网络：协同互联，孪生供应链数字镜像

供应链中台服务于企业各级终端用户使用的业务平台，因此梳理供应链业务平台的定位和边界是首要任务。平台的使命应当是建立一张协同互联、内外互通的业务网络，将供应链入口集中、供应链业务在线、供应链角色接入，最终帮助房企广泛连接上下游，打破企业管理边界，构建企业的生态体系，如图5-10所示。

协同入口：结合当下不少企业建设的三大门户——客户门户、员工门户和供应商门户，其思路其实是针对企业内外协同对象聚合的唯一、统一门户入口。面向供应链，我们也应当梳理出主要的协同对象，按协同角色聚集业务和数据，形成业主端门户、供应商端门户，并结合企业现状将供应链员工相关内容纳入现有员工门户体系。

场景在线：通过网络、H5（第五代超文本标记语言）、App、触控大屏、物联网设备、语音人工智能等多用户终端，根据"场景+角色"的设计原则，为业务运转搭建承载平台。平台覆盖寻源考察、招投标、材料订单、签证变更、产值申报、付款结算、整改验收和履约评估等多个供应链场景，实现业务全在线。

角色连接：通过"场景+门户"的覆盖接入供应链相关角色，保障上下游角色在线，包括企业员工如成本、采购、设计和财务部门的员工，也包括供方单位，如承建商、材料商和服务商；更能通过供应链平台连接业主，通过消息可触、业务可连和数据可通来保障供应链网络协同的有效性。

282 | 房企数字化制胜

图5-10 供应链协同网络蓝图

② 4个对象：联通全生命周期数据体系

供应链业务复杂度高，涉及的部门、工种、工序和流程多，因此，企业在建设供应链中台时应当优先站在全生命周期的视角，明确供应链的数据体系应当围绕哪些元素进行建立，如图 5-11 所示。

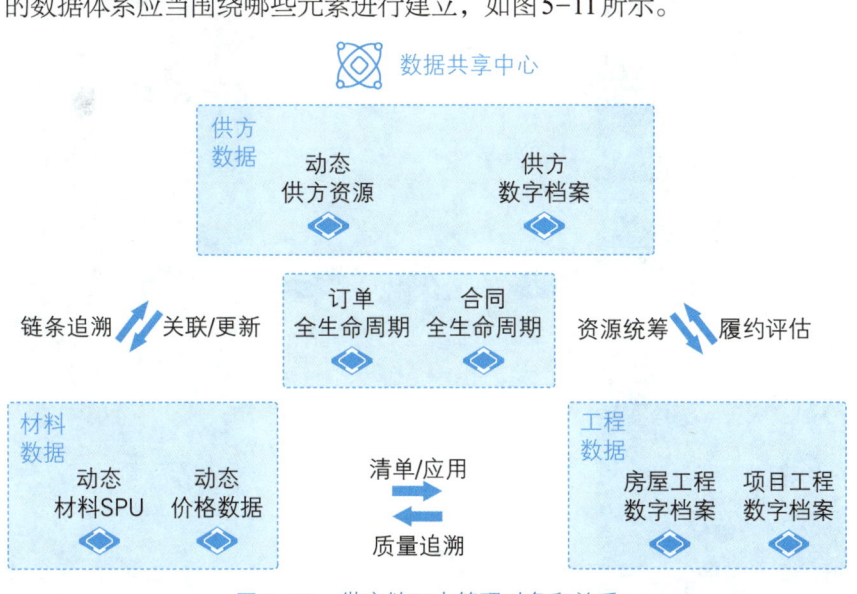

图 5-11　供应链四大管理对象和关系

经过数个地产企业供应链中台的建设实战，我们认为供应链中台应当着重构建的四大管理对象分别是：

供方——供应链协作主体单元，含承建商、材料商、服务商和施工班组（项目经理）。

合约——履约协同过程单元，含协议、合同和订单等契约及其过程中的变化。

材料——供应链成本最小的颗粒单元，含材料、设备和工程清单等组成供应链成本的主要内容。

空间——供应链产出单元，主要指住宅房屋及其内含的数据。

③ 多种模式：数据应用驱动供应链业务升级优化

数据贯通一体：连接生态数据，拼合碎片数据，整合完整数据画像，以供应商数字档案为例。

数据反向赋能：业务过程数据渗透，萃取指标支持业务决策、风险预警、高层驾驶舱，如图5-12所示。

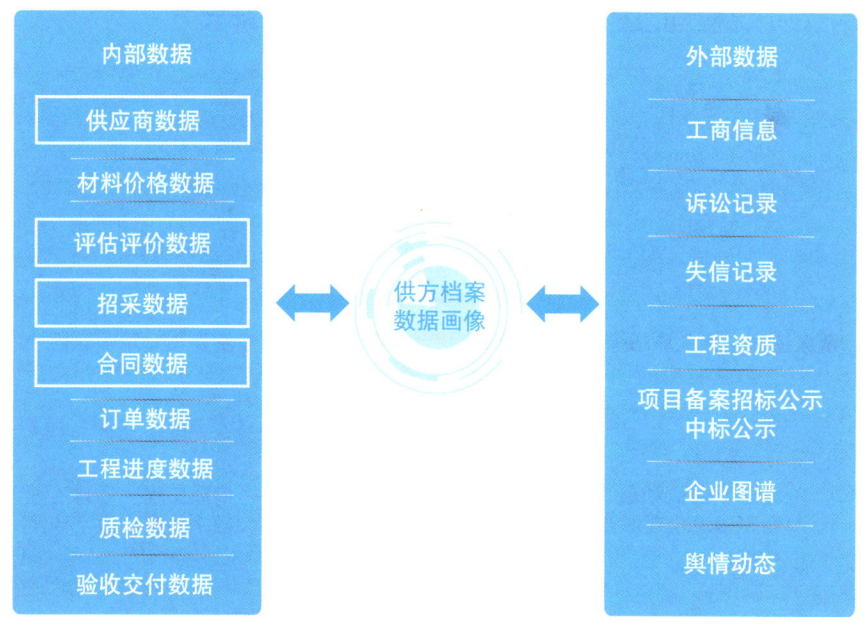

图5-12　内外数据生态融合

④ 六大中心：多产业供应链业务管理支撑

供应链中台的核心目标之一是破除传统软件开发带来的"烟囱林立"状态，使企业能够集中统筹核心资源、统一标准，最大程度地发挥管理效益。因此，它将明确的共性内容梳理出来，固化形成能力中心：一方面，将已有的业务体系做选择性的接入，形成多速的IT体系；另一方面，能够面向未来的不确定性提供灵活支撑。不论是业务拓展还是部门拓展，供应链都可以灵活调用中台能力，重新组装适配，使房企能够更快地应对创新业务。

我们构建了六大中心，以期实现多产业供应链业务管理的强力支撑。供应商和评估评价中心为供应商全生命周期管理赋能，招投标采购中心实现风险预警、成本控制，材料价格中心推动精细化管理，合同订单协同中心推动履约全在线，工程服务中心实现过程透视、管理前置。

（3）方法和路径：如何用中台模式打造企业的供应链数字化体系

搭建全新的供应链数字化体系需要从前、中、后进行多层次的设计，形成贯穿业务、技术、数据、集成的多维方案，系统全面地构建蓝图。

① 4层架构：筑基供应链数字化框架

供应链中台有其业务特性和独特的抽象维度，但在整体架构上须与企业的中台技术架构保持一致。目前行业内较为认可且普遍采取的架构方式是4层架构，层与层各司其职，紧密协作却互不耦合，如图5-13所示。

技术中台：以中间件为核心的云计算支撑，全方位护航业务体系。基于供应链数字化体系整体的复杂度，"技术中台+云计算"支撑实际包含运维、服务器、数据库、PaaS、互联网、大数据运算及各种外部插件。整套架构历经阿里云多年的检验和迭代，在扩展性、开放性、稳定性、安全性、兼容性等方面具有充分的前瞻设计，可以支撑企业未来数年的数字化发展。

特别值得一提的是，中间件部分负责护航供应链业务的三大模块，如图5-14所示。API网关建立了统一的接口注册规范和请求接入逻辑，在保障安全的同时，充分地开放中台共享服务能力；分布式应用服务作为技术中台的大脑，统筹整个业务中台的微服务调度，保障复杂的分布式依赖关系；高可用和全链路在护航服务可用性之余，也会对所有请求进行全生命周期的追踪和留痕，保障业务安全可追溯。

数据中台：用工具和方法支撑数据的搬运、清洗、萃取和对外服务。通过采集搬运、清洗存储、萃取分析和呈现应用4个步骤，数据中台将不同IT厂商、不同部门和不同场景的业务数据做了统一汇总和处理，并以一系列工具和档案为载体对业务赋能。如图5-15所示，数据中台依赖One体系的4个核心能力对业务数据进行加工处理。

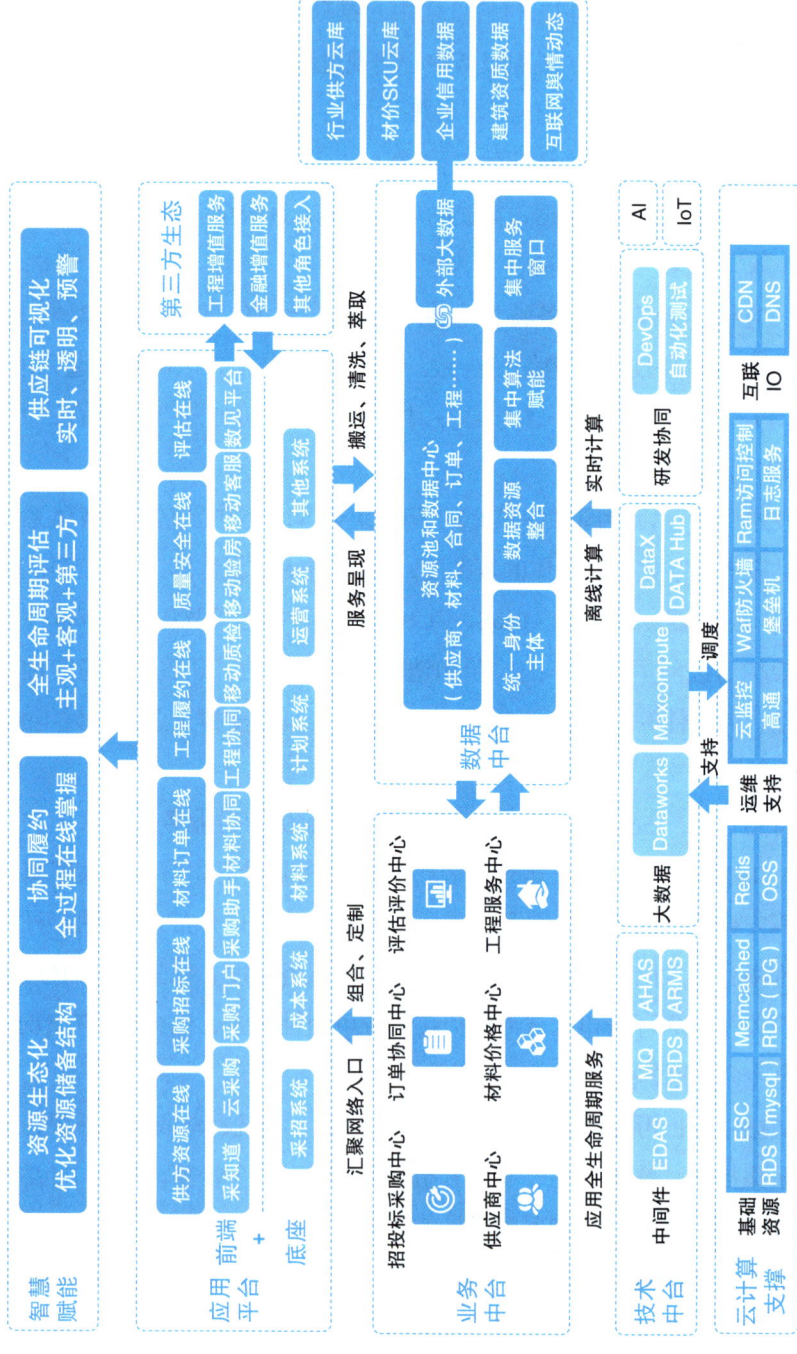

图 5-13 供应链中台承上启下的应用架构蓝图

第五章 多产业布局大背景下的中台建设 | 287

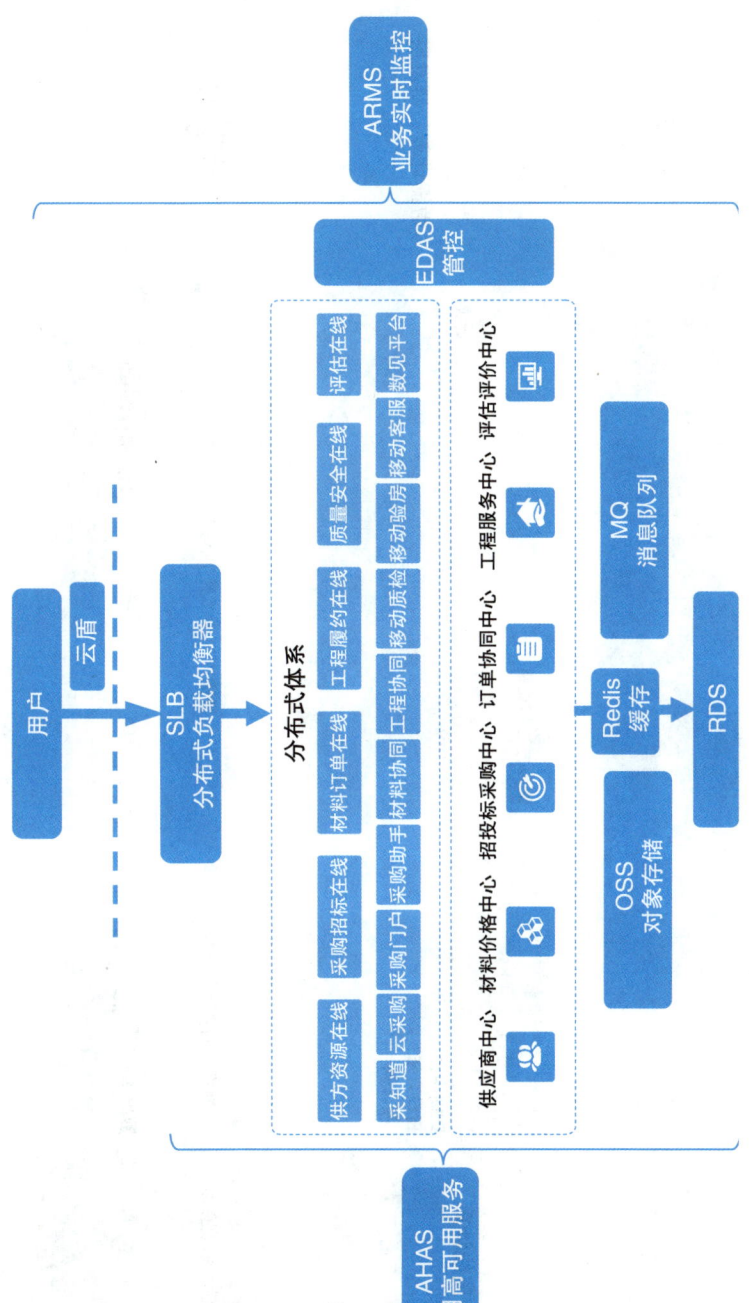

图5-14 供应链数字化体系整体应用部署架构

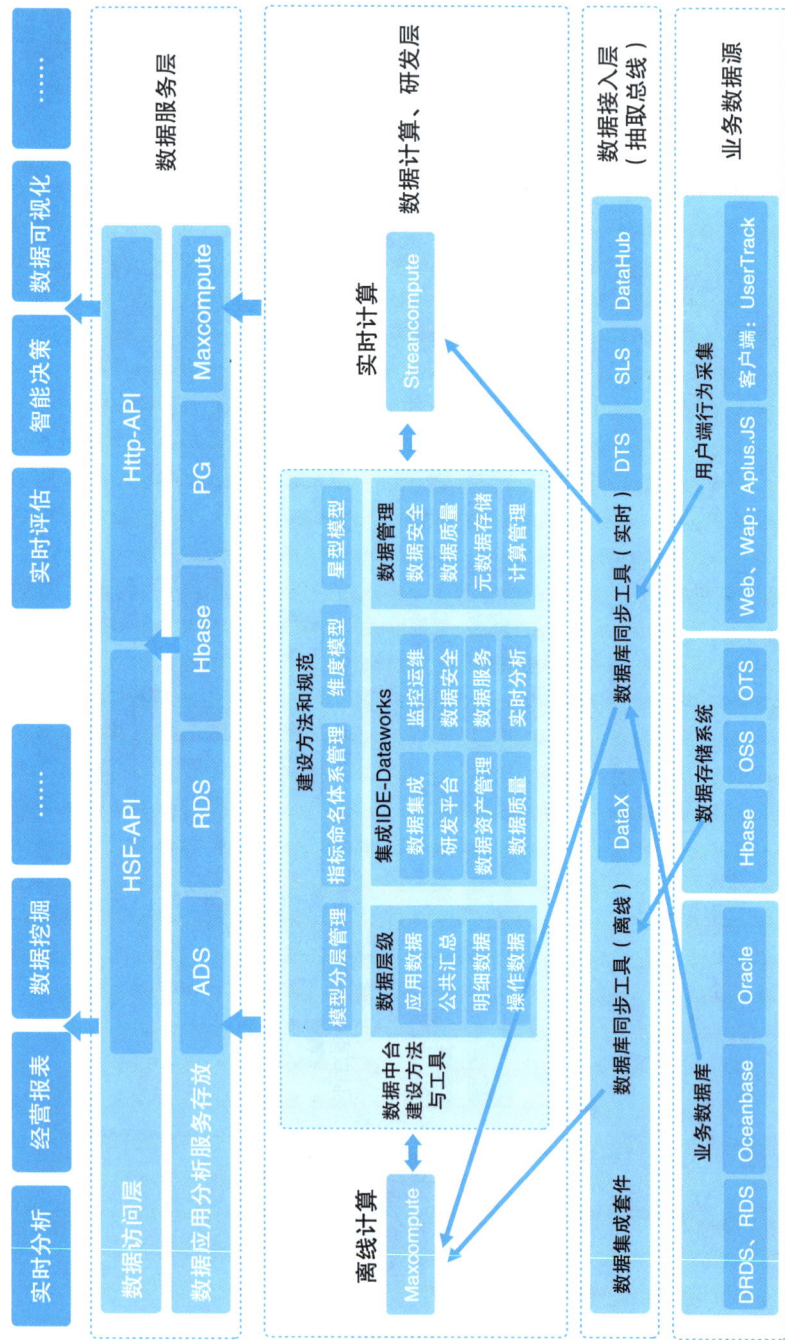

图5-15 One体系数据中台数据流向图

第一个核心能力是统一身份主体，即统一主体的身份。以供应商为例，不同系统中供应商历史数据不统一、不规范以及重复和错漏等问题需要人工治理，经过中台统一身份主体能力的清洗、梳理和映射后，建立供应商的唯一ID标志，这样即使未来产生新的数据、发生新的连接，中台也始终能够帮助业务人员与统计报表分辨出该供应商。

第二个核心能力是数据资源整合，即引擎将一个对象在多个系统和应用中产生的业务数据、行为数据和外部数据抽象为指标，并通过萃取结构化成多个标签。以项目为例，我们可以萃取出丰富的项目标签，帮助房企构建完整的项目档案，这样与项目相关的所有信息和数据都可追溯且随手可得。

第三个核心能力是集中服务窗口，即提供了统一的数据服务窗口，所有业务系统和前端应用都能灵活地通过共享公共服务引擎开放数据接口并获取所需档案。以供应商评估场景为例，采招部门人员可以通过数据引擎轻松获取供应商在项目工地的具体表现，随时查看缺陷率、整改率、准点完工率和变更金额统计等关键履约指标，结合人工打分快速搭建一套立体的供方评估模型。

第四个核心能力是集中算法赋能，即提供了一系列的算法引擎，为One体系的其他三个引擎提供支撑，并可作为标准服务对外开放。例如，价格基线算法能帮助企业结合行业参考价、信息价、供应商报价和历史价格计算合理的价格区间，以更好地控制成本。

业务中台：数据完整、操作完备、接口最小的小闭环集合。业务中台的核心是各类共享服务中心的集合，这源自对业务的充分解构与抽象，逐步沉淀可复用公共业务的共性，以迭代的方式逐步形成和优化，最终达到为共享服务的目标。房企的各类应用可以通过API接口调用业务中台的能力。以成功中台化的某房企为例，其通常会有10余家其他软件公司开发的系统调用能力中心的接口，如图5-16所示。

平台支持高度的可扩展性，房企的IT团队可以在各个平台上开发自己的系统，并在必要时调用业务中台的能力，快速构建企业所需的各类应用。

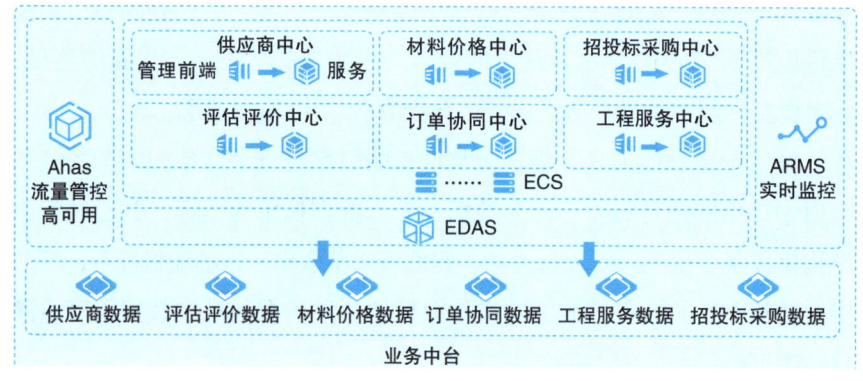

图5-16 业务中台技术部署架构

应用前台：基于双中台体系，高度灵活、持续生长。应用前台包括在协同平台上生长出的针对不同角色、不同场景的终端应用，能够灵活组装和配置，以及通过小前端的窗口调用供应链中台的能力。一线业务人员能直接接触到权限范围内的所有档案和资料。加入网络的角色越多，产生数据的速度越快，网络协同的效应越明显。当业务发生变化或诞生新业务时，房企只需要在业务中台的基础上生长出新的前台应用，数据和能力就可快速达到互联互通的效果，如图5-17所示。

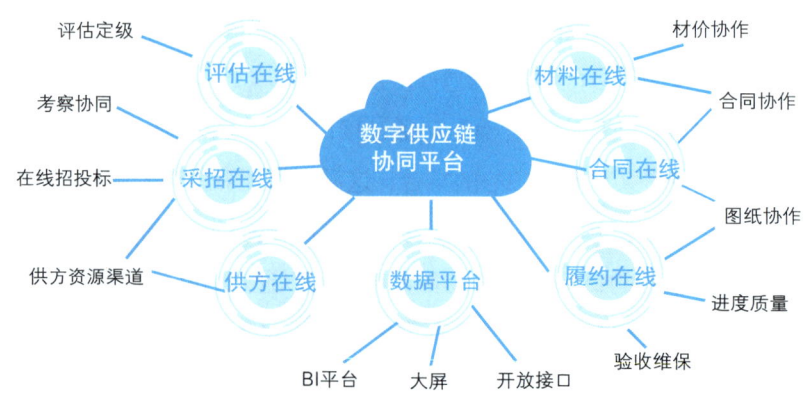

图5-17 数字供应链柔性灵活的应用前台

② 四个步骤：落地供应链中台建设和应用

在面向流程的相对传统的设计中，中台面向对象的全新设计方法需要规避一些"驾轻就熟"的误区，避免针对流程进行定制化的完美设计，即需要转换视角和思维，利用数据驱动设计过程，进而面向角色和服务进行设计。

首先，在业务方案上，我们需要通过体系化的业务调研，明确多产业供应链业务的组织架构、权责分工、业务流程、关注指标等。通过持续地明确业务范围，我们要梳理出多产业、多部门、多企业针对供应链协同管理的共性和特性，整体输出供应链管理的业务解决方案。

其次，在中台架构上，我们需要对业务进行拆解，将多产业的供应链业务闭环完全解构。如图5-18所示，我们对供应商管理这个业务单元进行拆解，按照"对象"和"动作"梳理出一张二维网络，提炼其中的共性、差异并统计该单元角色和动作的触点数量。通过汇总各业务单元拆解后的碎片，我们可以得出不同对象对应的"域"与其他"域"和业务场景之间的连接数，以此为基准判断哪些对象是需要优先抽象的，以及哪些动作是可以在抽象过程中充分拆解和复用的。

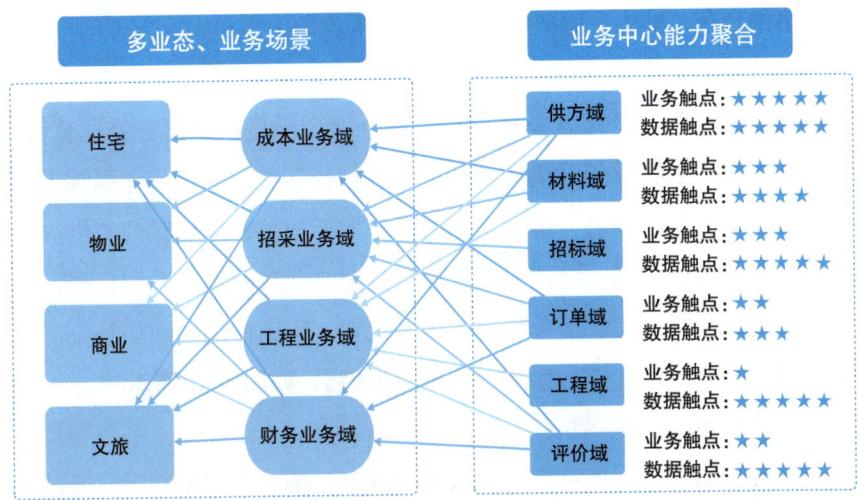

图5-18　共享中心推导示意

再次，在数据方案上，我们要保障数据分发、数据集成和数据迁移的设计。企业供应链中台在建设时一般都有较成体系的信息化基础，因此在面向与供应商、合约、材料清单、工程等业务相关的系统接入时，数据中台需要扮演的角色很可能是多样的。在多数情况下，数据中台需要同时提供主数据、数据运算和数据仓库三种类型的服务。针对不同的信息化基础，不同的设计方案需要被提出，这既能保障业务数据的稳定、统一、可靠，又能保障指标数据的准确、及时、完整。

最后，在集成方案上，我们要进行业务中台接入和输出能力的设计与管理。与数据方案类似，适合搭建中台的企业通常有成熟的工作流、各类业务系统、员工门户App甚至是主数据系统，那么设计方案的定制就需要有机地将中台提供的服务合理、高效地与已有系统对接，并在上线时采用接口路由、灰度发布等策略保障割接顺利、业务完备、数据一致。

（4）预期和展望：供应链数字化体系的想象空间

中台架构支撑的供应链数字化体系能够随着工具、场景的持续覆盖沉淀更完整的供应链大数据，推动数据驱动业务的前进，并通过持续接入更多的角色、能力、服务增强企业自身的竞争力。

① 大数据孵化的业务标准和数据体系

通过大量标记样本数据的训练，结合地产垂直自然语言处理算法，我们在未来能够持续地对供应链管理对象进行标签化、结构化提炼。一方面，这能够结合业务管理诉求输出业务指标规范，指导和约束供应链作业流程；另一方面，这能够为企业量身定制业务分类体系和标准，如供方分类、材料分类、清单科目、房间位置、问题描述、缺陷补位、检查项等的标准，为更精准地沉淀数据持续铺路，如图5-19所示。

② 持续地接入更多角色、场景和服务

接入BIM体系和图纸智能，从供应链源头接入数字化基因：通过图纸、BIM的接入，房企短期能够实现完全清单化的招标，长期能够改变整个供应链协同的规范，消灭许多原本就不应出现的问题，让供应链里发生的一切记录在同一个对象里，真正从源头开始实现完全数字化。

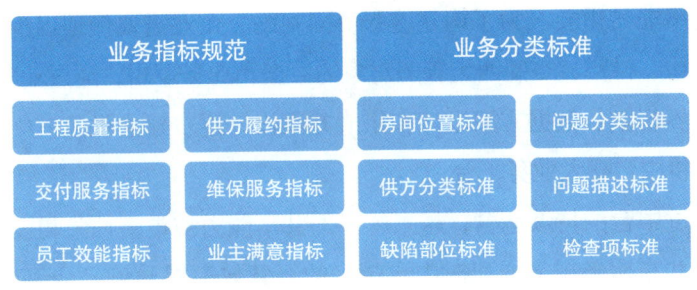

图5-19　大数据体系

接入IoT和空间智能，倒逼供应链质量管理，提升产品溢价，智能还原空间数字孪生：工地现场的施工安全、操作规范，材料应用的批次、去向，房屋测绘的精准度、效率，这些问题随着新一代物联网设备的接入都会变得自动化、智能化、数据化。许多需要大量人力参与的数据录入类工作都将由物联网设备替代，如无人机红外空间侦测体系能够快速为一个房间建立数字孪生，在镜像中按业务规范要求精确地测量房屋的检查项，并在图纸、BIM上一一对应展示质量问题、质量数据。

接入金融服务，全面优化财务结构、融资渠道、融资成本：通过在合约履行过程中产生的业务数据，企业能够引入线上化的融资体系，基于业务数据为供方背书，并在协同平台内增设金融服务中心和金融服务资产池。通过供应链金融的在线化，企业获得了财务结构的优化、融资渠道的拓宽与融资成本的降低，供应商获得了更健康的现金流，金融机构通过提供服务获得了业绩增长，供应链多方共同获益，整体向好。

（5）结语

供应链生态的综合能力将决定房企未来较长时间内的发展空间。通过供应链数字化体系的建立和演进，企业将中台作为供应链体系的核心支柱，能够大大提升供应链的进化效率。不仅如此，中台还可以通过数据的沉淀和反哺加速供应链的标准化，推动企业从"手工业"向"制造业"前进。

供应链数字化体系依赖于协同网络，因此构筑一张协同互联的孪生镜像网络非常重要。为了构建这张协同网络，企业需要梳理出围绕供应商、合约、材料、空间四大管理对象的数据和业务逻辑，通过业务梳理、中台边界切割、数据方案设计和集成方案设计逐步建立供应链中台，并进一步将中台融入业务平台。

通过中台的持续运营，越来越多的共享能力被重新抽象和设计并接入中台共享服务单元。届时中台带来的经营效率提升势必会超出预期，企业也能通过宏观把控全局视角进一步提升供应链效能，为自身谋得更多的发展机会和空间。

3. 管理及运营中台建设案例

Y企的信息化建设从"十二五"到"十三五"取得了长足的进步与发展，整体建设从信息化迈入流程信息化的新时代，并一步一步地向数字化转型迈进。为了应对外部环境的变化以及谋得公司业务战略的发展，Y企对数字化提出了更高的要求，为此，流程信息部也相应设立了新的数字化建设目标，即"构建数据驱动的智慧企业，成为业务伙伴，为创新赋能"。

Y企的数字化建设在总体架构设计上采用"多速率IT建设模式+前台轻、中台厚、后台稳"的设计模式，并通过对混合云、微服务化与DevOps三个方面做出"三驾马车、并驾齐驱"的整体改善，为信息化平台提供了更好的基础保障。其落地成果之一是管理及运营中台所包含的房源中心。

从建设策略上来看，Y企房源中心重点剖析住宅地产开发，适度参考商业、长租及物业地产开发，并从长远发展角度兼顾养老、教育及产业园等地产开发。Y企中台搭建伊始即面向跨板块业务，保证架构的合理性与灵活性，满足集团未来的发展需求，如图5-20所示。

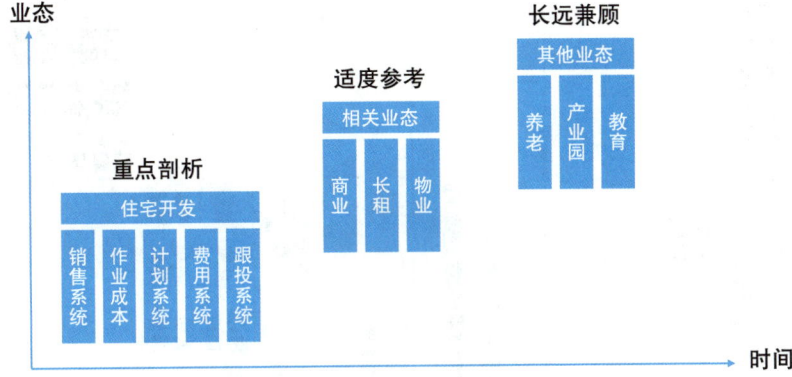

图 5-20 Y 企房源中心的建设策略

（1）建设方案

通过对 Y 企地产业务发展战略诉求、Y 企地产数字化建设方案及地产 ERP 架构现状的解读，以支撑稳态应用及敏态应用（工程管理系统等）为目标，Y 企采用领域驱动设计模式构建房源中心，并通过微服务架构进行部署。

① 业务触点分析

从房地产开发业务的全流程来看，项目开发全生命周期涉及的业务条线范围广且在不同开发阶段呈现出不同程度的交互，其业务诉求及数据需求不尽相同。通过将开发全流程与各业务条线在不同开发阶段的业务诉求相结合，我们可以清晰地看出全链路共计 50 多个核心业务触点，如图 5-21 所示。

除房地产开发业务外，商业、长租及养老等业务板块也需纳入规划。调研发现，其他业务板块均存在一些个性化管理属性，如养老业务中对于房间存在额外的管理属性，即"床位"的管理。

② 服务能力

通过对业务触点的分析，我们将房源中心需要具备的能力进行了提炼，如图 5-22 所示。房源中心的服务能力将通过 API 的形式进行对外输出，一个服务能力对应一个或一组 API 以实现业务场景组装。

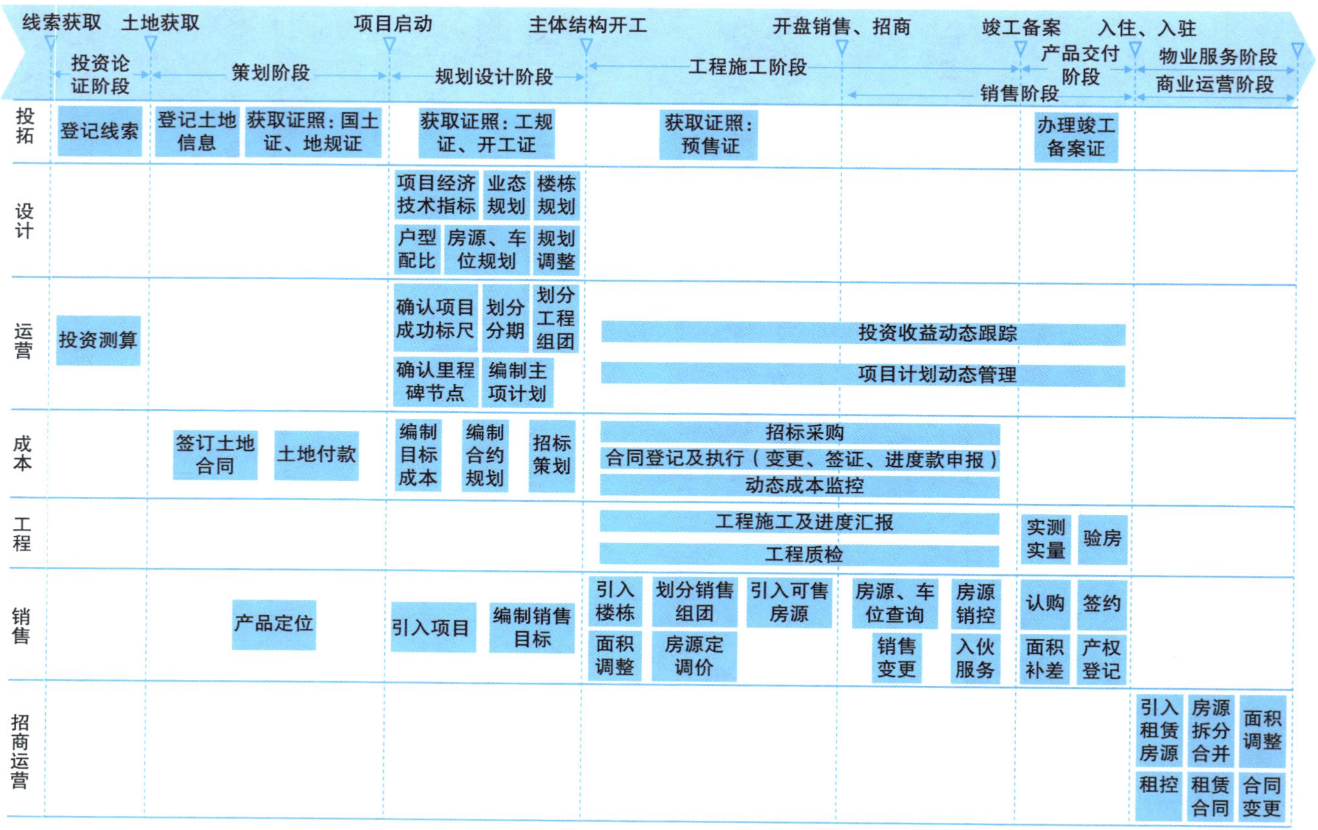

图 5-21 项目涉及的业务触点

图 5-22 房间域服务能力

③ 业务模型

如图 5-23 所示,房源中心作为业务中台,结合数据中台提供的服务,共同为前台不同业务板块的不同稳态及敏态应用持续提供服务,以满足 Y 企地产战略发展对数字化建设的诉求。其中,服务层将进一步细化房间域服务能力。

资源创建服务:针对房间对象资源创建,统一提供创建服务。资源创建服务将以 API 形式经过 API 网关统一对外提供。

审核和发布服务:对象资源创建后需经过审核才能发布,以供其他服务调用方使用。因此,在对象资源创建后,房源中心应调用审核和发布服务以使资源生效可用。

信息变更服务:在对象资源创建并审核发布后,其相关信息数据会在使用过程中发生变更,包括修改、删除等。因此,房源中心将统一对外提供信息变更服务,以满足服务调用方相关业务数据的变更诉求。

结构调整服务:资源间或资源本身的结构在不同业务场景中可能会发生变更,如房间的合并与拆分。结构调整涉及对象间关系变更,因此其将作为独立服务对外提供。

模型定义服务:不同业务板块的对象属性、关系等均会发生变化,因此房源中心需要对不同业务板块的业务模型进行重新定义。

房间档案服务:向不同业务板块的不同业务部门提供房间档案服务,包括房间各维度数据档案,例如销售、租赁等维度数据,以供服务调用方进行业务分析。

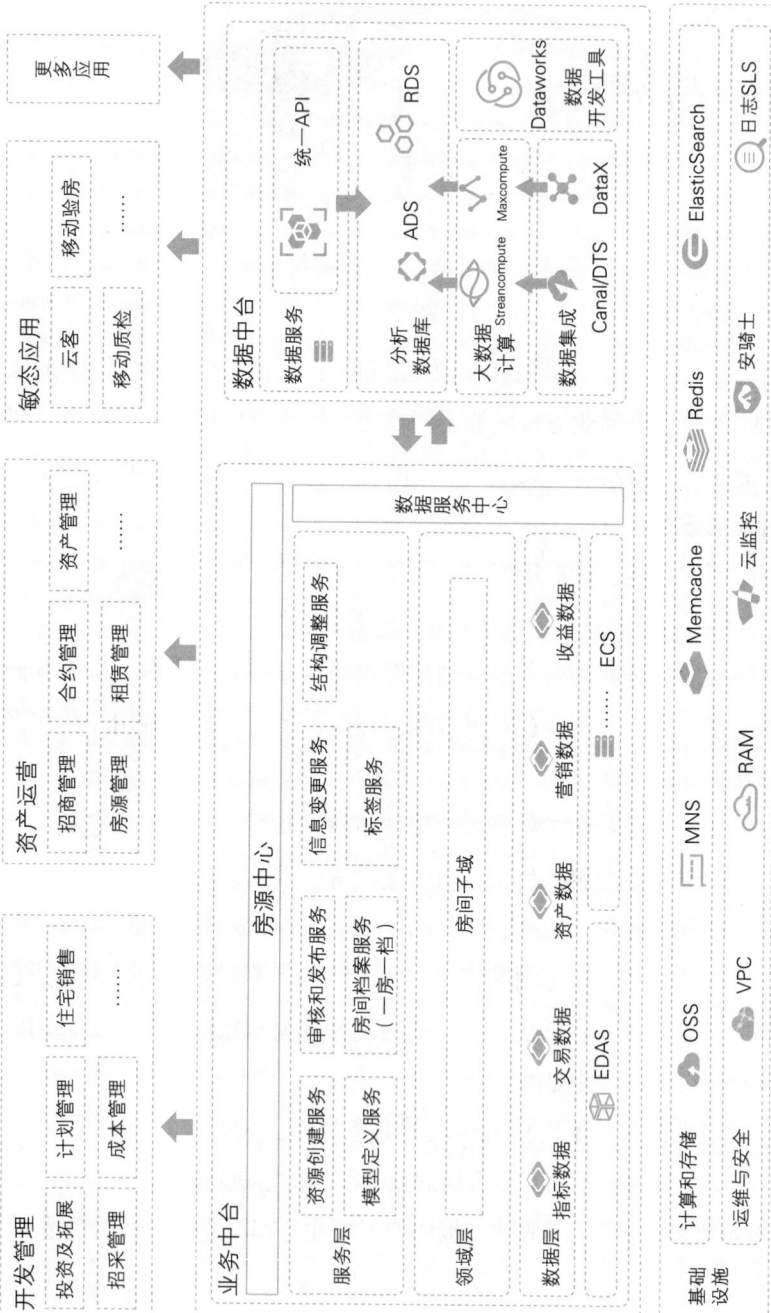

图5-23 项目房源中心业务模型

标签服务：房间在不同业务场景及不同业务板块中均会沉淀大量业务相关数据信息，房源中心通过标签服务将房间归类后可供业务进行灵活分析及挖掘。

（2）核心价值

房源中心的构建突出了六个方面的核心价值，为Y企的未来发展打下了坚实基础。

减少浪费：所有涉及房间领域的相关内容均统一调用房源中心的服务能力，无须在各个业务前端重复搭建，减少IT投入浪费的同时最大化降低IT架构的复杂性。

跨业态支持：不仅对房地产开发业务赋能，房源中心的业务及技术架构还能为其他跨板块业务提供房间相关服务能力输出，达到一次构建、共同使用的目的。

数据滋养：随着接入的业务场景及业务数据的扩充，房源中心的服务能力得到不断提升，逐步沉淀为企业级核心服务能力。

数据赋能：房源中心与数据中台形成双螺旋，共同进行房间领域数据沉淀并对外赋能。

持续生长：房源中心作为独立业务单元可以独立运营、持续迭代并与其他服务持续集成，服务能力能得到不断的提升。

统一标准：统一房间领域数据定义，避免数据不统一造成业务数据不准确、分析数据质量低等情况。

房源中心将为后续快速、灵活地支撑业务场景创新建立基础，支撑多业态地产开发战略，为多变的市场环境中的业务敏态适应赋能，为业务的持续创新赋能。在市场竞争日趋激烈的当下，这无疑为实现客户引流、去化率提高、管理规范等提供了强有力的支撑。同时，房源中心作为业务数据的唯一中心，统一了关键业务数据的进出口径，极大地提高了业务工作的效率，减少了在业务过程中口径不一带来的风险，从而为业务决策提供更为准确的经营数据。

四、中台方案对技术平台的要求

中台方案对技术平台有什么要求？在讨论这个问题前，我们先了解一下中台的前世今生。中台是最近几年异军突起的新概念，在国内说起中台时，人们最先想到的莫过于阿里的"大中台、小前台"战略和华为的"平台炮火支撑精兵作战"战略。这两家企业是不同行业的翘楚，虽然它们提炼的战略语言不同，但它们的战略反映的本质都是这个时代最基本的企业生存法则：在商战上先发制人，始终抢占先机。中台成了这一生存法则的核心和关键，两家技术型的巨无霸企业是在什么样的技术平台上实现了巨象的灵活舞步？以阿里这家典型的互联网企业为研究对象，我们来深入分析支撑中台的核心和关键——技术平台。

我们把互联网技术的发展大致归纳为三个阶段：单体式阶段、平台化阶段和中台化阶段。接下来，我们就基于这三个阶段来探讨中台方案对技术平台的要求。

1. 单体式阶段

单体式阶段主要是早期或初创型互联网企业在有了一个产品创意后立马组建一支研发团队把产品方案付诸实践，以最快的速度将产品投放到市场并查看用户价值反应。我们可以看到其内部业务逻辑、系统模块、数据都是耦合在一起的，就像一根烟囱一样自成一体，如图5-24所示。

2. 平台化阶段

随着某个产品的成功运营，相似或系列产品会快速裂变发展，一个个自成一体的独立产品就像一根根烟囱一样林立，这样的体系极度臃肿，使得开发运营的边际成本急剧上升。为了改善这种困境，一系列服务于开发期的公共库、中间件、工具集的能力被抽象和剥离形成技术平台，研发效率和研发质量随之得到大幅提高；一系列监控、安全、数据、运维服务被独立开发成公共运营服务体系，运营质量和运营效率也随之得到大幅提升，如图5-25所示。

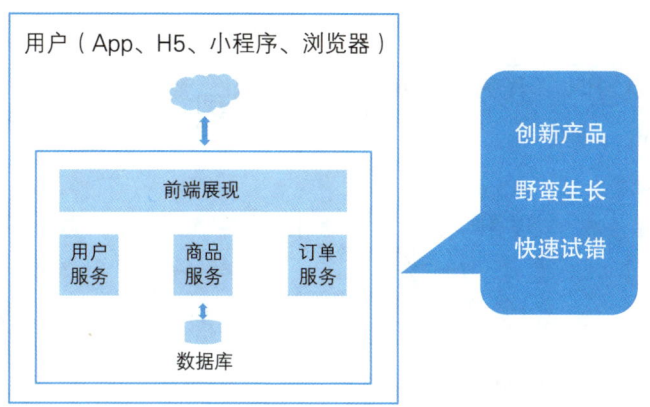

图5-24　互联网技术发展的单体式阶段形态

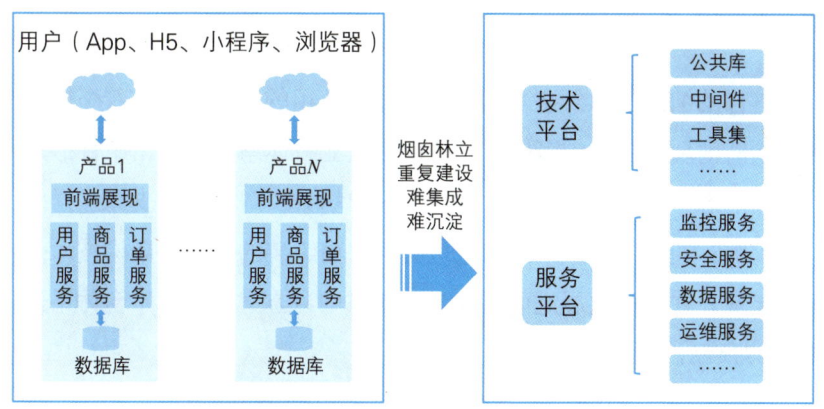

图5-25　互联网技术发展的平台化阶段形态

3. 中台化阶段

随着技术平台、服务平台的能力日益强大，它们又反推着产品体系更快速地扩张。这一阶段由于产品割裂，众多可复用的业务体系无法服务化，类似阿里电商的场景，诸多电商产品都会重复建设商品中心、用户中心、订单中心、支付中心、物流中心等。这样的重复建设挤占了更应该投入的差异化特性研发空间，于是各类的业务中心被抽象出来形成业务中台，差异化的业务特性前置分层为前端应用层，如图5-26所示。

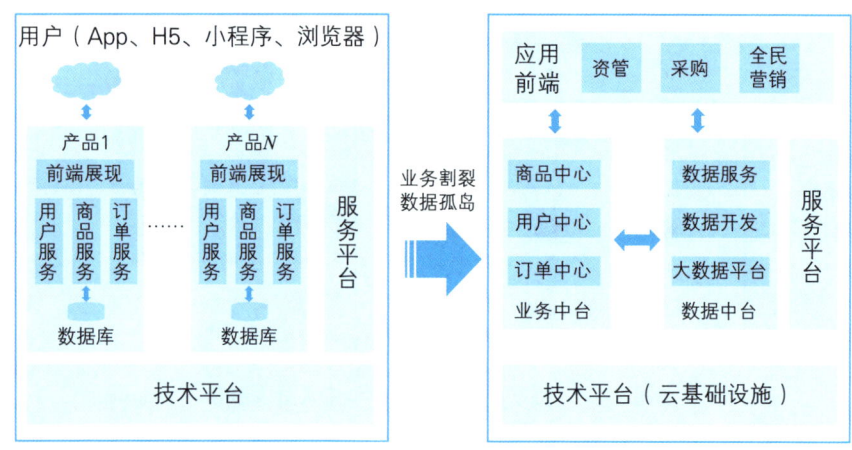

图5-26　互联网技术发展的中台化阶段形态

这样的演进虽然解决了通用业务体系复用的问题，但随着个性化需求的不断涌现，越来越多的产品可以通过业务体系间的自由组合形成新的产品形态，满足更为复杂、多变的客户场景。房企如何支撑这样的业务诉求呢？通过借鉴积木思维，可灵活自由组装的微服务架构技术体系开始出现，并高速发展进而形成今天支撑中台方案的技术平台体系，如图5-27所示。

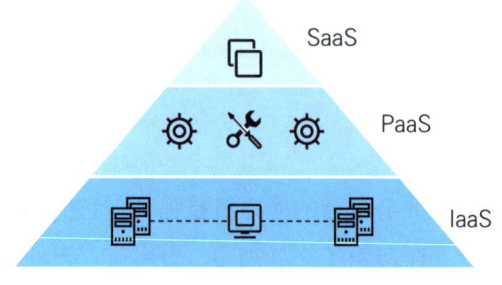

图5-27　互联网技术架构分层体系

通常，我们把技术平台体系按照互联网的分层结构分为三层：IaaS、PaaS、SaaS。公有云就像我们生活中的水、电、煤一样，提供了IaaS、PaaS层的基础技术平台能力，所有的SaaS应用都可以在此基础上研发生长。

（1）IaaS

即Infrastructure as a Service的缩写，意为基础设施即服务，指将计算硬件资源作为一种网络服务提供给用户（硬件平台允许用户分配内存、中央处理器、硬盘、网络等硬件资源）。IaaS可用于运行任意软件，包括操作系统、应用程序；用户不用控制任何基础设施（服务器、交换机或路由）就可控制操作系统、存储空间、部署应用并优先控制自我网络（交换机或防火墙等）。主流的公有云厂商和产品有阿里云ECS、腾讯云CVM、华为云ECS、AWS EC2、Azure VMs。

（2）PaaS

即Platform as a Service的缩写，意为平台即服务，指将软件平台作为一种网络服务提供给用户（软件平台允许用户开发、运行和管理应用程序）。

PaaS平台的优点包括：

- 软件平台允许用户开发、运行和管理应用程序；
- 用户无须管理计算机资源（网络、服务器、存储、操作系统）；
- 用户无须管理中间件（Java、NET等）；
- 用户无须管理数据库；
- 用户无法管理其他托管服务。

主流标准化的PaaS平台产品有：

- 企业级的微服务架构：以成熟商用体系为代表的阿里云EDAS，以开源解决方案为代表的Buoyant公司Linkerd，谷歌、IBM（国际商业机器公司）等厂商牵头的Istio；
- 数据库（Mysql、SqlServer、Oracle及各类NoSql服务等）；
- 分布式缓存（Redis、Memcached等）；
- 分布式消息服务（Kafka、RabbitMQ等）。

其他非标准化的PaaS平台服务有：

- 应用、服务监控平台；
- 安全服务平台；
- 研发、运营一体化流程服务平台等。

综上，SaaS及PaaS构成了技术平台的基础技术单元，它们就像积木一样搭建起了支撑业务中台的各类系统。随着业务中台的发展，技术平台仍在继续进化，在PaaS上又形成了aPaaS。aPaaS多以开放平台的方式为SaaS提供服务，包括大量标准化服务和可支持灵活扩展的功能，为业务中台提供了更加强大的低代码构建能力。

业务中台化同时也挖开了另一座金矿的入口，那就是数据中台化。平台化的发展除了造成业务割裂外，还造就了一个个数据孤岛。数据中台通过构建数仓体系将各个数据孤岛的数据汇聚、打通，通过数据开发将数字资产化，通过开放可视化、低代码、API等方式将资产化的数据如同露天金矿一样开放给上层应用，让数据资产为上层应用的运营反向赋能。

4. 中台化的关键技术

中台的核心价值在于支撑前台快速满足客户不断新增、变化的个性化需求。通过不断地抽象通用构建能力，中台可形成标准化、积木式的构建模块，支持能力模块的任意拼接、组装以形成新的业务能力。这样的诉求直接助推了一项中台化关键技术的发展——微服务技术架构。这种架构将业务逻辑与通信解耦，可以实现足够细粒度的逻辑功能模块封装和拼接。

此外，随着智能手机的普及，人类全面进入移动互联网时代，所有的应用服务都在移动化，需求巨大和产能不足的矛盾日益凸显。移动PaaS能通过低代码、可视化拖拽的方式，快速兑现移动应用产品的研发，成为移动中台的关键技术。

下面，我们就对这两大关键技术做具体介绍。

(1) 微服务架构

什么是微服务架构？简而言之，微服务架构是一种将单应用程序作为一套小型服务开发的方法，每种应用程序都在它自己的进程中运行，并与轻量级机制（通常是Http资源的API）进行通信。

这些服务是围绕业务功能构建的，可以通过全自动部署机制进行独立部署；这些服务彼此解耦，通过编排管理，可以用不同的编程语言编写并使用不同的数据存储技术。

那么，为什么微服务架构是中台化的关键技术呢？如图5-28所示，我们一起来看看阿里的中台架构，综合分析理解。

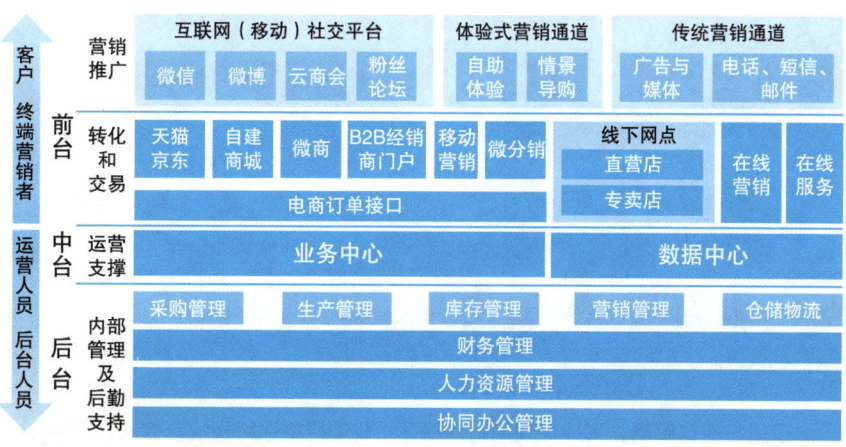

图5-28　阿里中台架构示例

我们可以看到,阿里的两大中台(业务中台和数据中台)支撑着阿里的整个业务系统运营。以淘宝、天猫的商家为例,据估计,淘宝上的商家超过400万家,而天猫的商家也有几十万家,这些商家的电商系统几乎无一例外地有账户服务、订单服务、支付服务、物流仓储服务、会员服务、客服服务、商品服务、用户信息画像等共性化需求。在有如此多的共性需求的同时,更多的个性化需求也要被满足,那么阿里的中台是如何满足这些需求的呢?

我们刚刚列举的那些共性服务都被抽象沉淀到了业务中台,形成了各类服务中心以满足共性化需求。而更多的个性化需求如何被满足呢?答案就是用微服务架构搭建服务中心。各服务中心都由各种服务单元编排组成、彼此解耦,并通过服务注册和发现来编排运营,而新的个性化需求按照规范被开发成新的服务单元,它们在注册发布后即可运营,且不会对已有运营产生影响。

下面,我们就一起来揭开微服务架构的神秘面纱。

服务网格:如图5-29所示,各服务单元的业务逻辑和网络通信解耦。各单元的业务逻辑可采用任意开发语言来实现,网络通信则由网络代理来完成,并与其他服务单元按照约定统一的协议规范进行通信和数据交换。

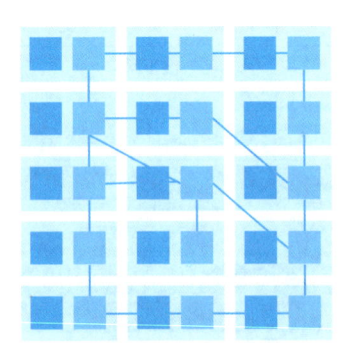
逻辑与通信解耦,形成代理网格网络

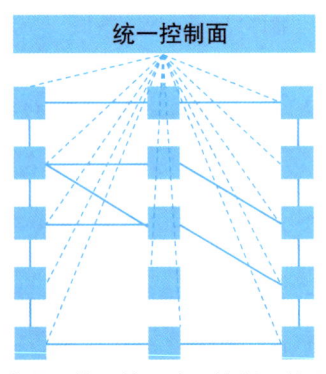
代理网格网络受统一控制面管理

图5-29 微服务服务网格

服务治理：从上述的服务网格中，我们不难发现，微服务化后的系统支持个性化需求会变得极易实现。但同时我们会发现各服务单元的业务流程组织、业务处理路径、异常分析定位等变得很复杂。微服务架构的双刃剑特征显现，服务治理成为微服务架构成功实施的拦路虎，服务治理技术也随之迅猛发展。归纳起来，服务治理包含如图5-30所示的关键内容。

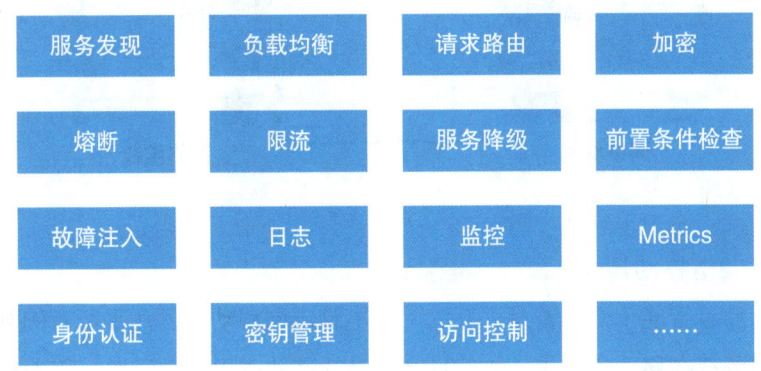

图5-30　服务治理所包含的内容

这些都是微服务架构系统正常运营所必需的服务治理能力，技术平台需要持续地建设和完善。

通信演进：如图5-31所示，两个服务单元，即服务单元A与服务单元B，经由容器编排，通过网络代理进行网络通信和业务逻辑驱动。当有新的业务扩展或个性化需求时，新的业务服务单元会实现编排接入，使得网络通信通用、透明和服务单元接入便利。

图5-32所示的是一个微服务的典型架构，通过容器组装载不同开发语言实现的逻辑服务单元；通过服务网格的控制平面统一管理服务单元间的网络流量、熔断容错、灰度发布、运营治理等；通过Etcd集群来整体管理所有微服务的服务注册和服务发现；整体架构呈去中心化、分布式设计，服务自适应、容错容灾能力强，集群统一控制平台管理极大降低了管理复杂度。

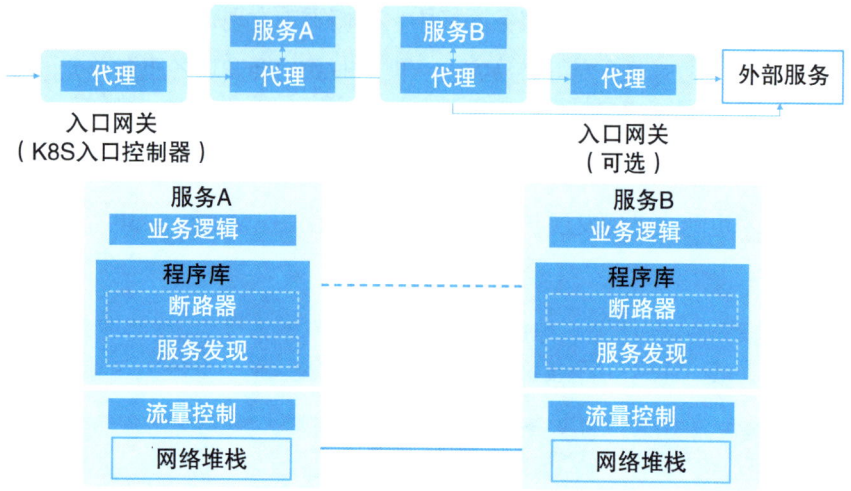

图 5-31　微服务通信演进

（2）移动 PaaS

随着智能手机的普及，互联网由电脑走向移动端，几乎所有的互联网服务都在移动应用化，快速且高质量的移动应用需求猛增，移动 PaaS 平台得以快速发展。下面，我们就以明源云移动 PaaS 平台为例详细介绍一下相关技术。

① 移动 PaaS 是什么

移动 PaaS 是一个高效的应用搭建管理平台，帮助用户通过拖拉拽的形式自定义快速生成多端移动应用。移动 PaaS 的初衷是赋能 SaaS 产品，帮助用户通过拖拉拽的方式完成用户自定义设计应用。使用移动 PaaS 平台，你无须为自己的产品搭建软硬件环境，它会为你提供 App 及移动网络所需的各种资源，你只需要关注自己产品的功能业务实现。使用移动 PaaS 平台，你只需要进行很简单的步骤即可为不同角色的客户创建不同的移动应用，大大减轻工作量。使用移动 PaaS 平台，你只需要通过拖拉拽和开发简单组件即可满足客户的个性化需求，无须担心客户过多的个性化需求为系统带来的各种挑战。移动 PaaS 平台内置各种常用组件，大大降低你的开发量。

第五章 多产业布局大背景下的中台建设 | 309

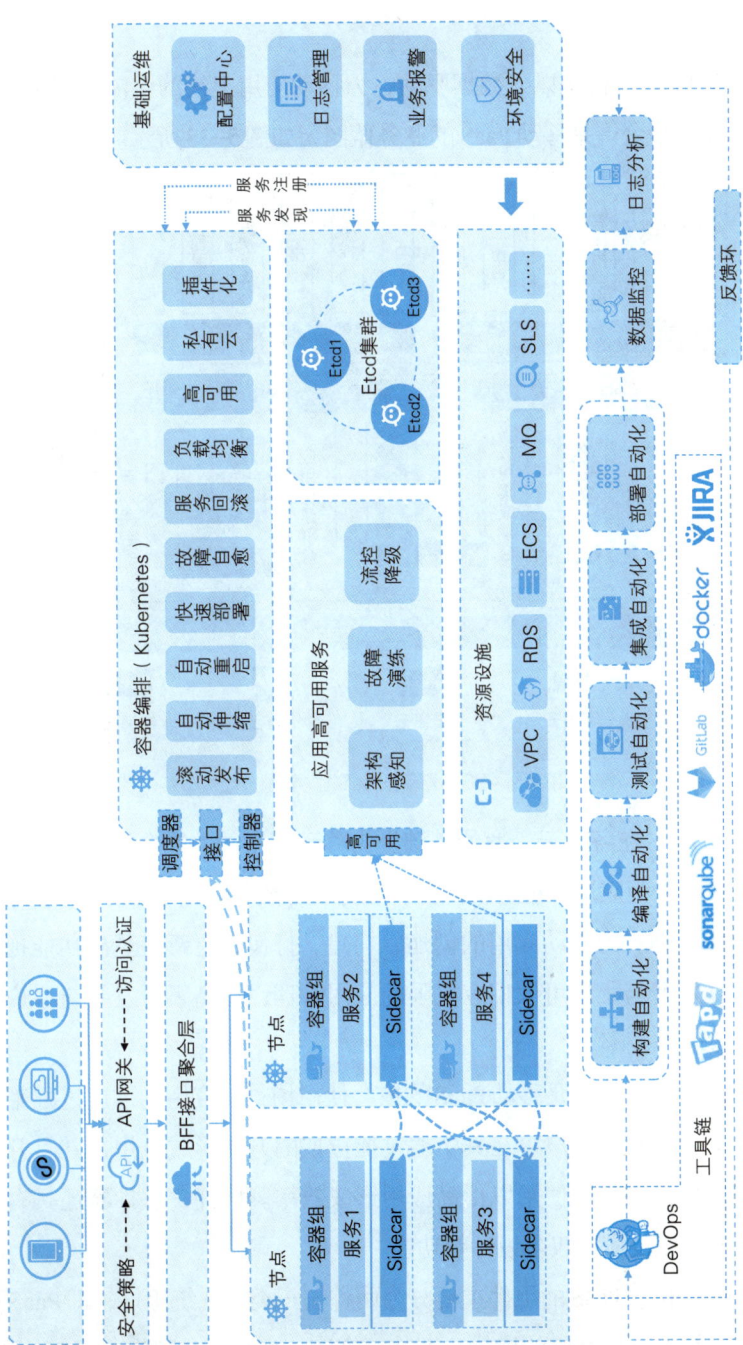

图5-32 微服务的典型架构

① 移动PaaS的业务架构

移动PaaS平台是以元数据驱动,为移动应用上线的全流程提供解决方案的技术平台,是移动PaaS的业务蓝图,如图5-33所示。

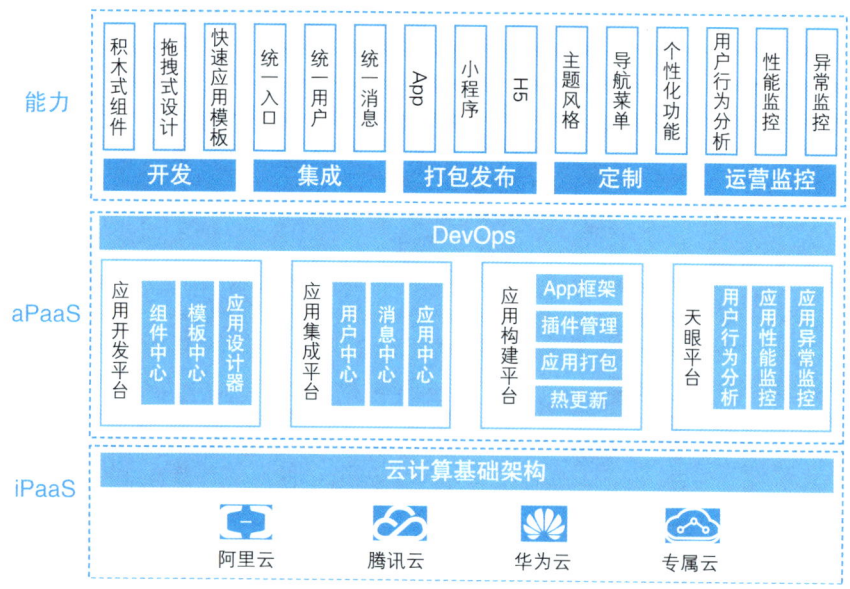

图5-33 移动PaaS业务蓝图

移动PaaS在各大云厂商的基础上为移动应用的上线全流程提供技术支撑,主要分为应用管理、设计器、组件、开放平台四个部分。

应用管理:为移动应用的创建、构建、打包、更新等基础功能提供支持,开发者与租户可做相应权限的应用管理,提高了开发者与租户之间的分工合作效率。

设计器:设计器是移动PaaS的核心使用场景,应用的形成过程都会在设计器上体现,用户可在其中通过托拉拽的方式形成应用,并且开发者可提供模板供租户使用以提高应用形成效率。此外,设计器还具有应用交互设计以及应用权限设计等功能。

组件:移动PaaS的组件主要分为两种。一类是系统组件,即PaaS平台提供的组件,如常见的横幅、图片、文字、列表等,租户可直接使用;

另一类是开发者上传的业务组件，开发者开发不同的业务组件以提供给不同的租户使用，而组件的更新在 PaaS 平台也有成熟的机制，开发者能轻松对组件进行管理。

开放平台：在移动 PaaS 平台上，开发者可将自己开发的组件共享给其他开发者使用，也可以使用其他开发者提供的组件。应用的模板也同样可以在开放平台上共享使用。

此外，移动 PaaS 是支持多租户模式的。在多租户模式下，移动 PaaS 对不同的层级也有着不同的促进作用。图 5-34 为移动 PaaS 平台的多租户关系解释图。

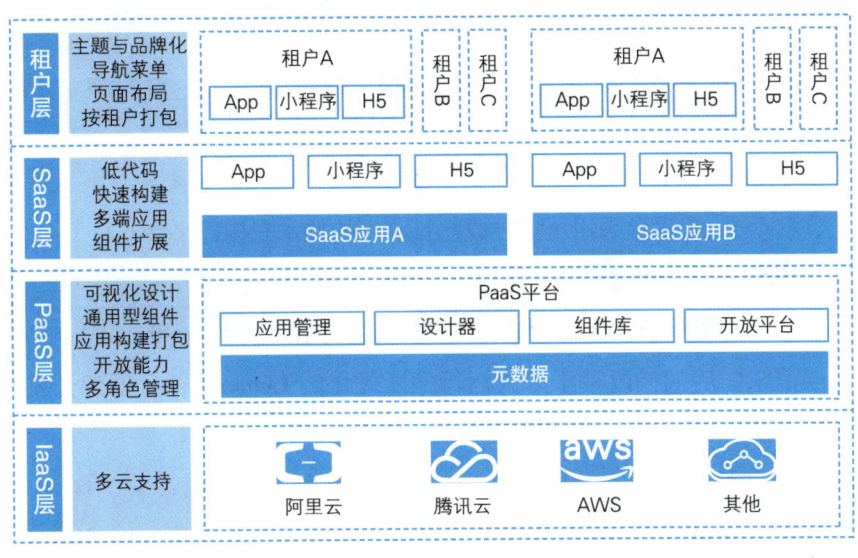

图 5-34 移动 PaaS 平台多租户关系解释图

移动 PaaS 平台的租户关系分为 IaaS 层、PaaS 层、SaaS 层、租户层四大层级：IaaS 层主要是各大云厂商提供的基础能力，移动 PaaS 会使用各大云厂商的能力并支持应用的多云部署，而 SaaS 层可在 PaaS 上创建 SaaS 应用，再将 SaaS 应用分发给租户使用。这降低了 SaaS 平台的管理成本，并且不同的层面都将受益于 PaaS 提供的能力，达到正向促进的效果。

③移动 PaaS 的技术架构

图 5-35 是移动 PaaS 平台的技术架构图。

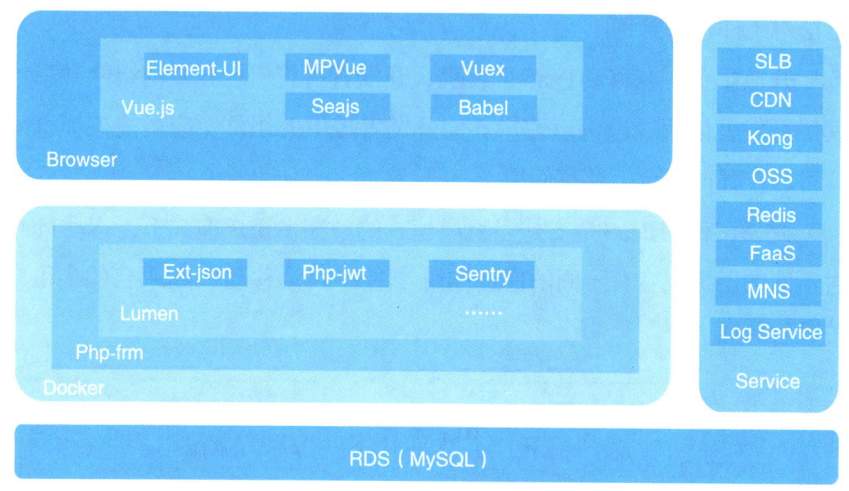

图 5-35　移动 PaaS 平台技术架构图

移动 PaaS 平台采用了业界成熟且流行的技术来构建平台，从下而上采用开源的 MySQL 数据库。

后端：使用 Docker 技术作为部署单位，内部运行 php-frm 进程响应前端请求。后端代码基于专为运行性能优化的 Lumen"微"框架开发，也使用了一些开源社区的成熟组件（如下）。

- Ext-json：处理 Json 格式的元数据。
- Php-jwt：用于 API 认证。
- Sentry：开源的实时错误报告工具，支持前后端、移动端。

前端：采用前后端分离的方式组织开发。前端采用易用、灵活、高效的 Vue 框架，使用了一些开源社区的成熟组件（如下）。

- Element-UI：控制台和设计器界面所使用的 UI 组件库。

- MPVue：用来转换生成微信小程序。
- Vuex：Vue 程序状态管理。
- SeajS：处理 Javascript 文件的依赖和加载。
- Babel：Javascript 编译器，以便使用新一代语法编写 Javascript 代码。

服务：选用了一些中间件以更好地满足平台的技术要求。

- SLB：负载均衡器，以帮助平台进行横向伸缩。
- CDN：内容分发网络，用来提升用户浏览时的加载性能。
- Kong：API 网关，平台对外开放的 API 以其为媒介对外提供。
- OSS：对象文件存储，图片优化器。
- Redis：缓存。
- FaaS：函数计算。针对平台一些非线性并发、重资源的逻辑，我们采用无服务器的函数计算实现。
- MNS：高可靠（10个9）的消息队列。
- Log Service：实时日志采集、分析、投递服务。

综上所述，中台是长出来的，生长的过程必定会充满曲折。支撑中台化的关键技术也是随之生长出来的，微服务化带来管理复杂度上升，通信效率降低以及流程环节多、长、易出错且难定位等诸多问题。移动 PaaS 技术还处于早期，面临着终端复杂、系统异构、版本众多等挑战，承受着标准化与个性化的双重压力。无论如何，我们都应该相信技术发展的力量，技术进步势必会促进中台的进一步发展。

五、房企中台建设的几个典型误区

结合行业实践，我们发现房企中台建设存在三个典型误区，如图5-36所示。

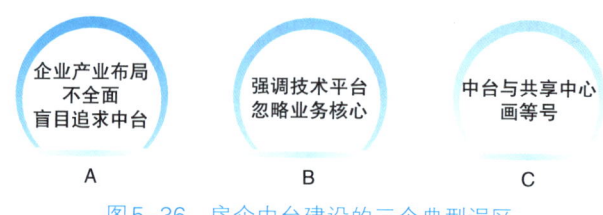

图5-36 房企中台建设的三个典型误区

第一，房企自身的产业布局不全面，在多元化产业布局仍然没有成形的基础上追求中台建设其实是没有必要的。可以说，有了多元化布局和多产业融合打通的需求，企业才有了追求中台建设的必要性。所以，房企应基于自身的产业布局实际来决定是否有必要建设中台，而不应盲目跟风。

第二，过于强调技术平台而忽略业务核心。业务中台和数据中台是相辅相成的，任何一方都脱离不了另一方，但房企在中台建设过程中往往过于强调技术平台、数据中台的建设，而忽略了业务中台的建设。如果只有技术，没有业务来滋养数据以进行适当的迭代和优化，那么技术平台就很难跟上企业发展的步伐，因此，基于业务去滋养数据并为业务更好地赋能才是正确的建设思路。所以，我们可以看到行业内有不少房企都已经开始在慢慢修正自己的中台建设方案，龙湖就是典型代表。

第三，将中台与共享中心画等号。中台与共享中心是完全不一样的，中台是一种服务能力，基于大数据的逻辑具备开放连接的能力，可以滋养业务；而共享中心只是将总部、一线的一些共性业务集中到总部层面，通过一个统一的组织建立一个标准的规则，然后再向各个环节进行赋能。所以，两者存在本质的区别。房企只有充分理解中台的含义，才有可能把企业的中台建设落到实处。

第六章

房企数字化转型的关键认知及成功要素

纵观整个房地产行业，一些标杆房企以及第三方信息化服务商在数字化转型方面都已进行了不少探索和实践，既有成功实践，也有失败案例。那么，房企要推行数字化，值得关注的重点到底有哪些？关键的认知和误区有哪些？数字化转型要获得成功，需要哪些必备的成功要素？本章我们将梳理房企数字化转型的几个关键认知，以及其对于技术、组织的核心要求，为房企的数字化转型提供参考，使其避免步入误区或再走弯路。

第一节
房企数字化转型过程中的八大关键认知

在数字化转型之路上，很多房企进行了不少的创新实践，但它们在以下八个关键认知上仍普遍存在一些误区或不清晰的地方。

一、数字化建设到底是费用还是投资

在之前行业红利较大的外部环境下，很多企业都只是将IT建设作为一种基础投入或面子工程来对待，并没有真正重视数字化投入为企业经营带来的价值。所以，在传统的信息化建设过程中，数字化通常被视作一种费用并基于投入的角度来规划设计，涉及的费用一般包括IT固定硬件设施投入、软件投入、IT人员投入三个部分，而且都归属于管理费用。

而在外部环境剧变的当下，行业利润空间大幅下降，房企必须要向内部经营要效益。与此同时，房地产行业的局面也从以前各路房企一起挣钱慢慢变成了相互之间的竞争和搏杀。所以，在生存环境和竞争环境越来越险恶的当下，将数字化建设作为企业的核心竞争力已经成为一个必选项。从这个角度来看，数字化投入应该被视作一种投资。从投入比例来看，房地产行业以前的数字化（信息化）建设投入一般不到企业管理费用的10%，而发展到现在，众多标杆房企都大幅提升了数字化的投入度，最高的已经超过了整体销售收入的3‰。

某标杆房企首席执行官明确表示，房企的数字化应该被定位为战略性投入和价值性投入。因为房地产行业已经告别了野蛮增长时代，步入了新的发展周期，房企必然要寻找第二个动力引擎，而这个动力引擎就是数字化建设。数字化可以跨行业，是房企多元产业布局的关键抓手，是房企重要的战略驱动力量。

二、数字化转型到底是自建还是整合

从行业实践来看，房企的数字化建设存在两个典型的极端。

一个极端是全部委托第三方来做。这一类企业自身缺乏对数字化的统一规划和核心建设目标，容易被第三方深度"绑架"，在这种模式下，企业的数字化未来走向何方也将成为数字化转型之路上的难点。

另一个极端是全部自建。不少企业期望能将信息系统把控在自己手中，也希望软件符合自身的管理模式和特点，因此会选择成立庞大的开发技术团队来实现软件全面自建。前文我们谈到，在第三方服务商暂时无法提供企业所需的创新应用时，企业自建确实有其必要性。企业自建，即从外部招聘数字化人才或者通过合作或收购相关企业来培养自身的数字化能力，能够使企业围绕自有产品建立数字化能力，并且切实掌控这些核心能力。同时，因为其他部门的员工会和数字化员工通力合作，共同开发基于软件的服务，所以这还能重塑企业文化。

但房企同样需要关注自建存在的不足。明源云在与行业内诸多标杆房企的首席信息官、首席数据官进行真诚的探讨和交流后认为，虽然明源云为房地产行业提供信息化服务已经22年了，全国范围内的团队超过5 000人，但我们的服务仍存在不少有待进一步改进的地方。同时，明源云是因为将每一个系统的成本都分摊到了行业内6 000多家客户身上，所以才能够实现投入成本的规模化效应。如果数字化是依靠一家企业单打独斗且全部自建来做每个系统，那么一方面，企业需要具备产品、技术、交付、服务、平台等多个专业领域的整合能力；另一方面，成本全部由一家企业来承担，投入产出比是否合理也是值得企业考量的一个问题。除此之外，相较于第三方服务商，自建系统基于行业前沿应用的生长和迭代速度更慢，这些都是大多数房企现阶段无法克服的问题。

所以，我们认为相对比较合理的方式是核心业务模块找成熟的厂商合作，在成熟厂商平台的基础上进行开放迭代。

未来，房企甄选第三方服务商不是看它的独立系统有多强或顾问团队有多强，而是看它的平台是否是一个开放的、生态的平台。如果存在结果不满意的情况，那么房企还能够基于这个开放平台自主开发，从而真正做到自主可控。此外，房企在创新模块上也可实现自主和快速响应、快速试错，如企业要做养老领域的系统开发，而第三方信息化服务商还没有覆盖这一类的创新业务，房企就可以基于这个开放平台去进行自建并快速迭代。所以，数字化转型需要强强联合，各展所长，这样双方才能合作共赢。

三、数字化是靠IT部门推动还是多方推动

随着房地产行业规模的进一步扩大和布局的产业领域越来越多，房企数字化建设的体量也越来越大。为实现如此大体量的数字化建设的落地，房企也从其他行业引进了非常多的顶级技术人才，希望通过技术升级实现自身经营能力的全方位提升。

从其他行业来看，如制造业、金融业等，管理都非常地精细化，科技化和数字化是这些行业佼佼者的核心竞争力。而与其他行业相区别，房地产行业仍然是依靠土地资源、资金资源制胜的行业，企业只需将机会和风险把控得当，即可实现较高的投资回报。数字化为房企带来的价值虽高，但还没有胜过土地资源、资金资源和风险管控所带来的回报。所以，现在标杆房企的掌舵者普遍都已经比较清醒地认识到，目前及未来几年，房地产行业仍然会呈现出"技术服务于业务"这一特性，要实现"技术引领业务"仍需时日。

因此，我们认为数字化转型仅仅依靠IT部门去推动的难度很大，要想实现IT落地，还需要高层推动、业务参与和IT支撑三者的结合。

其一，高层要高度重视并推动数字化。正如GE（通用电气公司）前董事长伊梅尔特（Jeffrey R. Immelt）在谈数字化转型时所言："因为数字化转型会改变一切，所以首席执行官必须有所担当地去引领这项事业。他们必须投入去学习更多有关数字技术的知识，更加有效地领导变革，这样才能保证自己在转型过程中不会瞻前顾后、不知所措。"制造业的数字化转型如此，房地产行业同样如此。令人欣喜的是，我们在行业交流走访中已经看到，诸多标杆房企的董事长都已经明确表态要重视并参与推动数字化建设。

其二，业务部门要深度参与。房企可以将总体经营目标分解为各个业务领域的具体目标，然后基于企业的实际情况通过技术手段落地实现，真正保障技术服务于业务。

其三，IT部门要结合新技术趋势和公司战略进行整体推动。因为数据、业务、技术打断骨头连着筋，三方都不能脱离彼此而独立存在，所以这三者要协同发力，这样方可真正抵达企业数字化转型目标的彼岸。

四、数字化建设是全面规划还是重点突破

数字化建设是基于一张蓝图按部就班地去做全面规划，还是找准一

个突破点来重点发力？

如果基于一张"正确"的蓝图按部就班地进行建设，时间周期就会很长，而短期看不到数字化建设所带来的改变和价值，一线员工和高层管理者就很容易对数字化建设失去信心。所以，我们认为企业在推动数字化升级过程中一定要在整体规划的同时找准重点，以快速突破、快速见效，让高层和一线员工都尝到数字化建设的甜头。这样才能进一步增强大家的信心，让数字化建设继续优化迭代，最终达成我们的数字化建设目标。

五、企业数据部署在私有云还是公有云

很多房企认为，数据和管理经验都是企业自己的，完全私有才更安全，但将它们部署到私有机房其实并不比部署在公共云端更安全。正如现金放在银行其实比放在自家更安全一样，将企业的数据和资产交由一个品牌强大的商业企业来统筹打理，在安全上会更有保障。

房企数字化转型的核心在于公私结合，即专有云和公有云的结合。对于企业的核心经营数据，企业可以考虑进行私有化部署或专有云部署；对于需要进行行业连接才能发挥价值的领域，如数字化营销和数字化供应链等需要把客户资源、供应商资源与行业大数据进行连接才能获得更大价值的领域，房企就应该基于公有云的方式来部署。这样安排既考虑了企业核心经营数据的安全，又享受了云设施带来的高存储空间、高安全性、高连接性等红利，最终实现真正的安全和高效。

六、成立科技公司能实现 IT 部门定位的反转吗

在少数以创新、探索为导向的标杆房企的带领下，房地产行业一度掀起了成立科技公司的风潮。如果成立科技公司是为了更好地统筹多版本的 IT 建设项目，使其不受制于地产板块或其他板块，那么这样的组织设计无可厚非。

但房企如果希望通过成立科技公司在将来实现对房地产行业的系统输出，向平安科技和美云智数学习，那么挑战和难度并不小，主要有以下几点原因：其一，平安科技服务于一家庞大的金融企业，而数字化本身就是金融行业的核心竞争力，所以平安科技的投入大、规模大、要求高是非常符合金融行业特点的；其二，美云智数最早也服务于产品品类多、精细化要求高的电器制造企业，而且美云智数的数字化产品并未实现对同行业的输出，而是跨行业输出到了汽车行业；其三，房地产企业如果想实现同行输出，那么基于商业竞争的角度难以获得同行的支持，商业模式如何破局同样是难题。

尽管难以实现同行输出，但是科技公司也有其存在的必要性，主要体现在两个方面。一方面，传统的数字化主要是以支撑地产板块为主的，随着房企的规模越来越大、产业领域越来越多，房企可以通过成立科技公司摆脱地产属性，进而从更高的维度统筹规划整个数字化建设的方向；另一方面，目前房地产企业的产业领域创新越来越多，但这些领域基本不存在成熟的数字化建设供应商，房企也无法仅依赖地产领域成熟的数字化供应商（如明源云）来支撑整体布局，所以通过成立科技公司来实现企业创新业务的落地也十分有必要。

总体来看，在当下的数字化浪潮中，房企应找到自身合理精准的定位，以决定是否成立科技公司，而这是房企数字化建设成功的关键前提。

七、数字化转型是靠技术平台还是靠业务洞察

在数字化转型推进过程中，不少房企为了用最好、最强大的平台和技术，而往往牺牲了对业务的理解和洞察。

从为公司的一线业务赋能的角度来讲，技术和平台固然重要，但它们只是基础，若要真正解决问题，房企最终还是要对业务进行深度洞察。当下新技术的发展非常之快，安全、存储、分析的数据底层已经很发达，技术越来越成为随处可获取的公共设施，不再是房企的发展瓶颈。反之，

对业务的深刻洞察正在变得稀有，而这才是房企决胜的关键之一。

从商业的本质来讲，是业务创造了价值，我们最终要回归业务的本质。而数字技术仍然可以从两个维度创造价值：一是技术可以帮助业务创造更多的价值；二是数字技术本身可以形成一个新业务。所以，从这个层面来讲，技术和业务二者并不是非此即彼的。

八、数字化建设是一劳永逸还是不断迭代

很多房企往往认为上线ERP管理系统之后就完成了数字化建设，其实这只是解决了初始的覆盖问题，并无法满足长远的业务变革和提升诉求。毕竟企业在不断地发展，行业也在不断地涌现各式各样的业务创新，同时房企还在不断涉足一些新的业务领域，外部环境也比以前更加严峻，所以房企的数字化建设也应该整体规划、不断迭代、不断更新。

因此，未来的数字化建设是一个不断投入、不断优化、不断进步的过程，房企需抱有更加积极、开放的心态来应对行业的变化。

以上是我们对房企数字化转型八大关键认知的总结，房企应充分认识和理解，避免陷入误区，从而在数字化转型之路上走得更快、更稳。同时，房企需要认识到数字化转型是一项长期的战略行动，需要长期投入，如果真正下定决心要进行数字化转型，就要做好长期投入的打算。

第二节　房企数字化转型对技术的要求

随着行业的快速发展以及新技术的普及，数字房企的概念逐步兴起，不少企业纷纷开启了数字化探索之旅。这种探索不断地从各个层面冲击和挑战传统ERP的范畴，其中既有在经营管控领域借助数字化手段提升

决策能力的管理实践，也有针对各个业务场景的创新实践，更有借助内、外部数据和能力创造新商业模式的尝试。

业务的多速率发展推动了IT多速率开发策略的诞生。各类业务创新表现出典型的趋势，即业务与IT不断融合，两者各自发力又相互促进，彼此呈螺旋式上升的态势。我们发现，业务的发展是多方向的且发展速度截然不同——传统业务较为稳定，变化可预见；有些业务发展较快，规则与场景变化快；而有些业务则尚未成形，未来方向还不明确。

这种业务多速率发展的情形无疑对房企的信息化团队及信息化建设提出了新的要求，房地产企业的首席信息官们急需一种新的策略、架构和平台来应对这种变化。信息化的地产技术平台必须全面转型才能满足全新的需求。明源云秉承全新的平台设计理念，重磅推出ERP开放平台、云PaaS平台、业务中台与数据中台，在全新的业务需求和新技术驱动下助推房地产企业向数字房企转型。

一、明源云新一代平台的设计理念

业务的多速率发展需要企业在IT方面优化升级，这在领先房企中已成共识。房企在IT体系的搭建上必须具备三种典型能力：开放及生态构建的能力、联合共建和共创的能力、技术生长与进化的能力。

1. 开放及生态构建的能力

全新的开放平台基于代码、应用和生态的开放，构建了明源云的典型开放能力。

（1）代码级别的开放

我们做了平台代码、产品代码和二次开发代码的隔离，平台不仅对明源云的研发人员和实施顾问开放能力，而且面向ODC（外包交付中心）开发外包、房企技术人员和房企外包技术人员开放能力。例如，房企业务人员通过全新的数据服务中心可以快速设计图形报表，也可以直接在业务表单中做字段的调整和变更。可以预见的是，房企的技术人员也将能直接在平台上开发应用，并且享有知识产权，拥有该部分的源代码权利。

（2）应用级别的开放

明源云借助全新的技术将原来的ERP应用解构，逐步形成了多类API。一方面，云ERP解构后形成全新的云ERP；另一方面，能力沉淀形成业务中台，对外开放相应的API，其他应用可借助该API调用明源云的应用和数据。

截至目前，我们已经开放了几百个API，在营销、供应链和财务等领域都做出了广泛连接。明源云近期在帮助不少房企做财务共享的数据和应用接口，助力房企实现业财融合，同时还做了全面营销的接口，该接口将成为房企各个软件供应商的接口中枢。

（3）生态级别的开放

明源云在2019年与阿里云展开战略合作，成为阿里云泛房地产行业的生态合作伙伴，双方共同推出业务中台和数据中台解决方案。企业可以借助明源云的客户中台和供应链协同平台连接更多外部的资源和能力，也可以借助数据中台整合生态链的数据与资源，提升企业内部的业务创新和管控能力。

典型的场景有：借助明源云的云采购系统，房企可以在输入供应商名称时直接调用该供应商的工商登记信息；借助明源云的中台，房企可以直接调用该供应商的诉讼数据，在确保数据准确的同时预先排除了风险。

2. 联合共建和共创的能力

不少房企在实践中发现，业务发展日新月异，信息化与业务创新逐步融合。为了应对这种变化，一种全新的IT策略应运而生：成熟类的业务，采用外部成熟的ERP应用来直接实现；创新类业务，若外部有成熟应用则直接采用，若没有则自己结合创新业务设计软件方案，再交由经验丰富的技术团队做代码实现和实施交付；发展类业务，通常是自己设计、实现和交付，待完全成熟后再交由团队运维。

基于全新IT策略的需要，明源云经过5年实践推出全新的ERP开放平台、云PaaS平台、业务中台和数据中台，房企可以结合自身需要在这几个平台的基础上购买、设计和构建自己的应用（见图6-1）。平台赋予房企自由定制的能力，企业可随需而变，这本质上就是一种共创、共建的全新模式。

未来的明源云平台及各个产品可以集成其他应用，也可以被其他平台和产品集成。

3. 技术生长与进化的能力

明源云自5年前起开始探索技术平台的自生长和自进化，主要涉及三个方面：平台自升级、云原生的快速进化和最佳实践的进化。

平台自升级：明源云以云为主要参照系，探索并打造"自升级的平台与产品"。每当出现新功能、新特性，我们都会对平台和产品的级别做出优化，并采用灰度发布模式让企业逐步获取，同时保证原有的业务逻辑和数据不受影响。

云原生的快速进化：明源云平台在云基础设施上构建，借助云厂商强大的平台和计算能力，随着云技术的突破实现能力快速进化。

最佳实践的进化：明源云平台基于行业数千家企业的最佳实践和应用，逐步将实践中行之有效的技术和能力整合到软件产品中，以实现快速进化。

经过近几年的实践，明源云在平台和产品功能的自升级上取得了突破，并已在实践中获得验证。整体而言，明源云在设计全新的平台之时已充分考虑了数字化转型对技术的全新要求，我们的追求是全力为房企提供开放及生态构建的能力、联合共建和共创的能力、技术生长与进化的能力。

第六章 房企数字化转型的关键认知及成功要素 | 327

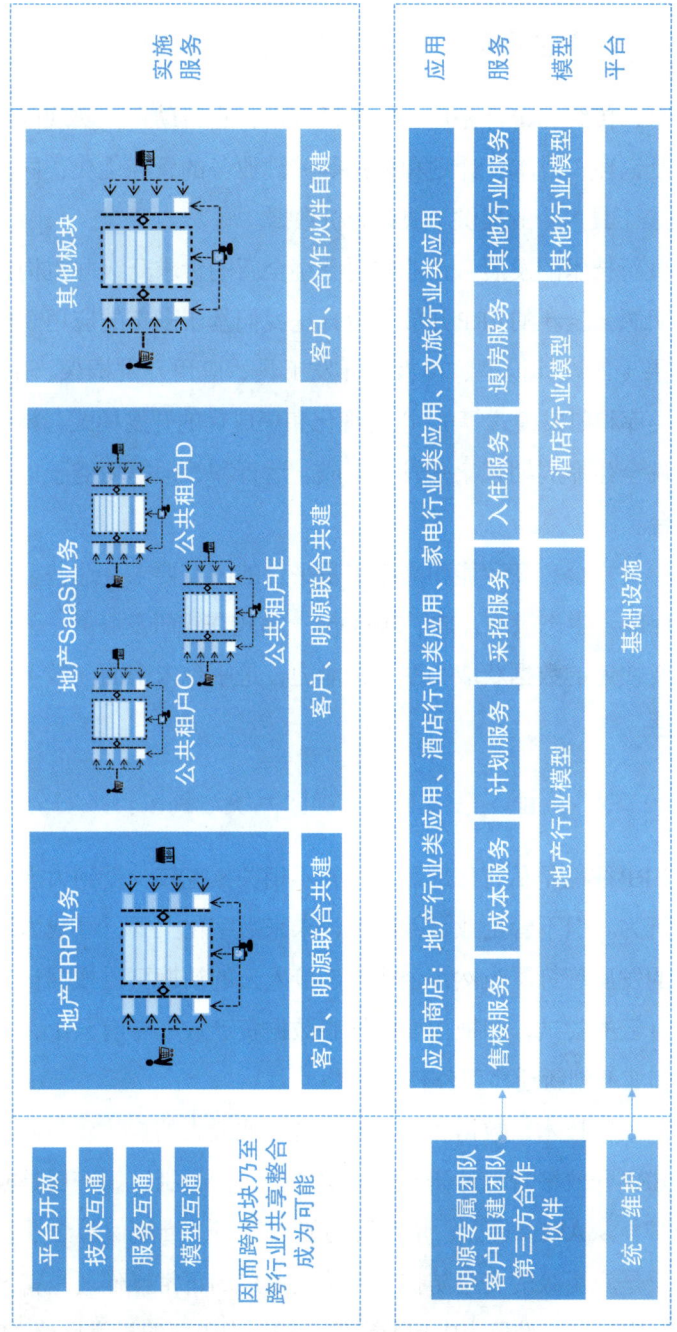

图6-1 平台开放方式

二、ERP开放平台推动数字化底盘实现"三高一开放"

多年来，传统ERP都是房企的关键应用，它帮助企业实现内部流程提效，以及销售、成本、计划和采购等关键业务的管控优化，同时也通过BI和报表工具为企业提供了决策分析数据。

但随着新技术的发展，企业需要围绕全新的诉求升级并重构ERP底层平台。明源云全新的ERP开放平台，是我们基于多年的应用软件研制经验和成果（如设计模型、模板、开发工具、应用开发框架、中间件、基础技术类库和研发模式等），以可视化和集成化的开发模式，精心打造的覆盖软件全生命周期且集开发、集成、运行和管理等功能于一体的统一软件平台。

其中，高安全、高性能和高稳定是平台的固有要求，这些都得到了进一步的保障。生态级的开放、DevOps一站式在线研发服务、弹性互联的架构以及快速的数据获取和图形化能力，是平台未来面向数字化转型的全新特性。

1. 高安全：专业认证、三级防护，确保系统达到银行级安全

传统ERP往往是私有化部署，与云不相关，也较少受到大规模的破解和攻击行为。但不管企业是否愿意，未来数字化上云已经成为现代互联网技术的发展趋势。当然，企业在连接入云的初期可以根据自身特点先进行混合云的尝试，即把重要的核心数据资产放在专有云上，将一般性的应用和业务创新迁移到公有云。

对于引入云技术，数据和应用安全是企业最大的担忧。为此，明源云的全新ERP开放平台设计研发了三层安全防护机制：第一层是权限级的安全防护，从API、页面、角色及功能点等多个维度保障企业信息安全；第二层是应用级的安全防护，无论是用户的正常操作还是特殊场景行为反馈，均可在运维日志中精准定位，如暴力破解的异常反馈、DDOS

（分布式拒绝服务攻击）攻击导致的性能反馈等；第三层是数据级的安全防护，通过数据智能技术实现水印防拍照、二维码防伪等安全保障，对信息泄露进行有效追踪。

基于以上三层安全防护机制，ERP开放平台通过平台底层整体构建的防护机制，帮助企业在应用层面极大地提高数据安全性，同时做到全程可知、可控。

为进一步夯实平台的安全防护机制，确保企业信息安全，明源云的开放平台和产品在出厂前都会做第三方的安全认证。截至目前，我们已经获得了绿盟、天融信、SOBUG（网络安全众测平台）和360静态、动态等安全认证，未发现任何高、中级别的漏洞。

2. 高性能：微服务架构轻松应对房企万亿规模性能要求

几年前，房企规模不大，传统ERP应用主要作为内部管控使用，用户量和数据量都不大，性能不会成为突出瓶颈。但近几年来，房企规模快速扩张，项目数、房间数等都大幅增长，用户范围也扩展到企业外部，如施工方的员工和购房者，因此平台性能也逐步成为企业关注的重点。

明源云的全新平台采用四种策略，在不同层面为企业应用提供高性能保障，如图6-2所示。

- 策略一：在IaaS层，通过将数据库计算原理提升到应用层分摊数据库性能压力。
- 策略二：在应用层，借助微服务架构水平扩展分摊各应用层的性能压力。
- 策略三：在应用层，采用符合SARG（日志分析工具）原则的图形化数据源和ODATA（开放数据协议）数据接口保障数据查询的性能。
- 策略四：采用软硬负载、分布式缓存、异步队列、应用分库、分

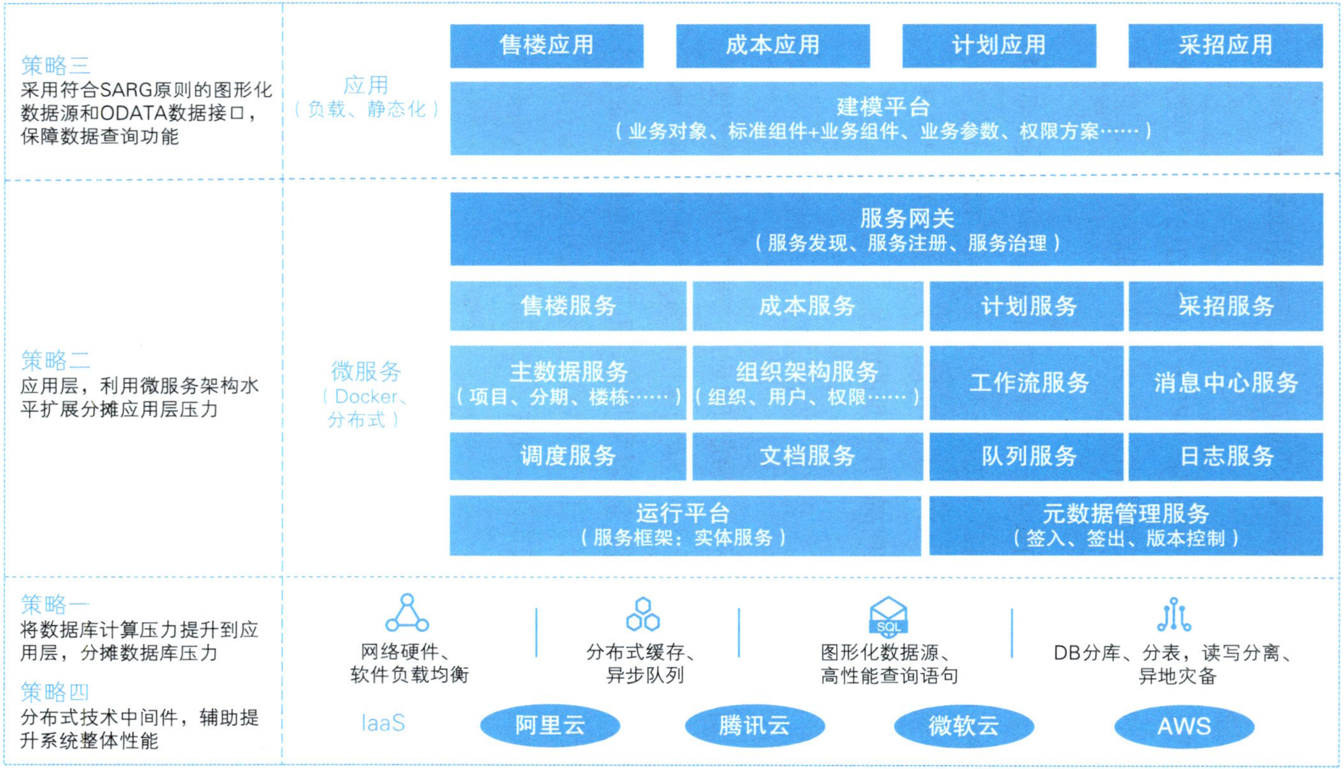

图6-2 明源云开放平台的四大核心策略

表和读写分离等技术，辅助提升系统整体性能。

通过以上策略，全新的云ERP平台已经满足房企万亿规模性能要求。在某客户的应用中，全新的平台能够有效应对数千个项目开发和数百万个房源销售。

3. DevOps平台，开放一站式的在线研发过程服务

明源云DevOps平台为房企提供开放一站式的在线研发过程服务，将项目开发、测试、部署和迭代式发布集成在一起，形成一套统一的协作流程。DevOps的核心理念是，不仅要将业务逻辑程序化，而且要将支撑IT运行的基础设施程序化。

"程序化"能够为房企的应用创新带来两大好处。首先，缩减交付时间。软件测试、服务器搭建和应用部署都要耗费很多时间，把这些工作写成程序并重复使用，房企将极大地提高效率，减少软件交付时间。其次，规避风险。将工作程序化后，即便没有做到最快、最敏捷，房企也能够减少变更风险，从而提高软件交付质量。

明源云DevOps平台真正实现了"端到端"的在线研发协同：其一，全链路的"端到端"在线协同及工具链，确保研发高效、高质量；其二，分布式分支管理策略配合多人多团队协同策略，轻松应对多分支、热修复和自升级；其三，持续集成、持续交付，做到了分钟级交付。可以说，我们真正为房企提供了更快、更高效的应用创新赋能。

4. 弹性、互联架构，赋予企业可持续发展的IT架构

ERP开放平台的最大特色是开放性，整个平台使用了大量业界成熟的开放技术，如SOA、XML和JSON。同时，对外以Http、RESTful架构的形式提供开放的服务接口，方便与第三方整合，解决了企业面临的各种集成问题（见图6-3）。

图6-3 明源云ERP开放平台核心内容

具体来看，ERP开放平台的核心是以下六大平台。

- 基础技术平台：基于云原生的成熟技术中间件、运行框架等支持多种部署模式，可满足不同规模客户的需求，提供水平扩展特性。
- 建模平台：以在线形式提供友好的操作界面，允许用户直接调整ERP系统页面（无须编码）。
- 集成平台：支持ERP各版本集成以及其与第三方系统的集成，如ERP集成OA。
- 移动平台：帮助房企快速实现从应用层到PaaS层的微服务建模及整体移动应用的搭建。
- 大数据平台：企业大数据管理分析平台，可帮助企业对海量业务数据进行高效分析和利用，帮助企业逐步建立洞察能力。
- 运维平台：通过实时快速的监控预警机制，帮助运维团队提高事前的问题预测能力、事中的异常预警介入能力以及事后的问题定位解决能力。

以上我们只介绍了全新平台的部分新特性，更多内容因篇幅原因暂不赘述，如微服务、低代码方式、Open API平台、支持多终端、支持多数据、灵活换肤和国际化等。

5. 企业经营分析平台

全新的ERP开放平台将自带企业经营分析平台，企业可以通过其快速整合多方数据和构建各个业务场景所需的图形化应用。自带模板内容、自带数据治理能力、自带呈现工具是该平台的典型特性，平台架构如图6-4所示。

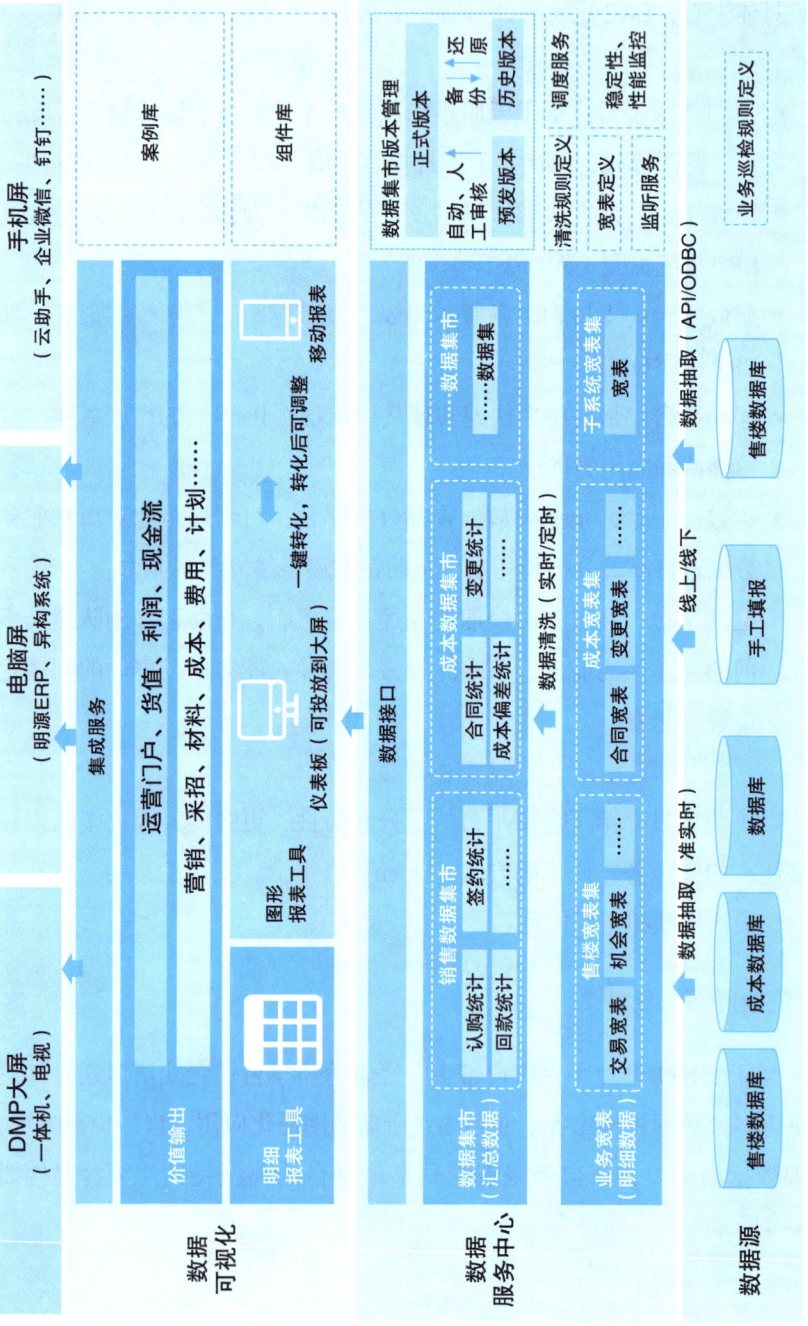

图6-4 企业经营分析平台整体架构

自带模板内容，开箱即用：平台内置营销总、项目经理和管理层经营仪表板，企业可以开箱即用。平台覆盖售楼、成本、计划、采招、材料、投资收益、货值和运营等业务板块，共有75张模板报表，企业可以根据需求自行选用。

自带数据治理能力：平台采用三层数据治理保障数据质量。第一层内置各子系统的业务巡检规则共636条，保障业务系统数据的准确性；第二层内置各子系统的标准业务宽表，统一取数，保障口径一致；第三层内置跨系统宽表和跨业务线的巡检规则，保障跨系统数据输出准确。

自带呈现工具：呈现方式可个性化灵活调整，企业用户可以通过拖拉拽的方式制作图形化报表，只需在电脑端制作，大屏和小屏就能智能转化。

企业经营分析平台面向企业不断变化的数据决策需求，提供快速、自定义、图形化、自创和共创的能力，为房企数字化转型提供全新动力。

"十辆马车连起来也不能变成一列火车"，的确，火车的新特性并不能依靠老马车的堆砌。建立全新的数字化底盘是房企实现数字化转型的当务之急。这个全新的底盘应该是"三高一开放"的，也应该是可持续健康的，同时更要具备联合共建和共创能力。

三、云PaaS开放平台推动移动在线化创新应用

云原生是以云架构为优先的应用开发模式。目前，越来越多的企业开始大规模地拥抱云，在云环境中开发、部署和发布应用。

1. 在线创新应用对云平台提出全新要求

正如上文所述，在线化是房企数字化的关键特征之一，即以云为特征的在线场景赋能。让员工在线、产品在线、客户在线、管理在线是数字化企业的重要追求。因此，各种在线创新应用对云平台提出了如下几类典型要求。

- 交付效率要求高：业务部门的需求都是以小时、天为单位的，云平台能否快速满足业务部门的创新需求？
- 要求企业自主可控：能否自主研发或选择第三方外包？如何打造企业自主品牌的应用？
- 可持续发展的IT架构：只有采用更先进的技术架构，才能保障创新业务的持续发展和变更。

2. 全新的云PaaS平台满足业务快速创新的需要

明源云的云PaaS开放平台，是一个覆盖移动应用从开发、集成、构建到运营监控的全生命周期管理平台。使用云PaaS平台，房企可大幅降低技术门槛，提升交付效率，快速响应业务变化（见图6-5）。

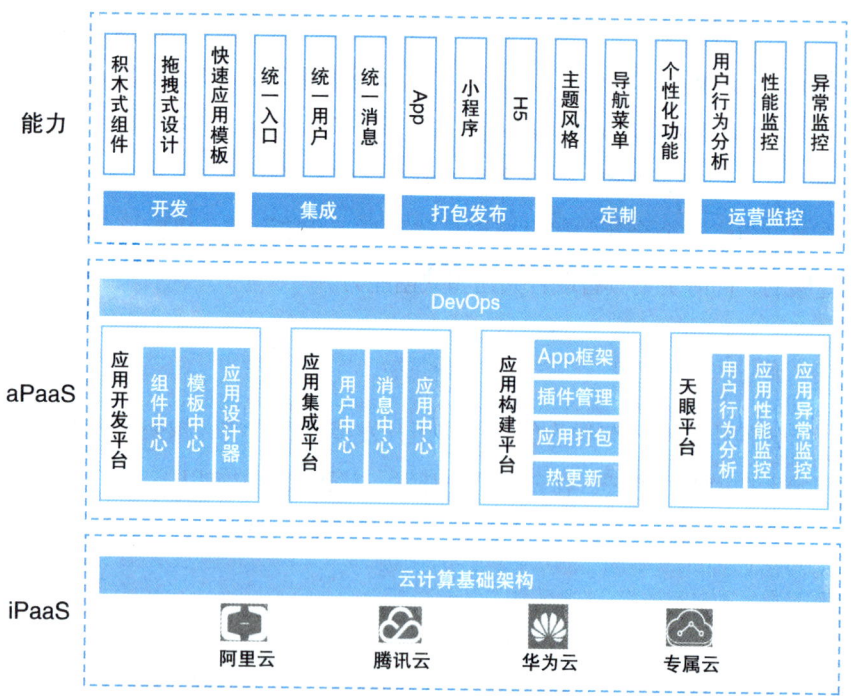

图6-5 云PaaS平台架构

该平台可以帮助房企实现全新的在线化场景覆盖，主要特性包含快速开发、快速迭代、快速打包发布等，房企可以借助这些特性建立自主品牌和自主可控的企业App。

快速开发：云PaaS平台提供以仿真器为中心的沉浸式开发环境，房企可通过可视化、拖拉拽的形式快速完成移动应用的搭建，以积木式、模板化和拖拉拽的方式开发应用，大幅提升开发效率。同时，平台提供丰富的基础组件和数据组件，每类组件都可灵活配置属性和自定义样式。平台还内置模板中心，企业可以选择套用模板，从而加快开发速度。

快速迭代：云PaaS平台提供低门槛的在线自定义能力，同时提供灵活的自定义配置能力，支持热更新，快速响应需求变化（见图6-6）。

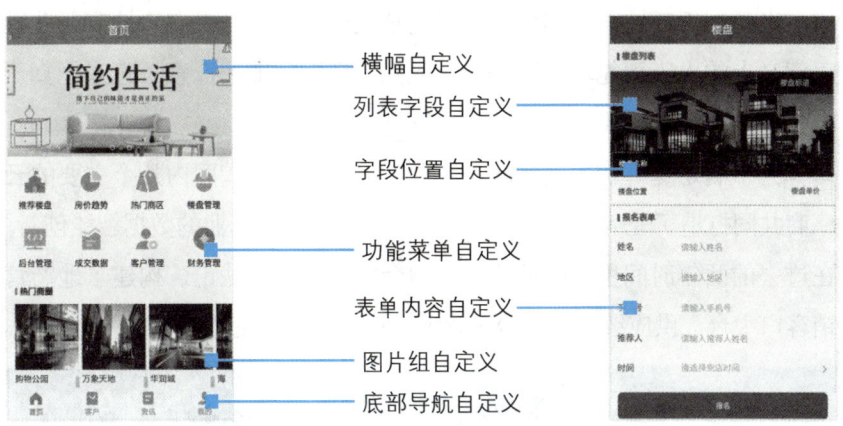

图6-6　App快速定制与迭代

快速打包发布：云PaaS平台可以快速生成一套代码三种形态（App、H5、小程序），移动应用平台内置超过80个原生插件，操作人员只需要具备前端开发能力，房企不再需要苹果系统和安卓系统的开发人员。

自主可控的App：企业可以根据品牌自定义应用的主题风格，配置个性化功能，单独打包应用。云PaaS平台为企业提供面向用户的统一移动应用入口，将碎片化的应用体验改进为统一的体验，采用vue.js通用组件标准支持业务组件的高效开发，满足业务需求。

从落地实践来看，仅2018年一年就有10余家企业借助云PaaS平台建立了自己的创新业务场景在线应用 App，更有数十家企业借助该平台创立了自己的全民营销 App。

整体来看，明源云 PaaS 平台已经帮助房企实现 136 个场景的在线化应用，未来场景数量将越来越多，覆盖领域也将更加全面。总而言之，通过全新的云 PaaS 平台，我们已经助力房企在数字化转型的道路上迈出了坚实的一步。

四、双中台、微服务架构助力企业探索数据智能创新

大数据分析和 AI 是当前技术创新的主流方向。出于数据安全的考虑，也受制于泛地产数据生态尚未完全成形，特别是面向房地产行业真正意义上的人工智能场景更是寥寥无几，数据智能的探索一直未能真正有效地为地产业务赋能。

为了满足这种业务的需求，明源云携手阿里云和国内几个主要的云厂商共同打造了业务中台和数字中台，探索房地产行业的数据智能创新。在过去的两年时间里，明源云基于中台的思想与方法论，构建了地产营销客户中台、供应链协同平台、管理及运营中台（见图 6-7）。

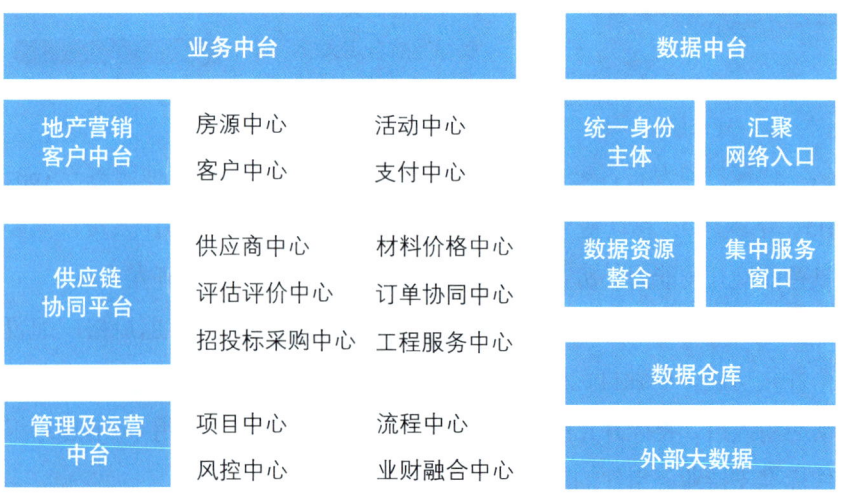

图 6-7　双中台核心内容

明源云在地产营销客户中台创立了房源中心、客户中心、活动中心和支付中心四大中心，全面沉淀过去20余年的积累，解构共性能力，构建营销领域的能力中心。房企及其生态链上下游公司都能够调用该能力中心，快速构建企业应用。明源云在供应链协同平台沉淀了供应商中心、评估评价中心、招投标采购中心、材料价格中心、订单协同中心和工程服务中心，为泛地产生态链广泛赋能。在管理及运营中台，明源云也正在逐步沉淀项目中心、风控中心、流程中心和业财融合中心。

总结来说，明源云中台的重要使命是逐步将传统的ERP应用和在线化场景应用解构，将原来耦合在ERP中的功能提炼、沉淀为中台能力，并以API的方式对外开放，使企业能够在自己的应用中逐步调用这些API，丰富自身场景应用和提升内部管控要求。截至目前，我们已沉淀了几百种API能力，可以预见，房企在不久的未来将可以建立自己的生态平台，并将明源云的服务嵌入，从而实现真正的能力内化。

在数字化转型之路上，房企的IT人员一直在努力。早期，房地产企业将更多精力投入信息化建设，将线下业务搬到线上。而最近几年，更多房企开始在此基础上深度探索如何实现企业内部业务场景与上下游供应链各方的实时互联，以及企业内部各类服务与外部客户的实时互联。未来，房企必将深度探索如何连接生态资源、数据和能力。我们将这条数字化路线称为"从信息化建设，跨越网络协同，探索智能商业"。

我们认为，实现数字化需要全面升级信息化底层ERP平台，同时需要面向云时代建立全新的云PaaS平台，未来也需要构建业务中台和数据中台，使企业具备更广泛的连接能力，更好地利用生态资源来提升竞争力。明源云的三大底层平台正在助力房企构建这三个方面的能力：ERP开放平台为企业建立全新的数字底座，云PaaS平台帮助企业快速进行场景创新与互联，业务中台和数据中台将为企业探索智能算法和数据应用打下坚实的基础。

第三节
房企数字化转型对组织的要求

在进行数字化转型时，房企的组织架构也要进行相应的升级，以匹配企业的数字化发展诉求。

一、数字化转型后，房企的组织定位、业务模式面临全新变化

数字化转型对房企的组织定位及业务条线带来的变化主要体现在以下三个方面。

第一，在数字化转型过程中，房企总部、区域、项目将面临全新的定位。房地产企业在组织架构上一般是三级管控——集团总部、区域公司、项目公司，当然也有规模房企因为布局的城市数量、项目数量众多，会在区域公司与项目公司之间再设立城市公司。在数字化转型后，集团总部的定位向"中台化"升级，即总部中台化，集团总部的核心职能在于做好战略管控，明确目标、规则、结果，为项目一线做好赋能；区域平台化，区域公司的核心职能在于提供平台赋能，更好地面向一线建立标准、数据、组织；项目精英化，项目一线的核心职能在于提升组织能力、执行力和工作效率，做到高效执行，如图6-8所示。

图6-8 数字化转型后，总部、区域、项目面临全新定位

第二，房企全面实现数字化后，企业、管理者和一线员工的工作模

式或生产效率都会发生全新的变化:对于房企来说,数据体量会更大,决策会更高效,企业会更敏捷,对外部形势和内部经营的洞察会更敏锐;对于管理者来说,在决策模式上不应根据传统的经验,而应该基于内外数据来做综合决策;对于一线员工来说,要学会应用全新的移动工具、智能设备工具等,提升生产效率。我们可以看到,数字化转型能够全方位为业务赋能,助力房企智能决策,有利于企业在不确定的大环境下先人一步、规避风险,如图6-9所示。

图6-9 数字化为房企业务模式带来的变化

第三,在数字化转型过程中,业务条线的组织模式也在发生变化。企业内部的业务领域边界会越来越模糊,企业内外的业务边界也会越来越模糊,以数据决策模型重构权责边界有可能成为现实,如图6-10所示。

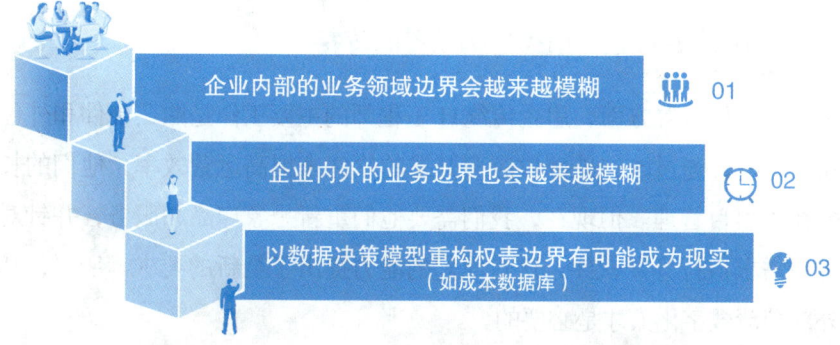

图6-10 数字化转型后,房企业务条线的组织模式变化

在数字化转型过程中，房企IT部门的组织模式及组织定位也会从传统的业务部门支撑向业务的创新引领升级。

1. 角色升级：IT部门从业务支撑到业务伙伴，再到创新引领者

在数字化转型从信息化、在线化到智能化的演进过程中，房企IT部门的定位也在逐步升级演变。

在信息化阶段，强调IT组织的辅助角色，构建服务于核心业务部门的"流程信息中心"，并设置专岗专门对接各核心业务部门的信息化诉求。IT团队的人员结构主要包括硬件及网络维护专员、管理报表开发专员、核心业务对接专岗、IT项目管理专岗等。

在在线化阶段，强调组织DT化与灵活性：一方面，组织的定位升级，构建以"数据资产"为核心的"数字化管理中心"；另一方面，团队的能力升级，要求团队成员具备一定的自主研发能力，以应对创新型业务的核心业务场景的在线化诉求。在人才标准上，要求既懂技术又懂业务和落地的综合型人才。IT部门成为业务伙伴，与业务部门并驾齐驱。

在智能化阶段，强调智能化中台组织建设，构建以"数字化中台"为导向的"数据实验室"，指导公司全面开展业务，从而成为创新业务的引领者。

2. 架构转变：岗位及组织架构设置的转变

在岗位设置方面，房企传统IT工程师的主要工作是购买硬件和外包软件开发，通过改造外部供应商开发的软件来提高运营效率，他们的长处在于项目管理。但现在，我们需要他们重新想象产品和服务，并针对客户需求自行开发软件，这对他们的能力提出了全新的要求。所以，从外部聘请数字化人才是必要的。

此外，很多人认为房企有了首席信息官这个职位，就不再需要首席数

字官了。然而，虽然首席信息官和首席数字官两个头衔听起来相似，也确实存在共性，但让一个人身兼两职且对两项业务都全力以赴是不可能的。所以，房企在数字化转型过程中任命一位首席数字官作为领军人物是必要的。首席信息官的知识基础建立在公司内部业务上，他致力于提高公司内部的生产效率；而首席数字官主要关注外部市场，关心的是客户的生产效率。

某标杆房企首席执行官同样表示，在房企的数字化建设过程中，有资源聚合能力、善用市场资源、有视野和有格局的领军人物非常重要。同时，房企还要通过内部培养和外部招聘等方式构建起面向未来的数字化团队。在团队打造上，一是对内部员工进行提效激活，关键在于转变他们的意识和思路，这一点恰恰是最难的，因为每个人都将面临整个思维和工作方式的调整，必然容易遭受阻力，所以文化的宣传灌输很重要。二是对组织模式进行改革，构建一个面向数字化新未来的且能够自我激励的组织形式，通过有效的激励机制自驱地形成新的数字化团队。三是提高数字化人才的综合素质，除了具备技术能力之外，他们还要有领导力和跨行业、多领域的实战经验，并具备沟通能力、说服能力、换位思维和共赢思维，从而通过数字化思维和技术去引领一些需求，这样才能顺利推进企业数字化的改造。

在组织架构设置方面，很多人会问，企业是应该让每个业务单元根据各自的客户需求自行培养数字化能力，还是应该建立一个集中的数字部门来满足所有业务的需求？在实践中，有三个因素决定了数字化职能必须集中管理：第一，与所有突破式创新一样，传统部门不会允许新兴数字部门的发展超出一定限度，所以数字化职能只有被放在现有业务部门之外，才能找到颠覆现有业务的方法；第二，要想实现规模经济效应，房企就必须创建一个横跨所有业务单元的数字部门；第三，要吸引最优秀的数字化人才，房企就必须建立一个全球卓越中心，形成自己的人力资源优势。

设计适宜数字化转型的组织结构并非易事。除了创建独立的数字化运营部门外，首席执行官还要想方设法地使其与业务部门相结合，因为业务部门更懂业务，它不仅有数字部门需要的数据，而且有品牌、知名度、客户，还掌管着服务合同。只有将业务与数据相结合，数字化转型才能真正为房企创造价值，但这却是难上加难。

总体而言，随着房企业务规模不断扩张、业态不断丰富，未来企业的数字化建设所需要的组织变革一定是全方位的、立体化的。基于场景化的角度，企业的业务组织架构也一定要相应地发生根本性的转变。

二、典型案例：标杆房企DT部门组织架构已发生改变

在标杆房企纷纷向数字化转型的背景下，DT部门的组织架构也顺应数字化转型的要求进行了相应的调整和变革。以下我们就以几家标杆房企为例，对其数字化部门的组织架构进行简要介绍，为房企提供参考。

1. L企：成立数字科技部，支撑数字化转型

L企无疑是业内数字化转型探索的先行者，在信息化阶段已经做得十分成熟，目前正在向在线化、智能化阶段发力。L企成立了自己的数字科技部，该部门的定位是85%对内支撑管理与科技创新，15%对外赢利，作为数字化转型的组织保障。

在具体的组织架构上，数字科技部划分为产品群组、研发群组、共享能力组。产品群组作为数字科技部的核心，涵盖了IT基础中心、信息安全中心、共享业务中心、大数据中心、数字运营中心以及数字化创新中心；研发群组重在平台的打造，为前端产品提供中台支撑；共享能力组主要负责用户体验优化、项目管理及人工智能等相关业务。总体来看，L企的数字科技部的组织架构比传统地产公司多了一些创新的业务部门和研究部门，并且这个架构目前仍在调整优化中。图6-11为L企数字科技部截至2018年6月的组织架构图。

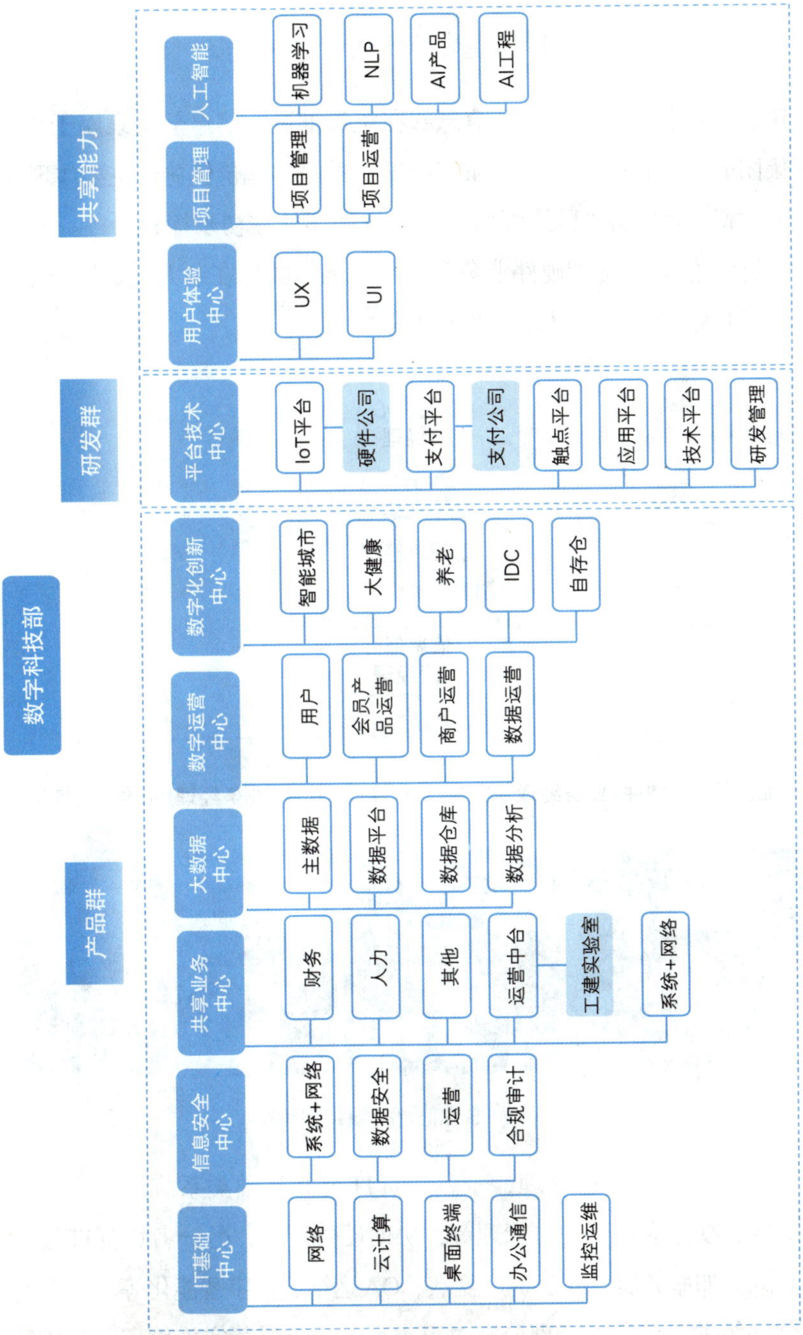

第六章 房企数字化转型的关键认知及成功要素 | 345

图6-11 L企数字科技部组织架构

2. B企:数字化部门的价值主要体现在"对内支撑"上

B企的数字化转型主要是信息部在统筹推进,信息部又隶属于B企发展集团的"企管中心"。新时期下,B企的数字化价值兑现主要体现在"对内支撑"上,在"科技创新引领"方面还处在初步探索阶段。如图6-12所示,信息部统管硬件业务和软件业务,共计在编人员6人,包括部门经理1人、硬件组2人、软件组3人。

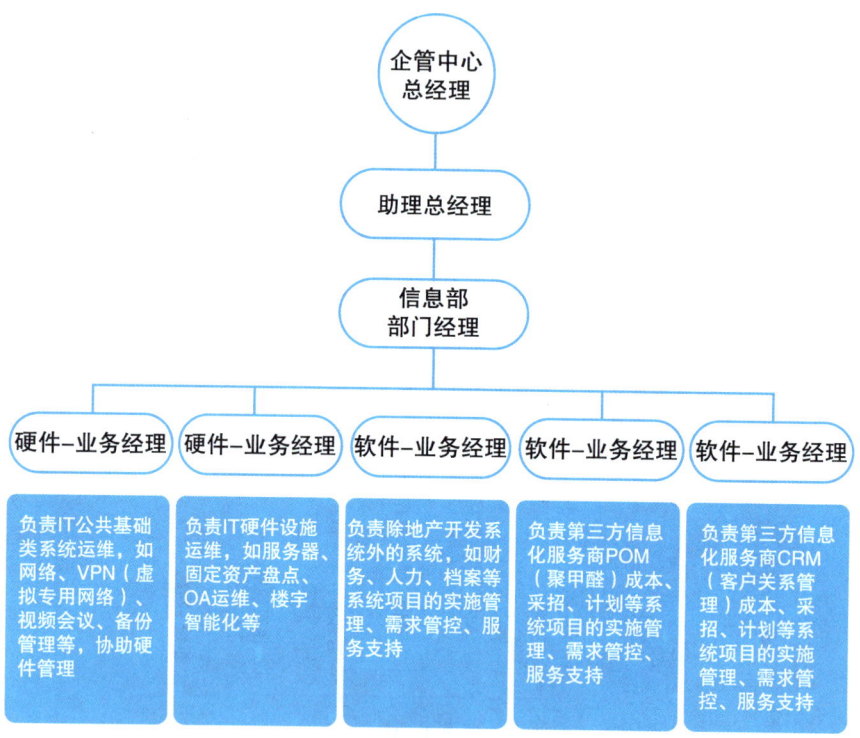

图6-12 B企信息部组织架构

硬件组的两名业务经理,一名负责IT公共基础类系统运维,如网络、VPN、视频会议、备份管理等,协助硬件管理;另一名负责IT硬件设施运维,如服务器、固定资产盘点、OA运维、楼宇智能化等。

软件组的三名业务经理分别对三类系统项目进行实施管理、需求管控和服务支持：一是负责除地产开发系统外的系统，如财务、人力、档案等通用系统；二是负责第三方信息化服务商的POM成本、采招、计划等系统；三是负责第三方信息化服务商的CRM成本等系统。

总体来看，B企在数字化转型的组织分工上形成了自己的管理特色：其一，根据具体业务需求，信息部和业务部各出一个负责人员，再加上信息化供应商的工作人员形成"三角对接"，共同进行相应的系统开发；其二，没有建立规模化的IT团队，而是选择充分利用供应商资源，结合业务部门将效果最大化；其三，只要确定方案，专业的事情就交给专业的人去做。

3. Z企：成立科技公司，作为企业数字化转型的关键驱动力量

Z企同样是数字化转型的积极探索者，目前正在进行全面改革创新的尝试。2018年年底，Z企专门请第三方权威咨询机构IBM进行了整体的数字化蓝图及路径规划，并且已经在根据规划推进落地。依据IBM的建议，Z企将成立专门的数字化决策委员会，对数字化转型过程中的重大事项进行决策，并设立"首席数字官"一职，全权负责数字化转型工作，明确转型方向的制定与管控，推动业务创新。

此外，Z企成立了自己的科技公司，并大力配备相关人才，全面提升企业的自主技术研发能力。科技公司的架构设置涵盖架构设计、产品管理、软件开发、平台建设、运维服务和综合管理六大职能部门。在人员配备上，参考行业每20亿元收入配置1名IT员工的标准，结合实际工作需要，初步规划在2019年初期达到约54人的规模：一方面从业务和IT部门选拔相关人才，另一方面从外部聘请专业人士，迅速提升相关能力，做到自有员工与外包人员的比例在1:0.8～1:1.2之间。此外，在信息化建设高峰期，Z企可适当采用人力资源外包的方式，从外部雇用IT人员作为资源的弹性补充，即用即释放。科技公司Z企的架构设置具体如图6-13所示。

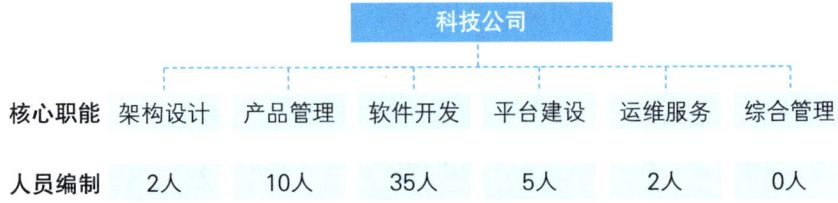

图6-13　Z企科技公司的组织架构

总体来看，Z企的信息化部门未来应定位于业务部门的"创新引领"，成为Z企数字化转型的驱动力量。而在多年的实践探索和权威咨询机构的助力下，我们有理由相信Z企在数字化转型之路上将走得更快、更稳。

4. N企：推动信息技术创新，向数字化转型目标迈进

N企近年来在数字化转型上也频频发力，一方面构建了信息流程中心，并与第三方信息化服务商通力合作；另一方面从外部大力招揽数字化人才，为数字化转型提供组织和人才保障。

如图6-14所示，N企的信息流程中心由总经理统管，涵盖系统管理部、商业信息部、网络管理部、信息技术部四大部门。其中，系统管理部作为核心部门统管成本费用、销售客服、计划、主数据以及OA、人力系统，其主要职责除了传统的信息系统维护和更新外，还负责制订公司整体的信息化发展规划，并按照规划打造公司信息系统平台，以信息技术创新推动公司发展，同时连接业务部门和供应商，做好管理赋能。信息技术部则主要负责公司的信息技术管理，搭建公司接口平台，同时评审供应商单位技术架构。

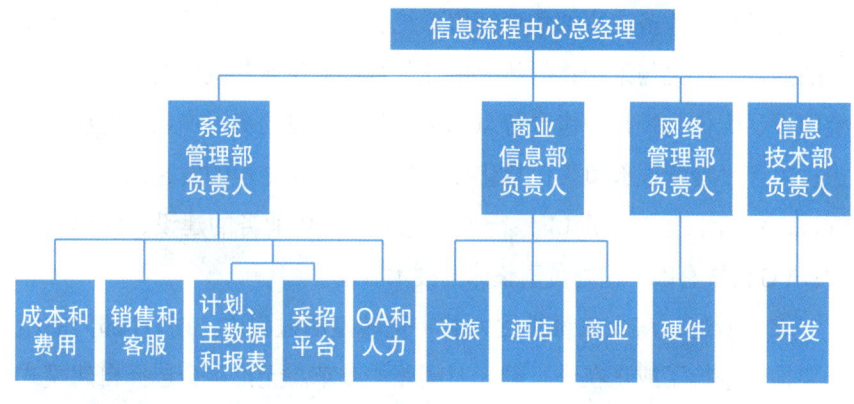

图6-14 N企信息流程中心组织架构

5. H企：数字化坚持走自研道路，同时保持与行业的高频互动

H企近年来大力探索数字化转型，尽管坚持走自主研发之路，但仍然与行业保持着高频的互动，其组织架构值得行业借鉴。H企的数字化由集团信息管理中心引领，组织架构由集团首席信息官统领，包含基础设施部、基础应用部、业务应用部、创新应用部、生产平台管理部、银行业务部以及YG科技有限公司，如图6-15所示。

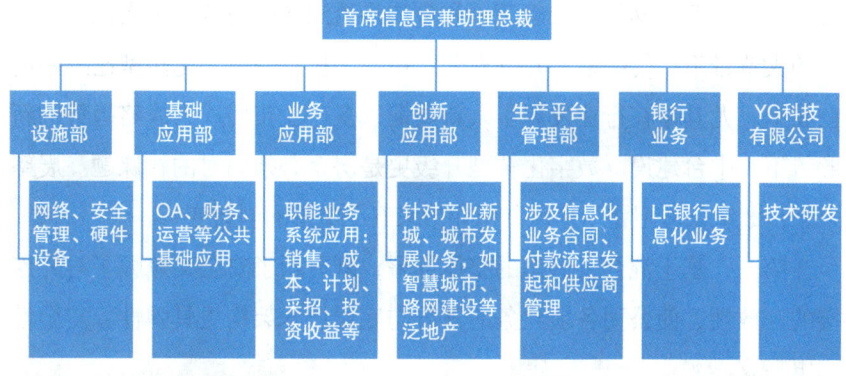

图6-15 H企信息管理中心组织架构

基础设施部负责集团的网络、安全管理及硬件配置、设备管理；基础应用部负责OA系统、财务系统、运营等公共基础应用系统的建设、

优化与维护；业务应用部负责销售系统、成本系统、招采系统等业务系统的建设、优化与维护；创新应用部负责产业新城、城市发展业务的系统建设、优化与维护，包含智慧城市、路网建设的房地产系统建设与维护；生产平台管理部负责信息化业务合同、付款流程的发起以及供应商管理；银行业务部负责LF银行（本地）信息化业务的建设、优化与维护；YG科技有限公司则负责整体的技术研发。

综上所述，房企在纷纷发力数字化转型的过程中，对DT部门的组织架构也进行了或正在进行着大刀阔斧的改革。无论房企选择自建模式还是整合模式，标杆房企适应数字化转型所做出的组织变革都值得行业借鉴。

第四节
数字化转型的未来展望

在移动互联网发展日趋深入和愈加渗透到各行各业乃至人们的生活中的大背景下，传统地产开发充分运用数字技术向数字化转型已经是箭在弦上。尤其是在行业发展步入新周期、多产业布局成为战略趋势的新形势下，中台建设、数字化转型升级更是房企必须面对的新课题。展望未来，数字化转型将为房地产行业带来五个关键的创新变革。

第一，基于混合云形态的整体部署，既兼顾了安全又兼顾了对外连接的开放性，使公司各项业务的开展与底层技术架构更具弹性、安全性和更高效。

第二，核心业务场景将全面移动化、在线化，这使得数据的填报、上传、汇总和呈现不再面临诸多的痛苦。企业内部的管理者及员工实现工作的全面在线，上游的供应商、下游的客户或租户在业务协同过程中实现在线，从而实现多方共同生产数据且数据在业务推进过程中自动沉淀。由此，企业能沉淀的数据体量越来越大、数据类型越来越丰富，而基于海量的数据，企业可以建立更丰富的业务模型，快速抓取所需要的数据，全面提升业务效率。

第三，数据的生产将引入越来越多的智能设备。一方面，AI算法的深度应用将进一步推进数据生产智能化，如盘古算法、流计算、4One体系等技术；另一方面，随着诸如智能打卡、智慧停车等智能设备的普及，关于某一个事物大量的、多维度的数据将被有效沉淀，而基于沉淀的大量数据，房企未来也将逐步实现部分的"机器决策"。

第四，在数字化转型成功后，房地产企业在进行业务决策时就能不再仅仅依赖于企业内部及上下游运营数据，而是能够整合越来越多的行业大数据，真正与各行各业的生态大数据进行互联打通，从而形成自身业务运营和客户体验两大完整的数字化闭环，使企业的决策效率进一步提升，"让太阳底下没有罪恶"。

第五，整个IT系统能够实现真正的自主可控。对于成熟的核心模块，我们可以充分借鉴行业内成熟的厂商；对于创新引领的新业务领域，我们可以通过自建团队"小步快跑"快速开发、快速迭代。由此，我们既考虑了业务的稳定，又兼顾了业务的创新，进退自如。同时，在决策呈现上，未来房企也能够基于业务场景更加地智能、高效。例如，通过DMP大屏可以全方面实时展示企业经营动态，通过三屏（手机屏、电脑屏、DMP大屏）使企业的管理者和员工都能够全面掌控企业的经营数据，从而及时调整经营决策。

结束语

房地产行业面临的"内忧外患"使得房企面临的生存挑战越来越大,"数字化"已成为房企转型的必由之路。

从外部环境来讲,在政策新常态下,房地产行业已步入新的发展周期,外部利润空间急剧下降,房企从粗放式发展走向精细化管理是必然趋势。从企业内部来讲,企业的运营体系不在线,导致各环节的投资损耗无法被有效管理,企业利润受到多环侵蚀。从多元化布局需求来讲,房企如何在多产业之间对客户资源、供应商资源进行有效盘活,以及如何横跨多产业打通和管理底层数据,也已成为房企多元化转型所面临的核心命题。

因此,通过数字化转型实现更精细化的内部管控和有序管理更复杂多样的数字化生态成为当下房企面临的关键问题。而当前,房地产企业普遍面临着数字化运营基础不牢靠、主数据不通、各核心运营场景不在线等重重挑战,数字化转型亟待破局。

本书是明源云多年来的数字化转型探索实践成果的集大成之作,结合行业领先的阿里云中台建设的有益经验,阐述房企数字化转型的核心逻辑和落地路径,并以标杆房企数字化转型实践为案例,指导房企通过"数字化运营体系"打通整个价值链,提升商业效率,从而助力房企数字化战略更好地落地。

当然,书中的一些内容和观点难免存在疏漏,我们也期待与大家一起不断验证和迭代其中的认知和结论。特别感谢明源地产研究院数字化转型研究团队以及明源云客、明源云链等部门的同事长时间的辛勤付出！特别鸣谢阿里云研究院对本书提出的中肯建议。同时，特别鸣谢在成果诞生的过程中与我们研讨交流的广大房企首席信息官们，包括碧桂园的徐斌总、招商蛇口的徐晓仪总、华夏幸福的罗震总、绿城的徐祖墩总、祥生的郑新罘总、弘阳的罗艳兵总、华鸿嘉信的洪扬华总等。

未来，如同移动互联网对各行各业及人们生活方式的全面重构，数字化也将全面颠覆和重构房企运营模式和发展逻辑。而无论环境如何变化，明源云都始终会与广大同人一起，共同锻造房企全新的数字化能力，携手开启房地产行业发展新篇章！

徐　颖

明源地产研究院院长

2019年8月